中国消防救援年鉴
（2019年卷）

应急管理部消防救援局　编

应急管理出版社
·北　京·

图书在版编目（CIP）数据

中国消防救援年鉴. 2019年卷 / 应急管理部消防救援局编.
--北京：应急管理出版社，2020

ISBN 978-7-5020-8540-7

Ⅰ.①中…　Ⅱ.①应…　Ⅲ.①消防—工作—中国—2019—年鉴　Ⅳ.①D631.6-54

中国版本图书馆CIP数据核字（2020）第259563号

中国消防救援年鉴（2019年卷）

编　　者　应急管理部消防救援局
责任编辑　尹忠昌　田　园
编　　辑　徐　静
责任校对　赵　盼
封面设计　罗针盘

出版发行　应急管理出版社（北京市朝阳区芍药居35号　100029）
电　　话　010-84657898（总编室）　010-84657880（读者服务部）
网　　址　www.cciph.com.cn
印　　刷　云南宏乾印刷有限公司
经　　销　全国新华书店

开　　本　787mm × 1092mm $^1/_{16}$　**印张**　24　**插页**　1　**字数**　536千字
版　　次　2020年12月第1版　2020年12月第1次印刷
社内编号　20201361　　　　**定价**　119.00元

《中国消防救援年鉴（2019年卷）》编委会

《中国消防救援年鉴（2019年卷）》编写组

刘北虎　刘瑞民　闫　松　安天琦　杜　凡　李　娜
李　悦　杨　昀　杨千红　杨永鹏　杨崇钫　肖志成
吴　昊　吴　斌　邱启明　邹　宁　邹毅宁　汪　辉
宋亚明　张　涛　张　辉　张亚峰　张先来　张泽江
陆　琦　陈云国　陈旭阳　罗军涛　金泰来　周建军
周建驿　周耀辉　赵毅勇　郝　斌　胡　君　胡志明
钟　宇　段继赓　姜　红　郭成传　浦小海　黄　韡
黄周华　彭　科　彭　楠　董文辉　蒋佳益　蒋思钢
韩晓鹏　喻　炳　程恩虎　鲁云龙　曾　炜　曾　荣
谢　乾　雷鹏奎　靖立帅　谭远林　谭明波　谭鸣宇
熊　伟　熊旺飞　潘泽渝　戴　维　缪刚和

统稿核校人员（以姓氏笔画为序）

丁　鑫　马　玮　王　平　王　威　孙力超　李笑北
杨志强　张丹丹　陈立国　周洪波　周耀辉　郭成传
黄忠颖　董晨鹏　韩国强　韩晓鹏

编 写 说 明

2019年，是国家综合性消防救援队伍开门立户踏上新征程的起步之年。全国消防救援队伍以习近平新时代中国特色社会主义思想为指导，深入贯彻习近平总书记重要训词精神，扎实开展“不忘初心、牢记使命”主题教育，牢固立起“四句话”方针根本指导地位，按照“1+3”框架方案的既定部署，稳妥推进制度政策重构和队伍落编定岗；坚持聚焦主责主业，完善法律标准，压实责任体系，强化精准治理，加快救援力量、救援机制、训练模式、救援装备、应急通信、战勤保障“六大转型升级”，扛起了防范化解重大安全风险、应对处置各类灾害事故的重要职责，保持了全国消防安全形势的总体稳定；严格落实“两严两准”要求，坚持政治建队、从严治队、素质强队，队伍内部保持了总体稳定，既为改革发展和中心任务的完成提供了有力保证，也让“火焰蓝”新形象更加深入人心。

为全面、客观、准确反映2019年全国消防救援事业发展情况，为今后工作提供借鉴和参考，应急管理部消防救援局编撰了《中国消防救援年鉴（2019年卷）》。主要收录了2019年全国及各省、自治区、直辖市消防救援工作和训练总队等工作情况，有关消防救援工作的重要文件资料，灭火救援和火灾统计情况，全国消防业务统计资料，消防科研和消防产品管理，英模录和大事记。本书所涉信息除特殊注明外，时间均为2019年。为体现消防救援事业发展延续性和数据信息完整性，本书也收录了近年来有关数据以方便读者对比使用。在此谨向为年鉴提供文字资料和统计数据的有关单位和同志表示衷心的感谢！

由于编者水平有限，书中疏漏和不足之处在所难免，恳请读者提出宝贵意见。

应急管理部消防救援局

2020年8月

目 录

第一篇 全国消防救援工作概述

第二篇 各省、自治区、直辖市消防救援工作

第三篇　训练总队、研究所、评定中心工作综述

第四篇　有关消防救援工作的重要文件资料

第五篇　灭火救援统计情况

第六篇 火灾统计情况

第七篇 英 模 录

第八篇 大 事 记

附 录

第 一 篇

全国消防救援工作概述

2019年全国消防救援工作概述

2019年，是习近平总书记擘画缔造的国家综合性消防救援队伍开门立户踏上新征程的起步之年。全国消防救援队伍以习近平新时代中国特色社会主义思想为指导，在应急管理部党组和各级党委政府的坚强领导下，忠诚践行习近平总书记重要训词精神，牢固树立“四句话”方针的根本指导地位，始终站在党和国家工作大局和应急管理工作全局的高度谋划发展、推进改革、加快转型，全面防范化解重大消防安全风险，科学高效应对处置各类重大灾害事故，圆满完成了新中国成立70周年纪念活动等系列重大安保任务，全国消防安全形势和队伍内部保持了总体稳定。

一、积极稳妥推进消防改革，事业发展迈出坚实步伐

一是配套政策逐步落地。深入贯彻落实中共中央办公厅、国务院办公厅印发的《组建国家综合性消防救援队伍框架方案》，充分发挥中央和地方“两个积极性”，逐项攻坚落实中央明确的改革要求。中央机构编制委员会印发《国家综合性消防救援队伍组建方案》和中央机构编制委员会办公室印发应急管理部消防救援局、消防救援队伍机构编制方案；应急管理部及相关部委制定出台消防救援队伍人员招录、力量调动、教育优待、交通出行、工资待遇等政策文件，应急管理部消防救援局牵头制定和推动出台消防经费管理、伙食保障等25项改革配套政策，各地发挥主观能动性，积极推动地方党委政府和有关部门出台更加具体的贯彻落实文件，上下联动做好深化消防改革的“下篇文章”。二是队伍改革行稳致远。总队及以下单位全部挂牌，身份转改、职级套改、授衔换装、人员招录等工作全部完成，落编定岗工作稳步推进，重新制定出台队伍教育训练、执法执勤、后勤保障等多项管理制度，新招录消防员2.6万名。三是执法改革不断深化。坚决贯彻落实中央深化消防执法改革的意见，全国人大修正《中华人民共和国消防法》并颁布实行，建设工程消防设计审查验收职责顺利移交住建部门。巩固深化“放管服”改革，取消和精简3项消防审批，放开消防产品认证检验市场，全面推行“双随机一公开”（监管过程中随机抽取检查对象，随机选派执法检查人员，抽查情况及查处结果要及时向社会公开）消防监管模式，在自贸区实行公众聚集场所投入使用、营业前消防安全检查告知承诺制。制定新《消防法》配套制度规定，申报国家和行业消防标准51项，发布实施38项，新的执法模式、监管机制逐步建立。

二、立足职能定位加快转型，高效应对处置各类灾害

一是对标主力军国家队建强力量。按照“一专多能、专常兼备、辐射区域、形成网络”的思路，突出建强中国救援队和27支国家级专业队、8个机动专业支

队。中国救援队首次赴境外莫桑比克执行国际救援任务，成功通过联合国国际重型救援队 IEC（分级测评），我国成为亚洲首个拥有两支国际重型救援队的国家，展现了大国形象和大国担当。加快省级综合救援机动队建设，各地建立 200~300 人的抗洪抢险救援队，组建山岳、高层、地下等专业救援队 2808 支、工程机械救援队 246 支、地震重型和轻型救援队 511 支，依托社会资源组建潜水、空勤专业队。二是着眼“全灾种、大应急”锤炼队伍。大兴研战谋战之风，综合分析 2015—2019 年 5 年来地震地质和台风洪涝灾害事故特点，对 27 个重点区域和 4 大类特殊灾害分级编制响应预案，修订重特大地震灾害应急预案，开展跨区域应急救援拉动演练，攻关 8 大类重大灭火救援课题，编制高层建筑、石化企业、洪涝灾害等特殊灾害事故救援指导手册，提升精准救援能力。强化指挥能力建设，与解放军、武警部队及气象、地质、水利等部门建立信息共享、应急响应机制，积极推进国家特别重大灾害应急救援现场指挥部建设，探索县、乡、村基层应急通信力量建设，建立“轻骑兵”前突通信队伍，打造应急通信“宝兴模式”，着力破解“断网、断路、断电”等极端条件下的应急通信难题。举办战例大讲堂、应急救援研讨会和典型灾害事故培训，累计培养师资骨干 583 人。抓好两批新招消防员入职训练，开展全员岗位大练兵大比武，举办全国首届“火焰蓝”消防救援技能对抗比武暨国际消防救援技术交流竞赛，调整充实灭火救援专家组和特约研究员队伍。积极推进国际和港澳特区交流合作，派员赴俄罗斯、法国和中国香港参加交流培训，在上合组织、东盟等框架下举办消防救援技术研讨活动，组队赴俄罗斯参加第十五届世界消防救援锦标赛，开启国际消防救援交流与合作新篇章。三是坚持当先锋打头阵攻坚制胜。全国消防救援队伍在各类灾害事故应对处置中，始终当先锋、打头阵、挑重担，成功处置辽宁大连“1・8”燃气泄漏爆炸、山西乡宁“3・15”山体滑坡、吉林敦化“5・17”在建高铁隧道火灾、江苏南京“5・24”金鹰购物中心高层火灾、江苏无锡“9・28”交通事故、浙江衢州“10・14”动车火灾等重大灾害事故。特别是在江苏响水“3・21”化工爆炸、贵州水城“7・23”特大山体滑坡和抗击超强台风“利奇马”等重特大灾害事故中，不畏艰险、冲锋在前、英勇顽强、连续作战，充分发挥主力军、国家队作用，全力维护人民群众生命财产安全，充分展示消防救援队伍“刀山敢上、火海敢闯，召之即来、战之必胜”的新形象，得到各级党委政府和人民群众的高度肯定和广泛赞誉。全年全国消防救援队伍共接警出动 131 万起，出动消防救援队伍指战员及其他消防人员 1348.3 万人次、消防车 238.1 万辆次，从各类灾害事故中营救遇险被困人员 16 万人，疏散转移人员 50 万人，为有统计数据以来作战任务最多的一年。

三、防范化解重大安全风险，不断优化消防安全环境

一是压紧压实消防安全责任。强化政府领导责任，国务院安全生产委员会首次组织省级政府安全生产和消防工作合并考核，考核结果通报省级政府和相关部委，有效解决了一批消防安全突出问题。推动民政、文物、教育、公安、住建、工信、市场监管等行业部门落实监管责任，部署开展民办养老机构、博物馆和文物建

筑、出租屋及校园周边经营场所、电动自行车等消防安全专项治理，对第八批“国保”单位开展联合检查，挂牌督办整改33家重大火灾隐患文博单位。在社会单位推行“三自主两公开一承诺”（自主评估风险、自主检查安全、自主整改隐患，向社会公开消防安全责任人、管理人，承诺本场所不存在突出风险或者已落实防范措施），培树大型综合体消防安全管理示范单位，制定《消防安全领域信用管理暂行办法》，倒逼市场主体主动参与消防治理。二是精准精细防控重大风险。深入分析2010—2019年10年35起群死群伤火灾，针对劳动密集型企业、石油化工、群租房等重点场所和突出风险，逐类制定整治措施。依托国务院安全生产委员会平台部署开展夏季、冬春火灾防控等专项行动和高层建筑、“多合一”场所、电动自行车等消防综合治理。规划、城管、交通、公安、消防等部门集中开展打通“生命通道”专项治理，有效解决占用、堵塞消防车通道难题。强化火灾事故一案三查（查原因、查教训、查责任），推动将小微企业、生产加工作坊消防安全监管纳入国家基层社会治理改革大局统筹推进。全年全国共检查单位逾655万家，督促整改隐患逾934万处，整改销案重大火灾隐患单位7026家。三是做深做实宣传教育培训。以消防宣传进农村、进学校为重点，中组部、农业农村部通过“农村实用人才带头人和大学生村官”培训项目平台，对4500个村“两委”负责人进行消防安全宣传培训，利用寒暑假和“开学第一课”开展消防安全教育，惠及2.1亿在校师生，并召开现场会推广经验。消防、民政、文旅等部门联合开展大宣传、大培训、大警示活动，培训消防安全责任人、控制室人员等“关键人”92万人，在中央广播电视总台刊播消防提示超5100条次。依托“5・12”防灾减灾周、“119消防宣传月”等节点开展广泛宣传，部署“全民消防我体验”“平安消防大走访”“消防文创大征集”等活动。各级消防救援队伍建设全媒体中心和媒资系统，打造消防主题公园、科普体验园，建成政务新媒体矩阵，“中国消防”官方微信关注人数突破160万，消防短视频流量占“抖音”平台政务号总流量的四成以上，播放量达332亿次。中国消防博物馆迁址升级并复展开放。

四、精益求精严密部署推进，重大安保任务万无一失

一是高位部署推进。面对新中国成立70周年庆祝活动、第二届“一带一路”国际合作高峰论坛、第二届中国国际进口博览会、第七届世界军人运动会、首届亚洲文明对话大会等15项重大消防安保任务，应急管理部党组专题研究部署，主要领导坐镇值守、全程指挥、带队实地检查指导、梯次调度推进，针对每场重大安保任务逐一制定消防安保方案及增援预案，自上而下建立重大安保扁平指挥架构，成立消防安保总指挥部及分指挥部，主动对接大安保组，从全国调派专家和骨干力量增援安保一线，落实安保体系实体化运行、督导检查跟踪问效、多元力量联防联控、高效精确联合指挥、党建引领保障等战时机制，严密“点线面”防控。二是落实主场主责。北京、上海、山东、湖北等总队紧紧依靠党委政府，发动行业部门和群防群治力量拉网排查、混编联防、实名盯守、重点看护，提高设防等级，周边总队抵近备防、待命集结、随时增援。特别

是北京总队在新中国成立70周年庆祝大会、彩车巡游、焰火燃放和联欢活动等国庆系列庆祝活动中，最高标准、最严要求落实“贴身看护”“秒级响应”等超常规措施，确保了活动期间首都消防安全。应急管理部为北京总队记集体一等功。三是突出整体防控。坚持全国“一盘棋”，各地结合实际开展火灾风险评估和消防专项检查，研究解决重大火灾隐患、消防基础建设等突出问题和薄弱环节，各级消防救援队伍扎实开展“防风险、保平安、迎大庆”消防安全执法检查专项行动，统筹做好元旦、春节、“五一”等节日期间火灾防控工作，维护了重大活动、重要节点全国消防安全形势稳定。

五、坚持纪律部队建设标准，锻造值得信赖过硬队伍

一是铸牢忠诚队魂。启动为期3年的举旗铸魂工程，扎实开展“不忘初心、牢记使命”“学训词、铸忠诚、创新业、立新功”主题教育，推进习近平总书记重要训词精神进思想、进决策、进工作。举行习近平总书记向国家综合性消防救援队伍授旗并致训词一周年系列纪念活动，举办首届“火焰蓝杯”乒乓球羽毛球比赛、微电影评比展映，不断激发队伍以高昂斗志投身消防救援事业。全年有2个集体、3名个人被国务院表彰为全国民族团结进步模范集体、模范个人，1人被评为全国“人民满意的公务员”，3名消防员家庭被全国妇联评为全国“最美家庭”，14个集体受到团中央表彰，4个单位荣记集体一等功，9名指战员应邀参加国庆观礼。二是锻造过硬队伍。坚持“两严两准”（国家综合性消防救援队伍“实行严肃的纪律、严密的组织，按照准现役、准军事化标准建设管理”）建设标准不动摇，队伍各级党委严格贯彻落实民主集中制，坚持重大问题党委集体研究决定，严格执行改革转制特殊时期“三重一大”（重大决策、重要干部任免、重大项目安排和大额资金使用）事项提高一级审批要求。大力宣贯国家综合性消防救援队伍内务条令、队列条令和基层建设纲要，制定教育训练、执法执勤、安全管理等制度，探索新体制下队伍管理新模式、正规化建设新路子。应急管理部党组印发“四所一中心”管理规定，应急管理部消防救援局党委制定从严监督管理总队党委班子成员若干措施，研究提出加强改进班子和队伍建设意见，调整任用总队主官23名，配备率达96.8%。举办总队级领导干部政治轮训班，分两批对800余名支队级正、副职干部进行培训，完成中国消防救援学院面向消防救援队伍单独招生和从大学生消防员中招录干部相关工作。三是营造良好生态。逐级压实党委主体和纪委监督“两个责任”，组织对12个总队级单位开展财务收支审计，各级审计部门完成8882个审计项目，审计总金额749.6亿元，提出意见建议1.2万条，促进增收节支6.5亿元。成立13个巡察组，分两批对14个总队和直属单位党组织开展政治巡察。各总队按照“不少于三分之一支队”的标准，巡察支队153个、延伸大（中）队901个。开展消防执法领域腐败问题专项整治和问题线索“大起底”“两个专项行动”，围绕违规涉消等4类问题，抽查、巡查消防执法项目23万个，回访执法服务对象3万余人次，停止消防救援机构管理的科研、认证机构与消防执法相关的中介服务，省级以下消防救援机构完成与行业协会、中介组织脱钩。

六、围绕现实需求固本强基，不断夯实事业发展根基

一是规划推进城乡消防建设。结合城市安全发展、乡村振兴等战略部署，加强城乡消防建设，将消防工作纳入国民经济和社会发展计划，完成城市、县城和全国重点镇消防规划制修订，全年全国开工建设特勤和普通消防站370座、小型站448座，新增市政消火栓12万个，在重点场所部位安装独立式感烟火灾探测报警器410万个。发展壮大社会消防力量，将消防员职业调整为准入类职业资格，完成国有企业办消防机构分类处理任务，举办全国首届社会应急力量技能竞赛，全国新建政府专职消防队1008个、企业专职消防队92个，新招收政府专职消防队员2.9万人、消防文员4091人，政府专职消防员突破21万人，新增一级注册消防工程师18033人，总数达42266人，取得消防职业技能鉴定总人数达142万人。二是着力夯实基层基础建设。全面执行政府会计制度，各级政府共投入消防经费981亿元，同比增长21.3%，有力保障了改革转制期间消防救援事业发展。财政部明确国家综合性消防救援队伍进口税收政策，进口装备税收减免13亿元，全年全国共配备各类消防车48703辆、防护装备833.5万件（套）、灭火器材178.9万件（套）、抢险救援器材145.2万件（套）、各类灭火剂99375.5吨。开展147个消防救援队伍基础设施建设项目，全国消防救援队伍在用土地7989宗、土地面积8270万平方米，营房总建筑面积3407万平方米。加快战勤保障向前勤支撑转变，建设区域性战勤保障中心、战勤保障基地和战勤保障消防站，队伍各级投入4.4亿元，储备各类物资装备22.3万件（套）。健全与大型工程、卫生医疗、生活能源保障企业单位和高铁、航空等部门应急联动保障机制，落实特别重大灾害处置现场指挥部后勤保障机制，实施3年灭火救援装备建设规划，推进装备省级集中采购。三是创新推动科技信息化建设。科学编制消防信息化发展四年规划，完成国家电子政务外网接入及消防信息系统迁移，扩容消防卫星专网，研发应用融合通信系统，推进消防“一张图”建设，汇聚各类数据1.5亿条，叠加图层750余个，优化改进作战指挥手段，初步实现可视化、透明化、智能化建设目标。加强科研成果转化应用，攻关堰塞湖灾害应急救援技术与装备研究等65个课题，修订科技计划项目管理办法等3个规范性文件，“四所一中心”获专利授权97项，101项消防科技成果转化应用到实战，上海消防研究所牵头申报的“应急救援现场感知与协同指挥关键装备技术研究及应用”荣获国家科学技术进步奖二等奖。

第二篇

各省、自治区、直辖市消防救援工作

第一章　北京市消防救援工作

一、创新完善消防安保机制，圆满完成重大消防安保任务

市委书记蔡奇、市长陈吉宁等领导多次就消防工作作出批示指示，重要节点采取“四不两直”(不发通知、不打招呼、不听汇报、不用陪同接待、直奔基层、直插现场)的方式检查消防安全，全市召开安全生产及消防工作会、安保推进会26次。应急管理部党组书记黄明和消防救援局主要领导多次到北京调研指导。市消防救援总队全程融入市国庆服务保障组织架构，在市域范围内开展火灾风险评估，针对性提出火灾风险管理、基础设施建设等工作措施，重要会议、重大活动实行“一会场一团队、一住地一专班、一外围一前指”。彩车、焰火燃放等重点环节和天安门城楼、制高点等重点部位，全部制定消防安全标准，并搭建临时消防站24小时贴身看护。构建总指挥部—分指挥部—前沿指挥部（所）三级勤务指挥调度体系，研发“蓝剑”消防安保指挥系统，启动全要素动态前置备勤，扁平化指挥168座中心消防救援站、81座小型消防站、4640个微型消防站，实现突发情况“秒级响应”，新华社编发内参报道经验做法。全国“两会”、“一带一路”国际合作高峰论坛、世界园艺博览会、亚洲文明对话大会、新中国成立70周年庆祝活动等重大活动、重要会议期间实现“零失误、零差错、零火情”，应急管理部为北京市消防救援总队记集体一等功。

二、主动防范火灾风险隐患，最大限度净化消防安全环境

紧密结合“疏解整治促提升”、城市安全隐患治理等专项行动，推进“防风险、保平安、迎大庆”消防安全执法检查专项行动，指导4.3万家社会单位开展“三自主两公开一承诺”，自查自改火灾隐患2.6万处。组织开展电动自行车、文博单位、大型综合体、施工现场、医疗机构、养老服务机构、学校幼儿园、厂房库房等重点场所专项整治。挂牌督办17家市级重大火灾隐患单位，攻坚整治存在突出隐患问题的100个居民小区和178个重点村。全市消防机构累计检查单位15万家次，督促整改火灾隐患逾20万处。将消防工作纳入全市安全生产督察工作体系，由市委组织部选派正局级领导带队开展督察，市安全生产委员会、防火安全委员会向17个区（地区）政府、26个市属部门下达工作任务书及安全生产和消防工作考核细则，明确消防工作年度目标任务，通报行业系统火灾事故64起，消防监督执法案件25件。紧盯“不起火、不亡人、不扩大”三道防线，制定火灾风险隐患指南，在全市部署开展火灾风险隐患“自知、自查、自改”活动，推动所有超高层建筑和大型综合体组建灭火救援技术处置队。借助政府购买服务、“两微一端”（微博、微信、新闻客户端）平

台、三大通信运营商，广泛开展消防安全宣传培训。市民消防常识知晓率同比提高4.6%，电动自行车安全使用知晓率同比提高11%。全市火灾起数、亡人数同比分别下降7.4%、42.9%。

三、围绕深化消防执法改革，助推火灾防控能力提质升级

完善《北京市消防安全责任制实施细则》，启动5部地方法规修订工作，印发《关于规范转制过渡期间执法工作的通知》，出台《关于对部分消防安全违法行为实施行政处罚的裁量规定》，完善“双随机一公开”消防监管模式。市住建、消防部门联合印发《关于本市建设工程消防验收移交承接有关工作的通知》，对住建部门工作人员开展4次培训，对过渡期内1257个消防验收项目进行督察。对接国家会议中心二期、国家科技传播中心、世界园艺博览会场馆建设等重点工程，做好建设工程消防设计审查过渡期间特殊消防设计工程专家评审工作。制定消防信用“红黑名单”认定标准，出台《北京市消防安全领域信用管理暂行办法》，提高社会单位违法成本。市住建、教育、卫健、消防等部门联合制定居民小区、中小学幼儿园、医疗机构等场所消防安全管理标准，开展居民小区、中小学幼儿园星级评价试点。

四、瞄准能力素质转型升级，着力锻造应急救援尖兵劲旅

开展总队级石油化工、超高层建筑、地铁、水域、机场等应急救援综合实战演练，在全国第五届消防搜救犬技术比武竞赛中获得团体第二名，在全国首届“火焰蓝”消防救援技能对抗比武竞赛中获得1项单项第一名，在2019格锐德世界绳索救援赛亚洲赛中获得全科目积分赛完赛总分第一名。依托市消防救援总队组建中国救援队，并顺利通过联合国国际重型救援队测评，同步推进国家级地震、山岳、水域3支专业救援队，以及综合应急救援机动支队、抗洪抢险救援队建设。全年全市消防救援队伍累计接警出动5.3万起，抢救被困人员2711人，疏散4803人，保护财产价值3937万元。制定消防救援装备、科技信息化、消防宣传和人才队伍建设规划，推进市级第二消防训练基地、第二消防战勤保障基地建设，全市执勤消防队站达267座。全市各级政府投入专项经费12.3亿元，购置灭火机器人、卫星通信车等装备，实战打赢和保障能力进一步提升。

第二章　天津市消防救援工作

一、守牢消防安全基本盘

坚持责任牵引、智慧支撑、网格兜底、宣传覆盖、诚信制约，着力打造火灾防控大格局，系统培训消防管理重点人10.2万人，集中约谈5700家重点单位法人，在权威媒体曝光隐患单位10501家，刑事追责或党政纪处分火灾事故责任人34名。聚焦“老旧居民区、危险化学品场所、大跨度建筑”三类高风险区域、场所，完成3421个老旧小区消防设施改造，1319家危险化学品企业建立“一企一册、一库一单”台账和工艺处置小组，大跨度建筑单位公开承诺消防安全，全年全市整改火灾隐患17.5万处，整改销案重大火灾隐患单位60家，圆满完成新中国成立70周年庆祝活动、世界智能大会、第十届残运会、全国糖酒会等系列重大安保任务。全市火灾起数、亡人数、伤人数、直接财产损失同比分别下降15.3%、50%、5.6%、69.1%。获评全国消防救援队伍年度工作先进总队、先进总队党委、安全工作先进单位。

二、练就应急救援真功夫

立足天津城市功能区特点，构建“一个中心、五个支点”战区协作机制，建精建强水域、地震、高层、石化等7支专业队。持续深化全员岗位大练兵，建立“以上率下、责任捆绑、兑现奖惩”三项机制，推行全员普训、岗位轮训、专业特训、装备专训、任前培训、进厂驻训“六训模式”，编印《初起火灾作战行动要诀》和18类事故处置规程、指挥程序示范教程，开展院前救助、水域救援、舟艇驾驶等资质认证培训，组织危化、防汛、地震、高层等全要素实战演练。在全国消防救援队伍夏训考核中获第三名、在全国第五届消防搜救犬技术比武竞赛中获第六名、在冬训考核中获全优。全年全市消防救援队伍共接警出动5万起，抢救疏散被困人员4137人，保护财产价值7409万元，成功处置超强台风“利奇马”、滨海“10·27”化工装置泄漏等灾害事故。

三、打造安全文化硬实力

投入1500万元建成总队全媒体中心，依托天津广播电视台聘选专业媒体人，与26家重量级媒体签订战略合作协议，打造消防宣传“中央厨房”，《让“生命通道”不再添堵》《消除老旧小区火灾隐患》《火灾现场实施心肺复苏》等新闻被中央广播电视总台刊播，《中国应急管理报》连续三期整版报道天津消防重点工作成效。利用1000万元火灾隐患举报奖励基金，大力实施有奖举报，自主研发“举报投诉智能云平台”和“96119人工智能机器人”。在公园、地铁、车站建设消防安全宣传阵地，推出各类消防文创产品，与三大通信运营商、10家知名快递公司联合，每天向1500万人发送消防安全提示、普及消防安全常识，提升市民消防安全意识。

四、增强创新发展驱动力

市政府8个部门联合出台信息共享和联合惩戒机制，对7家存在消防安全等失信行为的酒店实施惩戒。组织1200个社会团体、200万名志愿者和34万名保安员、快递员成立“天津消防公益联盟”，辐射带动社会各界共筑平安。加快“智慧消防”建设，大数据分析预警准确率达到88.3%，为精准施策、靶向治理提供辅助依据。组建灭火救援专家组，建立课题攻关、联席会商、培训授课、辅助决策等7项制度，组织7支专业队分别开展检验性演练。组织58名业务骨干进驻大型石化企业培训，储备专业技术人才。

五、积蓄打赢制胜新动能

全年竣工并投入执勤消防站7座，主体完工消防站9座，在建消防站12座、小型站7座，执勤站总数达121座。总队培训基地真火训练、建筑倒塌、船舶飞机等训练设施达国内领先水平，总投资3亿元的综合保障基地取得立项批复。编制《消防装备三年建设规划》，市政府投入装备建设专项资金，为消防救援队伍一次性列装149辆消防车，全市消防车底盘进口率占比近60%。市政府制定《政府专职消防员招收工作实施方案》，首次明确市级统招模式，将保障标准统一增至年人均13.6万元，同比上升57%。

第三章　河北省消防救援工作

一、坚持政府主导，打造安全稳定的消防环境

省委办公厅、省政府办公厅印发《关于深化消防执法改革的若干措施》，省政府召开全省消防工作会议，与11个设区市及30个省直部门签订消防安全责任书。省政府考核各市政府、雄安新区年度消防工作，并将考核结果纳入党政领导班子政绩目标考核项目清单。省教育、文物、民政、文旅部门分行业开展专项整治，逐级约谈3085家大型商业综合体、高层建筑、危险化学品企业负责人。对全省大型商业综合体、张家口冬奥会赛区和雄安新区重点单位场所开展“会诊式”检查。加强夏季、冬春火灾防控，开展“防风险、保平安、迎大庆”消防安全执法检查专项行动和“双百日攻坚会战”，开展电气火灾、大型商业综合体、博物馆和文物建筑等系列专项整治，累计检查单位20.5万家，督促整改火灾隐患33.1万处，省政府挂牌督办18家重大火灾隐患单位、整改销案15家。全省消防救援队伍11个支队级单位、198个执法单位全部上线运行“双随机一公开”消防监管系统，将31.6万家单位纳入社会单位名录库、2050名消防监督干部和消防文员纳入监督人员名录库。省消防救援总队联合河北日报报业集团、河北广播电视台、长城新媒体集团等主流媒体开展“点燃火焰蓝、奋进新征程”形象宣传月和“新闻媒体看消防”主题宣传报道活动，评选展播第五届“消防之星”。全年全省共发生火灾4001起，亡32人，伤26人，直接财产损失2.1亿元，连续18年未发生重大以上亡人火灾事故。

二、坚持聚焦主业，炼就打赢制胜的过硬本领

按照水域、山岳、地震、空勤4种类型，规划建设34支1830人的国家、省、市级综合性应急救援队，组建42支灭火救援专业队。探索建立抢险救灾社会联勤联动机制，与三一重工股份有限公司（简称三一重工）签订战略合作协议，组建工程机械救援大队。开展灭火救援岗位士兵职业技能鉴定和现场急救技能、潜水员、舟艇驾驶员、山岳救援培训班。制定全省重点单位及重大危险源预案1500份，组织开展大型商业综合体灭火救援、地震救援、山区森林地带应急通信保障等实战演练，开展全员岗位大练兵和春季、夏季两场比武竞赛。成立省、市两级灭火救援专家组12个，吸纳各领域专家279人。落实消防员征召政策，分两批招录消防员1157人。全省招录1210名政府专职消防队员，105支政府专职消防队执勤人数均达45人以上。全年全省消防救援队伍共接警出动3.6万起，抢救被困人员3214人，成功处置衡水“4·25”建筑工地坍塌事故，有效应对超强台风“利奇马”等重大灾害事故。

三、坚持聚焦基层，保持服务发展的强劲势头

各级政府共投入消防经费23.2亿元，新建消防站46座，总量达361座，其中63个县（市、区）建成或在建第二座消防站，占地200亩的邯郸支队训练基地投入使用。全省累计投入7.8亿元，新购消防车140辆，总量达2326辆。新购装备器材9.5万件（套），总量达70万件（套）。跟进京津冀协同发展、雄安新区规划建设和冬奥会筹办“三大战略”，设立3个专项工作组，靠前服务、全程指导、优先保障，对疏解非首都功能外迁的重点项目特别是北京新机场建设项目，开辟审批快速通道，专人专班提供服务。应急管理部消防救援局审定《河北雄安新区消防专项规划》，推进雄安新区消防基础设施和消防救援力量建设驶入“快车道”。加快冬奥会张家口赛区消防安保体系建设，崇礼区特勤消防站建成投入使用，奥运村一级消防站、红旗营二级消防站主体完工，政府投入1.9亿元采购23辆进口消防车和服务奥运工作相关车辆装备。全省各级全部落实消防救援队伍指战员高危补贴，政府专职消防员月平均工资达3668元，整体增幅10%。省应急管理厅、教育厅联合印发《河北省国家综合性消防救援队伍人员及其子女教育优待细则》，各项优待措施稳步落地。

第四章　山西省消防救援工作

一、健全消防工作责任体系

省委、省政府主要领导多次就加强消防工作作出批示指示，其他省领导多次听取消防工作汇报，研究部署、调研指导消防工作。省委常委会、省政府常务会专题分析全省消防安全形势、部署工作，省政府将消防安全评估、重大火灾隐患治理等重点工作纳入“13710”政务督办系统，层层压实工作责任。省安全生产委员会多次召开会议研究阶段性消防工作、部署消防专项行动，省安全生产委员会办公室印发社会面消防安全严管严控措施、向13个省直行业厅局发出建议函，督促落实政府、行业、社会单位、基层网格四级工作责任，推动消防安全标准化管理和示范建设。文物、文旅、公安、消防等部门联合开展文物建筑、A级景区、演出市场、寄递企业专项检查和约谈培训。教育、公安、住建、应急、消防等部门联合印发文件，加强出租房和校园周边经营场所消防安全管理。教育、卫健、交管和邮政管理等部门开展行业系统消防安全集中约谈，民政部门将独立式感烟报警探测器推广使用纳入行业重点工作，省减灾委员会办公室将消防安全社区创建纳入全省综合减灾示范社区创建工作内容。开展商业综合体消防安全专项整治，制定大型商业综合体消防安全管理导则并组织全省189家1万平方米以上商业综合体和商市场单位823名负责人集中学习培训，警示约谈大中型重点企业消防安全责任人。

二、优化消防安全环境

强化火灾隐患综合治理，推进“防风险、保平安、迎大庆”、博物馆和文物建筑、电气火灾整治等消防安全专项行动，细化高层建筑及大型商业综合体、危险化学品企业、重大火灾隐患单位、博物馆和文物建筑等六类场所消防安全严管严控措施，出台坚决遏制小火亡人七项措施，对世界文化遗产单位逐一开展“体检式”防火检查指导，圆满完成第二届全国青年运动会、新中国成立70周年庆祝活动等重大消防安保任务。全省共检查社会单位24.2万家，督促整改火灾隐患35.2万处，挂牌督办重大火灾隐患单位164家。加快消防监督管理革新，推行“双随机一公开”消防监管模式，推动地方立法，开展法制员培训，加强执法管理，规范执法行为。策划推出多部消防宣传作品，微电影《我在》在全国消防救援队伍首届主题微电影评比中获一等奖。建立“微博 + 微信 +APP 客户端 +‘抖音’号”新媒体矩阵，微信发布文章1万余篇，微博发文1.2万条，“抖音”推送视频2000余条，矩阵关注人数超1000万。成立应急消防宣传专家组，组织消防宣传大使深入全省养老服务机构及文化和旅游行业集中开展消防安全大宣传、大培训、大警示活动。开展“千年古建话消防”特色宣传活动，举办“中国消防”新媒体走进平遥古城粉丝嘉年华活动。全年全省共发生火灾4625起，亡51人，伤25人，直接财产损失8446.6万元。

三、提升灭火救援能力

扎实开展实战化练兵，印发《全省消防救援队伍全员岗位大练兵方案》及岗位大练兵奖惩规定，编制高层建筑火灾灭火救援处置规程、熟悉工作指南，围绕重大安保任务开展高层、水域、隧道、危险化学品、文物古建筑及重特大地震灾害等实战拉动演练，建立"大队周考核、支队月对抗、总队季比武"练兵机制，组织开展省内南北区域比武对抗赛，举办深入学习贯彻习近平总书记向国家综合性消防救援队伍授旗并致训词精神建设成果展示和全员岗位大练兵综合实战演练，省委书记楼阳生现场观摩并充分肯定全省消防救援队伍改革转制成效。在全国首届"火焰蓝"消防救援技能对抗比武竞赛中获第十二名。组建综合应急救援机动支队和抗洪抢险救援队，开展山岳、水域、地震、石化、绳索、车辆事故救援及信息通信等专项培训，研发灭火救援数字化预案平台，依托消防指挥调度系统建立一体化、跨区域应急救援指挥机制，建立健全"一综多专"消防救援力量体系。全年全省消防救援队伍共接警出动1.6万起，出动车辆2.7万辆次，出动消防人员14.3万人次，抢救和疏散被困人员1.5万人，保护财产价值1.5亿元。成功处置临汾"3·15"山体滑坡和长治"3·29"森林火灾等灾害事故。

四、加强基层基础建设

推进消防基础设施建设，18座消防站完成立项和开工建设，4个支队训练基地和2个支队战勤保障大队完成主体建设，1个支队战勤保障大队投入使用，6个支队249套公寓房开工在建。利用信息化、科技化手段，研发后勤综合管理系统，实现土地营房、营产营具、车辆装备器材信息化、可视化、精细化管理。加强消防装备建设，全省投入3.9亿元用于装备建设，新增各类消防车129辆，防护装备8.6万件（套），抢险救援器材及灭火器材4万件（套），灭火药剂370.2吨。全省消防员个人防护装备实现集中采购，出台灭火救援装备采购4份指导性文件，编制8种消防车统型技术文本，建立全省装备专家库。成立技术服务队对执勤车辆和器材装备进行巡检，建立战勤保障应急响应、保障物资"模块化"储运机制。全省各级政府共投入消防经费10.9亿元，其中以转移支付形式向58个贫困县下达省级消防补助资金共计1500万元，用于消防队站和消防装备建设。省政府专题研究消防车辆装备建设项目，将2.9亿元项目经费纳入三年经费保障规划。

第五章　内蒙古自治区消防救援工作

一、深化“放管服”，营造良好消防营商环境

重点解决2008年以来全区6083个建设工程消防设计审核验收遗留问题，制定容缺受理、新旧规范适用、审验判定依据等6类工作措施，分类解决954个房地产项目、490所学校、160个加工制造企业、75个医院建设项目历史遗留问题。集中办结1133个涉及城镇国有土地房屋建设权属登记等历史遗留问题，为239个变电站、7个煤化工项目办理消防手续，有效化解社会矛盾、优化营商环境。推行“双随机一公开”消防监管模式，出台便民利企九项措施，提升企业和群众获得感、满意度。

二、聚焦转型升级，综合救援能力明显提高

组建自治区综合应急救援机动支队，在呼和浩特、包头、赤峰、锡林郭勒盟、乌海组建高层、化工、地震、工程机械等9个专业救援大队和17个专业救援队，年内全区综合机动救援力量建设基本完成。伊泰、神华等100家化工企业建设应急救援工艺处置队，将100支工艺处置队、118座农牧区消防站、133支企业专职队、5242个微型消防站纳入作战调度体系，实现同一平台统一调度指挥。成功处置呼和浩特“3·29”联建小区住宅楼爆炸、乌兰察布“4·24”东兴化工爆燃等事故。在全国第五届消防搜救犬技术比武竞赛中取得第三名。

三、强化宣传培训，全民消防意识不断增强

加快自治区、盟市两级全媒体中心、宣教中心实体化建设，新建3个省级、15个盟市级、50个旗县级消防科普教育基地，100座消防队站达到对外开放标准。将消防宣传融入“乌兰牧骑”“好来宝”等蒙古族特色民间艺术团体，组建125支“蒙汉双语”消防志愿服务队。自治区共青团和消防部门联合开展“防风险、除隐患、建设亮丽内蒙古”消防志愿服务活动，累计发动150万名青年志愿者，以宣传普及消防知识、查改身边火灾隐患和消防安全救助为主要内容的消防志愿服务。开展消防宣传“七进”（进机关、进学校、进社区、进家庭、进企业、进农村、进网站）工作，自治区少工委和消防部门联合举办“红领巾与火焰蓝”消防安全实践活动，在全区推广中小学生疏散救生操法，共培训各类人员20万人。全年全区共发生火灾5421起，亡30人，伤13人，直接财产损失8113万元，连续25年未发生重特大火灾事故。

四、多方予以支持，各项优待措施落实落地

自治区政府出台《内蒙古自治区人民政府关于继续落实消防救援人员优待政

策的通知》，组织召开政策例行吹风会；应急管理厅、教育厅出台《内蒙古自治区消防救援人员子女教育优待细则（暂行）》，明确消防救援人员子女入学意愿、优先择校、加分优待、办理转学等方面政策。兴安盟消防救援支队被国务院表彰为“全国民族团结进步模范集体”。

第六章　辽宁省消防救援工作

一、政府主导、综合施策，层层落实消防安全责任

一是推动落实消防安全责任。省委书记陈求发、省长唐一军多次研究部署消防工作，常务副省长等省领导参加习近平总书记向国家综合性消防救援队伍授旗并致训词一周年暨全员岗位大练兵比武竞赛等活动。省政府召开消防工作会议、印发《辽宁省消防安全约谈机制》，省消防安全委员会组织 11 个省直部门召开 6 次联席会，指导开展部门消防安全大排查。全省消防控制室达标 3302 家，消防平安社区达标 1182 个，微型消防站达标 5389 个，社会单位消防安全“六个一”（向社会作出 1 份消防安全承诺，开展 1 次消防安全自查，维护保养 1 次建筑消防设施，组织 1 次全员培训，开展 1 次全员应急疏散演练，向消防部门报告 1 次工作）工作达标 7321 家。二是加强火灾隐患排查整治。开展消防安全执法专项行动，编写 13 类重点场所自查手册，整改火灾隐患 14 万处，排查确立重大火灾隐患单位 81 家，督促整改销案 40 家，抽查消防产品 600 批次，办理行政处罚案件 55 起，约谈单位负责人 2.9 万名。三是提升监督执法服务效能。启动《辽宁省消防条例》修正工作，推动深化消防执法改革，推行自贸区承诺制，推行“双随机一公开”消防监管模式，取消消防技术服务机构资质许可制度。四是加大消防宣传教育力度。命名挂牌 131 个科普教育基地，在国家、省级媒体发稿 1800 余篇，在“抖音”平台发起“守护火焰蓝”主题报道，阅读量达 1.6 亿次。全年全省共发生火灾 17576 起，亡 99 人，伤 19 人，直接财产损失 1.3 亿元。

二、着眼实战、专业牵引，提高队伍攻坚打赢能力

一是专业化作战体系日趋完善。承办全国冰上救援师资力量培训班和社会救援力量技能竞赛，举办各类专业技术培训班 8 次。召开跨区域调度推演观摩会，推进 2 支国家级专业队及全省 5 大类 41 支灭火救援专业队建设，挂牌组建 780 人的综合应急救援机动支队，与三一重工签署战略合作协议。二是实战化训练水平稳步提升。每季度召开参谋长联席会议，制定《训练督导比武考核方案》，全年开展各类考核 4 次、比武竞赛 8 次、辖区熟悉 2.6 万家次、实战演练 1.7 万次、修订预案超 1 万份、保养消防水源 1.2 万处。圆满完成新中国成立 70 周年庆祝活动、大连“达沃斯”论坛等重大消防安保任务，成功处置沈阳“4・17”棋盘山山林火灾、铁岭“7・3”龙卷风、沈阳“12・2”SR 新城高层火灾等灾害事故。全年全省消防救援队伍共接警出动 3.5 万起，出动车辆 5.5 万辆次，出动消防人员 26.7 万人次，抢救疏散人员 1.1 万人，保护财产价值 5.9 亿元。

三、软硬并重、固本强基，夯实消防基层基础工作

各级政府共投入消防经费13.7亿元，省本级落实消防经费3179万元，同比增长104%。投入装备建设资金3.7亿元，新增各类消防车89辆、器材9.8万件（套）、灭火剂985吨。省消防救援总队新建指挥中心、辽西应急储备中心、朝阳支队训练基地等项目稳步推进，新建普通消防站2座、小型消防站6座，14个支队级战勤保障大队建成并投入使用。

第七章　吉林省消防救援工作

一、有效落实消防安全责任

省长景俊海组织召开2019年全省消防工作会议，部署年度消防工作任务。常务副省长等省领导先后多次专题研究、带队检查消防工作，部署全省“防风险、保平安、迎大庆”消防安全执法检查、冬春火灾防控和大型商业综合体消防安全“回头看”等专项工作。省安全生产委员会和防火安全委员会每季度召开行业部门消防工作联席会，研判分析行业火灾形势，部署阶段性工作任务，培训32个省级行业部门和95家中省直企业、大型连锁集团负责人，推动落实监管责任。省公安厅与消防救援总队专题会商派出所消防监督工作，持续开展“万名民警查火患”专项行动。深化推进“三自主两公开一承诺”机制，分类制定单位消防安全管理标准，编制10大类42项隐患问题名录，全省4.7万家重点场所落实管理标准。

二、不断深化消防综合治理

省住建、商务、文化、消防等部门集中开展养老机构、宾馆洗浴、商场市场、公共娱乐、医疗机构5大重点领域消防安全综合治理，教育和消防部门联合开展校园及周边消防安全检查。省安全生产委员会印发方案，集中开展居民住宅小区消防安全专项整治。文物和消防部门联合开展文物火灾隐患“回头查”专项行动，逐级约谈9153家文博单位负责人。全年检查社会单位17.8万家次，督促整改火灾隐患13.7万处。结合季节火灾规律特点，组织乡镇政府、居（村）民委员会等基层网格力量和公安派出所，进村入户开展清理楼道、阳台、消防通道、违规住人和查违规用火用电用油用气的“四清一查”行动。在老旧高层建筑、居民住宅、养老机构等场所安装独立感烟报警器1.6万个。各级政府挂牌督办51家重大火灾隐患单位、省防火安全委员会挂牌督办10家单位，在《吉林日报》《新文化报》及腾讯、新浪等主流媒体全面曝光。圆满完成新中国成立70周年庆祝活动、中央广播电视总台春晚长春分会场演出等重大消防安保任务。全年全省共发生火灾6984起，亡34人，伤14人，直接财产损失4956.5万元。

三、深入推进消防执法改革

省消防救援总队出台《落实〈关于深化消防执法改革的意见〉16项45条措施》。省住房和城乡建设厅与总队联合印发《关于做好建设工程消防设计审查验收移交承接工作的通知》，顺利完成职权移交工作。落实“双随机一公开”工作要求，抽取行政许可、行政处罚、行政强制项目执法案卷4520本，梳理汇总发现问题235项。开展防火岗位大练兵，研发制作并上线运行全员岗位练兵手机APP软件。全省各地开展“3・15”消防产品质量专项检查，市场监管、消防机构联合开展消防产品全链条质量监督管理产品抽查，累计查处消防产品违法案件128起，销毁不合格消防产品2382件（套），源头堵塞假冒伪劣消防产品流通。

四、广泛开展消防宣传教育

省教育、民政、消防等部门联合开展暑期消防安全专项行动、“消防安全进军训”、“5·12”防灾减灾日、“开学第一课”“安全生产月”“九九平安行”“119消防宣传月”等主题活动，19家中央驻吉新闻机构和省内权威媒体召开新闻媒体座谈会，吉林日报报业集团、吉林广播电视台、吉林网与省消防救援总队建立战略合作协议。省通信管理局与消防救援总队建立消防公益短信常态化发送机制。在中央级媒体播发新闻391条，省级媒体发稿7589条，在吉林电视台7个频道和广播电台9个频率播出提示字幕和消防安全公益广告。制作6集系列火灾案例警示片，曝光重大火灾隐患5121条次，录制“做客直播间”“案例解读”等电视专题节目26期。

五、稳步提升灭火救援能力

全省消防救援队伍开展“练指挥、守安全、强实战”岗位练兵，举办首届“火焰蓝”灭火救援技术和通信业务比武竞赛，在全国首届“火焰蓝”消防救援技能对抗比武竞赛中获总成绩第二名。开展支队级灭火救援实战演练102次，分别在吉林市和四平市举办全省跨区域抗洪抢险救援实战演练和总队“砺剑2019”跨区域地震救援72小时实战拉动演练。制定作战训练及队伍管理安全业务理论题库，制作《全省消防救援队伍作战训练安全常识口袋书》3200册。制定灭火救援战时标准，固化灭火救援指挥专班实体化运行机制。举办全省水域救援、灭火救援、应急通信师资骨干和无人机驾驶员等岗位培训班，新增无人机驾驶员56人。依托吉化公司开展全省石油化工事故处置驻场培训活动，挂牌成立吉林省消防救援总队综合应急救援机动支队和重型机械工程救援大队。全省新招录政府专职消防队员710名。39名行业专家纳入省级专家库，省民防局、地震局、交警总队、消防救援总队建立14项联勤机制。强化复杂环境和重点单位通信测试训练，配齐应急通信关键装备，新增轻型卫星便携站9套、系留式无人机3架、4G布控球72台、自组网基站9套。圆满完成敦化“5·17”在建高铁隧道火灾扑救、超强台风“利奇马”、台风“罗莎”应急救援等处置任务。

六、全面提升综合保障水平

各级政府共投入消防经费11.2亿元，其中省本级业务经费1.1亿元并保留总队绩效奖金。全省投入4亿元，重点加强省级专业救援队职能拓展装备、新入职消防员和师资骨干训练装备、综合应急救援机动支队装备、战勤保障编组建设及总队级战勤保障装备物资储备等7个项目采购配备，共采购各类消防车140辆，装备器材6万件（套）、灭火药剂100吨，实现全省专业队和长春支队、吉林支队两个战勤保障编组从无到有的建设目标。新建总队机关体能训练馆、全媒体中心、公寓房、洗衣房、洗车房、智能车库，完成总队培训基地训练场地整体翻新维护，审核批复全省31个工程项目，并对2018年82个工程项目进展进行调度，推进支、大队兴建室内训练馆。修订完善装备物资采购验收、营房基建管理、重大经费使用审批和食堂采购监管等内控制度。研发内控管理软件，制定重大灾害事故战勤保障预案，实行战勤保障工作等级响应机制。研发预算管控和资产清查软件，建立全省装备采购信息管理系统，强化采购价格管控。

第八章　黑龙江省消防救援工作

一、瞄准靶心，精准防控，消防安全形势持续稳定

省委书记张庆伟、省长王文涛等省领导10余次听取消防工作汇报，带队检查消防安全。省委、省政府7次研究部署消防工作。省消防安全委员会通过会商通报、约谈警示、追责问责，逐级压实消防安全责任。针对季节性火灾特点召开冬春火灾防控工作会议，组织市级政府消防工作考核，省、市、县三级政府定期组织召开消防安全委员会联席会议。全省各地召开行业部门消防安全标准化管理现场会23次，向行业部门发出消防安全工作提示函、建议书344份。省消防救援总队在重要节点、重要时段开展火灾风险评估，开展“防风险、保平安、迎大庆”消防安全执法检查专项行动和“大约谈、大警示、大体检、大曝光”活动，做好消防安全通道、城镇住宅小区等13个专项整治行动，综合运用挂牌督办、媒体曝光、集中约谈、技术帮扶等手段，督促整改火灾隐患和消防违法行为21.7万处，集中曝光重大火灾隐患挂牌单位147家、约谈单位负责人1.5万人，查处消防产品类违法案件15起。全省火灾亡人数、伤人数、直接财产损失同比分别下降51.5%、67.7%、13.9%。建设消防文化主题公园、打造消防宣传主题餐厅、开通地铁消防专列、举办“全民消防总动员”中俄广场舞大赛，134支宣讲团开展宣讲2万场次，针对消防安全重点单位责任人、管理人等7类重点人群开展消防培训100万人次，张贴消防安全管理通告30万份。省委深化改革委员会审议通过《黑龙江省关于深化消防执法改革的实施意见》，推行“双随机一公开”监管模式，全省消防审验职能顺利移交，各级消防协会全部脱钩，消防技术服务机构资质许可办理工作全面取消。省消防救援总队依法承接农垦、森工系统消防行政权力，服务指导哈尔滨、黑河、绥芬河自贸区消防工作。部署开展防火岗位千人大培训，举办全省首届“火焰蓝”防火岗位比武竞赛，推行法制岗位行政诉讼案件观摩庭审、监督岗位实操教学、火调岗位现场燃烧试验教学，深化执法规范化建设。

二、苦练本领，快速响应，应急救援能力稳步增强

组建地质灾害、水域救援等7支专业队组成的综合应急救援机动支队，建设高层、地下、石油化工等13支灭火救援专业队，15支抗洪抢险突击队，先后两批招录新消防员1195名。部署开展全员岗位大练兵，举办首届“火焰蓝·健美达人”体能体型竞赛和全省消防救援队伍应急通信比武竞赛。制定完善洪涝灾害、地震灾害等多种事故类型跨区域应急救援预案，立足极端恶劣条件随机拉动各级应急通信保障分队500次，举行“龙威2019-1”森林灭火实兵演练、“龙威2019-2”区域性抗

洪抢险应急演练、跨区域地震救援、危险化学品园区火灾扑救、水域救援、冰上事故救援、地下建筑火灾扑救等10次大型实战演练。将政府专职消防队、矿山救护队、蓝天救援队等多种形式消防力量纳入指挥调度体系，加强联勤联训联战，成功处置牡丹江“2·4”桦林轮胎仓库火灾、黑河“5·17”翠宏山铁矿透水等灾害事故，营救疏散被困人员3000人。圆满完成新中国成立70周年庆祝活动、大庆油田发现60周年纪念活动、第六届中俄博览会等消防安保任务。全年全省消防救援队伍共接警出动2.7万次，同比上升34.2%，出动消防人员25.7万人次，抢救和疏散被困人员5022人。

三、着眼长远，夯实根基，综合保障水平明显提升

各级政府投入消防经费12.1亿元，同比增长68.2%。中国银行黑龙江省分行4000万元资金支持全省消防救援指挥中心升级改造，立项建设室内训练馆33座。省政府投入4.6亿元装备建设资金，新购执勤消防车182辆，各类器材装备8.5万件（套）。全省消防救援队伍指战员交通出行、看病就医、子女教育、家属随队落户等优待政策全面落实，94套新建、改建公寓房陆续交付入住，基层消防救援队伍更换配备椰棕床垫4600套。着眼寒区灭火救援供水难题，试点推广500个市政消火栓建设并实现重点突破。“智慧城市”试点地市将“智慧消防”建设纳入“智慧城市”建设总体方案，全省4534家社会单位、高层建筑接入消防远程监控系统。重点镇消防规划编制完成率达100%。吸纳各领域专家组建40人的消防救援特约研究员队伍。省消防救援总队联合中国移动、华为公司就5G技术消防应用开展前瞻性探索，打造应急救援综合性通信保障力量。实施“百名人才建设工程”，为消防救援事业长远发展提供人才储备。

第九章　上海市消防救援工作

一、推动消防改革转制

市委常委会、市政府常务会7次研究消防工作，市委书记李强、市长应勇等市领导23次听取汇报、批示指示，27次调研督导城市消防安全、一线慰问消防救援队伍指战员。应急管理部消防救援局主要领导多次到沪调研督导，指导推进改革转制各项工作。开展防范化解重大消防安全风险调研，市政府出台《关于进一步加强城市公共消防安全的工作意见》，市委、市政府将消防安全融入《上海市推进城市安全发展的工作措施》。市编委批复新增政府专职消防队员员额1200人。建立消防救援人员职业保障体系，妥善解决转制过渡期指战员婚姻登记、身份证办理等问题。落实指战员家属落户382户、子女入学或考学优待258名。落实专项经费补贴指战员公租房、人才公寓368套，建设公寓房437套。

二、防范化解消防安全风险

运行重大安保前置驻防、网格巡查、实名看护等机制，保障全年349场次大型活动、重大警卫活动安保任务，在新中国成立70周年庆祝活动和第二届中国国际进口博览会期间，全国专家现场指导、456名骨干抵沪增援，落实“等级勤务、秒级响应、清单督办”等措施，圆满完成中国国际进口博览会消防安保任务。深化风险隐患治理，市委督察室、市安全生产委员会限时督办整改201处重大风险点和20家市级重大火患单位，统筹推进“防风险、保平安、迎大庆”、冬春火灾防控等专项行动，联合开展安全生产和消防工作专项督察以及出租屋、校园周边、养老、文物、旅游等行业领域专项整治，累计督促整改火灾隐患186.5万处。夯实消防基层基础，连续第9年投入1.7亿元用于市政府消防实事项目，改造150幢公房、100个老旧小区消防设施，为700个小区新增电动自行车充电设施。制定《关于加强基层消防安全综合治理工作的指导意见》，消防网格化管理纳入综治网格平台，发动9.5万名网格巡查员排查单位场所、居民楼院10.3万家次。在8286家重点单位部署消防安全标准化管理，推广城市综合体、宾馆、物流仓库、化工企业消防标准化管理示范片。营造群防群治氛围，市消防救援总队与复旦大学新闻学院、上海温哥华电影学院等单位合作建设上海消防融媒体中心，聘请20名宣传专家，精心策划“119消防宣传月”“开学第一课”等活动，制作公益片25部，公布消防不良行为152条、曝光重大隐患17次；评选表彰一批消防宣传优秀单位和个人，分级分类培训约谈重点人群13.5万人。

三、提升城市消防治理效能

市消防救援总队会同住建部门稳妥移交审验职能，做好过渡期业务培训、跟班指导，与公安机关建立联勤防火机制，30名业务骨干驻派出所协助工作。推行“双随机一公开”消防监管试点，先行先试开业检查告知承诺制，督促4.3万家单位完成“三自主两公开一承诺”，自查自改火灾隐患3.9万处。市人大重启修正《上海市消防条例》，市政府常务会审议通过《上海市消防安全责任制实施办法》，应急、公安、住建、消防、市民热线办联合印发《上海消防执法管理工作意见》。消防工作融入城市运行系统建设，联网监控935家火灾高危单位和2480家公共高层建筑，为火险等级较高的高层建筑、老旧小区加装无线温感、烟感和报警装置，在部分“三合一”场所密集地、历史风貌区试点安装智能感知和“火眼”监控系统。编制信息化发展三年规划，与上海、天津消防研究所和上海防灾救灾研究所签订战略合作协议，合作立项科研项目10个。

四、筑牢社会消防安全防线

组建国家水域救援上海大队和全市跨区域抗洪抢险专业队，新建区级危化品道路运输处置专业队，挂牌成立综合应急救援机动支队，强化与东海救助局、上海打捞局、蓝天救援队等专业机构和社会力量协作交流。推广基础训练科目积分制和实景训练、基地走训机制，创新实战操法20项，组织专题培训7期、基地走训156次，考核各级指战员5170人次，获全国首届“火焰蓝”消防救援技能对抗比武竞赛团体第六名，2名指战员赴俄罗斯参加第十五届消防救援世锦赛。聚焦典型火灾和火灾多发区域场所，开展熟悉演练5.3万家次、战评总结360次，分类制修订预案8300份。开展两批次消防员招录和入职新训工作，公开招聘培训政府专职消防队员、消防文员近700人，组织消防员职业技能鉴定1100人次，建立单编政府专职消防队37个。分流非紧急类社会救助警情，推动支队级指挥中心实体化运行。组织多种形式消防队伍达标验收、实力评估、等级评定、练兵竞赛等活动，抽查考核5.8万人次。全年全市消防救援队伍共接警出动6.4万起，抢救和疏散被困人员1.3万人，保护财产价值8.6亿元。

五、积蓄消防事业发展后劲

连续第5年将消防队站建设纳入市重大工程项目，11座消防站建成投用、7座消防站基本建成、14座消防站开工建设，消防救援总队综合训练基地扩建以及11座消防站、2艘消防船艇和常熟申晓苑维修等20余个项目审批有序推进，新建市政消火栓2109个，完成4个区域训练基地可行性研究报告。各级政府投入消防装备预算7.9亿元，推进117辆消防车、逾600种装备目录招标采购，研发测试挂壁破拆水枪、电梯井防坠落装置等高层救援装备，新增消防车180辆、装备17万件（套），培训车辆维修员、装备技师123人次。市、区两级政府投入消防经费24.2亿元，消防救援队伍指战员工资保障政策有序衔接。开展固定资产专项清查，建立资产底账33.5万件（套）、价值75亿元。实行门卫、餐饮社会化，置换1400名基层执勤力量。优化与32家应急物资、医疗服务、工程器械等社会联勤保障单位调派机制，累计出动保障车辆25辆次、工程机械21台次、大型移动照明灯塔10台次。三甲医院专家为消防救援队伍指战员开展健康体检咨询，健全消防员职业健康档案，共建共享各区签约医院“绿色通道”。

第十章　江苏省消防救援工作

一、构建完善消防安全责任体系

党委政府统揽主导，省委书记娄勤俭、省长吴政隆等省领导先后多次专题研究消防工作重大问题，专门作出批示指示，看望慰问一线消防救援队伍指战员，带队督导检查。省政府召开年度消防工作会议，贯彻落实《消防安全责任制实施办法》，签订消防工作责任书，并将消防工作纳入安全生产巡查内容，开展年度检查考核、月度暗访督察。行业部门齐抓共管，教育、住建、文旅、农业农村、银保监、电力等部门定期开展消防安全督察检查；民政、卫健等部门组织开展消防安全集中培训，培养消防安全“明白人”。公安、住建、城管、消防等部门联合开展打通“生命通道”集中攻坚行动，省消防安全委员会召开4次会议，发送工作建议书、执法建议函，明确挂钩联系人，督促落实消防工作职责。集中约谈重点单位消防安全责任人、管理人逾6万名，推动社会单位主体责任有效落实。落实江苏省《单位消防安全管理标准》《大型商业综合体消防安全管理规则（试行）》，打造示范标杆单位386家，推广社会单位运用“消管通”“微消防”“安全服务云”等消防安全管理平台，推动消防安全管理规范化、精细化。实体化运行微型消防站4.8万个，商业区、旅游区、开发区、化工集中区消防安全区域联防组织513个，提升社会单位自防自救能力。

二、提升防范化解重大风险水平

省政府部署火灾防控专项整治，省、市、县逐级开展消防安全重大风险评估，组织“防风险、保平安、迎大庆”消防安全执法检查专项行动、居民住宅专项整治，18万家单位落实“三自主两公开一承诺”，整改重大火灾隐患309家，完成新中国成立70周年庆祝活动、第二届进出口博览会、首届全球苏商大会等系列重大消防安保任务。市、县、镇三级消防安全委员会及其办公室组成人员和工作职责全部登记备案，每月下发目标任务，组织实地巡查考评，通报公安派出所消防监督执法情况。13个设区市推广应用网格化社会治理信息平台消防安全管理模块，稳步压实基层火灾防控基础。开展“119消防宣传月”“火焰蓝护平安”学校消防安全教育等活动；启动全媒体中心建设，初步建成消防政务新媒体矩阵，全省89家省级消防科普教育基地、215座消防救援站集中面向社会开放。创新设立消防培训模块化资料库，评比制作13类场所消防安全培训课件，分类分级培训60万人次，提高各方履行消防安全职责的意识和能力。全年全省共发生火灾1.3万起，亡92人，伤67人，直接财产损失3亿元，同比分别下降12.9%、7.1%、32.5%、6.9%，连续20年未发生重特大火灾事故。

三、夯实消防事业长远发展根基

各级政府投入消防经费34.8亿元，同比增长16%，补助省内经济欠发达地区消防装备建设经费3000万元，补助应急救援装备物资损耗经费5200万元。完善重大执勤任务、基础设施、装备建设等经费保障机制，各级财政投入6.1亿元新购消防车203辆、装备器材20万件（套），新建市政消火栓9183个，新建消防站43座、投入执勤32座，升级改造训练塔108座，省消防应急救援指挥中心建设有序推进。省政府投入7.8亿元建设省级消防实训和综合保障基地，建设省级消防职业健康中心，购置两艘长江消防船艇，提升综合应急救援能力。做好消防监管薄弱区域分析、化工DCS监测预警等应用，推进实战指挥平台建设和“消防智慧单兵”“全灾种模块救援车”等研发革新，利用信息化手段提升灭火应急救援效能。利用手机端更新标注市政消火栓12.8万个，消防救援站205座，政府专职消防队342个。逾1.9万家单位接入消防设施联网监测系统，新增独立式感烟探测器13.9万个、简易喷淋装置1.1万套、电气火灾监控系统1.2万套、电动自行车智能集中充电系统2.3万套。

四、增强应急救援攻坚打赢本领

建强专业队伍，挂牌组建省综合应急救援机动支队，建强石油化工、大跨度大空间和水域救援3支国家级专业队，升级全省23支地震救援队、72支灭火应急救援专业队，成立消防核事故应急处置专业队，推进省级消防应急救援实训基地建设。全年招录政府专职消防队员1425人、消防文员128人，增幅近20%，183个政府专职消防队完成公益类事业单位法人登记。深化“营区、基地、社会单位”三级组训模式，应用VR仿真消防训练系统，开展防汛、地震、石化、大型商业综合体、高层建筑等跨区域灭火救援拉动演练。开展全员岗位大练兵和系列比武竞赛，在全国首届“火焰蓝”消防救援技能对抗比武竞赛中获团体第三名。全省消防救援队伍共接警出动12.6万起，成功处置南京“5·24”金鹰购物中心高层火灾、超强台风“利奇马”、无锡“10·10”高架桥侧翻、无锡“10·13”燃气爆炸等灾害事故。响水“3·21”特大爆炸事故发生后，迅速调集13个支队级单位、930名指战员、192辆消防车、20台重型机械赶赴现场处置，成功扑灭火灾并完成化工原料倒罐、稀释、中和等工作，搜救被困人员164人，其中86人生还。

第十一章　浙江省消防救援工作

一、各级党委政府关心重视

国务委员王勇、应急管理部党组书记黄明出席在浙江举办的全国首届“火焰蓝”消防救援技能对抗比武竞赛活动。省委书记车俊、省长袁家军等领导多次视察慰问、出席会议、作出批示、专题调研消防工作，协调解决工作困难。省委连续16年将消防工作纳入“平安浙江”建设，省政府每年与各设区市和省直部门签订消防安全目标管理责任书。浙江省在国务院省级政府安全生产和消防工作考核巡查中获评“优秀”等次，省消防救援总队被省政府评为平安建设先进单位。

二、圆满完成各项重大任务

省消防救援总队承担全国首届“火焰蓝”消防救援技能对抗比武暨中外救援技术交流竞赛和灭火救援实战演练任务，夺得团体总分第一名。完成新中国成立70周年庆祝活动、第六届世界互联网大会等系列重大安保活动。全年全省共受理警情9.9万起，其中火警5.1万起、抢险救援2.8万起、社会救助1.8万起。成功处置超强台风“利奇马”、强台风“米娜”、金华“7·22”隧道槽罐车泄漏、衢州“10·14”动车组火灾、嘉兴“12·3”印染厂坍塌等灾害事故。在创人民满意消防救援队伍活动中，群众满意度达98.5%。

三、消防安全形势持续稳定

全省各级政府常务会定期研究消防工作，省人大常委会听取工作汇报并开展专项调研，省平安建设办公室、省消防安全委员会组织7轮次专项督察、暗访检查。推进消防安全三年翻身仗攻坚年行动，启动小微企业消防安全综合治理。挂牌督办省、市、县三级重大火灾隐患单位617家，65起火灾、7家单位、201名个人被问责、追责。511个老旧小区完成消防设施增配改造，完成10人以上出租房排查整治，电气火灾同比下降16.4%。探索委托乡镇街道消防执法，消防安全重点单位全部建成微型消防站，重点乡镇全部建立政府专职消防队，千人以上村、社区全部建立志愿消防队。全省建成消防科普教育体验场所逾2万家、省级示范学校116所，安装智慧用电、智慧预警系统9.1万家。全年全省共发生火灾1.1万起，亡60人，伤56人，直接财产损失2.6亿元，同比分别下降25%、23.3%、5.2%、7.1%。

四、专业消防力量建强做精

组建综合应急救援机动支队、国家地震救援专业队、消防空勤救援队和重型工程机械大队，建成地震救援、石化事故处置和水域救援专业队伍。举办地震、绳索、水域等专业救援技术培训班17期，培训骨干937名，专业队实战能力培训5期，培训队员282名。试点研发全国火灾和警情统计管理系统、多种形式消防队伍综合管理平台，在宁波举办全国消防行动安全管理课题现场会，在温州召开全省水域、高空和山岳救援专业队伍建设成果现场会，组织跨区域拉练逾20次。

五、综合保障工作逐步完善

开展“财务建设规范年”“装备建设提升年”活动，开展战勤保障拉动演练。全省新建二级以上消防站24座、小型消防站19座，建成支队基地模拟训练设施2个和普陀山水上训练基地，立项建设公寓住房180套。各级财政投入消防经费27.7亿元，同比增长21%。全省投入近8亿元，新购消防车130辆，配备装备16万件（套）。

第十二章　安徽省消防救援工作

一、积极稳妥推进改革

省委书记李锦斌、省长李国英等领导先后6次听取消防工作汇报，建立省政府常务会每半年听取消防工作汇报长效机制，一揽子解决组建省级航空消防救援大队和省级长三角救援大队、建设省消防安全防控监测信息系统等14项推动消防事业发展的重大问题。省委、省政府明确将消防救援总队单列并由常务副省长联系，赋予发文立户、独立参会、信息直报等权限，省人大增设总队为监察和司法委员会对口联系单列单位。13个省直部门联合出台《关于做好国家综合性消防救援队伍人员优待工作的通知》等优待政策性文件，明确各项保障措施。省应急管理厅、地震局、煤矿安全监察局、消防救援总队等部门在消防员招录、重大信息上报、灾害事故信息共享、日常互通交流等方面建立高效沟通机制。总队制定分解贯彻落实深化消防执法改革工作任务，落实建审验收职责移交等消防执法改革事项，在芜湖市试点推行“双随机一公开”消防监管模式和“三自主两公开一承诺”工作，在马鞍山市试点推行公众聚集场所告知承诺系统，面向全省推行政务信息公开、窗口“一次性告知”、缩短行政审批时限、重大项目跟踪服务等具体措施，透明执法、方便群众。

二、全力维护火灾形势稳定

省政府重新调整省级消防安全委员会成员单位，常务副省长担任主任，部署“防风险、保平安、迎大庆”消防安全执法检查专项行动，定期带队检查消防安全。8个省直部门考核市级政府消防工作，面向2万名党政领导和部门负责人宣贯辅导《消防安全责任制规定》。省、市、县三级政府挂牌督办、整改销案372处重大火灾隐患。公安、民政、文旅、住建等重点行业主管部门落实监管责任，将281幢建筑面积2万平方米以上的城市商业综合体纳入整治范围；省公安厅将派出所消防安全管理工作纳入新中国成立70周年庆祝活动安保总体方案；省教育、卫健、文物、工商、质监等部门分别开展行业系统火灾防控，联合开展“防风险、保平安、迎大庆”、电气火灾、电动自行车、大型商业综合体、博物馆和文物古建筑等5类专项整治；发动外卖骑手、快递员等9300人开展“消防进万家、平安伴我行”活动；省、市级媒体开设消防专栏41个，建立消防传播矩阵5.9万个，播发消防公益广告27.6万条次，开展宣传培训2.2万场次。

三、全面提高综合救援能力

省应急管理厅、消防救援总队联合搭建全省应急资源信息化平台，省气象、地震、交通、消防等部门指挥中心同步共用预警信息发布平台。组织全省470名大、中队指挥员集中开展训管业务培训，梯次培养战训骨干人才队伍，连续6年在黄山、安庆、蚌埠等地举办山岳高空、地震、道路交通和危险化学品事故处置等5大类专业技术培训，累计培养应急救援骨干人才超3000人次。制定《灭火救援战斗编成规定》，全省组建高层地下、石油化工等172支专业队伍。狠抓搜救犬技术训练工作，在全国第五届消防搜救犬技术比武竞赛中获得第五名。建立首战4车作战编成模式和《总、支队全勤指挥部工作规则》，出台《划定灭火救援作战片区暨建立片区协作指挥机制的意见》，将全省划分4大灭火救援协作指挥片区，基本形成1小时内编队集结、3小时内增援到场的灭火救援圈。出台训练管理工作质量督察细则，建立日常督察、年度考核比武、冬春训练考评、阶段重点工作等为量化内容的训管质量评价体系。针对高层地下、大型城市综合体、化工企业、山岳、隧道等9大类灭火救援难题，制定进攻协同配合、紧急避险、火场供水等45项专训科目，定期开展拉动演练，以点带面提升队伍攻坚能力。

四、不断夯实消防事业根基

开展财务规范化达标创建活动，省财政累计投入地方消防业务经费21亿余元、增幅达11%，开工建设消防站47座、支队训练基地6座，加速推进占地520亩的省级综合应急救援训练基地和国家山岳救援黄山大队建设工程。组织4000名专职消防员集中轮训，政府专职消防队员、消防文员人数分别达到1.3万人和2753人。全省大（中）队建成通信专业队伍，制定灾害事故救援应急通信保障建设三年规划，制作高层建筑、地下建筑、大型城市综合体、化工企业、文物古建筑等5类省级跨区域三维交互式数字化预案，完成北斗卫星定位平台、单兵图像传输、移动远程语音互联等系统建设，执勤大队全部完成通信保障车、单兵图传配备，16个支队实现与公安警用地理信息系统对接共享。各级财政投入装备建设资金5.4亿元，新购消防车139辆、灭火救援器材3.3万件（套），出台《战勤保障体系建设发展规划》，举行片区战勤保障体系跨区域拉动演练。在合肥、芜湖新建两个特别重大灾害事故保障编组，初步形成三级战勤保障体系。

第十三章 福建省消防救援工作

一、责任牵引、综合施策，维护消防安全形势稳定

省政府宣贯《福建省消防安全责任制实施办法》，与10个设区市政府和相关部门签订责任状。结合火灾形势发函提示设区市政府和行业部门，两次集中约谈消防安全重点单位和大型连锁企业负责人。省文物、民政、教育等多部门联合推进落实消防安全标准化管理，省、市、县行业部门检查单位8.1万家，督改火灾隐患3.6万处。省应急、公安、消防等多部门配合做好改革过渡期消防工作，乡镇街道建立“分片包干、责任连带”机制，逐级压实消防责任链条。紧盯社会面防控难点，开展冬春火灾防控、“防风险、保平安、迎大庆”消防执法等专项行动，全省4.2万家社会单位落实“三自主两公开一承诺”，省安全生产委员会办公室督办13处重大火灾隐患，各级消防救援机构累计检查单位11.3万家，督改火灾隐患8.1万处。省公安、教育、文物、消防等部门联合开展出租房屋、校园和学校周边单位场所、易燃易爆危险化学品场所、文博单位、大型城市综合体等11个领域消防专项整治，圆满完成“数字中国”建设峰会、世界闽商大会、新中国成立70周年庆祝活动等重大活动安保任务。全省建设命名89个消防科普教育基地和15个消防主题公园，累计接待群众逾1800万人次；省教育、科协等部门组织消防安全大宣传大培训大警示、中小学校消防安全教育“三年行动”、趣味消防科普宣传系列活动。全年全省发生火灾7116起，亡93人，伤37人，直接财产损失1.4亿元。与2018年同期相比，火灾起数下降5.6%，死亡人数下降14.5%，受伤人数持平，直接财产损失下降12.6%。较大火灾起数同比下降50%，未发生重大以上群死群伤火灾事故。在国务院省级政府安全生产和消防工作考核巡查中获评“优秀”等次。

二、瞄准实战、加快转型，提升综合应急救援能力

制定全省灾害事故处置预案，开展6次大型跨区域拉动演练，加强与气象、水利等部门会商研判和信息共享，完善预警提示、应急响应、力量前置和物资调派等4项机制。打造地震、水域、山岳等专业救援队59支，组建总队综合应急救援机动支队、省级抗洪抢险救援队和工程机械大队，4个石化特勤大队、14个石化特勤中队相继投入执勤。部署全员岗位大练兵活动，研发推广消防在线学习教育系统，定期举办消防救援业务比武竞赛，开展3轮练兵“龙虎榜”实地训练考核；举办基层指挥员、攻坚队员及水域和山岳救援、危险化学品事故处置等5类岗位技术培训，培养骨干575人次；总队在全国首届“火焰蓝”消防救援技能对抗比武竞赛和全国第五届消防搜救犬技术比武竞赛中，多个项目名列前茅。全年全省消防救援

队伍共接警出动5.3万起，营救被困人员7280人，疏散1.5万人，保护财产价值4.7亿元，圆满完成福州“2·16”建筑坍塌救援、三明“11·24”异丁酸泄漏处置、抗击超强台风“利奇马”和台风“白鹿”等急难险重任务。

三、主动作为、守正创新，推进改革转制工作

省委书记于伟国、省长唐登杰等领导先后20次听取消防工作汇报、作出批示指示、视察消防队伍、研究解决难题。省委常委会、省政府常务会研究消防救援工作，明确全省消防救援队伍继续实行独立发文立户、工作直报制度，保持原有财政预算保障、接处警模式、消防工作联席会等机制和政治待遇不变。消防领域“放管服”改革稳步推进，推行消防技术审查与行政审批分离，完成建设工程消防设计审查验收职责移交。注重消防执法改革协同配套和系统集成，制定《关于深化福建省消防执法改革的实施方案》及相关配套文件13份，推行“双随机一公开”消防监督模式，研发手机移动执法APP，被全国消防监督抽查实施细则沿用借鉴。出台《福建省消防技术服务机构从业管理规定（试行）》，启用福建省消防技术服务信息平台。将《福建省消防条例》修订工作列入省政府2020年立法计划。

四、围绕中心、固本强基，夯实消防救援事业发展根基

省、市、县各级政府持续加大消防经费投入，全省预算批复经费18.2亿元，较2018年增长30.5%。全年新建特勤和普通消防站13座、已竣工8座，新开工建设小型消防站22座，维修改造消防站61座，新增市政消火栓1175个。全省新增进口远程供水系统、穿刺臂消防车等车辆215辆。省政府投入专项资金建成9个战勤保障物资储备库，储备泡沫灭火剂1050吨；省消防救援总队与三一重工、金汇通航等建立战略合作关系，定期开展全省跨区域战勤保障实战演练。全省91个重点镇、346个一般乡镇完成乡镇专职队达标建设任务，新招录政府专职队员和消防文员逾1000人，2876名专职队员取得灭火救援职业资格证书。畅通应急通信网络，全省建成消防应急通信保障分队11支、编配人员128人，投入1000万元用于国家灾害现场指挥部保障所需通信设备采购，整合省应急管理厅危险化学品数据应用系统、国土资源厅地质灾害风险预警系统和气象局气象预警短信平台等相关数据资源，购置列装卫星电话241部、4G图传设备295部、无人机82架、卫星便携站17部、通信车14辆，极端条件下消防救援应急通信保障能力得到提升。

第十四章　江西省消防救援工作

一、聚焦风险、精准防控，营造高质量消防安全环境

省委、省政府将消防工作纳入经济社会发展全局统筹谋划，列入政府目标责任考核和政务督察内容，省、市、县三级年初下达任务、年中督导巡查、年底专项考核，消防工作党政同责、齐抓共管格局日趋完善。民政、教育、卫健等重点行业开展消防安全标准化管理达标创建，推行“三自主两公开一承诺”措施，督促社会单位落实主体责任。健全巡查督导、督办通报、约谈警示、事故问责等工作机制，巡查督导两轮次，对隐患整治不力、火灾高发地区政府和行业部门81项具体工作进行督办，向行业部门通报消防警情262份，约谈警示超2万名党政领导、行业部门负责人以及消防安全责任人和管理人。出台《火灾延伸调查工作规则（试行）》，对35起典型火灾倒查问责，处理党政干部85人。省政府将省消防救援总队纳入社会信用体系建设联席成员单位，出台《消防安全守信激励和失信惩戒暂行办法》，加强消防安全信用信息收集、认定、发布、共享和使用，公布失信行为和“黑名单”逾2200起。省推进新一代宽带无线移动通信网国家科技重大项目转化应用试点示范工作领导小组办公室出台《加快推进“智赣119”消防物联网建设应用的实施意见》，开发大数据平台，制定5类12项标准，安装消防物联网等智能设备装置逾100万个。制定《深化消防执法改革意见119项细化工作任务清单》，全面推行“双随机一公开”消防监管模式，贯彻落实《全省消防安全社区创建工作指导意见》，11个地市公安机关出台加强转改期间公安派出所消防监管工作意见。有序推进消防协会脱钩。消防行业特有工种职业技能鉴定职能如期承接并顺利运行。紧盯大型商业综合体、文博单位、养老院等场所，开展“防风险、保平安、迎大庆”消防安全执法检查专项行动，开展电动自行车、出租屋及校园周边消防安全检查等10个专项行动，检查单位23.6万家、督改隐患28.6万处，向社会公示一般火灾隐患8198家，挂牌督办重大隐患单位361家、销案摘牌313家，挂牌督办数、销案摘牌数同比上升67%、75%。开展社区民警和多种形式消防队伍队员、村（居）委会工作人员、综治网格员、保安员、物业服务企业职员、消防安全重点单位工作人员“一警六员”实操实训，全年累计培训100万名“准消防员”，参与处置近30%的初期火灾。

二、紧贴实战、加快转型，锤炼专业化攻坚打赢本领

建立全员参训、全员考核、全员达标机制，健全指战员个人训练档案，固化“周测试、月考核、季比武”练兵模式，组织各类练兵考核和比武竞赛50余次，举办春、夏季执勤岗位实战练兵和应

急通信、后勤岗位技能、防火业务比武。制定全员岗位大练兵奖惩实施方案，30余名练兵先进个人获专项记功奖励。连续3年举办危险化学品泄漏、车辆事故、地震、山岳、水域救援专项集训，组织战训讲堂、开门战评和典型战例即时战评，举办基层指挥员、装备技师、接警调度员、指挥长、卫生急救员专题培训37期，培训无人机操手、冲锋舟舵手、装备技师等8200人次。制定《全勤指挥部管理规定》《作战指挥调度八条刚性要求》等制度，推行24小时坐班值守、手台监听、入群指挥制度，常态开展实战拉动演练，随机拉动考核基层队站880个次、1.6万人次。开展两轮次危险化学品事故处置“修案定策”专项行动，固定消防设施测试近8000次、水源道路普查近9000次，实战拉动近400次，多种形式消防队伍联勤联训2.3万次。省政府举行化工应急救援跨区域联合作战演练，检验消防救援队伍指战员、救援直升机、消防机器人和消防车协调联动、空地一体作战实效。升级建设政府主导的跨部门、跨区域、一体化应急救援调度指挥平台，建成12支应急通信保障分队，配备通信人员592名，购配卫星便携站、无人机、高清布控球等基础通信装备500套，研发作战指挥和装备管理APP，圆满完成长江中下游抗洪抢险联合演练通信保障任务。全年全省消防救援队伍共接警出动4.9万起，营救被困人员1.4万人，疏散6.4万人，保护财产价值37.5亿元。

三、立足当前、着眼长远，夯实职业化综合保障基础

挂牌组建省综合应急救援机动支队及9支直属大队，分灾种、分区域建成18支地震、山岳、水域、重型机械等专业队。《江西省红十字会工作条例》明确将应急救援力量建设纳入红十字会职责，将各类专职力量、24小时执勤的社会志愿力量和微型站纳入“119”调度体系，实现联勤、联训、联调、联战。将消防规划纳入城乡总体规划、城市控制性详细规划、本地经济社会发展规划和政府年度责任目标、政府重点建设项目库，编制《全省消防救援队伍基础建设三年行动计划》。全年各级政府投入专项装备经费近2.6亿元，购置消防车21辆、装备器材10万件（套），以政府购买服务方式签约社会联勤保障单位151家。构建省域应急物资储备保障网，批复立项并办结120亩用地划拨手续，3个应急物资储备分基地投入实战运行。批复立项庐山西海50亩固定水域用于全省水域救援训练基地建设；融入应急救援航空建设体系，推进省消防空勤救援基地建设，打造具备调度指挥平台、模拟训练实施、空勤专业力量、地勤综合保障的空勤救援基地。

四、担当作为、顶层规划，助推转改任务有序落地

省委、省政府及相关部门出台34项消防改革配套政策，省政府常务会审议出台《关于深入贯彻落实习近平总书记重要训词精神推进全省消防救援事业高质量发展的意见》，省直相关部门继续保留总队单独发文立户、独立参会资格，开放电子政务平台通信录权限，明确总队作为成员单位参加省直机关绩效考核，单列参加“青年文明号”评选和省委党校培训。省政府出台《江西省专职消防救援队和志愿消防救援队建设管理办法》《政府专职消防员工资和福利待遇标准》，队员基本工资起薪提高至当地最低工资标准 3 倍。省委政法委牵头，联合 5 个部门出台《全省消防安全社区创建工作指导意见》，省公安厅发文明确改革过渡期派出所消防工作职责，加强基层末端消防监管。

第十五章 山东省消防救援工作

一、坚持党政统揽，消防发展环境持续向好

省委、省政府高度重视消防救援工作和消防队伍建设，主要领导多次听取工作汇报、作出批示指示、带队调研检查，协调解决消防力量发展、装备建设、队伍保障等难题。省政府常务会多次研究消防工作，建立省领导牵头的消防改革过渡期工作协调机制，审定年度政府消防工作任务清单，落实消防救援队伍指战员优待政策。省政府部署开展执勤力量布防模式调整、森林消防队伍建设、基层消防安全治理等重点工作。省应急管理厅与省消防救援总队建立工作会商、联合部署、联合检查、联合通报、应急联动和信息互通等机制。省委、省政府举办四川木里森林火灾消防英烈回乡仪式，开展向四川木里森林火灾消防英烈学习活动。省直8个部门联合出台省级消防救援职业保障机制，涵盖职业荣誉、子女教育、家属随迁、住房就医、干部培养交流等7项内容。省委组织部、省委宣传部、省委省直机关工委将消防救援队伍纳入地方表彰奖励、干部培训、典型培树和绩效考核体系，总队在2019年度省直机关绩效考核中获评“优秀”等次。

二、创新治理模式，强化社会面火灾防控措施

省政府开展消防安全“工作落实年”活动，召开全省消防工作会议和消防安全风险精准防控现场会，落实季度消防安全约谈提醒。省委组织部强化领导干部消防安全大培训，累计培训96名厅级、401名县处级和200名科级干部。省政府安全生产委员会发文建立公安、应急、消防联勤联防联治机制，两次派出督察组蹲点督导各地消防安全工作，压实公安派出所消防监督、举报核查、宣传教育和应急处置责任。部署开展消防执法检查和消防安全隐患“大起底、大整治”百日攻坚行动，省应急、教育、消防等部门联合开展危险化学品、出租屋、电动自行车等8个专项检查，省总工会、消防联合部署查身边隐患、保职工安全、促企业发展行动，省公安、住建、消防开展居民社区建筑消防设施专项检查，省化工产业安全生产转型升级专项行动办公室、应急管理厅、消防救援总队开展3轮化工园区暗访督察。投入2400万元对全省134家大型综合体、3500家高危单位开展消防安全评估。推行“双随机一公开”消防监管模式，全省消防救援机构共检查单位33.8万家，整改火灾隐患65.7万处，各地政府挂牌督办重大火灾隐患89处。将1.1万家微型消防站纳入消防指挥调度体系，落实常态化指导、培训和监督，推广社区应急救援站建设。将消防信用监管融入社会信用体系，确定“红名单”167家、“黑名单”47家，643家失信主体在招标采购、信誉评级、项目审批、银行贷款时受限。建成涵

盖社会单位自我管理、政府部门监管、应急救援、分析预警等内容的防消一体化平台，预警并处置初起火灾286起，消除电气火灾隐患1900处。组织全民消防我体验、消防文创大征集、平安消防大走访等“119消防宣传月”系列活动，制定《消防科普教育基地建设标准》，对全省9个一级、10个二级、9个三级消防科普教育基地评级授牌。省人社厅、总工会、消防救援总队联合举办“技能兴鲁”消防行业技能竞赛。

三、聚力精武强能，提高综合救援能力

应急管理部专家组实地评估指导执勤力量布防模式，统筹省、市、县3级执勤力量布防体系建设，省级层面加快建设区域应急救援中心，市级合理设置特勤或一级站，同时依托森林消防队伍，打造整建制市级机动队；县、区层面围绕大站、织密小站，缩短保护半径，提升救援效能。建成地震、水域、山岳、搜救犬4支国家级救援队，组建综合应急救援机动支队、省级抗洪抢险救援队、24支地震救援队。制定三维立体预案64份、大（中）队级全景数字化预案2266份，省政府举行森林灭火、地震救援、防汛抗洪等跨区域综合演练，累计演练逾6000次。总队获全国消防救援队伍夏训考核第一名、全国首届“火焰蓝”消防救援技能对抗比武竞赛第四名。省应急管理厅、消防救援总队联合建立专业应急救援力量暨联调联战工作机制，省、市、县3级依托消防指挥中心建立联调联战应急指挥平台，完善联动制度，建立保障机制，构建全要素联合作战体系。全年全省消防救援队伍共接处警6.2万起，营救被困人员9848人，圆满完成新中国成立70周年庆祝活动消防安保、超强台风“利奇马”灾害处置、济宁“11·19”梁宝寺煤矿事故救援等重大任务。

四、注重固本强基，夯实事业发展基础

建设森林火灾、危险化学品事故灾害、自然灾害、海洋灾害、矿山和地质灾害5大区域应急救援中心和鲁中、鲁东、鲁南3大区域灭火与应急救援中心，新开工建设消防站78座、新增市政消火栓8728个，85家化工园区建成特勤消防站35座，消防站投用总量达464座。邀请全国灭火救援和装备专家开展消防装备建设评估，采取省、市配套方式，3年投入14.9亿元用于全省消防装备提升、应急通信系统建设。抗击超强台风“利奇马”期间，省政府一次性投入6565万元，紧急购买一批大流量排水抢险车等救援装备。研发多功能电动排水抢险车、排涝机器人、高速公路警戒车等新型装备。2019年省财政投入消防业务经费近37.6亿元，其中6个支队突破2亿元。全省新购消防车293辆，新增装备器材13.8万件（套），各类灭火剂4100吨、橡皮艇或冲锋舟130艘、消防直升机2架。省政府常务会审议出台《关于进一步加强全省森林消防专业队伍建设的意见》，在13个重点市、86个重点县区，依托消防救援机构单独组建森林消防专业队伍；省委编办批复新增政府专职消防员员额550名，执行国家消防员待遇。全省新招政府专职消防队员2777名、消防文员233名，年人均保障经费达7.6万元，同比增长8.5%，单编政府专职消防队达156个。

第十六章　河南省消防救援工作

一、依法治理创造新业绩

推动消防安全责任制落实，开展“防风险、除隐患、保平安、迎大庆”专项行动，组织大型商业综合体、博物馆、文物建筑等7类专项整治行动，集中夜查26次，检查单位60.2万家，督促整改隐患122.9万处，整改销案重大火灾隐患275处，养老福利机构、商业场所、文物建筑等领域火灾起数下降20%以上，电气火灾下降15%，电动自行车火灾下降10%。开展“火灾警示教育月”“119消防宣传月”等主题活动，每月25日集中曝光隐患，累计曝光单位6100家。建成消防宣传教育科普基地217个，开展消防宣传演练15.6万场次，培训消防安全“明白人”36.1万人次。全年全省共发生火灾1万起，亡30人，伤25人，直接财产损失1.4亿元，火灾起数、亡人数、伤人数同比分别下降9%、24%、7%，未发生重大以上火灾。

二、实战能力实现新提升

开展岗位大练兵、业务大培训、常态大比武，设立地震、水域、山岳、道路救援4个综合性救援技术培训中心，组织指挥员、攻坚组队员等轮训82期3500人次，举行防汛应急救援综合演练，组织地震救援、抗洪抢险、危险化学品事故处置等演练7次，各级组织熟悉演练5.4万次。2019年，总队党委被应急管理部政治部评为先进总队党委，被应急管理部消防救援局评为先进总队。全年全省消防救援队伍共出动5.2万次，抢救疏散人员2.6万人，保护财产价值5.4亿元，成功处置义马“7·19”气化厂重大爆炸事故等急难险重任务，完成新中国成立70周年庆祝活动、第十一届全国少数民族传统体育运动会等消防安保任务。

三、改革转制迈出新步伐

贯彻《关于深化消防执法改革的意见》，深化“放管服”改革，推行“双随机一公开”消防监管模式，简政放权、便民利企。省委、省政府将消防安全纳入省辖市和省直部门年度平安建设考评范畴。省公安厅明确公安机关消防工作职责和公安、消防联动机制，落实派出所消防监管职能。完成1160名消防员招录任务，家属随调、子女入学、交通出行、医疗保障等消防救援人员优待政策落实落地，全省17个地市出台消防救援人员职业保障机制。

四、基础建设再上新台阶

省消防救援总队制定《装备建设三年规划》，新购消防车辆142辆、器材装备11.8万件（套）、灭火药剂500吨，新建普通站、小型站、训练基地和战勤队站77座，新增政府专职消防队员3123人、消防文员389人、市政消火栓近1.1万个；全省18个省辖市（示范区）建成消防远程监控系统，1.9万栋设有自动消防设施的高层建筑接入城市物联网消防远程监控系统，在沿街门店等小场所推广安装独立报警、简易喷淋装置19.4万套。全省新配备卫星通信指挥车16辆、卫星便携站13套，42个业务系统、6200余台终端顺利迁移至电子政务外网，19个支队指挥中心、186个大队指挥中心安装部署实战指挥平台，初步建成“全域覆盖、公专兼备、空地一体”消防应急通信保障体系。

第十七章　湖北省消防救援工作

一、党政合力推动消防工作

省委将消防工作纳入重点工作清单、市州党政领导班子和领导干部政绩目标与履职尽责考核内容，通过省政府和省人大监督、督办、问责，在“迎大庆、保军运”专项督察中，检查消防工作落实情况。全省启动修编54个消防规划，新增市政消火栓5060个，老城区、棚户区、老旧居民区等区域性消火栓结构性欠账和消防供水能力不足问题得到缓解。全省连续80个月未发生重大及以上火灾事故，在国务院省级政府安全生产和消防工作考核巡查中获评“优秀”等次。部署“防风险、保平安、护军运、迎大庆”专项行动，开展多个领域火灾隐患专项治理，评估全省59个化工园区消防安全形势，逐一排查3921家危险化学品企业、2670个仓储物流场所。14个省直部门对行业系统434处重大消防安全隐患进行督察整改。推进消防执法改革，移交建设工程消防设计审查验收职责。规范行政处罚告知、法制审核等工作，修订处罚裁量标准，将消防领域首次轻微违法免罚清单纳入行政处罚裁量基准内容。加强新形势下消防宣传工作，投入2200万元启动省级消防全媒体中心建设。全年全省共发生火灾1.5万起，亡20人，伤4人，直接财产损失1.2亿元。

二、聚焦实战提升打赢能力

省政府总值班室建立消防信息直报机制，接入气象、水利、地震等应急单位信息资源，录入重点单位、消防水源等数据逾9万条。全省消防救援队伍深入开展全员岗位大练兵，开设战训大讲堂，举办攻坚队员、灭火救援骨干、社会救援力量培训班，开展随机抽考、建制抽考和集中比武对抗。省政府组织以消防救援力量为主的抗洪抢险综合实战演练，消防救援总队以水域、化工、高层、地下抢险救援为重点，组织全省大型拉动演练8次，在全国消防救援队伍夏训考核中取得第二名。组建206支应急通信保障专勤队，累计投入7000万元购置通信装备。制定高层、地下、大跨度、综合体、石化、水域等6类专业队建设标准，在14个地市州建立34支专业队伍。依托武汉市消防救援支队特勤大队组建45人的国家级水域救援大队。全省新招录政府专职消防队员逾500人，与全省197支企事业专职消防队实现统一指挥、信息共享和应急联动，与蓝天救援队、金汇通航等社会专业救援力量建立战略联盟。全年全省消防救援队伍共接警出动7.1万起，出动消防人员64.6万人次、车辆11.9万辆次，抢救和疏散遇险人员4.6万人，保护财产价值8.5亿元；成功处置恩施“8・4”峡谷山洪、十堰“8・6”山体滑坡和孝感“10・1”森林火灾等灾害事故，圆满完成新中国成立

70周年庆祝活动、第七届世界军人运动会等重大消防安保任务。

三、围绕主业强化后勤建设

全省各级政府投入消防经费22.2亿元，同比增幅18%，重点投入队伍建设、战斗力提升和改善执勤生活条件等急需领域。各级财政投入3亿元补贴消防装备、基础设施和信息化建设，落实物资配送、指战员保险、扶贫帮困等优待措施。推动16个训练基地建设，其中10个基地建设用地超过100亩。宜昌支队训练基地竣工，武汉支队江夏、蔡甸基地和鄂州、咸宁、恩施基地启动建设。启动特勤和一、二级消防站项目30个，8个主体完工，8个开工建设，新建小型站15座。投入6000万元，新建省级综合性战勤保障基地，14个支队战勤保障大队建成投用。编制装备建设三年规划，计划投入5.8亿元集中采购一批远程供水、水陆两用、隧道专用消防车和消防机器人、无人机等高精尖装备。组织93名消防装备技师、特种车辆驾驶员进行职业技能鉴定，合格率达100%。

四、顺应改制理顺工作关系

省委、省政府为省消防救援总队设立发文户头，安装红机电话，理顺独立参会、信息直报等程序。省委目标办、组织部、政法委等部门将消防救援总队纳入省直机关单位年度达标考核范围。各地消防救援队伍理顺与各级党委、政府和相关部门的工作关系，与应急管理部门建立队伍联动、通信协同、系统融合等工作机制，构建政令畅通、规范有序、运转高效的工作格局。突出消防救援队伍指战员主体地位，从基础工作、遗留问题、建章立制等方面，细致做好档案整理、衔级套改、证件换发等基础工作，稳妥做好干部转业、退休安置、院校招生、队员招录、训练分配、落编定岗等工作。省政府出台优待办法，落实交通出行、看病就医、家属随调、子女入学等政策措施，解决消防救援队伍指战员实际困难。省消防救援总队投入400万元为消防救援队伍指战员、专职消防队员、消防文员购买意外伤害保险，开展基层医疗巡检，落实健康体检制度，解决指战员后顾之忧。

第十八章　湖南省消防救援工作

一、不断完善共建共治格局

省委书记杜家毫、省长许达哲等省领导多次听取消防救援工作汇报，作出批示指示，带队开展督察检查。省委、省政府将消防安全纳入绩效评估体系、市州综治工作考评和乡镇责任清单。省政府组织年度安全生产和消防工作考核巡查，省委办公厅专题推广市州消防工作经验，省安全生产委员会将消防安全纳入“落实企业主体责任年”“大排查大管控大整治”“强执法防事故”等行动。省消防安全委员会修订工作规则及成员单位职责，健全督察、约谈、督办、警示、提示、报告等制度，约谈4个市州政府分管负责人，每季度通报行业系统消防安全状况。完成建设工程消防设计审查验收职责移交，推行“双随机一公开”消防监管模式，创新重点单位积分制管理、监督员分行业分片区监管、防消一体化等监管措施，推动消防执法改革落实落地。全年全省共发生火灾7419起，亡78人，伤69人，直接财产损失1.8亿元，连续9年未发生重大以上火灾事故。

二、有效管控消防安全风险

深入开展冬春火灾防控和“防风险、保平安、迎大庆”消防安全执法检查等专项行动，集中整治13类重点场所和9类突出风险。全年全省消防救援机构共检查单位20.9万家，督促整改火灾隐患27.1万处。开展消防安全“排雷行动”，立案重大火灾隐患单位1229家，销案1019家，同比分别上升175.6%和165.1%。教育、民政、卫健、文旅、应急、文物等部门持续推进消防安全标准化管理。教育、公安、民政、住建、消防等部门联合开展出租屋和校园周边场所、电动自行车、大型综合体、医院、养老机构等消防安全专项整治。围绕“119消防宣传月”“三下乡”“安全生产月”等活动，开展宣传培训逾1100场。开设3个省级、28个市级消防宣传电视专栏，湖南卫视《快乐大本营》《天天向上》等栏目播出专题节目3期，开设专题课程24期。全省建成143个应急消防科普教育基地，接待群众162万人次。

三、全面夯实公共消防基础

全省13个地级市、17个县级市、70个县和170个全国重点镇及949个其他建制镇编制消防专项规划，编制率达100%。新建市政消火栓7775个，超额完成“十三五”规划任务。各地新建乡镇专职消防队382个、村寨志愿消防队10661个、企业专职消防队12个。省政府依托消防救援总队训练与保障支队，启动省应急指挥部“宁乡基地”和省内三个区域性应急指挥中心建设，投入5000万元中央自然灾害救灾资金、2000万元抗旱救灾资金用于水域和森林火灾救援装备建设。各级政府共投入消防经费26.3亿元，新开工建设消防站80座，新增消防车115辆、各类消防机器人16台、装备器材17万件（套）、灭火药剂1045吨。

四、着力提升综合救援能力

全省消防救援队伍组建山岳、水域、危化、地下等8类13支省级消防救援专业队。与三一重工、翔为通航合作组建重型工程机械救援大队、航空救援大队。各级消防救援队伍修订预案近9000份，对321家高危场所开展“一熟悉一预案一演练”。举行高层（地下）建筑、石油化工、抗洪抢险、地震救援等跨区域演练，开展全员普训普考和夏训对抗赛，建立全省应急通信保障队伍。省消防救援总队在全国首届“火焰蓝”消防救援技能对抗比武竞赛中获团体总分第五名。全年全省消防救援队伍共接警出动4.1万起，出动消防人员43.7万人次、车辆6.9万辆次，营救和疏散遇险人员5.1万人，成功处置湘江全流域抗洪抢险、张家界“8·11”液化天然气罐车侧翻、衡东“9·25”山林火灾等灾害事故救援，圆满完成新中国成立70周年庆祝活动、中非经贸博览会等重大安保任务。

五、深入落实优抚优待措施

省委、省政府深入贯彻习近平总书记重要训词精神，高度重视、关心关爱消防救援队伍建设，完成两批次960名消防员招录、4831名指战员“三定”落编、全省消防救援队伍347个建制单位挂牌工作。省、市政府出台消防救援人员优抚优待政策，省政府为全省消防救援队伍指战员购买意外伤害险，137名指战员子女享受入学优待，19名干部家属随调安置。

第十九章　广东省消防救援工作

一、改革转制迈出新步伐

省委书记李希、省长马兴瑞听取消防工作汇报，对消防民警转改、消防救援力量建设、消防装备最好最优建设、欠发达地区扶持发展等工作作出批示指示。省长马兴瑞出席总队授旗授衔和换装仪式。在习近平总书记向国家综合性消防救援队伍授旗并致训词一周年之际，省委书记李希率队调研指导消防救援工作。10位省领导17次听取消防工作汇报，省政府4次制定工作《签报》解决消防救援队伍改革转制、消防员待遇保障、营房使用确权、消防民警转改、火灾防控、公安派出所监督执法、职能移交等体制性、机制性、保障性问题。应急管理部、消防救援局领导17次批示肯定广东消防救援工作。省消防救援总队党委和总队分别被评为2019年度先进总队党委和先进总队。

二、火灾防控取得新突破

省政府与各地、各部门签订安全生产和消防工作责任书，每季度部署火灾防控工作，8次约谈火灾多发地区党政领导。省委政法委将消防安全作为全省“平安建设”和乡镇“全科网格”建设重要内容。做好35起亡人和有影响火灾延伸调查，倒逼消防安全责任落实。开展“敲门行动”“消防安全家园创建”等15个专项行动，挂牌整治332个火灾高风险区域、659家重大火灾隐患单位。开通“粤省事”“粤商通”消防服务专区，11类服务事项纳入广东数字政府平台。将“智慧消防”整体纳入省政府政务云平台建设体系，1.7万家重点单位日常消防安全管理、物联网消防设施数据接入省级平台。圆满完成新中国成立70周年庆祝活动、澳门回归20周年庆祝活动等消防安保任务。全年全省共发生火灾2.5万起，亡98人，伤58人，火灾起数同比持平，亡人数、伤人数同比分别下降23.4%和25.9%。

三、救援能力实现新提升

组建综合应急救援机动支队，水域、山岳等7类41支专业救援队，新增政府专职消防队220个，新招队员2700人，与64支民间救援力量建立合作机制。省政府举办全系统、全要素石油化工灭火救援实战演练。总队开展全员岗位大练兵，举办“火焰蓝”比武竞赛，联合香港、澳门消防部门举办粤港澳大湾区水域洪涝灾害救援实战演练和大湾区消防协作机制研讨会。总队获全国首届“火焰蓝”消防救援技能对抗比武竞赛1个单项冠军和团体第七名，获全国第五届消防搜救犬技术比武竞赛第五名，在冬训、夏训考核中被评为全国优秀。研发全新背负式融合通信指挥系统，解决“断路、断网、断电”极端恶劣天气条件下应急通信指挥难题。全年全省消防救援队伍共接警出动10.9万次，出动消防人员112.8万人次、车辆21万辆次，抢救和疏散人员5.4万人，圆满完成河源“6·10”抗洪抢险、佛山“12·5”森林火灾扑救等应急救援任务。

四、基层基础取得新巩固

省政府出台《广东省消防救援队伍职业保障办法》，各级政府将指战员地方津补贴所需经费纳入财政预算，将消防救援人员纳入住房保障范围。全省各级政府共投入消防经费62. 6亿元，同比增长16.9%。投入建设资金14.5亿元，新建消防站55座、改造消防站26座，国家陆地搜寻与救护（广东）基地基本完工，指挥中心升级、装备建设等项目纳入《广东省自然灾害防治能力建设行动方案》内容。出台装备采购管理规定，实行消防装备省级集中采购，建立采购技术需求专家评审、新型装备效能测试、消防车性能测试制度，各级财政共投入经费11亿元采购消防车270辆、器材9万件（套）。省消防救援总队与南航、广铁等单位建立应急调运与配送机制，与装备物资生产企业、医疗卫生等单位签订联勤保障协议158份，联勤保障机制进一步完善。

第二十章　广西壮族自治区消防救援工作

一、不断强化消防工作政策支撑

自治区党委、政府高度重视消防工作，自治区党委书记鹿心社、主席陈武等领导多次听取消防工作汇报，作出批示指示，并协调解决实际困难。自治区党委、政府印发《广西壮族自治区消防安全责任制实施细则》《广西深化消防执法改革实施方案》《关于做好我区国家综合性消防救援队伍职业优待保障工作的通知》等文件，深化消防执法改革，落实消防救援队伍优待保障政策。自治区政府先后召开电动自行车消防安全管理现场会和政府专职消防队伍建设现场会，协调推进消防重点工作。自治区人大、政协分别将少数民族村寨火灾防控、港口消防监管、电动自行车消防安全管理等5项工作列入人大代表和政协委员建议、提案，组织开展应急管理体制建设专题调研。南宁、钦州、崇左市自贸区试行公众聚集场所消防安全告知承诺制。全年全区共发生火灾5315起，亡47人，伤42人，直接财产损失1亿元，火灾起数、亡人数、直接财产损失同比分别下降14.56%、17.54%、0.46%。全区连续19年未发生群死群伤恶性火灾事故，在国务院省级政府安全生产和消防工作考核巡查中获评“优秀”等次。

二、精准治理消防安全风险隐患

自治区政府组织召开2019年度消防工作会议，建立政府约谈工作机制。南宁、柳州、梧州、玉林、贺州、来宾等市将消防安全社区创建、少数民族村寨防火改造、老旧小区电气线路和消防设施改造等纳入为民办实事项目。南宁、柳州、桂林、钦州、玉林、贵港等市将“智慧消防”纳入“智慧城市”建设总体方案。全区14个地市、110个县区、748个乡镇完成消防专项规划编制。教育、公安、住建、应急等部门先后开展出租屋及校园周边经营场所消防检查。民政、文旅部门部署开展养老机构、文博单位、旅游行业消防安全集中宣传教育活动。自治区司法厅将消防安全工作纳入《广西物业管理条例》，发改、财政、市场监管等部门依托公共信用信息平台，对消防安全不良信息实施联合惩戒。自治区消防救援总队组织对商场、市场等10类场所和城中村等5类重点区域及消防设施损坏停用等10类风险问题进行排查整治，集中约谈181家大型商业综合体、334家连锁企业集团、1199家重点行业场所、8998家消防安全重点单位，111家重大火灾隐患单位完成整改。消防宣传工作形式新颖，欧阳夏丹、李宁等名人先后为广西消防代言，开展消防安全公益宣传。

三、着力打造专业消防救援队伍

自治区政府召开政府专职消防队伍建设现场会，鼓励各地因地制宜、统筹规划、多种形式灵活建队；全区建设政府专职消防队27支、乡镇专职消防队284

支、乡镇志愿消防队408支、企业专职消防队63支，新增政府专职消防队员755人、消防文员110人。区消防救援总队与气象、水利、民政等部门建立应急响应机制，与柳工集团、三一重工、南宁铁路局、金汇通航等单位建立战略合作关系，开展跨区域联合实战演练4次。成立综合应急救援机动支队，组建水域、高层、石油化工、机械工程、战勤保障等89支专业救援队伍。做好实战指挥平台等智慧指挥决策系统建设，开展应急通信业务技能比武竞赛和跨区域保障拉动演练，全区15支应急通信保障分队实体化运行，卫星动中通通信车、卫星便携站、卫星电话等设备配备基层队站。全年全区消防救援队伍共接警出动2万起，抢救和疏散群众1.4万人，完成百色“5·20”酒吧坍塌、玉林“10·12”地震、河池“10·28”矿井坍塌等灾害事故处置。圆满完成第16届中国－东盟博览会、2019年环广西公路自行车世界巡回赛等重大消防安保任务。

四、大力加强基层基础建设

2019年，全区各级政府投入消防经费19.2亿元，9个地级市消防经费预算超亿元、24个县消防经费预算超千万元。签订完成广西工业风险防范能力建设6000万欧元法国开发署贷款项目协议和备忘录，顺利通过消防设施建设及购置消防装备3950万欧元北欧投资银行贷款项目评审并上报国家发展改革委。各级财政投入消防装备建设经费5亿元，新购各类消防车151辆、器材装备10.5万件（套），101米登高平台消防车、远程供水系统、水下破拆、水下通信等一批高精尖灭火救援装备和专业化装备投入使用。开展车辆装备“知结构、知性能、知参数、会使用、会维护、会整合”专项练兵活动，加快推动各项消防重点建设目标落实。全年全区新增消防站建设项目42个，其中新立项14个、新开工12个、新投用16个，综合保障能力不断提升。

第二十一章　海南省消防救援工作

一、紧盯隐患问题，持续优化消防安全环境

省委书记刘赐贵、省长沈晓明等省领导多次听取消防工作汇报、作出批示指示，带队检查消防工作。省政府第32次、第40次常务会研究部署消防工作，省政府印发《关于加快推进消防执法改革的实施意见》，顺利完成消防审验移交工作，全面实行“双随机一公开”消防监管模式和公众聚集场所消防安全告知承诺制。省消防安全委员会召开推进会、座谈会12次，定期通报责任落实情况。13个部门开展行业系统消防安全专项整治，12个部门联合开展消防安全培训，培训公职人员近3000人。全省消防救援机构共检查单位6.3万家次，整改火灾隐患6.2万处。全年全省共发生火灾1590起，亡6人，伤4人，直接财产损失3078.5万元。同比上年，火灾起数上升26.4%、亡人数下降25%、受伤人数增加3人、直接财产损失下降18.6%。

二、深化岗位练兵，持续提升应急救援能力

省消防救援总队成立综合性应急救援机动支队，加强国家水域救援三亚大队建设，与香港消防处建立专业训练交流机制，开展5次互访和联合训练。开展水域救援、潜水员和舟艇驾驶等技术培训，超500名指战员获得资质认证，在首届“火焰蓝”国际消防救援技术交流竞赛中获得橡皮艇避障救援科目第一名。强化应急通信保障分队建设，新增卫星便携站、卫星电话、无人机等专业装备超200件（套），实体化运行全省34支专业队伍，模拟极端灾害条件开展通信演练超1000次、考核逾500次。开展石油化工灭火救援、大跨度大空间跨区域、地震和水域救援实战演练10次。全年全省消防救援队伍共接处警1.2万起，出动消防人员10.3万人次。成功处置海口“1·15”灵山寺在建工地坍塌、文昌“2·3”环球码头渔船火灾、台风“韦帕”“杨柳”等灾害事故，连续19年完成博鳌亚洲论坛年会消防安保工作。

三、聚焦转型升级，持续强化基层基础建设

省委、省政府办公厅印发《关于做好消防救援队伍转隶过渡期间相关工作的通知》《关于提高自然灾害防治能力的若干措施》和《关于推进城市安全发展的实施意见》，明确消防队站、装备建设、经费保障等内容。将消防专项规划纳入江东新区总体规划，省住房和城乡建设厅将消防基础设施等7项内容列入海南省生态修复城市修补工作。省公安、规划、国土、住建四部门联合印发《关于加强小型消防站等公共消防服务基础设施建设的意见》。全省各级政府共投入消防经费7亿元，同比增长5%。其中，基本支出经费预算3.1

亿元，基本支出保障标准增长 51%。全省开工建设消防站 15 座，建成消防站 7 座。各级财政共投入 2.2 亿元购置各类车辆 61 辆、器材 3.9 万件（套）、灭火药剂 454 吨；中央财政拨付 1900 万元，为三亚水上救援大队购置水域救援装备。全省新招录政府专职消防队员和消防文员 513 人，总数达 2000 人。

第二十二章　重庆市消防救援工作

一、各级消防安全责任层层落实

市委常委会和市政府常务会先后11次研究部署消防工作，市政府出台《重庆市消防安全督办约谈实施办法》，全市各区（县）消防安全委员会负责人均由主要领导担任。落实《重庆市消防工作检查办法》，组织开展区、县政府年度消防工作综合检查，并将检查结果纳入全市经济社会发展实绩考核范畴。在国务院省级政府安全生产和消防工作考核巡查中获评“优秀”等次。市教委、民政等10个部门开展行业系统消防安全整治，市发展改革委、卫健、消防等8个部门部署易燃易爆场所消防安全专项治理，市公安、住建、消防等部门联合开展出租屋及校园周边经营场所专项检查，建立完善危险化学品行业事中监管制度。深化社会单位消防安全“四个能力”（检查消除火灾隐患能力、扑救初期火灾能力、组织人员疏散逃生能力、消防宣传教育培训能力）建设，发动6.7万家社会单位开展“三自主两公开一承诺”并完成自查报备，推进重点单位、火灾高危单位消防安全标准化管理，社会单位自主管理能力进一步提升。

二、社会消防安全环境持续优化

以新中国成立70周年庆祝活动消防安保为主线，开展“防风险、保平安、迎大庆”消防安全执法检查专项行动和商业综合体、电动自行车、文博单位专项治理“回头看”，推进夏季和冬春火灾防控工作。全市消防部门共检查单位14.6万家，发现并督促整改火灾隐患22.4万处，政府挂牌督办重大火灾隐患单位77家。实施“双随机一公开”和“互联网＋监管”模式，将消防安全纳入城市社会信用体系，研发应用消防信用管理系统，将消防严重失信单位和个人列入信用“黑名单”。推进消防宣传系列活动，在全市3个主流媒体开设消防专栏，在主城10区打造消防文化主题公园，在82处社区体育文化公园建设消防体验设施，在32个区、县设立消防文化体验示范场所，累计培训党政干部、行业部门和重点企业负责人25万人次。总队官方微博荣获2019政务V影响力峰会“新媒体应用突破奖”。

三、队伍综合应急救援能力不断提升

结合全市“一区两群”区域协调发展规划，布点组建20支灭火应急救援专业编队和1支总队直属机动力量。建强国家地震、水域救援重庆大队和综合应急救援机动支队，遴选130名指战员开展潜水、急流、绳索、地震救援及医疗急救技术培训，并取得国家资质认证。承办全国首届社会应急力量技能竞赛暨综合演练，在全国首届“火焰蓝”消防救援技能对抗比武竞赛中获得第八名，在2019 LifeLine国际绳索救援邀请大赛中获得冠军。立足重庆地域及灾害特点，制定《高层建筑灭火救援准备工作十九项措施》和《灭火救援行动二十个必须》，稳步推进指挥、通信和保障三大体系建设。承担应急管理部消防救援局《车辆及公路隧道事故消防救援》课题研究，更新道路、水源、重点单位等消防地理信息近 5 万条，开展实兵实装、全要素拉动演练 1.6 万次。完成两大应急通信系统和公网集群系统、互联网图像综合管理平台、通信保障车等项目建设任务，配齐卫星通信车、轻型卫星便携站、无人机等装备，在全市高风险领域布点建设 11 个消防高空瞭望监控。举办全市通信员培训、AOPA 无人机机长培训、应急通信保障分队轮训和应急通信比武竞赛，各级组织应急通信保障训练演练逾 100 次，直调直报拉动演练逾 500 次，完成重大应急通信保障任务 20 次。

四、消防基层基础工作逐步夯实

全市各级政府共投入消防经费 5337 万元，新建市政消火栓 2076 个、消防取水设施 200 处；投入 1.4 亿元改造老旧居住建筑消防设施 1927 栋。新建乡镇专职消防队 20 个，新招录政府专职消防队员 924 人，建成消防安全重点单位、社区微型消防站 1.3 万个并纳入灭火应急救援调度和岗位练兵体系。国家（重庆）陆地与搜寻救护基地五期工程和 3 个消防救援站建成并投入使用；市级财政调拨资金 2 亿元，立项启动战勤保障基地改扩建项目；落实三峡后续工作专项资金 3.6 亿元，统筹推进三峡库区综合应急救援项目建设。制定装备建设三年规划，各级财政共投入 4.9 亿元新购各类消防车 160 辆、装备 9.1 万件（套），三峡库区综合应急救援大队 5 艘消防作战船只和 4 艘消防趸船有序建造，组建重型机械工程救援大队，三相射流消防车、大跨度举高喷射消防车以及灭火机器人、无人机等器材装备完成列装。

第二十三章　四川省消防救援工作

一、全方位固化消防安全责任链条

省委常委会专题学习习近平总书记重要训词精神，省委书记彭清华、省长尹力等省领导高度重视消防救援事业发展，多次研究部署消防工作，带队检查消防安全，慰问基层指战员。省委、省政府审议通过《四川省消防安全责任制实施办法》《四川省应急救援能力提升行动计划》《四川省国家综合性消防救援队伍职业保障实施细则》，将火灾防控、应急救援、职业保障三项内容纳入决策范畴。省政府连续第7年考核市级政府消防工作。省消防救援总队出版7类重点场所、行业部门《消防安全一本通》，行业部门开展消防安全标准化管理。总队党委被应急管理部政治部评为先进总队党委，总队被应急管理部消防救援局评为先进总队。

二、全力维护社会面火灾形势稳定

全省开展"防风险、保平安、迎大庆"、冬春和夏季火灾防控、电动自行车、大型商业城市综合体等10余个专项行动，组织文博单位、宗教活动场所开展示范化建设，10万余名网格员利用"消防E通"信息化终端开展日常消防巡查，整改火灾隐患26.6万处，整改销案重大火灾隐患单位130家。出台"放管服"改革十五条措施，完成消防审验职责移交工作，统筹运用"双随机一公开"监管、重点监管、信用监管、"互联网+监管"、火灾事故责任调查处理等方式，逐步构建科学合理、规范高效、便民利民、公正公开的消防监管体系。省委宣传部、教育厅、共青团省委等多部门联合开展消防宣传教育活动。建成省级消防科普体验馆和22个应急宣传保障分队，研发应急消防宣传车，设计发布"川川""晓晓"四川消防卡通形象。全年累计发布公益广告16.7万条次、提示短信逾1.6亿条，在中央、省级媒体刊播新闻6000余条次。全年全省共发生火灾1.4万起，亡63人，伤91人，直接财产损失1.7亿元，连续17年未发生重特大亡人火灾事故。

三、全面提升队伍应急救援战斗力

省消防救援总队与13家省级单位建立灾情获取机制，与16家社会单位签订战略合作协议。建设地震救援国家队和石化、水域、山岳、核生化、重型机械工程、大型综合体及地下空间、抗洪抢险等7类省级综合救援机动队，依托27支社会救援队建设省级社会力量救援大队。举办实战技能邀请赛、"火蓝尖兵"对抗赛等16项练兵活动，开展危化、交通、水域、山岳、地震、高层、地下救援实战演练，举办"蓝色使命"跨区域地震救援实战演练。成功处置金沙江堰塞湖、泸州叙永山体滑坡、宜宾长宁地震、凉山甘洛山体垮塌、阿坝汶川特大山洪泥石流等重大灾害事故。全年全省消防救援队伍共接警出动8.2万起，营救被困人员8215人，保护财产价值2.7亿元。圆满完成新中国成立70周年庆祝活动、世界警察和消防员运动会、中日韩峰会等重大消防安保任务，在18届世警会上夺得15金10银11铜佳绩。

四、大力推进基层基础建设

全省各级政府共投入1.2亿元、省消防救援总队投入3327.6万元配备战勤保障车辆、灭火剂和物资，在5个战勤保障基地、3个偏远地区前置储备战勤保障物资近3.7万件（套）。加快重大灾害事故快速反应装备模块建设，将战勤保障物资数据纳入警用地理信息系统。落实国家现场指挥部建设模式、大震大灾应急通信力量建设和县级“轻骑兵”、基层“速报员”等应急管理部部级试点建设任务。持续推进消防车辆性能提档升级、个人防护装备规范统型等工程，各级财政累计投入装备建设经费8.8亿元，新购消防车245辆，消防车总量达2522辆；新购器材装备近3万件（套），装备器材总数达58万件（套）。优化改装近2000辆消防车、2万件（套）特种器材。推动工作待遇、生活待遇、职业荣誉等6大类18项保障措施落地。

第二十四章　贵州省消防救援工作

一、聚焦中心精准发力，全力防范化解重大风险

健全消防安全责任体系，将消防安全工作列入各级职能部门“三定”方案，培树行业消防安全标准化管理样板逾200个；联合行业部门对所属领域开展消防安全综合治理，28个严重消防违法失信主体被录入国家企业信用信息系统。省政府将50个重点村寨消防综合管控系统平台纳入重点民生工程予以保障，投入1.2亿元用于农村消防基础设施改造；省委组织部、政法委等七部门联合印发《关于切实做好村规民约和居民公约工作的实施意见》，省、市、县三级政府对139家重大火灾隐患单位挂牌督办并整改销案。开通新媒体平台26个，打造贵阳市地铁一号线“共筑平安号”消防宣传主题专列，建成5个消防科普教育馆和127个消防宣传科普基地，召开中小学消防安全管理暨宣传教育工作会。全年全省共发生火灾5580起，亡43人，伤42人，直接财产损失1.1亿元。

二、着眼打赢砺练精兵，全面提升应急救援能力

省消防救援总队建成航空、地震、山岳、水域、高层、隧道、化工等13支典型灾害事故处置专业队，开展各类培训32期，培训指战员2556人次，开展3项执勤岗位练兵活动，参加应急管理部消防救援局3项比武交流活动，举办两次练兵大比武竞赛，在全国第五届消防搜救犬技术比武竞赛中获得第七名，两名队员代表应急管理部消防救援局参加俄罗斯消防锦标赛。各级消防救援队伍立足本职岗位，组织开展政工岗位大练兵、装备技能比武竞赛、消防监督执法业务理论考试和实操考核比武活动。全年全省消防救援队伍共接处警2.2万起，出动消防人员19.6万人次，营救被困人员4093人，保护财产价值7亿元。圆满完成新中国成立70周年庆祝活动和“数博会”“酒博会”等重大消防安保任务，成功处置遵义“6·22”洪水、水城“7·23”特大山体滑坡等灾害事故。

三、突出重点聚力攻坚，深入推进综合保障建设

全省各级政府投入消防经费11.6亿元，投入5.1亿元集中采购消防装备，配备消防车148辆、各类器材装备逾10万件（套）。开工建设8座消防站，7个训练基地完成主体和基础设施建设，6个训练基地投入使用，新增营房用地面积8.6万平方米。总队新培训基地正式开工建设，黔东南支队训练基地建设取得突破，六盘水支队训练基地建设重新启动，黔南支队完成训练基地建设任务。加快以调度指挥“一张图”、火灾防控“一张网”等为重点的“智慧消防”建设，构建用数据分析研判、预知预警、辅助决策、

指导实战的工作模式。在超大型城市综合体试点建设消防物联网，在西江苗寨等321个重点村寨安装运行农村电气火灾监控云平台，提高城乡火灾防控信息化水平。

第二十五章　云南省消防救援工作

一、党政主导、依法治理，建强消防责任体系

省政府常务会审议通过《消防安全责任制实施办法》，组织召开新闻发布会，省、市、县三级同步开展宣传贯彻。省、市、县三级政府、消防安全委员会定期召开消防工作会议，分析研判火灾形势，研究部署消防工作。省政府与16个市（州）政府和36家省直行业主管部门签订年度消防工作目标管理责任书，明确年度工作任务，推动消防责任落实。部署开展行业部门消防安全标准化管理工作，定期通报行业系统火灾情况，先后向省教育、民政和卫健等9个部门和290余家消防安全高风险场所下发工作提示函。部署开展重点单位消防标准化管理达标创建，在昆明召开现场会推动、成立16个考核组交叉考核促动、开展实地考核带动全省11884家消防安全重点单位自我管理水平。

二、补齐短板、加固底板，完善消防基础设施

部署开展消防安全工程三年行动，加快推进消防队站、市政消火栓等公共消防基础设施建设，完成21座小型消防站、18座消防队站、14个支队战勤保障大队建设，8个支队级消防训练基地建成投用。采取“重点推进、分期完成”模式，全省129个县级市、184个重点镇、430个一般建制镇全部完成消防规划编制工作，编制率达100%，新建市政消火栓4341个，推广安装独立式火灾报警器3.5万个。将农村消防工作纳入《云南省乡村振兴战略规划》统筹推进，1390个乡镇（街道）全部设置“一委一办三员”（消防安全委员会，下设办公室，在办公室、行政村、村民小组分别设立消防安全管理人员），配备10.8万名专兼职消防管理员实体化办公。1019个乡镇（街道）落实经费保障，131个县（市、区）将农村火灾防控工作纳入党委、政府考核，9993个村（居）委建成微型消防站，11390个村（居）委建有消防水源。采取“一项一策”模式深化文物古建消防达标创建活动，省消防救援总队、省文物局联合开展文物建筑消防安全大检查和专项督察，各级政府和有关部门投入专项建设经费2.7亿元，81座历史文化名城（镇、村、街）、615个中国传统村落和所有国家级、省级和市（州）级文物建筑单位完成达标建设。

三、聚焦风险、靶向治理，净化消防安全环境

以新中国成立70周年庆祝活动消防安保工作等为牵引，紧盯“两个严防、一个持续改善”（严防群死群伤火灾、严防有影响的火灾，持续改善农村地区火灾多发态势）工作目标，突出重点领域开展消防安全综合治理。各行业部门深入开展消防安全检查，集中开展两轮消防安全大约谈活动，累计约谈市、县两级行业部门负

责人4000余人次，发送工作提示函、建议书1960余份，成立技术帮扶队深入11类高风险场所区域，上门服务指导4.7万家社会单位落实“三自主两公开一承诺”要求，对存在虚假承诺、火灾隐患突出的1800余家单位依法进行处罚。深入开展“防风险、保平安、迎大庆”消防安全执法检查，“生命通道”集中治理，高层建筑、大型商业综合体和文物保护单位消防安全综合治理等系列专项行动，全面整治“城中村”、出租房、居民住宅等火灾易发场所及电动自行车、电气消防安全突出问题，召开大型商业综合体消防安全管理工作现场会带动工作落实。全年全省累计排查大型商业综合体141个、高层建筑6089栋、文保单位1235家，督促整改火灾隐患4900余处，各级政府集中挂牌督改重大火灾隐患单位141家，有效净化消防安全环境，圆满完成新中国成立70周年庆祝活动、“中国－南亚博览会”等重大活动消防安保任务。全年全省共发生火灾7486起，亡78人，伤30人，直接财产损失1.4亿元，未发生重大以上火灾事故。在国务院省级政府消防工作考核巡查中，获评“优秀”等次。

四、精准宣传、以点带面，提升社会消防意识

深入开展“安全生产月”、旅游行业消防安全大宣传大培训大警示和养老服务机构集中宣传教育活动，大力推进消防宣传精准帮扶计划，招募2332名消防宣传志愿者对6300余户共1.7万名留守儿童、孤寡老人和老弱病残等弱势群体开展“消防送温暖，安全到我家”入户宣传活动，提升弱势群体火灾自防自救能力。省消防救援总队联合教育厅开展中小学暑期消防教育实践活动，强化消防安全“进军训”工作，先后举办“消防夏令营”60余场、消防知识讲座80余次，受教育学生达10万余名。省、市、县三级共200余家主流媒体设立消防宣传专栏，刊播稿件4868篇（条）、消防公益广告120余万条次，实现新闻媒体“每天有消防新闻、每周有深度报道、每月有专题节目”。通过微信、微博等自媒体和短信平台不间断开展消防安全警示、提示，集中印制和张贴54余万份防范重大消防安全风险加强消防安全管理通告和消防宣传挂图，发动消防监督员、网格员、消防志愿者深入辖区高风险场所“点对点”“面对面”讲解宣传，全面普及消防安全知识。

五、聚焦战力、狠抓练兵，提升实战打赢能力

巩固强化7类21支典型灾害事故专业救援队，与法国消防部门签订协议促进国际山岳救援交流培训和搜救犬技术合作，组建完成全省综合应急救援机动支队和地质、工程机械、水域、山岳等6个专业大队，探索组建消防救援空中支援分队和地震救援前突快处分队，分级分期开展基地化轮训考评。深入开展全员岗位大练兵活动，举办地震救援、水域救援、大跨度大空间建筑火灾等灭火救援实战演练，集中开展中缅油气管道和云南成品油管道灭火救援实地调研，组织全省33家石化及危险化学品企业专职消防队共65名队长骨干进行集中培训，深化“防消一体化”联勤联战机制，部署危险化学品单位隐患大排查、实地大熟悉、设施大测试、人员大培训、能力大提升消防安全专项行动，不断强化队伍灭火救援实战

打赢能力。全年全省消防救援队伍共接警出动1.7万起，出动消防车2.9万辆次、消防人员15.9万人次，疏散抢救被困人员2.2万人，成功处置大理“5·9”铁路隧道火灾、昭通“9·30”山洪泥石流及临沧“11·26”隧道突泥涌水等灾害事故。

第二十六章　西藏自治区消防救援工作

一、全区火灾形势总体平稳

自治区党委书记吴英杰组织学习习近平总书记在中央政治局第十九次集体学习时的讲话精神，调研指导布达拉宫消防工作；自治区主席齐扎拉带队检查指导古城区消防工作；常务副主席等领导多次到消防救援总队现场办公解决实际困难、深入一线检查消防工作。自治区政府研究修订地方性消防法规，自治区党校将新修正《中华人民共和国消防法》纳入全区党政领导培训班教学内容，社会单位全面开展消防安全“四个能力”达标建设。紧盯10类重点场所和10类突出问题，排查整治易燃易爆危险化学品及快递物流等行业和大型企业。出台《西藏自治区重大火灾隐患政府挂牌督办工作办法》，自治区、市（地）、县（区）三级政府共挂牌督办区域性重大隐患42处，整改销案山南拉隆寺、那曲浙江商城重大火灾隐患。将消防法律法规进寺庙活动纳入全区驻寺干部轮训、宗教教职人员轮训课程，立项启动《文物古建筑消防照明规范》编制工作，推广智慧用电和冷光源代替传统火源，全区减少明火酥油灯8263盏、灯芯6413根，防火改造、拆除煨桑炉217处。摸排478个自治区级以上文物保护单位，检查单位场所4.7万家次，督改火灾隐患5.9万处，投入专项经费2.1亿元整改长期存在的火灾隐患。营造良好氛围，摄制文物建筑消防安全示范片、公益短片12部，创新开展寺庙唐卡宣传图创作投放、“中国梦·消防梦”互动涂鸦等民族特色宣传活动，邀请42位知名艺术家、公众人物担任消防宣传公益使者，发挥格桑花消防志愿服务队、马背消防宣传服务队、外包宣传服务队作用，将消防安全知识送进千家万户。整合传统应用和新兴媒体，集中曝光火灾隐患单位288家，播发公益广告和安全提示600万次，发送消防提示短信2160万条，群众消防安全意识明显增强。

二、应急救援能力全面提升

立足应急救援主力军和国家队职能定位，创新“分岗位职责、分作战区域、分专业类型、分海拔标准”高原练兵模式，开展全区比武竞赛、战训大讲堂、灭火救援战评会和技战术研讨交流会67次，开展地震、高山、水域、防汛抗洪、石油化工、寺庙和文物古建筑等灭火救援实战演练38次，组织194名指战员进行专业培训，研发堰塞湖应急救援遥控操作机器人。加快专业队伍建设，分区域、分灾种布点组建11个类型、45支专业救援队伍和8支防汛抗洪抢险救援队，完成综合应急救援机动支队和国家高山救援拉萨大队挂牌组建，与14家重型机械单位、两家通用直升机公司签订联勤保障协议，将各类型工程机械541台、操作手147人、直升机5架、飞行员6人纳入调度系统。创新消防维稳勤务，研判灭火受阻、多点起火、缺水灭火、易燃易爆场所被纵火4类风险，改进勤务、训练、指挥、处置、保障5种模式，创新落实制高点瞭望、视频监控、徒步和摩托巡逻、定点执勤、便民警务站发现、就近消防站增援、指挥中心调度7种措施，年内共参加5861起灭火救援、公务执勤，累计投入执勤力量3.2万人次、车辆6995辆次，完成新中国成立70周年庆祝活动消防安保等125次各类政经、宗教、民俗活动和敏感节点消防安保任务。

三、积蓄力量助推转型升级

自治区政府征召870名政府专职消防队员，填补58个消防队力量空缺。党委政府和相关职能部门固化消防执勤、伙食补助等保障机制，政府专职消防员薪酬及“五险一金”纳入各级地方财政预算，落实高危、加班等补贴资金。各级财政累计投入逾5000万元，完成公路隧道模拟训练设施、危险化学品槽罐车火灾泄漏事故处置训练设施、水域救助训练设施等8个项目建设；各级财政投入超1.3亿元购置消防装备器材，同比增长5倍；投入2234万元升级改造7个支队级指挥中心，104座消防队站接警室实现100%联网运行，初步建成满足基本需要、保障任务遂行的装备建设体系和应急通信网络。组建专班编撰、刊印《西藏消防志（2001—2015）》和《西藏消防志（2016—2018）》，制定艰苦边远地区消防救援人员倾斜性任用政策，改善指战员工作生活环境，投入7800万元建设拉萨兵员转运康复中心等暖心工程。

第二十七章　陕西省消防救援工作

一、消防安全责任逐级压实

省委书记胡和平、省长刘国中等领导先后6次赴总队调研，19次听取消防工作汇报，研究消防救援工作。省政府召开全省消防工作会议，与13个市（区）政府和管委会签订《消防安全工作目标责任书》；省消防安全委员会印发《关于进一步落实行业部门消防安全责任制的通知》，省安全生产委员会办公室召集39个行业部门召开专题会议，推进消防工作。约谈行业部门和大型集团化连锁企业负责人1448名，发送工作提示函或建议书191份，省教育、民政、文旅、卫健、文物、应急和消防等部门联合开展行业专项检查5次，推行“三自主两公开一承诺”，发出任务清单，督促指导1.6万家社会单位自查自改消防隐患。

二、火灾隐患整治持续有力

围绕新中国成立70周年庆祝活动消防安保工作，开展冬春火灾防控、博物馆和文物建筑、商业综合体、城市消防安全攻坚，以及“防风险、保平安、迎大庆”消防安全执法检查专项行动，结合陕西实际拓宽3类整治范围，增加3类排查问题，建立问题、责任、措施和时限4类清单。全年全省共出动监督检查人员137.4万人次，检查社会单位63.4万家，督促整改隐患195.3万处。全省共发生火灾8136起，亡59人，伤19人，直接财产损失1.3亿元，火灾起数同比下降22.3%、亡人数同比下降4.9%、伤人数同比下降54.8%。

三、消防执法改革不断深化

省住房和城乡建设厅、应急管理厅印发《关于做好移交承接建设工程消防设计审查验收职责的通知》，省政府召开会议部署建审、验收职能移交承接工作。修订《陕西省消防安全违法行为举报投诉工作制度》，健全集中管理、统一受理、按责转办、限时办结等管理机制；利用全国信用信息共享平台“信用陕西”模块，发布社会单位消防安全不良行为，将重大火灾隐患单位纳入安全生产“黑名单”，加大联合惩戒力度；推行“双随机一公开”消防监管模式，录入检查对象单位名录14.8万家，完成检查任务1.7万项；提升消防监督执法水平，开展消防监督工作创先评优活动，落实消防政务服务事项“好差评”评价，执法回访单位776家，定期开展执法干部公开述职述廉。

四、公众消防安全意识全面增强

打造报纸、电视、网络、微信、微博、“抖音”为一体的全媒体宣传矩阵，举行全媒体联席会，与49家中央、省级媒体建立宣传协作机制，在中央级媒体发稿143篇，在省级媒体发稿1715篇，微信、微博发布信息5.5万条，陕西消防官方微博排名陕西省政务微博前三，获评全国十大应急管理微博和全国十大消防微博。印制张贴通告、宣传挂图98万份，打造西安地铁消防主题专列，日均受教育群众达11万人次，举办“我与火焰蓝”城墙跑、“火焰蓝”灯光秀点亮西安古都、70周年辉煌历程消防主题摄影展等大型宣传活动近百场。开展火灾隐患集中曝光活动，在《陕西日报》集中曝光106家重大火灾隐患单位，连续8周在市级主流媒体曝光136家火灾隐患突出单位。培训党政领导、行业部门负责人、乡镇街道负责人，公安派出所所长、专（兼）职消防民警等7类重点人群4.7万人。

五、队伍攻坚打赢能力稳步提升

总队投入1300万元助推全员岗位大练兵工作，逐级成立全员岗位大练兵领导机构，制定六项练兵机制、八项奖惩规定、二十条督导要点。举办全省消防救援队伍“火焰蓝”救援技能、体能、指挥能力竞赛、区域对抗等5次比武竞赛。组建应急救援机动支队，建设地质灾害、水域救援、重型工程机械、航空消防救援等6个大队和1个应急通信保障大队，建立“高低大化”（高层建筑、地下建筑、大跨度大空间建筑、石化企业）、山岳水域、公路隧道等7类22支专业队、12支地震救援搜救队、140个专业攻坚组。制定低温雨雪、堰塞湖、地震、洪涝4类灾害事故应急处置预案，修订灭火救援预案4839份，举行总队级大型综合体、煤化工等跨区域实战演练和黄河抗洪抢险拉动演练5次，实战演练9211次，“六熟悉”（熟悉辖区交通道路和消防水源情况，熟悉消防安全重点单位数量、分类和分布情况，熟悉消防安全重点单位建筑物结构和使用情况，熟悉消防安全重点单位重点部位情况，熟悉消防安全重点单位内部消防设施和消防组织情况，熟悉辖区主要灾害事故类型和处置对策、基本程序）演练1.2万次，完成各类重大活动消防安保任务54次。全年全省消防救援队伍共接警出动4.1万次，出动消防车5.7万辆次，出动消防人员33.2万人次，抢救和疏散被困人员3.1万人，保护财产价值6.1亿元，成功处置渭南韩城“4·5”森林火灾、榆林“4·23”危险化学品运输车爆燃等重大灾害事故。

第二十八章　甘肃省消防救援工作

一、逐级压实消防安全责任

省委书记林铎、省长唐仁健等领导多次听取汇报，作出批示指示，研究重大事项，督导责任落实。省长唐仁健为省消防救援总队揭牌，省政府召开新闻发布会通报消防救援事业改革发展成效，省委组织部推动优抚优待政策出台，省委宣传部发文部署习近平总书记向国家综合性消防救援队伍授旗并致训词一周年系列纪念活动和“119消防宣传月”活动。省委、省政府连续第17年与各市州、省直部门签订消防工作目标管理责任书，省政府两次召开常务会研究解决消防工作重大问题，出台《甘肃省加强高层建筑消防安全管理实施意见》；调整重构省消防安全委员会，成员单位增加至30个。省安全生产委员会派出7个工作组，由厅级领导带队，采取合并考核、分别评价的方式对年度消防工作进行检查验收。各级党委、政府和行业部门主要领导每半年、分管领导每季度检查一次消防工作。

二、深入推进消防执法改革

省政府印发《关于深化全省消防执法改革的实施意见》，省住建、应急部门完成消防建审验收职责移交，省应急、公安部门联合发文明确改革转制后公安派出所消防监督事项。全面推行“双随机一公开”消防监管模式，制定配套实施方案和抽查细则。省发展改革委、司法厅将消防安全纳入诚信管理，对495家单位法人、61个自然人实施消防信息联合信用惩戒。推进消防“放管服”改革，研发启用消防政务服务平台，出台十项便民措施，在市、县两级政务大厅打造星级窗口，提升消防服务水平。

三、大力整治消防安全隐患

省政府部署新中国成立70周年庆祝活动消防安保工作，全省30个行业部门分领域开展消防安全交叉互查。省委政法委将消防安全网格化管理纳入各级社会综治、平安建设重要内容，明确6类网格员消防工作职责和5项具体任务，建立奖惩办法和考核评价机制，全省乡镇街道、社区村组实现消防网格化管理全覆盖。省消防安全委员会挂牌督办125家重大火灾隐患单位和41处易燃可燃彩钢板建筑集中区域，约谈1.3万名行业部门负责人和重点单位消防安全责任人、管理人。省民政、文旅等9个部门出台行业系统消防安全标准化管理规定，省公安、住建等5个厅局联合部署彩钢板建筑消防安全治理，省商务、文物、教育等部门开展大型城市综合体、文物古建筑、校园周边等综合治理。自主研发上线消防安全网格化管理系统，注册登记4.7万名网格员，累计检查单位354万家次，开展宣传教育215万次，全年居民住宅、宿舍等场所火灾同比下降13.7%。部署开展消防安全管理示范创建活动，制定16类创建标准和验收细则，纳入社会单位“三自主两公开一承诺”等内容。研发示范创建手机APP软件，将6426家重点单位与509名监督员对应绑定，按照监督员创建、大队验收、支队核查、总队抽查的模式，累计创建示范单位1.2万家，实现重点单位100%创建达标。建成甘肃省消防物联网监测平台，按照“谁维保、谁联网”的原则，推行消防设施维护保养配套物联网监测服务模式，全省97%以上的重点单位接入物联网远程监测系统，高层建筑消防设施物联网接入率、专业维保率分别达87%和82%以上，新增消防控制室持证上岗人员逾6700人。各级消防部门保持隐患整治高压态势，主要执法指标同比大幅上升，圆满完成敦煌“文博会”等20余项重大活动消防安保任务，全省消防安全形势持续平稳，连续13年未发生重特大火灾事故。

四、不断提升队伍整体实力

按照“统一招录、统一培训、统一管理、同工同酬”的标准，新招录政府专职消防员2167人，增长近4倍，月平均工资4500余元。采取单编、混编和24小时驻勤的模式，所有消防站执勤力量不少于30人。集中采购军用越野车，模块化设计、集成化配备救援、指挥、通信、宣传装备和保障物资，打造应急救援快遣队。制定高层、地下、大跨度、综合体、石化、水域6类专业队建设标准，分类型组建216人的应急救援机动支队。强化全员体能训练、狠抓专业专项训练，高频次开展实战演练和比武竞赛，在全国冬训、夏训考核中取得较好名次。研发数字化预案管理平台，修订完善数字化预案2.2万份，创新编制典型灾害三维数字化预案48份。各级政府共投入消防经费12亿元，同比增长25%。稳步推进56个营房队站建设项目，维修改造86个老旧营房，14个战勤保障大队实体化运行。新购消防车178辆、装备器材9万件（套），执勤队站的消防车辆配备全部达标。省财政投入7000万元建成省级消防大数据运维中心和“智慧消防”系统，研发防火监督、队伍管理、灭火救援等应用软件20余个，共享政府及行业部门平台信息，初步实现风险预警智能化、火灾防控精准化、指挥决策扁平化、队伍管理数字化、核查考评日常化。总队被应急管理部消防救援局评为先进总队党委，连续两年被评为年度工作先进总队和安全工作先进单位。

第二十九章　青海省消防救援工作

一、消防责任体系更加完善

省委书记王建军、省长刘宁等省领导多次听取消防救援工作汇报，作出批示指示，带队检查工作。省政府7次召开常务会、专题会研究部署消防工作，修订《青海省消防条例》《消防安全责任规定》《火灾高危单位消防安全管理规定》，将消防工作纳入目标考核。省政府明确由常务副省长分管消防工作，保留并调整消防安全委员会，加强实体化运行，建立健全各项工作机制，督促行业部门履职尽责。将消防安全纳入基层政权建设和社区治理工作，明确公安派出所消防监管职责，织密监管末端网络。推行重点单位“三自主两公开一承诺”责任制，与26个部门签订合作备忘录，加强消防失信行为协同监管，督促社会单位落实主体责任。

二、消防安全治理成效明显

开展冬春火灾防控和“防风险、保平安、迎大庆”等专项行动，紧盯物流仓储、危险化学品、文博建筑、大型商业综合体等10个风险领域加强排查整治，消除安全隐患。省消防、教育、民宗、文旅、文物等5个部门联合开展为期两年的标准化管理示范创建达标活动，省消防、交通部门联合出台《公路隧道消防安全管理办法》，对全省170条隧道开展专项治理。制定宗教寺院《消防安全管理九项规定》，推广智慧用电和冷光源代替传统火源，全区285座藏传寺院落实“综合移灯工程”将酥油灯移出殿堂，32座边远地区寺院消防用水问题得以解决。依法移交建设工程消防设计审查验收职责，高危场所全面实行“双随机一公开”消防监管模式，全年共检查单位6.4万家，督促整改火灾隐患9.7万处，各级政府挂牌督办重大火灾隐患单位96家，整改销案78家。

三、全民消防意识显著提升

省消防救援总队制定《加强应急消防宣传工作九项措施》，制作电视专题《守望》，发布“抖音”系列微视频《家的味道》，辐射人群达5500万人。建立全省一体化全媒体中心，各地建成12个消防科普教育主题广场、主题街道；建设官方自媒体平台微矩阵，在省级媒体开设专栏11个。将消防知识纳入党政领导干部培训必训课程和文化科技卫生“三下乡”内容，印制《寺庙消防安全指导手册》和《导游口袋书》发放全省寺庙场所，制定中小学校消防安全教育建设标准，组织68万师生家长参与消防知识网络答题。组织网格员、宣传大使、村警、驻寺干部四支力量进村、入户、入寺宣传。全省公众消防常识知晓率提高8.5%。全年全省共发生火灾1556起，亡10人，伤1人，直接财产损失1842.1万元，未发生重大以上火灾事故。

四、应急救援能力不断提升

开展全员岗位大练兵，投入近4000万元完善训练场地、增购训练设施，出台《全员岗位大练兵工作奖惩办法》，将练兵成效与班子评优、单位创先、个人成长挂钩。开设应急救援大讲堂，举办山岳水域、攻坚组、舟艇驾驶员等专岗培训16期，培训人员超800人。组织省级地震、交通隧道、抗洪抢险、山岳水域救援拉动比武4次，全年开展高层、地下、石油化工等各类实兵、实地、实战演练4160次。出台《作战指挥力量体系建设指导意见》，建强8类灾害专业处置力量、应急救援机动力量和抗洪抢险救援队，初步形成编组合理、职责明确、装备优良、保障有力的综合救援作战体系。全省36家重点企业专职队和社会志愿救援队伍，统一纳入应急救援调度指挥体系。全年全省消防救援队伍共接警出动2857次，出动车辆5113辆次，消防人员2.7万人次，抢救和疏散被困人员7757人，保护财产价值6021万元。

五、基层基础建设稳步推进

各级政府共投入消防经费4.5亿元，同比增长22%，全省应急救援装备建设经费、维持性业务经费纳入同级财政预算。省住建、消防联合发文加强市政消防给水设施建设，全年新建市政消火栓257个，消防水鹤36座。累计投入2.3亿元改善基层工作生活条件，完成各类基建项目43个，改扩建面积6.8万平方米。各级财政共投入2.8亿元新购消防车91辆、装备器材8.6万件（套），配齐专业队特种攻坚装备，与5家单位签订联勤联保联储战略合作协议。

第三十章　宁夏回族自治区消防救援工作

一、消防安全责任有效落实

自治区党委书记陈润儿、政府主席咸辉等领导多次批示指示消防工作，自治区政府3次召开常务会议部署消防工作，将消防救援队伍列为中央驻宁单位，全区193个乡镇政府、47个街道办事处建立消防安全组织机构。各地推动解决公共消防设施建设、消防经费保障、职业保障机制建设等难题70余项，挂牌督办重大火灾隐患单位21家。区教育、民政、文物等部门制定消防安全标准化管理评查细则，区公安厅发文明确派出所消防监督管理职责，各级住建部门完成建设工程消防设计审查验收职责承接。将“智慧消防”城市物联网远程监控系统建设纳入基层办实事项目，投入620.4万元为494家火灾高危单位和设有自动设施的高层公共建筑安装远程监控平台。全区1980家消防安全重点单位落实“三自主两公开一承诺”等措施。全年全区共发生火灾4652起，亡2人，伤1人，直接财产损失2744.5万元，未发生较大以上火灾事故。

二、消防安全环境显著改善

自治区政府出台《关于深化消防执法改革的实施意见》，精简3项行政审批流程，推行“双随机一公开”消防监管模式，优化便民利企服务。区消防安全委员会召开4次厅际联席会议，部署开展行业领域消防安全专项检查，累计排查整治98家养老院、47家1万平方米以上大型商业综合体、28家文博单位、2200余家校园周边经营性场所，组织对宁东能源基地化工新材料园区开展消防安全专项调研评估。全年全区共检查单位场所19.9万家次，督促整改火灾隐患10.4万处，完成新中国成立70周年庆祝活动、第四届中国－阿拉伯国家博览会等重大活动消防安保任务。宣贯新修订《中华人民共和国消防法》，对550名公安派出所民警、1154名网格长、3932名网格员和1980家消防安全责任人、管理人及2500余名消防控制室值班人员进行集中培训，打造5个消防主题公园，建成覆盖全区22个县级行政区域的34个消防科普教育基地，开设《宁夏消防》《平安119》《消防在线》《消防微课堂》等品牌宣传栏目，受教育群众达230万人次。

三、打赢制胜能力稳步提升

自治区消防救援总队研究制定抓训议训16项措施，落实全员岗位大练兵主官“认领负责”制，深入推进夏训、冬训工作，执勤岗位练兵体能、技能达标率达100%。开展“熟悉演练月、熟悉演练周”活动，全年组织“六熟悉”4433次，实战拉动演练4089次，开展抗洪抢险、危险化学品事故处置、森林草原火灾扑救等实战拉动演练4次。建设三维数字化预案管理平台，完成全区60家重点大型目标单位的数字化预案编制，开展室内熟悉、战术战法研究和桌面推演171次，修订灭火救援预案2166份。成立应急救援机动支队，组建水域救援、重型工程机械、航空应急救援、山岳救援等8个专业救援大队，举办灭火救援攻坚组、基层指挥员、通讯员等培训班37期，累计培训指战员1064名。完成公安网切割和两级实战指挥平台升级改造，建立通信保障队伍。全年全区消防救援队伍共接警出动9889起，出动车辆2.2万辆次，出动消防人员13.6万人次，疏散和抢救被困人员7491人，保护财产价值2.1亿元。

四、综合保障工作扎实推进

自治区13个厅局联合发文贯彻落实消防救援人员优抚优待政策。各级政府共投入消防经费4.6亿元，投入4亿元经费落实全区和宁东地区装备建设三年规划，投入1亿元开工建设消防站7座，投入4953万元安装简易喷淋系统295套、独立式感烟火灾探测报警器4849个，新建市政消火栓536个。各级财政累计投入装备经费2.4亿元，采购消防车辆103辆，配备装备器材7.8万件（套），划拨6989万元补助基层14个基础设施建设项目。建成5个战勤保障大队，投入2500万元采购战勤保障车辆19辆、战勤保障物资近1000件（套）。

第三十一章　新疆维吾尔自治区消防救援工作

一、落实消防安全责任制

自治区党委、政府6次召开会议部署消防工作，将消防任务指标纳入安全生产目标管理责任书、综治和绩效考评内容。自治区党委书记陈全国、主席雪克来提·扎克尔等5次批示指示消防工作。将消防救援总队列为中央驻疆单位，明确1名党委常委和1名政府副主席分管消防工作，党政分管领导先后16次带队检查消防安全工作。实体化运行消防工作联席会议，开展校园、医院、养老机构、文博古建筑消防安全督导检查，集中督办自治区直属高校存在的106处火灾隐患。开展建筑消防安全集中治理，指导1.2万家消防安全重点单位完成“四个能力”达标建设，441家火灾高危单位落实《火灾高危单位消防安全管理暂行规定》，全区3.8万家重点场所自查自改突出火灾风险和隐患4.1万处。建立涉企信用信息共享机制，将企业消防行政许可、行政处罚和联合惩戒信息纳入国家企业信用信息公示系统，2.6万家单位完成“三自主两公开一承诺”。

二、净化社会消防安全环境

自治区出台《关于深化消防执法改革的意见》实施细则，启动《新疆消防条例》修订工作。完成消防设计审查验收职责移交工作，推行“双随机一公开”消防监管模式。开展冬春火灾防控、“防风险、保平安、迎大庆”消防安全专项执法检查、大型商业综合体“回头看”等消防安全治理行动，累计排查单位30万家次，督改火灾隐患32万处，整改销案重大火灾隐患单位121家。实体化运行消防网格管理组织，建成5.1万个消防网格，11.9万名网格员参与巡查，40万家单位纳入巡查范围。加强消防基础设施建设，全年新增市政消火栓1538个、消防水鹤77座，设置电动自行车集中停放充电点3008个，推广安装简易消防设施3.2万套，全区15个地（州、市）完成城市消防物联网监测系统平台搭建工作，251家重点单位上线。全年全区共发生火灾8658起，亡23人，伤6人，直接财产损失7155.5万元。

三、提升公共消防安全意识

自治区政府投入消防宣传经费1100万元，启动总队、支队级全媒体中心建设，配备专（兼）职消防宣传人员501人。全区累计建成应急消防科普教育基地124个，县级行政区域应急消防科普教育基地覆盖率为100%。省市主流媒体开展区域性、季节性专题宣传，录制“119”大型综艺晚会《好大一个家》，翻译成维吾尔语、哈萨克语在新疆卫视及中亚五国播出。开通运行消防主题地铁专列，依托微博、“抖音”等新媒体宣传阵地高密度播放消防宣传视频，总队“抖音”账号关注人群数超过102万，阅读量达1.5亿，获评最受欢迎知识类账号。编印《新疆消防》内刊6万册，培训消防重点单位责任人、管理人以及消防控制室值班人员200万人，7万余名消防志愿者参与“送平安社区行”宣传活动。8家宣讲机构赴102个县市区，1900个乡镇、社区开展宣传活动1.5万场，受众70万人次，吐鲁番、塔城、阿克苏等地季节性火灾起数明显下降，群众消防安全常识知晓率上升14.1%。

四、打造应急救援尖兵劲旅

自治区消防救援总队出台5项练兵机制和战训奖惩硬性规定，研发岗位练兵学习教育平台和比训交流平台。在全区划分7个协作区，开展团队对抗和比训交流30次。持续攻关石化事故处置、远程供水技术、地震救援战法等重大课题，举办地震、水域等专业技能培训班37期、战训骨干培训班32期，开展练兵大讲堂、战例研讨152次。建成应急救援机动支队，建齐23支地震救援、28支高层灭火、9支石油化工、15支搜救犬、15支水域救援和17支应急通信保障专业队，制定17类处置行动指南，组织各类实战演练逾1.3万次。加强同森林消防灭火救援合作，完善重大灾害事故协作机制，整合综治维稳力量和企业联动力量，65个企业专职队接入指挥调度网。全年全区消防救援队伍共接警出动1.8万起，出动车辆3.2万辆次、出动消防人员14.7万人次，抢救被困人员3028人，保护财产价值4.3亿元。

五、夯实队伍建设基层基础

各级政府共投入消防经费6.4亿元、专项资金1.5亿元，纳入2020年度投资计划资金1.4亿元。投入2.7亿元新建消防站11座、训练基地2个、室内体能训练馆5个，扩建升级训练基地3个，投入1050万元专项经费补助哈密、石河子两地新建公寓住房78套。自治区发展改革委批准建设项目13个，纳入2020年度投资计划14个。各级财政投入4.4亿元购置各类装备器材，区财政投入超7000万元为各类灾害事故处置专业队配备特种救援车辆和器材，投入9200万元新购执勤车56辆。出台《关于加强特别重大灾害应急响应后勤保障工作的意见》，建成9个区域性物资储备区，在乌鲁木齐、喀什建成2个战勤保障编组，签订联勤保障协议145份，开展战勤保障拉动演练65次。

第三十二章　新疆生产建设兵团消防工作

2019年，兵团消防部门深入开展冬春火灾防控、电气火灾综合治理、高层建筑消防安全综合治理等专项行动，累计出动人员3.9万人次，车辆1.3万辆次，检查单位9.1万家次，发现火灾隐患2.4万处，督促整改火灾隐患7029处，投入整改资金1396万元。

紧紧围绕新中国成立70周年庆祝活动，深入开展"防风险、保平安、迎大庆"消防安全执法检查专项行动，共出动人员2.6万人次，车辆3237辆次，检查单位9116家，发现火灾隐患4277处，督促整改隐患3912处，下发《责令限期改正通知书》876份，投入整改资金超550万元，助推火灾防控能力提质升级，圆满完成纪念活动消防安保任务。

以宣传新修订《中华人民共和国消防法》为重点，以消防安全宣传教育"七进"为抓手，利用全国中小学安全教育日及"119消防宣传月"等时机，组织校园逃生演练557场次、消防知识培训1060场次、消防体验99场次。各师市举办消防安全培训347期，培训人员3.6万人次，利用广播电视等传统媒体宣传消防知识1.7万分钟，利用微信、"抖音"等新媒体推送宣传信息2.5万条，社会消防宣传教育水平逐步提升。全年兵团共发生火灾73起，亡5人，直接财产损失4709.5万元。

第三篇

训练总队、研究所、评定中心工作综述

第一章　天津训练总队工作综述

一、围绕教育培训主业打造严实训风

持续深化教学改革，深入5所重点高校实地学习调研，优化支队级正、副职干部培训教学理念、设计、内容、方法。开展7.0级地震救援情景教学和典型灭火救援案例研讨教学，邀请北京、上海、四川3个消防救援总队专家为学员解答疑惑。试行课题研究教学，以班为单位组成课题小组准备结业答辩。坚持依法从严管理，成立教学督导组，建成教学管理平台，实行全程封闭、全程禁酒、全程量化考评，落实每天一名班子成员跟班督训评学。升级改造学员教学、训练、食宿、医疗、网络等基础环境，打造“学员之家”，制定教学保障、舆情监控与处置、医疗救助、营区安全、学员管理等5个应急响应预案，规范突发事件处置程序。共完成两期支队级正职、两期支队级副职干部培训班，培训学员843人次。

二、围绕全面从严治党打造过硬班子

强化理论武装和学习调研，邀请天津市委党校和中国人民警察大学专家教授专题辅导，组织班子成员集中学习10次，班子成员带头进行实地调研，召开调研成果交流会，共享应用调研成果。密切联系指战员和参训学员，召开各类意见征求会10余次，收集梳理突出问题32个，有针对性地制定整改落实措施。班子成员带头研究教学，带头深入训练场，带头上讲台，带头当导师、评委和考官，发挥表率作用。

三、围绕政治建队育人打造忠诚队伍

开展“不忘初心、牢记使命”主题教育和“学训词、铸忠诚、创新业、立新功”专题教育活动，统筹抓好学习教育、调查研究、检视问题、整改落实四项重点措施。将教育延伸融入支队级正职干部培训班，对各类课程安排、师资力量先从政治上把关，对外请授课教员进行聘前了解和课前提醒，根据授课情况和学员反映，动态调整外聘师资库，开辟多种形式“第二课堂”，研发“AI党建云”综合平台，在4期支队级干部培训班成立临时党支部。组织学员到李大钊纪念馆、周恩来邓颖超纪念馆、平津战役纪念馆、“灭火救援英雄中队”天津八大街中队等处参观见学，开展升国旗、重温入党和入队誓词、祭扫烈士陵园等仪式教育。组织开展“两优一先”评选表彰、“初心似火、使命如山”红色诗词诵读会、“回望初心、践行使命”学习感悟交流等活动。

四、围绕党风廉政建设打造廉洁基地

加强党风廉政建设，落实党委主体责任和纪委监督责任，把廉政教育纳入主题教育总体部署，同时跟进、相互促进，将廉政建设的基本理论作为党委中心组和各支部学习的重要内容，强化对党纪条规的运用，合理利用监督执纪“四种形态”。修订完善人、财、物管理各项制度规定，严格监督权力运行，对经费物资管理、工程建设、大宗物资采购、培训考核评定等跟进监督审计，确保各项经济活动规范有序。

第二章　南京训练总队工作综述

一、聚焦改革发展，推动主责主业转型升级

面对消防改革和职能任务调整，推进人才培养和应急救援理念、方式、力量、装备建设，落实国家综合性消防救援队伍人才发展战略，推进教育模式从学历教育向专业培训转变、培养方向从提升理论素养向生成新型战斗力转变，完成应急通信岗位师资骨干培训、中高级技师等级职业技能鉴定等各类教学培训鉴定任务20期，为全国培养输送5000名骨干。深化“教训研战”一体化改革，组织“基层行”调研活动，形成18份调研报告。推进面向“全灾种、大应急”培训项目建设，开办大型工程机械技能操作、消防中队长助理、应急通信保障、车辆质检维护等4类培训班。推进开门办学，在徐工集团、山东蓝翔等6个单位建立实训基地，试点实行联合施教、驻点实训的人才培养模式。发挥“智库”作用，邀请消防专家、院校教授、骨干教师专题研教研训，推出车辆事故处置、应急通信保障、工程机械操作等24个优质课程，编修17本教材讲义，出版化学事故处置技术、交通事故处置技术等10本配套培训教材并印发全国消防救援队伍。发展“智慧消防”和“虚拟仿真教学”技术，研发5个虚拟仿真系统投入教学实践应用。石油化工、实训平台和消防员胜任力心理评估等项目研发取得突破。取得10项实用新型专利、5项软件著作权，1项专利获得国际国内双认证。对标国家技能鉴定和标准要求，依托“阿里云”建成消防业务系统云平台，规范消防救援队伍技能鉴定站建设和鉴定流程。坚持战斗力标准，研究制定典型灾害事故处置应急专业队建设方案，建立经常性战备和应急响应机制。发挥专业力量优势，参加东盟地区城市应急救援研讨论坛、首届“火焰蓝”国际消防救援技术交流竞赛活动以及比武竞赛活动。

二、聚焦党的建设，推动政治工作转型升级

推进“铸魂育人”工程，举办主题晚会、演讲比赛等系列活动。创新育人方式，研发思想政治教育网络平台，开设微课程、制作微电影。建立健全征求意见、咨询论证等党委辅助决策机制，召开11次党委会，落实73项重点工作。推进党建特色创建活动，建立书记培训考核准入、党建述职评议制度，对8个基层党委、21个党支部书记进行全员轮训。开展“不忘初心、牢记使命”和“学训词、铸忠诚、创新业、立新功”主题教育，创新“三级学习制度”，第二批主题教育被评为“好”，两个集体和8名个人受应急管理部消防救援局以上表彰，1人荣立二等功，15人荣立三等功。

三、聚焦教育培训，推动后勤保障转型升级

强化经费保障，落实经费2.6亿元，优化配置2.2亿元结余结转资金，新建化学事故处置等5个虚拟仿真系统，实训室、模拟指挥中心、搜救犬犬舍、高空攀爬横渡、工程机械作业区等实训设施全部投入使用。优化教学装备结构，购置远程供水等实训教学消防车4辆、无人机等各类器材装备238件（套）。落实家庭困难补助等16项关心关爱举措，积极推进“安居健康”工程，新购置14套公寓房，解决11项基层反映强烈的热点问题。

四、聚焦廉洁建设，浓厚风清气正干事环境

坚持贯彻“两严两准”建队要求，常态化推进集中教育整训，狠抓队伍塑身定型。坚持全面从严治党，严格落实中央八项规定，实现审计监管全过程覆盖。建立健全安全风险评估常态化、预警分析动态化的长效机制。组织各类督察检查150次，发现整改问题220条，连续14年未发生违规违纪事件和行政责任事故，获评“全国消防救援队伍安全工作先进单位”。

第三章　昆明训练总队工作综述

一、准确把握全灾种大应急新趋势

着眼现实搞科研，申报立项校级科研项目 8 个，“石油储罐消防安全仿真教学模型沙盘研制”“智慧消防实战型动态预案技术研究与设计”等 4 个校级重点项目、10 个校级科研项目、7 个校级教学改革项目全部通过验收，“消防无人机集群系统研究”在业界引起广泛关注。围绕实用编教材，编写出版《工业企业消防安全》《消防应急救援指挥》《危险化学品事故应急救援》《建筑消防安全》《消防技术装备》《消防专业英语实用教程》等 6 部教材。《消防燃烧学》等 11 部教材获推“十三五”国家职业院校系列规划教材。参与实战练队伍，派出 757 名指战员参与第七届世界军人运动会、上海第二届进出口博览会重大安保活动增援任务。

二、主动对接训练总队发展新要求

派出 3 个调研组分赴北京等 6 个总队开展调研，制定《消防救援队伍教育培训体系建设三年规划》《消防救援人才队伍建设五年规划》。选派 19 名教师参加 CMC 绳索救援技术培训并取得三级资格证书，8 名教师分别赴浙江、上海参加第 17 期绳索救援技术培训、CrossFit 综合体能专项教员认证培训，两名教师赴西安参加无人机机手培训，两名教师赴南京参加全国消防救援应急通信队伍师资骨干培训。举办学校改革创新大赛，18 件优秀作品成功申报国家实用新型专利。派员赴西安、北京、大连等地参加智慧教育创新发展大会、教师教学能力提升与发展研修班、“金课”建设研讨会等教学交流研讨活动，与云南梦蓝国际潜水俱乐部、昆明学院、蓝天救援队等地方院校、社会单位签署战略合作协议。

三、充分激发班子干事创业新动力

扎实开展“不忘初心、牢记使命”主题教育，组织 21 次党委中心组专题学习和班子成员领学授课，召开 8 次问题检视会和对照党章党规找差距专题会、专题民主生活会。坚持民主集中制和党委统一集体领导下的首长分工负责制，严格按照程序议事决策，形成职责明晰、齐抓共管的工作格局。成立 4 个调研组和 4 个巡察组，深入各部门开展调研，帮扶、指导基层组织建设，印发《关于加强和改进学校党的组织建设的通知》，健全 4 个部门 66 个党组织，组织 85 名党务工作者集中培训，提升各级组织把方向、抓大事、促改革、谋发展的能力和定力，进一步强化各级党组织功能作用。

四、树立对党忠诚奋发向上新形象

通过党委班子成员专题辅导授课、主题教育理论测试、主题教育知识竞赛、主题党日活动等方式，进一步提升指战员理论水平、思想境界、政治觉悟。为全体指战员发放《习近平新时代中国特色社会主义思想学习纲要》等2000余册学习资料，各级党组织累计开展理论学习418次、专题研讨57次。深入开展“不忘初心、牢记使命”主题教育和“学训词、铸忠诚、创新业、立新功”专题教育，推进党的最新理论成果进教材、进课堂、进头脑。《我国新时代应急管理体系的构建与思考》课程被评为学习贯彻习近平新时代中国特色社会主义思想好课程，供应急管理干部网络学院平台在线学习。举办毕业晚会、诗歌朗诵、合唱演讲、书画摄影等活动，“快闪”视频“我和我的祖国”平台总播放量1600万次，原创“抖音”短视频“消防是所美容院”登上中央广播电视总台微博热搜榜，总阅读量达7300万次。

五、落实队伍管理“两严两准”要求

开展思想状况大普查、安全隐患大排查、队伍风貌大检查、四个秩序大清查，成立教学秩序、安全隐患、队伍管理教育督察组，不定期开展督导检查。对“人车酒、黄赌毒、网电密”等重点问题开展两次拉网式排查，填写调查问卷逾1.2万份，签订保证书、拒绝赌博承诺书近1万份。创建平安校园，开展“消除隐患死角”专项行动60次，检查车辆7500辆次，检查人员1.6万人次，排查整改各类问题隐患102项。紧盯后勤财经、工程建设等重点领域，强化审计监督作用，探索建立银行账户资金每月核实、公务接待费用每季度汇总公示等内部监管长效机制。

六、营造美丽舒适整洁新环境

升级改造宿舍楼、档案楼、卫生队，统一粉刷营区所有建筑外墙，投入专项经费保障信息化建设，拆除危旧建筑3500平方米，新建田径运动场及周边配套工程6.7万平方米，新修校园环路2.5万平方米，新植绿化面积10万平方米。与云大附中、云南衡水实验中学建立合作机制，与昆明武成小学华夏御府校区签订共建协议，广大指战员子女入学难题逐步得到解决。帮扶家庭困难指战员63人，累计发放救济金45万元，表彰46个集体、616名个人。

注：按照《中央编办关于印发应急管理部消防救援局、森林消防局“三定”规定和消防救援队伍、森林消防队伍总队及以下单位编制方案的通知》，原公安部消防局天津警官培训基地、公安消防部队高等专科学校、南京消防士官学校分别更名为应急管理部消防救援局天津训练总队、昆明训练总队、南京训练总队。

第四章　天津消防研究所工作综述

一、平稳推进重点领域科研攻关

全年承担研究项目133项，完成国家重点研发计划课题“人员安全疏散智能诱导技术与系统”等项目验收任务21项。新立项国家级、省部级和局级科研项目15项，新增消防标准规范制修订项目19项。上报应急管理部消防救援局科技成果46项，登记成果11项。获得中国消防协会科学技术创新一等奖1项，全国优秀消防科普宣传教育作品一等奖2项，中国公路学会科学技术一等奖1项。在火灾防控装备方面，研发5毫米新型防火凝胶材料复合防火玻璃，开发综合疏散、避难与救援引导的多信息耦合智能化系统；研制手持式有机液体危险化学品泄漏应急处置装置，在消防救援一线队伍试用；研发固定式、独立式避难系统，为养老院、医院等特殊场所提供应急避难解决方案。在灭火救援装备方面，利用自主研制的大流量压缩空气泡沫举高喷射消防车、3000升/分钟、5000升/分钟固定式压缩空气泡沫系统及抗溶型压缩空气泡沫灭火剂等泡沫灭火剂产品，开展大型石化储罐实体火灾试验，形成全套技术解决方案。在国家重大需求领域，与国家电网、地方消防救援队伍、消防装备企业等联合开展全球首次“全尺寸特高压换流变压器实体灭火试验”；牵头承担应急管理部“关于承灾体预防和抗御火灾的消防安全措施属性调查”工作，形成《承灾体消防安全措施调查评估细化方案》等技术文件；研发基于NB网络的融合多数据多技术的物联网感知终端和消火栓监控系统，相关成果在山东、广州、重庆、天津等地应用；完成《雄安新区城市综合管廊规划设计导则》和工程建设标准《雄安新区地下空间消防安全技术标准》消防部分编写任务。

二、主动服务消防救援实战需求

完成第二届“一带一路”国际合作高峰论坛、北京世界园艺博览会、亚洲文明对话大会安保任务；抽调专家参加新中国成立70周年庆祝活动彩车巡游消防安保技术工作。完成疑难火灾鉴定任务2430起，现场勘验任务110项，全程参与江苏响水“3·21”天嘉宜化工有限公司特别重大爆炸事故调查，重点指导天津滨海新区“2·24”鹏程物流园火灾、湖南岳阳“10·31”森凯物流公司火灾和“5·9”渤海玛珠客滚船火灾等60起火灾现场勘验任务。开展第五批“师傅带徒弟”火灾调查骨干集中培训，为全国9个消防救援总队、近千名火灾调查骨干开展技术培训。研发保暖型消防员灭火防护服及阻燃绒衣，在黑龙江总队试用；完成第二代抗结冰型消防员灭火防护服设计定型。依托自主研发的“火察”视频分析系统，为江苏响水“3·21”天嘉宜化工有限公司特别重大爆炸事故等调查工作提供关键技术支撑。

三、深入开展国内国际合作交流

与清华大学合肥公共安全研究院、天津大学、天津北方石油有限公司等10余家单位签署战略合作协议。与河北工业大学等单位联合开展“纳米增强形状记忆聚合物材料火灾报警及快速修复关键技术研究与应用”等多个攻关项目。与上海消防研究所、消防产品合格评定中心和国安达公司商议共同建设消防救援实战化模拟训练与装备测试评估基地。与瑞典RISE研究院多位技术专家交流研讨锂离子电池火灾防控技术；派代表团出席FORUM国际消防研究所长论坛2019年年会，派员参加ISO/TC92/SC3、SC4工作会议和ISO/TC21系列会议。作为主办方组织召开ISO/TC21/SC6年会，首次以注册专家身份参加ISO/TC21/SC8工作组会议。

四、持续深化消防“放管服”改革

完成强制性认证检验2994项，自愿性认证检验2813项，监督抽检328项，委托检验3087项。减少部分消防装备类产品检验费用50%，对特定产品提供不合格项免费重检，减免企业检测费用逾160万元。优化分型产品检验周期，缩短核减检验周期686天。拓展新兴高科技和环保可持续领域检测业务，8项产品检验扩项申请全部获得CNAS批准。打造“国消”认证产品质量分级认证，制定并提供3类认证方案，发布17项产品质量分级认证实施规则。累计为379家企业发放自愿性认证证书1448张，证书发放数量同比增长423%。终止所属企业承担消防工程及系统检测业务，修订完善所属企业管理办法，健全企业管理制度，加强财经监管和干部履职监督。

第五章　上海消防研究所工作综述

一、发挥科技引擎，提升服务实战能力

提出11项科研立项平台建设需求，参与工业和信息化部《工程类自然灾害防治技术装备规划》编制工作，提交《自然灾害防治技术装备项目建议书》，涵盖防护、通信和应急救援等20种装备。参与“十四五”国家重点研发计划“重大灾害事故防治国家科技重大专项”的申报论证工作，牵头编制《应急管理装备发展战略规划》，参与编制《应急管理部中长期科技发展规划》等部级规划。参与编制《全国消防救援和森林消防人员编制配备方案》《消防救援局2020—2022科技计划项目规划》《消防救援局2020年科技计划项目指南》等重要文件。编写出版《幼儿园消防安全教育》，在上海浦东和普陀两区部分幼儿园试点推广。在上海虹口、黄浦、徐汇等地开展消防安全授课、科普知识讲解、安全公益行等活动。派员赴四川、山东、海南、辽宁消防救援总队开展实战需求调研。赴江苏响水化工企业爆炸、四川甘孜金沙江白格堰塞湖等灾害事故现场开展调研。派员参与新中国成立70周年庆祝活动庆典彩车巡游消防安保，对《京津冀消防工作协同发展指导意见》提出完善建议。全年开展火灾现场勘验18次、火灾模拟试验9次，为明确事故责任提供科学依据。

二、贯彻科技强消，提升科技创新能力

完成“十三五”国家重点研发计划第一批项目“城市重特大火灾防控与治理关键技术研究”全部9个课题验收。“十三五”国家重点研发计划第二、三、四批项目稳步推进。“新能源汽车”重点专项子课题“燃料电池汽车和加氢基础设施消防安全保障技术研究”“动力电池系统性能量化评估技术”完成中期考核。全年完成科研项目验收、结题40项，其中，国家级3项、省级14项、局级4项、所级9项。在灭火装备方面，研制用于重特大火灾扑救的大流量供水系统、大功率供水消防车、固定消防系统和移动供水装备联用装备，以及非视距遥操作消防机器人、系留式空中消防侦察平台、消防外骨骼式助力机器人、远射程高冲击力船用防暴消防炮等新装备。多功能化学侦检消防车等6项成果纳入应急管理部消防救援局2019年试点应用名单。大流量移动式遥控消防炮灭火系统等42项科技成果纳入2019年应急管理部消防救援局成果推广目录。面向全国消防救援队伍推广应急救援金刚石串珠绳锯装备等13项科技成果，总计1.1万件（套）。在消防员个人装备方面，解决单兵数字化装备可配置、可扩展、可组合、可开放等技术问题，改进防护服和空气呼吸器材质和制造工艺。在火灾基础研究方面，开展消防员持水冷却对

火场中油罐热响应的影响和高层建筑电梯门狭缝火灾烟气蔓延机制等方面研究，取得理论突破。

三、聚焦中心工作，提升科研攻关能力

组织申报外部科研项目 41 项，获得外部立项 10 项。组织申报标准规范制修订项目 29 项，完成标准规范报批稿 14 项、送审稿 3 项、征求意见稿两项，主持修订的 7 项国家标准正式发布。对外发表学术论文 35 篇，SCI/EI 收录 4 篇，授权专利 35 项，获得软件著作权 4 项。出版专著《大型物流建筑消防安全关键技术研究》《幼儿园消防安全教育》。全年受理检验任务 1.4 万项，出具报告 1.1 万份。完成各类检查任务 1715 项，其中文审 584 项、发证检查 403 项、监督检查 728 项。配合应急管理部消防救援局开展 2019 年度消防产品质量监督抽查检验，承担检验任务逾 2000 项。完成认证机构委托的 21 种过滤式消防自救呼吸器监督检验。承担甘肃、江西、浙江、上海等消防救援总队委托的过滤式自救呼吸器、有衬里消防水带、防火门等 12 类消防产品质量监督抽查检验。全年为消防救援队伍提供火因物证鉴定服务 491 次，其中电气火灾鉴定 457 次、助燃剂类鉴定 20 次、危险化学品鉴定 14 次。顺利通过中国合格评定国家认可委员会组织的现场复评审。

第六章 沈阳消防研究所工作综述

一、消防科研成果丰硕

在消防监测预警技术方面，研发分布式光纤测温测漏定位预警系统、光纤网络化燃气监测预警系统、电力电缆绝缘层放电电气火灾监测预警系统、城市综合管廊消防监控与应急辅助决策系统，实现城市综合管廊火灾爆炸等隐患早期预警和精准定位；研发管路式货架火灾探测器和基于图像采集的测温式电气火灾监控系统，实现大型仓储场所货架火灾早期预警探测与火源准确定位；研发光谱扫描可视图像复合火灾探测器，提出古建筑群火灾预警监测综合解决方案；针对高层住宅、老旧小区等火灾预警手段不足的现实问题，研发智能火灾预警产品，编制无线火灾报警产品推荐性国家标准。在电气火灾防控技术方面，研发基于负载自适应的智能剩余电流式电气火灾探测器、新型电气防火限流式保护器等产品；开发区域电气火灾物联网监控与隐患分析平台，为电气火灾综合预警提供技术支撑。人员安全疏散技术方面，开发声、光、图文多信息耦合智能疏散指示系统和消防应急室内地图导航系统，实现人员分布定位和不依赖网络条件下的实时应急疏散救援路线导航。在消防应急通信与指挥调度技术方面，研发消防宽窄带融合通信系统，实现多种网络间的互联互通和有机融合；研发手持、车载型天通融合通信终端、基于系留无人机的消防应急通信高空基站等产品。在消防信息化技术方面，研发消防社会化云服务平台、火灾隐患社会化整治信息系统和多因素综合风险评估系统，为创新社会消防安全管理提供新技术手段；开发灭火救援现场装备物资状态信息采集装置、消防员状态信息采集装置等，满足灭火救援扁平化、可视化指挥调度需求。在应急救援技术方面，研发手持危险气体复合侦检仪、便携式广谱痕量危险化学品快速检测仪、危险化学品单兵侦检装备远程监控一体化系统系列装备；开展井下红外高清可视侦察、危险气体侦检、井下被困人员生命探测等辅助侦察技术研究，研制狭窄深井智能化救援成套装备。在火灾物证鉴定与现场勘验方面，开发我国火灾调查领域第一个基础信息数据库，为全国火灾调查工作提供多种基础数据支持。

二、实验室建设稳步推进

在“智慧消防”研建方面，开展针对“智慧消防”研建各项技术的研究攻关，编制系列标准草案。在承灾载体评估方面，围绕如何提高承灾载体结构及消防设施效能，开展系列科研及标准制修订工作。在化工园区救援方面，从技战术和灭火救援装备两个方面开展相关研究工作。在社会化消防安全服务方面，初步实现跨行业、跨系统、跨网络海量多源异构数据集中汇聚，综合多因素火灾风险定量评价，实现差异化、精准化消防安全监督。在紧急医学救助方面，开展新时期消防与应急救援紧急医学救助技术调研及规划，参加院前急救课程培训。

三、服务实战成效显著

编制《消防救援队伍信息化发展规划（2019—2022）》，全面承接消防信息化系统网络迁移技术支撑工作，完成全国消防信息化系统迁移工作。完成全国31个总队和420个支队的消防监督系统升级部署和50G数据的抽取验证支持工作。全力保障消防信息化系统安全稳定运行，全年处理各类系统故障50余次，完成内勤保障任务180余次、各类巡检570次，受理处理问题3.8万例。参加新中国成立70周年庆祝活动庆典彩车巡游消防安保，圆满完成“一带一路”国际合作高峰论坛、亚洲文明对话大会等重大活动26个场馆的电气防火检验工作，检验面积200万平方米。派技术人员20人次，为北京和广东消防救援总队火灾调查人员培训班授课。

四、消防改革纵深推进

全年共对8600余型号产品的技术资料进行审核，下达检验任务通知单8600余份，出具检验报告7185份，消防电气控制装置分型产品认可书1080余份。全年未发生检验责任事故和质量事故。进一步落实消防产品认证工作时限规定，认真执行国家认监委相关规定，工厂检查任务根据“双随机一公开”的原则进行派组。组织全体检查员学习工厂检查技术，进行廉政从业教育和记录要求培训。完成研究所检查员资质注册、继续教育的网络和面授课程培训工作。

第七章　四川消防研究所工作综述

一、聚焦重点项目，着力提升消防科研水平

组织申报各类科研项目34项，立项51项，与四川大学联合申报的国家自然科学基金区域发展联合基金重点支持项目“四川地区有机质文物的防火安全与‘病害’控制”获得立项；“十三五”国家重点研发项目顺利通过验收，与其他单位联合研发28种新产品，取得标准成果12项；承担的4个国家项目和两个国家自然科学基金项目进展顺利；应急管理部消防救援局下发的12个项目均按计划实施，其中3个项目准备验收。全年在研科研项目117项，组织完成27项科研项目验收。全年共组织申报立项团队项目33项。重点围绕文物古建筑“智慧消防”技术、地质灾害应急救援装备及技术、电力系统火灾防控等内容，派出数十名骨干开展实地调研，积极促进跨界合作。组织学术交流和讲座10次，两人次参加国际标准化工作会议。大型综合体火灾防控与灭火救援技术实验与研发基地项目获得批准，前期设计论证工作全面展开。

二、立足服务实战，着力提升物证鉴定水平

全年共接收消防救援部门送检约660起，公检法、社会团体和企业等司法鉴定委托11起，技术服务5起，派出鉴定人员60人次赴20个火场开展现场勘验工作，为消防救援部门和公检法等火场勘验中起火部位的认定、火灾原因调查和认定以及物证提取等关键环节提供技术支持。参与北京国航勘验空客330飞机火灾等事故原因调查。完成应急管理部消防救援局火灾物证鉴定中心相关变更工作，启动鉴定中心的CNAS和CMA资质认定工作。为消防救援部门9批次147人次提供火灾调查专题培训。

三、深入推进改革，着力提升检测认证水平

全年共受理2900多家企业的防火建筑材料、耐火构（配）件、防火涂料、阻燃及耐火电缆等1.2万个产品的检验任务，下达检验任务单1.2万份，出具检验报告1.17万份。在消防执法监督配合方面，全年出具监督检验报告120份。全年完成认证文审任务842个，工厂检查任务派组1250次，证后正常监督检查任务590个，证后飞行监督检查任务8个。派出26个检查组配合“3·15”专项工作，完成对110家企业2019年度“3·15”专项监督检查工作。全年完成550余家企业的型式检验和标识服务抽封样工作，发放标识使用证书近600张，完成对9家企业的质量跟踪工作。与美国FM公司、中石化物资装备部、中房协检测认证联盟等积极开展交流合作。顺利完成认监委CMA和认可委CNAS对实验室的“三合一”复评和扩项现场评审、中国船级社CCS对实验室

的复评换证和扩项现场评审、消防产品合格评定中心实验室的监督和扩项现场评审、法国船级社 BV 和 BSI 等机构对实验室的监督评审。及时完成 13 个标准、32 个参数的变更申报，通过并获得授权。

第八章 消防产品合格评定中心工作综述

一、持续深化消防执法改革

贯彻落实深化消防执法改革意见，完成退出强制性产品认证目录产品 CCC 证书注销工作，涉及 7047 家企业、8.3 万张证书。启动自愿性认证工作，免费为企业颁发自愿性认证证书，为企业减负近 200 万元。落实粗化认证单元、采信企业自我声明、自我验证等减负措施，从源头上减轻企业负担。再次降低工厂检查收费标准，免收证书延续申请费，压缩监督检查人日数，全年共减少企业认证费用支出 1500 万元。简化产品设计变更确认程序，优化网上认证业务系统，工作流程精简至 10 个，提高工作效率 30% 以上。对于 2019 年 9 月 24 日至 2020 年 2 月 29 日完成认证流程并获得认证证书的企业，缓收认证费 1500 万元。全年为 56 家企业发放 109 张消防产品技术鉴定证书。

二、积极推动科技成果转化

承接“中国 PFOS 物质管控与削减项目”消防子行业项目，与生态环境部合作开展 PFOS/F 类灭火剂替代品 / 替代技术的研发、示范推广等工作。研制灭火剂、防火涂料产品快速检定仪，顺利完成推广产品试产及验收。借鉴欧盟标准中测量防火门烟气泄漏量的试验方法，制定《防火防烟安全户门技术要求》，在国内该领域首次明确防火、防盗、防烟、环保等安全性能标准化要求。会同天津消防研究所、沈阳消防研究所和相关单位，修订颁布火灾防控装置的产品性能要求和试验方法。与中国中车集团合作，共同承担高铁列车动力锂电池超早期报警及火灾抑制技术标准的制订工作。

三、扎实开展产品合格评定

全年受理 5141 家企业的认证委托 3.4 万项，签订各类服务合同 1.6 万份，完成各类工厂现场检查及证后监督任务 2 万项，完成技术评定核查工作 3.2 万项，纠正分包检查、检验机构各类错误 1410 项。组织召开重大技术问题研讨会 3 次，解决合格评定重大问题 33 项，完成认证结论审定、证书批准发放任务 6864 项。答复企业各类留言、来函 2.3 万项，接待 102 家企业来访 150 人次。累计发放强制性产品认证证书 1.3 万张，技术鉴定证书 109 张，为 5853 家企业换发自愿性证书 7.4 万张。派出 4500 人次对 2245 家企业开展证后监督工作，暂停证书 983 张，撤销证书 96 张，有力打击消防产品制假售假行为。共收到产品质量抽查不合格通报 89 份，群众举报投诉 64 份，涉及企业 153 家，共暂停证书 45 张，撤销证书 10 张。通过云平台跟踪管理系统，对重点企业的生产、检验关键过程 24 小时自动监测，对异常情况及时预警，督促认证企业主动提高产品质量；通过加装在各分包检验机构关键检验项目及试验样品存放等重点区域的云平台摄像装置，不定时进行后台监督检查，自动筛查违规情况，有效规范检验过程。全年共完成正压式空气呼吸器、消防员灭火防护服产品批检工作346批次，涉及正压式空气呼吸器6.8万件（套）和消防员灭火防护服19.6万件。

第四篇

有关消防救援工作的重要文件资料

中华人民共和国消防法

（1998年4月29日第九届全国人民代表大会常务委员会第二次会议通过　2008年10月28日第十一届全国人民代表大会常务委员会第五次会议修订　根据2019年4月23日第十三届全国人民代表大会常务委员会第十次会议《关于修改〈中华人民共和国建筑法〉等八部法律的决定》修正）

第一章　总　　则

第一条　为了预防火灾和减少火灾危害，加强应急救援工作，保护人身、财产安全，维护公共安全，制定本法。

第二条　消防工作贯彻预防为主、防消结合的方针，按照政府统一领导、部门依法监管、单位全面负责、公民积极参与的原则，实行消防安全责任制，建立健全社会化的消防工作网络。

第三条　国务院领导全国的消防工作。地方各级人民政府负责本行政区域内的消防工作。

各级人民政府应当将消防工作纳入国民经济和社会发展计划，保障消防工作与经济社会发展相适应。

第四条　国务院应急管理部门对全国的消防工作实施监督管理。县级以上地方人民政府应急管理部门对本行政区域内的消防工作实施监督管理，并由本级人民政府消防救援机构负责实施。军事设施的消防工作，由其主管单位监督管理，消防救援机构协助；矿井地下部分、核电厂、海上石油天然气设施的消防工作，由其主管单位监督管理。

县级以上人民政府其他有关部门在各自的职责范围内，依照本法和其他相关法律、法规的规定做好消防工作。

法律、行政法规对森林、草原的消防工作另有规定的，从其规定。

第五条　任何单位和个人都有维护消防安全、保护消防设施、预防火灾、报告火警的义务。任何单位和成年人都有参加有组织的灭火工作的义务。

第六条　各级人民政府应当组织开展经常性的消防宣传教育，提高公民的消防安全意识。

机关、团体、企业、事业等单位，应当加强对本单位人员的消防宣传教育。

应急管理部门及消防救援机构应当加强消防法律、法规的宣传，并督促、指导、协助有关单位做好消防宣传教育工作。

教育、人力资源行政主管部门和学校、有关职业培训机构应当将消防知识纳入教育、教学、培训的内容。

新闻、广播、电视等有关单位，应当有针对性地面向社会进行消防宣传教育。

工会、共产主义青年团、妇女联合会等团体应当结合各自工作对象的特点，组织开展消防宣传教育。

村民委员会、居民委员会应当协助人民政府以及公安机关、应急管理等部门，加强消防宣传教育。

第七条 国家鼓励、支持消防科学研究和技术创新，推广使用先进的消防和应急救援技术、设备；鼓励、支持社会力量开展消防公益活动。

对在消防工作中有突出贡献的单位和个人，应当按照国家有关规定给予表彰和奖励。

第二章 火 灾 预 防

第八条 地方各级人民政府应当将包括消防安全布局、消防站、消防供水、消防通信、消防车通道、消防装备等内容的消防规划纳入城乡规划，并负责组织实施。

城乡消防安全布局不符合消防安全要求的，应当调整、完善；公共消防设施、消防装备不足或者不适应实际需要的，应当增建、改建、配置或者进行技术改造。

第九条 建设工程的消防设计、施工必须符合国家工程建设消防技术标准。建设、设计、施工、工程监理等单位依法对建设工程的消防设计、施工质量负责。

第十条 对按照国家工程建设消防技术标准需要进行消防设计的建设工程，实行建设工程消防设计审查验收制度。

第十一条 国务院住房和城乡建设主管部门规定的特殊建设工程，建设单位应当将消防设计文件报送住房和城乡建设主管部门审查，住房和城乡建设主管部门依法对审查的结果负责。

前款规定以外的其他建设工程，建设单位申请领取施工许可证或者申请批准开工报告时应当提供满足施工需要的消防设计图纸及技术资料。

第十二条 特殊建设工程未经消防设计审查或者审查不合格的，建设单位、施工单位不得施工；其他建设工程，建设单位未提供满足施工需要的消防设计图纸及技术资料的，有关部门不得发放施工许可证或者批准开工报告。

第十三条 国务院住房和城乡建设主管部门规定应当申请消防验收的建设工程竣工，建设单位应当向住房和城乡建设主管部门申请消防验收。

前款规定以外的其他建设工程，建设单位在验收后应当报住房和城乡建设主管部门备案，住房和城乡建设主管部门应当进行抽查。

依法应当进行消防验收的建设工程，未经消防验收或者消防验收不合格的，禁止投入使用；其他建设工程经依法抽查不合格的，应当停止使用。

第十四条 建设工程消防设计审查、消防验收、备案和抽查的具体办法，由国务院住房和城乡建设主管部门规定。

第十五条 公众聚集场所在投入使用、营业前，建设单位或者使用单位应当向场所所在地的县级以上地方人民政府消防救援机构申请消防安全检查。

消防救援机构应当自受理申请之日起十个工作日内，根据消防技术标准和管理规定，对该场所进行消防安全检查。未经消防安全检查或者经检查不符合消防安全要求的，不得投入使用、营业。

第十六条 机关、团体、企业、事业等单位应当履行下列消防安全职责：

（一）落实消防安全责任制，制定本单位的消防安全制度、消防安全操作规程，制定灭火和应急疏散预案；

（二）按照国家标准、行业标准配置

消防设施、器材，设置消防安全标志，并定期组织检验、维修，确保完好有效；

（三）对建筑消防设施每年至少进行一次全面检测，确保完好有效，检测记录应当完整准确，存档备查；

（四）保障疏散通道、安全出口、消防车通道畅通，保证防火防烟分区、防火间距符合消防技术标准；

（五）组织防火检查，及时消除火灾隐患；

（六）组织进行有针对性的消防演练；

（七）法律、法规规定的其他消防安全职责。

单位的主要负责人是本单位的消防安全责任人。

第十七条　县级以上地方人民政府消防救援机构应当将发生火灾可能性较大以及发生火灾可能造成重大的人身伤亡或者财产损失的单位，确定为本行政区域内的消防安全重点单位，并由应急管理部门报本级人民政府备案。

消防安全重点单位除应当履行本法第十六条规定的职责外，还应当履行下列消防安全职责：

（一）确定消防安全管理人，组织实施本单位的消防安全管理工作；

（二）建立消防档案，确定消防安全重点部位，设置防火标志，实行严格管理；

（三）实行每日防火巡查，并建立巡查记录；

（四）对职工进行岗前消防安全培训，定期组织消防安全培训和消防演练。

第十八条　同一建筑物由两个以上单位管理或者使用的，应当明确各方的消防安全责任，并确定责任人对共用的疏散通道、安全出口、建筑消防设施和消防车通道进行统一管理。

住宅区的物业服务企业应当对管理区域内的共用消防设施进行维护管理，提供消防安全防范服务。

第十九条　生产、储存、经营易燃易爆危险品的场所不得与居住场所设置在同一建筑物内，并应当与居住场所保持安全距离。

生产、储存、经营其他物品的场所与居住场所设置在同一建筑物内的，应当符合国家工程建设消防技术标准。

第二十条　举办大型群众性活动，承办人应当依法向公安机关申请安全许可，制定灭火和应急疏散预案并组织演练，明确消防安全责任分工，确定消防安全管理人员，保持消防设施和消防器材配置齐全、完好有效，保证疏散通道、安全出口、疏散指示标志、应急照明和消防车通道符合消防技术标准和管理规定。

第二十一条　禁止在具有火灾、爆炸危险的场所吸烟、使用明火。因施工等特殊情况需要使用明火作业的，应当按照规定事先办理审批手续，采取相应的消防安全措施；作业人员应当遵守消防安全规定。

进行电焊、气焊等具有火灾危险作业的人员和自动消防系统的操作人员，必须持证上岗，并遵守消防安全操作规程。

第二十二条　生产、储存、装卸易燃易爆危险品的工厂、仓库和专用车站、码头的设置，应当符合消防技术标准。易燃易爆气体和液体的充装站、供应站、调压站，应当设置在符合消防安全要求的位置，并符合防火防爆要求。

已经设置的生产、储存、装卸易燃易爆危险品的工厂、仓库和专用车站、码头，易燃易爆气体和液体的充装站、供应站、调压站，不再符合前款规定的，地方人民政府应当组织、协调有关部门、单位限期解决，消除安全隐患。

第二十三条 生产、储存、运输、销售、使用、销毁易燃易爆危险品，必须执行消防技术标准和管理规定。

进入生产、储存易燃易爆危险品的场所，必须执行消防安全规定。禁止非法携带易燃易爆危险品进入公共场所或者乘坐公共交通工具。

储存可燃物资仓库的管理，必须执行消防技术标准和管理规定。

第二十四条 消防产品必须符合国家标准；没有国家标准的，必须符合行业标准。禁止生产、销售或者使用不合格的消防产品以及国家明令淘汰的消防产品。

依法实行强制性产品认证的消防产品，由具有法定资质的认证机构按照国家标准、行业标准的强制性要求认证合格后，方可生产、销售、使用。实行强制性产品认证的消防产品目录，由国务院产品质量监督部门会同国务院应急管理部门制定并公布。

新研制的尚未制定国家标准、行业标准的消防产品，应当按照国务院产品质量监督部门会同国务院应急管理部门规定的办法，经技术鉴定符合消防安全要求的，方可生产、销售、使用。

依照本条规定经强制性产品认证合格或者技术鉴定合格的消防产品，国务院应急管理部门应当予以公布。

第二十五条 产品质量监督部门、工商行政管理部门、消防救援机构应当按照各自职责加强对消防产品质量的监督检查。

第二十六条 建筑构件、建筑材料和室内装修、装饰材料的防火性能必须符合国家标准；没有国家标准的，必须符合行业标准。

人员密集场所室内装修、装饰，应当按照消防技术标准的要求，使用不燃、难燃材料。

第二十七条 电器产品、燃气用具的产品标准，应当符合消防安全的要求。

电器产品、燃气用具的安装、使用及其线路、管路的设计、敷设、维护保养、检测，必须符合消防技术标准和管理规定。

第二十八条 任何单位、个人不得损坏、挪用或者擅自拆除、停用消防设施、器材，不得埋压、圈占、遮挡消火栓或者占用防火间距，不得占用、堵塞、封闭疏散通道、安全出口、消防车通道。人员密集场所的门窗不得设置影响逃生和灭火救援的障碍物。

第二十九条 负责公共消防设施维护管理的单位，应当保持消防供水、消防通信、消防车通道等公共消防设施的完好有效。在修建道路以及停电、停水、截断通信线路时有可能影响消防队灭火救援的，有关单位必须事先通知当地消防救援机构。

第三十条 地方各级人民政府应当加强对农村消防工作的领导，采取措施加强公共消防设施建设，组织建立和督促落实消防安全责任制。

第三十一条 在农业收获季节、森林和草原防火期间、重大节假日期间以及火灾多发季节，地方各级人民政府应当组织开展有针对性的消防宣传教育，采取防火措施，进行消防安全检查。

第三十二条 乡镇人民政府、城市

街道办事处应当指导、支持和帮助村民委员会、居民委员会开展群众性的消防工作。村民委员会、居民委员会应当确定消防安全管理人，组织制定防火安全公约，进行防火安全检查。

第三十三条　国家鼓励、引导公众聚集场所和生产、储存、运输、销售易燃易爆危险品的企业投保火灾公众责任保险；鼓励保险公司承保火灾公众责任保险。

第三十四条　消防产品质量认证、消防设施检测、消防安全监测等消防技术服务机构和执业人员，应当依法获得相应的资质、资格；依照法律、行政法规、国家标准、行业标准和执业准则，接受委托提供消防技术服务，并对服务质量负责。

第三章　消 防 组 织

第三十五条　各级人民政府应当加强消防组织建设，根据经济社会发展的需要，建立多种形式的消防组织，加强消防技术人才培养，增强火灾预防、扑救和应急救援的能力。

第三十六条　县级以上地方人民政府应当按照国家规定建立国家综合性消防救援队、专职消防队，并按照国家标准配备消防装备，承担火灾扑救工作。

乡镇人民政府应当根据当地经济发展和消防工作的需要，建立专职消防队、志愿消防队，承担火灾扑救工作。

第三十七条　国家综合性消防救援队、专职消防队按照国家规定承担重大灾害事故和其他以抢救人员生命为主的应急救援工作。

第三十八条　国家综合性消防救援队、专职消防队应当充分发挥火灾扑救和应急救援专业力量的骨干作用；按照国家规定，组织实施专业技能训练，配备并维护保养装备器材，提高火灾扑救和应急救援的能力。

第三十九条　下列单位应当建立单位专职消防队，承担本单位的火灾扑救工作：

（一）大型核设施单位、大型发电厂、民用机场、主要港口；

（二）生产、储存易燃易爆危险品的大型企业；

（三）储备可燃的重要物资的大型仓库、基地；

（四）第一项、第二项、第三项规定以外的火灾危险性较大、距离国家综合性消防救援队较远的其他大型企业；

（五）距离国家综合性消防救援队较远、被列为全国重点文物保护单位的古建筑群的管理单位。

第四十条　专职消防队的建立，应当符合国家有关规定，并报当地消防救援机构验收。

专职消防队的队员依法享受社会保险和福利待遇。

第四十一条　机关、团体、企业、事业等单位以及村民委员会、居民委员会根据需要，建立志愿消防队等多种形式的消防组织，开展群众性自防自救工作。

第四十二条　消防救援机构应当对专职消防队、志愿消防队等消防组织进行业务指导；根据扑救火灾的需要，可以调动指挥专职消防队参加火灾扑救工作。

第四章　灭 火 救 援

第四十三条　县级以上地方人民政府应当组织有关部门针对本行政区域内的火灾特点制定应急预案，建立应急反应和处置机制，为火灾扑救和应急救援工作提供人员、装备等保障。

第四十四条 任何人发现火灾都应当立即报警。任何单位、个人都应当无偿为报警提供便利，不得阻拦报警。严禁谎报火警。

人员密集场所发生火灾，该场所的现场工作人员应当立即组织、引导在场人员疏散。

任何单位发生火灾，必须立即组织力量扑救。邻近单位应当给予支援。

消防队接到火警，必须立即赶赴火灾现场，救助遇险人员，排除险情，扑灭火灾。

第四十五条 消防救援机构统一组织和指挥火灾现场扑救，应当优先保障遇险人员的生命安全。

火灾现场总指挥根据扑救火灾的需要，有权决定下列事项：

（一）使用各种水源；

（二）截断电力、可燃气体和可燃液体的输送，限制用火用电；

（三）划定警戒区，实行局部交通管制；

（四）利用临近建筑物和有关设施；

（五）为了抢救人员和重要物资，防止火势蔓延，拆除或者破损毗邻火灾现场的建筑物、构筑物或者设施等；

（六）调动供水、供电、供气、通信、医疗救护、交通运输、环境保护等有关单位协助灭火救援。

根据扑救火灾的紧急需要，有关地方人民政府应当组织人员、调集所需物资支援灭火。

第四十六条 国家综合性消防救援队、专职消防队参加火灾以外的其他重大灾害事故的应急救援工作，由县级以上人民政府统一领导。

第四十七条 消防车、消防艇前往执行火灾扑救或者应急救援任务，在确保安全的前提下，不受行驶速度、行驶路线、行驶方向和指挥信号的限制，其他车辆、船舶以及行人应当让行，不得穿插超越；收费公路、桥梁免收车辆通行费。交通管理指挥人员应当保证消防车、消防艇迅速通行。

赶赴火灾现场或者应急救援现场的消防人员和调集的消防装备、物资，需要铁路、水路或者航空运输的，有关单位应当优先运输。

第四十八条 消防车、消防艇以及消防器材、装备和设施，不得用于与消防和应急救援工作无关的事项。

第四十九条 国家综合性消防救援队、专职消防队扑救火灾、应急救援，不得收取任何费用。

单位专职消防队、志愿消防队参加扑救外单位火灾所损耗的燃料、灭火剂和器材、装备等，由火灾发生地的人民政府给予补偿。

第五十条 对因参加扑救火灾或者应急救援受伤、致残或者死亡的人员，按照国家有关规定给予医疗、抚恤。

第五十一条 消防救援机构有权根据需要封闭火灾现场，负责调查火灾原因，统计火灾损失。

火灾扑灭后，发生火灾的单位和相关人员应当按照消防救援机构的要求保护现场，接受事故调查，如实提供与火灾有关的情况。

消防救援机构根据火灾现场勘验、调查情况和有关的检验、鉴定意见，及时制作火灾事故认定书，作为处理火灾事故的证据。

第五章　监督检查

第五十二条　地方各级人民政府应当落实消防工作责任制，对本级人民政府有关部门履行消防安全职责的情况进行监督检查。

县级以上地方人民政府有关部门应当根据本系统的特点，有针对性地开展消防安全检查，及时督促整改火灾隐患。

第五十三条　消防救援机构应当对机关、团体、企业、事业等单位遵守消防法律、法规的情况依法进行监督检查。公安派出所可以负责日常消防监督检查、开展消防宣传教育，具体办法由国务院公安部门规定。

消防救援机构、公安派出所的工作人员进行消防监督检查，应当出示证件。

第五十四条　消防救援机构在消防监督检查中发现火灾隐患的，应当通知有关单位或者个人立即采取措施消除隐患；不及时消除隐患可能严重威胁公共安全的，消防救援机构应当依照规定对危险部位或者场所采取临时查封措施。

第五十五条　消防救援机构在消防监督检查中发现城乡消防安全布局、公共消防设施不符合消防安全要求，或者发现本地区存在影响公共安全的重大火灾隐患的，应当由应急管理部门书面报告本级人民政府。

接到报告的人民政府应当及时核实情况，组织或者责成有关部门、单位采取措施，予以整改。

第五十六条　住房和城乡建设主管部门、消防救援机构及其工作人员应当按照法定的职权和程序进行消防设计审查、消防验收、备案抽查和消防安全检查，做到公正、严格、文明、高效。

住房和城乡建设主管部门、消防救援机构及其工作人员进行消防设计审查、消防验收、备案抽查和消防安全检查等，不得收取费用，不得利用职务谋取利益；不得利用职务为用户、建设单位指定或者变相指定消防产品的品牌、销售单位或者消防技术服务机构、消防设施施工单位。

第五十七条　住房和城乡建设主管部门、消防救援机构及其工作人员执行职务，应当自觉接受社会和公民的监督。

任何单位和个人都有权对住房和城乡建设主管部门、消防救援机构及其工作人员在执法中的违法行为进行检举、控告。收到检举、控告的机关，应当按照职责及时查处。

第六章　法律责任

第五十八条　违反本法规定，有下列行为之一的，由住房和城乡建设主管部门、消防救援机构按照各自职权责令停止施工、停止使用或者停产停业，并处三万元以上三十万元以下罚款：

（一）依法应当进行消防设计审查的建设工程，未经依法审查或者审查不合格，擅自施工的；

（二）依法应当进行消防验收的建设工程，未经消防验收或者消防验收不合格，擅自投入使用的；

（三）本法第十三条规定的其他建设工程验收后经依法抽查不合格，不停止使用的；

（四）公众聚集场所未经消防安全检查或者经检查不符合消防安全要求，擅自投入使用、营业的。

建设单位未依照本法规定在验收后报住房和城乡建设主管部门备案的，由住房和城乡建设主管部门责令改正，处五千元以下罚款。

第五十九条 违反本法规定，有下列行为之一的，由住房和城乡建设主管部门责令改正或者停止施工，并处一万元以上十万元以下罚款：

（一）建设单位要求建筑设计单位或者建筑施工企业降低消防技术标准设计、施工的；

（二）建筑设计单位不按照消防技术标准强制性要求进行消防设计的；

（三）建筑施工企业不按照消防设计文件和消防技术标准施工，降低消防施工质量的；

（四）工程监理单位与建设单位或者建筑施工企业串通，弄虚作假，降低消防施工质量的。

第六十条 单位违反本法规定，有下列行为之一的，责令改正，处五千元以上五万元以下罚款：

（一）消防设施、器材或者消防安全标志的配置、设置不符合国家标准、行业标准，或者未保持完好有效的；

（二）损坏、挪用或者擅自拆除、停用消防设施、器材的；

（三）占用、堵塞、封闭疏散通道、安全出口或者有其他妨碍安全疏散行为的；

（四）埋压、圈占、遮挡消火栓或者占用防火间距的；

（五）占用、堵塞、封闭消防车通道，妨碍消防车通行的；

（六）人员密集场所在门窗上设置影响逃生和灭火救援的障碍物的；

（七）对火灾隐患经消防救援机构通知后不及时采取措施消除的。

个人有前款第二项、第三项、第四项、第五项行为之一的，处警告或者五百元以下罚款。

有本条第一款第三项、第四项、第五项、第六项行为，经责令改正拒不改正的，强制执行，所需费用由违法行为人承担。

第六十一条 生产、储存、经营易燃易爆危险品的场所与居住场所设置在同一建筑物内，或者未与居住场所保持安全距离的，责令停产停业，并处五千元以上五万元以下罚款。

生产、储存、经营其他物品的场所与居住场所设置在同一建筑物内，不符合消防技术标准的，依照前款规定处罚。

第六十二条 有下列行为之一的，依照《中华人民共和国治安管理处罚法》的规定处罚：

（一）违反有关消防技术标准和管理规定生产、储存、运输、销售、使用、销毁易燃易爆危险品的；

（二）非法携带易燃易爆危险品进入公共场所或者乘坐公共交通工具的；

（三）谎报火警的；

（四）阻碍消防车、消防艇执行任务的；

（五）阻碍消防救援机构的工作人员依法执行职务的。

第六十三条 违反本法规定，有下列行为之一的，处警告或者五百元以下罚款；情节严重的，处五日以下拘留：

（一）违反消防安全规定进入生产、储存易燃易爆危险品场所的；

（二）违反规定使用明火作业或者在具有火灾、爆炸危险的场所吸烟、使用明火的。

第六十四条 违反本法规定，有下列行为之一，尚不构成犯罪的，处十日以上十五日以下拘留，可以并处五百元以下罚款；情节较轻的，处警告或者五百元以下罚款：

（一）指使或者强令他人违反消防安全规定，冒险作业的；

（二）过失引起火灾的；

（三）在火灾发生后阻拦报警，或者负有报告职责的人员不及时报警的；

（四）扰乱火灾现场秩序，或者拒不执行火灾现场指挥员指挥，影响灭火救援的；

（五）故意破坏或者伪造火灾现场的；

（六）擅自拆封或者使用被消防救援机构查封的场所、部位的。

第六十五条　违反本法规定，生产、销售不合格的消防产品或者国家明令淘汰的消防产品的，由产品质量监督部门或者工商行政管理部门依照《中华人民共和国产品质量法》的规定从重处罚。

人员密集场所使用不合格的消防产品或者国家明令淘汰的消防产品的，责令限期改正；逾期不改正的，处五千元以上五万元以下罚款，并对其直接负责的主管人员和其他直接责任人员处五百元以上二千元以下罚款；情节严重的，责令停产停业。

消防救援机构对于本条第二款规定的情形，除依法对使用者予以处罚外，应当将发现不合格的消防产品和国家明令淘汰的消防产品的情况通报产品质量监督部门、工商行政管理部门。产品质量监督部门、工商行政管理部门应当对生产者、销售者依法及时查处。

第六十六条　电器产品、燃气用具的安装、使用及其线路、管路的设计、敷设、维护保养、检测不符合消防技术标准和管理规定的，责令限期改正；逾期不改正的，责令停止使用，可以并处一千元以上五千元以下罚款。

第六十七条　机关、团体、企业、事业等单位违反本法第十六条、第十七条、第十八条、第二十一条第二款规定的，责令限期改正；逾期不改正的，对其直接负责的主管人员和其他直接责任人员依法给予处分或者给予警告处罚。

第六十八条　人员密集场所发生火灾，该场所的现场工作人员不履行组织、引导在场人员疏散的义务，情节严重，尚不构成犯罪的，处五日以上十日以下拘留。

第六十九条　消防产品质量认证、消防设施检测等消防技术服务机构出具虚假文件的，责令改正，处五万元以上十万元以下罚款，并对直接负责的主管人员和其他直接责任人员处一万元以上五万元以下罚款；有违法所得的，并处没收违法所得；给他人造成损失的，依法承担赔偿责任；情节严重的，由原许可机关依法责令停止执业或者吊销相应资质、资格。

前款规定的机构出具失实文件，给他人造成损失的，依法承担赔偿责任；造成重大损失的，由原许可机关依法责令停止执业或者吊销相应资质、资格。

第七十条　本法规定的行政处罚，除应当由公安机关依照《中华人民共和国治安管理处罚法》的有关规定决定的外，由住房和城乡建设主管部门、消防救援机构按照各自职权决定。

被责令停止施工、停止使用、停产停业的，应当在整改后向作出决定的部门或者机构报告，经检查合格，方可恢复施工、使用、生产、经营。

当事人逾期不执行停产停业、停止使用、停止施工决定的，由作出决定的部门或者机构强制执行。

责令停产停业，对经济和社会生活影响较大的，由住房和城乡建设主管部门或者应急管理部门报请本级人民政府依法决定。

第七十一条 住房和城乡建设主管部门、消防救援机构的工作人员滥用职权、玩忽职守、徇私舞弊，有下列行为之一，尚不构成犯罪的，依法给予处分：

（一）对不符合消防安全要求的消防设计文件、建设工程、场所准予审查合格、消防验收合格、消防安全检查合格的；

（二）无故拖延消防设计审查、消防验收、消防安全检查，不在法定期限内履行职责的；

（三）发现火灾隐患不及时通知有关单位或者个人整改的；

（四）利用职务为用户、建设单位指定或者变相指定消防产品的品牌、销售单位或者消防技术服务机构、消防设施施工单位的；

（五）将消防车、消防艇以及消防器材、装备和设施用于与消防和应急救援无关的事项的；

（六）其他滥用职权、玩忽职守、徇私舞弊的行为。

产品质量监督、工商行政管理等其他有关行政主管部门的工作人员在消防工作中滥用职权、玩忽职守、徇私舞弊，尚不构成犯罪的，依法给予处分。

第七十二条 违反本法规定，构成犯罪的，依法追究刑事责任。

第七章 附　　则

第七十三条 本法下列用语的含义：

（一）消防设施，是指火灾自动报警系统、自动灭火系统、消火栓系统、防烟排烟系统以及应急广播和应急照明、安全疏散设施等。

（二）消防产品，是指专门用于火灾预防、灭火救援和火灾防护、避难、逃生的产品。

（三）公众聚集场所，是指宾馆、饭店、商场、集贸市场、客运车站候车室、客运码头候船厅、民用机场航站楼、体育场馆、会堂以及公共娱乐场所等。

（四）人员密集场所，是指公众聚集场所，医院的门诊楼、病房楼，学校的教学楼、图书馆、食堂和集体宿舍，养老院，福利院，托儿所，幼儿园，公共图书馆的阅览室，公共展览馆、博物馆的展示厅，劳动密集型企业的生产加工车间和员工集体宿舍，旅游、宗教活动场所等。

第七十四条 本法自 2009 年 5 月 1 日起施行。

中华人民共和国应急管理部
关于人员密集场所防范重大消防安全风险
加强消防安全管理的通告

为有效防范化解重大消防安全风险，国务院安委会办公室部署开展“防风险保平安迎大庆”消防安全执法检查专项行动，制发《九类消防安全突出风险整治要求》，明确人员密集场所对照整治要求开展自查自改，行业系统组织排查，消防救援机构加强执法检查。根据消防法律法规和技术标准的规定，现就人员密集场所加强消防安全管理有关事项通告如下：

一、自评自查自改安全风险隐患。对照九类突出风险，自主评估研判本场所可能存在的火灾风险。组织开展一次全面的防火检查，对检查发现的火灾隐患，制定整改方案，落实整改资金、确定整改期限、明确责任人员，逐项整改到位，并将隐患整改情况登记造册。

二、明确消防安全责任。法定代表人、主要负责人或者实际控制人是本场所的消防安全责任人，对消防工作负主要领导责任。消防安全管理人负责具体实施和组织落实本场所的消防安全工作，对消防工作负直接责任。要依法确定消防安全责任人、管理人，并在场所醒目位置公示，明确消防安全职责。

三、作出消防安全承诺。向社会承诺严格遵守消防法律法规和消防安全标准，及时检查整改火灾隐患，对一时难以整改的，必须采取针对性措施，加强火灾防范，确保消防安全。

四、加强消防安全管理。认真落实防火巡查检查、设施维护管理、宣传教育培训、用火用电安全管理、消防控制室值班、灭火和应急疏散演练等相关制度。严禁违规使用易燃可燃材料装修装饰；严禁擅自改变建筑结构和用途，破坏原有防火分隔；严禁占用、堵塞、封闭疏散通道、安全出口；严禁违规使用、储存易燃易爆危险品；严禁损坏、挪用或者擅自拆除、停用消防设施、器材；严禁在生产储存经营易燃易爆危险品场所、厂房和仓库、大型商场市场等建筑内设置人员居住场所；严禁电动自行车停放在建筑门厅、楼梯间、走道等室内公共区域。

五、开展消防安全提示。向公众提示本场所火灾危险性；提示本场所安全逃生路线、安全出口位置、遇到火灾等紧急情况如何逃生自救；提示本场所内灭火器、简易防护面罩等逃生设施、器材放置部位和使用方法。公众在人员密集场所发现火灾隐患和消防安全违法行为，可以通过“96119”举报电话或者其他有效途径，向当地消防救援机构举报。

本通告所称人员密集场所，包括宾馆、饭店、商场、集贸市场、客运车站候车室、客运码头候船厅、民用机场航站楼、体育场馆、会堂以及公共娱乐场所等公众聚集场所，医院的门诊楼、病房楼，学校的教学楼、图书馆、食堂和集体宿舍，养老院，福利院，托儿所，幼儿园，公共图书馆的阅览室，公共展览馆、博物馆的展示厅，劳动密集型企业的生产加工车间和员工集体宿舍，旅游、宗教活动场所等。

“三合一、多合一”场所（住宿与生产储存经营合用场所）、农家乐（民宿）、老旧高层住宅等发生火灾可能造成重大人员伤亡的场所，参照本通告执行。

消防救援机构加强执法检查，对违反本通告的行为，依法予以行政处罚；相关行政处罚、抽查检查结果等信息记入信用记录，依法纳入全国信用信息共享平台，并通过国家企业信用信息公示系统和“信用中国”网站等向社会公布；构成犯罪的，依法追究刑事责任。

特此通告。

中华人民共和国应急管理部

2019 年 4 月 29 日

应急管理部　教育部　公安部　住房和城乡建设部关于切实加强出租屋及校园周边经营场所消防安全管理工作的通知

（应急〔2019〕66号）

各省、自治区、直辖市应急管理厅（局）、教育厅（教委）、公安厅（局）、住房和城乡建设厅（委）、消防救援总队，新疆生产建设兵团应急管理局、教育局、公安局、住房和城乡建设局：

5月5日6时50分，广西壮族自治区桂林市雁山区西龙村一自建民房发生火灾，造成5人死亡（均为广西师范大学漓江学院在校大学生）、7人重伤、31人轻伤。这起火灾发生在大学校园周边的出租屋，死伤人员大多为在校大学生，引起了社会各界广泛关注，造成较大社会影响。该起火建筑为6层砖混结构，建筑高度18米，总建筑面积约3300平方米。其中一层为门面房，停放有17辆电动自行车和1辆摩托车；二层未使用；三层至六层为出租房56间（已出租52间，大部分租客为在校大学生），起火原因为一层停放的电动自行车故障引发火灾，高温有毒烟气经楼梯间向上蔓延造成人员伤亡。这起出租屋火灾暴露出起火建筑基本消防安全条件不具备、电动自行车违规停放、出租方消防安全管理责任不落实、基层消防安全网格化管理不规范、消防宣传培训不到位等问题。

近年来，出租屋亡人火灾多发，一次死亡10人以上的群死群伤火灾也时有发生，教训十分深刻。2015年6月25日，河南省郑州市西关虎屯出租屋火灾造成15人死亡。2017年7月16日，江苏省常熟市虞山镇村民自建房出租屋放火案造成22人死亡。2017年9月25日，浙江省台州市玉环市村民自建房出租屋火灾造成11人死亡。2017年11月18日，北京市大兴区西红门镇聚福缘公寓火灾造成19人死亡。学校特别是大中专院校周边网吧、游戏室、歌舞厅、小宾馆、出租屋等场所集中，人流量大，商业活动频繁，火灾风险高，发生事故影响大。为认真贯彻落实中央领导同志重要批示精神，深刻吸取火灾事故教训，切实加强出租屋及校园周边经营场所消防安全管理工作，坚决预防和遏制群死群伤火灾事故，为新中国成立70周年创造良好的消防安全环境，现就有关事项通知如下：

一、立即组织开展消防安全联合检查。各地应急管理、教育、公安、住房和城乡建设等部门和消防救援机构要认真分析研判出租屋及校园周边经营场所的火灾规律特点，对出租屋、流动人口的数量、分布、特点和校园周边经营场所开展调研，全面摸清消防安全状况，找准突出风险隐患，向当地党委政府进行专题汇报，提请政府结合“防风险保平安迎大庆”消防安全执法检查专项行动，组织有关职能部门对城乡接合部、城中村等出租屋集中区域、学校及周边区域开展一次全面的消防安全联合检查。重点检查出租屋是否依法办理房屋租赁登记备案手续，是否违规分隔房间出租；出租屋、学校及周边的网吧、游戏室、歌舞厅、小宾馆等场所是否符合消防安全条件，是否保持疏散通道和安全出口畅通，是否存在电动自行车在建筑门厅和公共走道等室内公共区域违规停放、私拉乱接电气线路违规充电等行为。对检查发现的问题，依法从严处罚，督促整改。居住人数超过10人的出租屋凡是安全疏散不达标的，依法临时查封；凡是防火分隔不符合要求的，依法督促整改；凡是电动自行车违规在室内停放或者充电的，依法清理。坚决整治电动自行车“进楼入户”“人车同屋”“飞线充电”等突出问题，避免类似火灾事故发生。

二、强化出租屋消防安全管理责任。各地消防救援机构和公安、住房和城乡建设（房地产管理）部门要加强指导，明确出租人、承租人消防安全职责，落实消防安全措施。出租人是出租屋的消防安全责任人，应确保出租屋符合消防安全要求，并依法办理房屋租赁登记备案手续，在租赁期间要定期开展安全检查，及时发现和排除房屋安全隐患。承租人在租赁期间应当自觉履行消防安全管理职责，安全使用出租屋及其附属消防设施，接受行政主管部门及出租人的监督检查，杜绝危害消防安全的行为。出租屋的产权人、管理单位、物业服务企业应当定期组织灭火和应急疏散演练，开展消防安全巡查，维护管理消防设施和器材。出租屋必须符合消防安全标准和要求，确保疏散通道和安全出口畅通，防火分隔满足要求，配备灭火器等设施器材，电器产品安装和线路敷设符合有关标准规定，鼓励推广安装独立式火灾报警探测器和简易喷淋，居住人数超过10人的出租屋要加强夜间消防安全值班值守。

三、加强社会消防宣传教育。各地要充分运用媒体资源，通过广播、电视、报纸、网络等多种途径，广泛开展社会消防宣传，大力普及安全用火用电常识和逃生自救知识。利用出租屋和校园周边经营场所的典型火灾案例，制作警示教育片和宣传挂图，在户外广告、楼宇电视高频播放视频，在相关场所醒目位置张贴火灾案例宣传挂图，对重点人群开展警示性宣传。教育部门要深化消防宣传“进课堂、进军训”等工作，将消防安全教育纳入教学计划，落实学校消防安全教育“四有”（即有教材、有师资、有课时、有场地）要求，全面加强学生消防安全知识教育。特别是要深刻吸取广西壮族自治区桂林市雁山区“5·5”火灾事故教训，指导学校做好消防安全自查、隐患整改和宣传培训工作，加强在校学生外宿管理，将外宿学生纳入重点宣传教育范围。消防救援机构要进一步畅通“96119”等火灾隐患举报投诉渠道，鼓励群众举报身边的火灾隐患。

四、做好灭火和应急救援准备。各地消防救援机构要指导出租屋集中区域及校园周边的基层社区、乡镇，建强微型消防站或专职消防队，配齐人员和必要的装备器材，针对出租屋及校园周边经营场所人员流动性大、自防自救能力较弱等特点，加强值班备勤和巡逻检查。要强化区域联防措施，联合周边微型消防站、专职消防队开展火灾隐患互查、消防宣传培训、灭火应急疏散演练，在火灾发生时能及时支援、互相协助。消防救援队伍要加强对出租屋集中区域和校园周边经营场所的熟悉演练，修订完善灭火救援预案，开展实战拉动演练，加强与微型消防站、专职消防队的联勤联训、调度指挥，确保一旦发生火灾，能够第一时间调集力量到场，做到灭早灭小、科学处置，最大限度减少人员伤亡和财产损失。

五、健全完善出租屋消防安全管理机制。各地消防救援机构要推动地方出台出租屋消防安全标准和管理制度，从建筑耐火等级、防火分隔、安全疏散逃生、电气线路敷设、消防设施配备、日常消防管理等方面作出明确规定，并依法开展监督检查。公安部门要加强流动人口和出租屋的信息登记管理，加强对居民区、出租屋、电动车等重点场所、领域的检查，及时督促整改火灾隐患。住房和城乡建设（房地产管理）部门要指导物业服务企业加强管理范围内的共用消防设施、器材检查维护。各地要进一步完善相关职能部门信息互通、联合执法工作机制，综合运用媒体曝光、联合惩戒、挂牌督办等多种手段，严格监督管理，震慑违法行为。

应急管理部　教育部　公安部

住房和城乡建设部

2019 年 6 月 28 日

市场监管总局　应急管理部
关于取消部分消防产品强制性认证的公告

（2019 年第 36 号）

为贯彻落实党中央、国务院关于深化消防执法改革的决策部署，市场监管总局会同应急管理部对消防产品强制性认证目录作出调整。现将有关事项公告如下：

一、对部分消防产品（见附件）取消强制性产品认证，市场监管总局注销相关认证机构和实验室涉及的强制性产品认证指定业务范围，相关指定认证机构应当按规定注销已出具的强制性产品认证证书。

二、公共场所、住宅使用的火灾报警产品、灭火器、避难逃生产品继续实施强制性产品认证。

上述事项，自本公告发布之日起实施。

附件：取消强制性产品认证的消防产品清单

市场监管总局　应急管理部

2019 年 7 月 16 日

附件

取消强制性产品认证的消防产品清单

序号	产品名称	产品类别	产品代码	涉及 CCC 认证实施规则
1	消防水带	消防水带	1802	CNCA–C18–03：2014《强制性产品认证实施规则 灭火设备产品》
2	喷水灭火产品	喷水灭火产品	1803	CNCA–C18–03：2014《强制性产品认证实施规则 灭火设备产品》
3	消防车	消防车	1804	CNCA–C11–01/A1：2014《强制性产品认证实施规则 汽车（消防车）》
4	灭火剂	灭火剂	1805	CNCA–C18–03：2014《强制性产品认证实施规则 灭火设备产品》
5	建筑耐火构件	建筑耐火构件	1806	CNCA–C18–02：2014《强制性产品认证实施规则 火灾防护产品》

取消强制性产品认证的消防产品清单（续）

序号	产品名称	产品类别	产品代码	涉及 CCC 认证实施规则
6	泡沫灭火设备产品	泡沫灭火设备	1807	CNCA–C18–03：2014《强制性产品认证实施规则 灭火设备产品》
7	消防装备产品	消防装备	1808	CNCA–C18–04：2014《强制性产品认证实施规则 消防装备产品》
8	火灾防护产品	火灾防护产品	1809	CNCA–C18–02：2014《强制性产品认证实施规则 火灾防护产品》 CNCA–C18–03：2014《强制性产品认证实施规则 灭火设备产品》
9	消防给水设备产品	消防给水设备	1811	CNCA–C18–03：2014《强制性产品认证实施规则 灭火设备产品》
10	气体灭火设备产品	气体灭火设备	1812	CNCA–C18–03：2014《强制性产品认证实施规则 灭火设备产品》
11	干粉灭火设备产品	干粉灭火设备	1813	CNCA–C18–03：2014《强制性产品认证实施规则 灭火设备产品》
12	消防防烟排烟设备产品	消防防烟排烟设备	1814	CNCA–C18–02：2014《强制性产品认证实施规则 火灾防护产品》
13	消防通信产品	消防通信设备	1816	CNCA–C18–01：2014《强制性产品认证实施规则 火灾报警产品》

此外，取消火灾报警产品（产品代码 1801）中的线型感温火灾探测器产品、消防联动控制系统产品、防火卷帘控制器产品和城市消防远程监控产品的强制性产品认证。

应急管理部关于印发《消防技术服务机构从业条件》的通知

（应急〔2019〕88号）

各省、自治区、直辖市应急管理厅（局）、消防救援总队，新疆生产建设兵团应急管理局：

为深入贯彻落实中共中央办公厅、国务院办公厅《关于深化消防执法改革的意见》，应急管理部制定了《消防技术服务机构从业条件》（以下简称《条件》），现印发给你们，并提出以下工作要求：

一、认真组织开展学习宣贯工作。制定《条件》是深化消防执法改革、优化营商环境的重要举措，各级消防救援机构要切实提高思想认识，组织消防监督人员认真学习，尽快理解、掌握《条件》的各项规定和相关要求。同时，要充分利用报刊、广播、电视、互联网等媒体，通过多种途径向社会广泛宣传《条件》，使消防技术服务机构及从业人员、社会单位和公众充分知晓有关内容和管理要求。

二、加强对消防技术服务活动的监督管理。各级消防救援机构应当结合日常消防监督检查工作，对消防技术服务机构的从业条件和服务质量实施监督抽查，在开展火灾事故调查时倒查消防技术服务机构责任，依法惩处不具备从业条件的机构，以及出具虚假或失实文件等违法违规行为，依据相关规定记入信用记录，协同相关部门实施联合惩处。

三、督促消防技术服务机构落实主体责任。要组织、指导消防技术服务机构应用全国统一的社会消防技术服务信息系统，按要求录入和更新相关信息，落实主体责任，规范从业行为，提高服务质量。

各地在执行《条件》过程中，可结合实际制定完善消防技术服务标准，促进提升消防技术服务质量。工作中遇到的问题请及时报部。

应急管理部

2019年8月29日

消防技术服务机构从业条件

第一条 为了规范消防技术服务机构从业活动，提升消防技术服务质量，根据《中华人民共和国消防法》和有关规定，制定本从业条件。

第二条 消防技术服务机构是指从事消防设施维护保养检测、消防安全评估等社会消防技术服务活动的企业。

消防技术服务从业人员是指在消防

技术服务机构中执业的注册消防工程师，以及取得消防设施操作员国家职业资格证书、在消防技术服务机构中从事消防技术服务活动的人员。

第三条　从事消防设施维护保养检测服务的消防技术服务机构，应当具备下列条件：

（一）企业法人资格；

（二）工作场所建筑面积不少于200平方米；

（三）消防技术服务基础设备和消防设施维护保养检测设备配备符合附表1和附表2的要求；

（四）注册消防工程师不少于2人，且企业技术负责人由一级注册消防工程师担任；

（五）取得消防设施操作员国家职业资格证书的人员不少于6人，其中中级技能等级以上的不少于2人；

（六）健全的质量管理体系。

第四条　从事消防安全评估服务的消防技术服务机构，应当具备下列条件：

（一）企业法人资格；

（二）工作场所建筑面积不少于100平方米；

（三）消防技术服务基础设备和消防安全评估设备配备符合附表1和附表3的要求；

（四）注册消防工程师不少于2人，且企业技术负责人由一级注册消防工程师担任；

（五）健全的消防安全评估过程控制体系。

第五条　同时从事消防设施维护保养检测、消防安全评估的消防技术服务机构，应当具备下列条件：

（一）企业法人资格；

（二）工作场所建筑面积不少于200平方米；

（三）消防技术服务基础设备和消防设施维护保养检测、消防安全评估设备配备符合附表1、附表2和附表3的要求；

（四）注册消防工程师不少于2人，且企业技术负责人由一级注册消防工程师担任；

（五）取得消防设施操作员国家职业资格证书的人员不少于6人，其中中级技能等级以上的不少于2人；

（六）健全的质量管理和消防安全评估过程控制体系。

第六条　注册消防工程师不得同时在2个（含本数）以上消防技术服务机构执业。在消防技术服务机构执业的注册消防工程师，不得在其他机关、团体、企业、事业单位兼职。

第七条　消防技术服务机构承接业务，应当明确项目负责人。项目负责人应当由注册消防工程师担任。

第八条　消防技术服务机构应当将机构和从业人员的基本信息，以及消防技术服务项目情况录入社会消防技术服务信息系统。

附表：1. 消防技术服务基础设备配备要求（略）

2. 消防设施维护保养检测设备配备要求（略）

3. 消防安全评估设备配备要求（略）

国家文物局　应急管理部《关于进一步加强文物消防安全工作的指导意见》

（文物督发〔2019〕19号）

各省、自治区、直辖市文物局（文化和旅游厅/局）、应急管理厅（局）、消防救援总队，新疆生产建设兵团文物局、应急管理局：

火灾是危害文物安全的主要风险。近年来，随着经济社会快速发展，文物、博物馆单位火灾诱因增加，文物火灾事故时有发生，文物消防安全形势较为严峻。为深入贯彻习近平总书记关于文物安全工作的重要指示精神，落实中共中央办公厅、国务院办公厅《关于加强文物保护利用改革的若干意见》《国务院办公厅关于进一步加强文物安全工作的实施意见》，贯彻“预防为主、防消结合”的方针，强化文物消防安全责任，增强火灾预警防控能力，加强文物消防安全管理，现提出以下意见。

一、健全完善责任体系

（一）明确文物消防安全责任。各级文物行政部门和消防救援机构要推动地方各级政府切实履行文物安全属地管理主体责任，将文物、博物馆单位周边严重影响文物消防安全的建筑物、构筑物，纳入地方政府搬迁改造计划一并整改解决；要针对本辖区内文物资源特点和保护利用等情况，认真分析研判文物消防安全形势，研究火灾防控措施。各级文物行政部门要明确承担文物消防安全监管的内设机构和人员，实施文物安全直接责任人公示公告制度，按照“谁主管谁负责、谁所有谁负责、谁使用谁负责”的要求，落实文物管理使用人的消防安全直接责任。

（二）健全消防组织。文物、博物馆单位应当设置（明确）内设专门机构，或者确定专（兼）职消防管理人员，具体实施消防安全管理工作。距离消防救援队较远的全国重点文物保护单位和国家一级博物馆要建立专职消防队，结合实际需要配足配好消防器材装备，组织队员定期开展防火培训和灭火演练。其他文物、博物馆单位要按要求建立微型消防站，配齐人员和消防器材装备，加强值班备勤和巡逻检查。

（三）落实文物消防安全职责。文物、博物馆单位主要负责人为消防安全责任人，统筹安排本单位消防安全工作。属于消防安全重点单位的文物、博物馆单位应当确定消防安全管理人，负责组织实施日常消防安全管理工作，制定落实消防工作计划和消防安全制度，履行开展防火巡查和检查、火灾隐患整改、消防安全宣传教育培训、灭火和应急疏散演练等职责。文物、博物馆单位要建立和落实逐级消防安全责任制和岗位消防安全责任制，明确各级各岗位消防安全责任人员和职责任务。文物、博物馆单位安全保卫机构要做好日常消防安全管理和监督检查工作。

二、强化消防安全管理

（四）科学评估火灾风险。文物、博物馆单位要坚持源头治理，根据本单位保护、管理、利用现状和周边环境状况，全面查找可能引发火灾事故的诱因和风险源，分析评估风险种类和程度，列出火灾风险隐患清单。建立安全风险预警机制，实施风险等级管理，分类逐项提出风险控制要求，有针对性地采取火灾风险防范措施。

（五）加强制度建设。文物、博物馆单位应建立健全消防安全教育培训、消防检查巡查、日常值班值守、用火用电管理、易燃易爆危险品管理、消防设施设备运行维护检测、灭火和应急疏散预案演练、火灾隐患整改等各项消防安全管理制度。要建立制度实施保障机制，通过日常监督检查、考核奖惩等方式，将制度落实到各岗位和消防安全管理各环节，实现消防安全管理规范化、制度化、精细化。

（六）严格生产生活用火。文物建筑和博物馆、纪念馆室内、廊道禁止使用明火，禁止吸烟，在重点要害场所应设置“禁止烟火”标志。文物保护单位保护范围内严格控制使用明火，并根据文物消防安全需要明确禁止吸烟区域。文物建筑用于宗教活动场所或者民居建筑等确需动用明火的，必须加强火源管理，指定安全地点，采取有效防火措施，并由专人看管，做到人离火灭。非宗教活动场所的文物建筑保护范围内不得燃灯、烧纸、焚香。

（七）严格安全用电。文物、博物馆单位要按照有关标准要求全面评估本单位用电安全风险，每年至少开展一次电气安全检测维护。严格落实用电管理制度，规范敷设电气线路，改造更换老旧电气线路。严查严控电气线路敷设不规范、用电负荷超额、未设短路保护装置、私拉乱接电气线路、使用“三无”电器产品等问题。文物建筑上不得直接安装灯具搞“亮化工程”，在文物建筑外安装灯具的要保持安全距离。

（八）严格易燃可燃物品管理。文物建筑保护范围内严禁生产、使用、储存和经营易燃易爆危险品，严禁燃放烟花爆竹。用于生产、生活和经营使用的文物建筑，确需使用燃气或堆放柴草等可燃物，要采取切实有效的安全防护措施。其他文物建筑内严禁使用燃气，不得铺设燃气管线，不得堆放柴草、木料等可燃物，并应设置“禁止燃放烟花爆竹”等标志。

（九）加强文物保护工程工地管理。文物保护工程施工工地要制定并实施消防安全制度，配备临时消防水源和消防设施设备，施工进场前应对作业人员进行消防安全培训，施工方法和施工技术条件要符合消防要求。电焊、气焊、喷灯等明火作业要采取严格的防火措施，施工现场易燃可燃物品要安全存放，现场废料、垃圾等可燃物品要及时清理。员工集体宿舍与施工作业区要分开设置，因施工需要搭建的临时性建筑要符合防火要求。

（十）加强大型活动安全管理。在文物建筑保护范围内举办祭祀、庙会、游园、展览等大型活动，要按规定提前将活动方案和安全保卫工作方案报当地公安机关审核同意。主办单位应进行防火检查，增设必要的消防设施、设备和灭火器材，现场安排专（兼）职消防人员等应急力量，制定灭火和应急疏散预案并预先组织演练，活动期间要对重要场所和部位进行巡逻看护。

三、严格检查整治火灾隐患

（十一）检查整改火灾隐患。文物、博物馆单位每月至少组织开展一次防火检查，每日定期开展防火巡查。对社会开放期间，每2小时开展一次防火巡查，并强化夜间巡查。对检查发现的火灾隐患，要及时整改消除。对不能立即整改的火灾隐患，要制定整改方案，明确整改期限，并采取临时防护措施，加强人员值守。

（十二）开展督导检查。各级文物行政部门和消防救援机构要加强对本辖区内文物、博物馆单位的监督检查，重点督促整改电气隐患、生产生活用火、违规燃香烧纸、施工操作违规用火、易燃易爆物品管理不善和消防设施设备不完善、安全管理松懈等突出隐患和问题，提升文物、博物馆单位火灾防控能力和水平。各级文物行政部门和消防救援机构要对存在重大火灾隐患的文物、博物馆单位实施挂牌督办、跟踪督促隐患整改。

四、加强消防基础建设

（十三）加强消防设施建设。各级文物行政部门要深入推进实施“文物平安工程”，加大文物消防设施设备投入力度，结合文物建筑修缮、博物馆改造工程同步增设消防设施。文物建筑消防工程实施要坚持“最小干扰”的文物保护原则，不得破坏文物本体及历史环境风貌。

（十四）严格消防设施管理。要充分发挥消防系统功能作用，保障正常有效运行，火灾自动报警和灭火系统操控人员应持证上岗。对文物消防设施设备器材，要每月进行一次维护保养，每年进行一次全面检测，确保功能正常。严禁擅自关闭、停用火灾自动报警和灭火系统。要确保文物、博物馆单位的疏散通道和安全出口畅通，不得占用防火间距，严禁堵塞、封闭消防车通道。

（十五）强化科技支撑。要充分应用先进适用的设施装备，积极推广运用远程监管、智能监控、安全用电、高效防火灭火等方面的先进设施设备和技术，增强文物火灾自动报警和灭火能力，利用无人机等装备对古村落、大型文物建筑群实施智能巡查，不断提升物防技防水平。

五、增强应急处置能力

（十六）科学编制预案。各基层文物行政部门和消防救援机构要加强工作联动，针对本辖区重点文物、博物馆单位主要火灾风险、建筑结构材质、空间布局、收藏可移动文物和保护利用现状等情况，按照“一家一策”的要求，指导文物、博物馆单位制订应急处置预案。文物、博物馆单位要按照及时、适用、有效的原则，制定本单位灭火和应急疏散预案，明确每班次、各岗位人员及其报警、疏散、扑救初起火灾的职责，每半年至少开展一次消防演练。在宗教活动、民俗活动等人员集中的重点时段，应制定专门预案。各地消防救援机构要加强对本辖区文物、博物馆单位消防演练指导，修订完善灭火救援预案，一旦发生火灾，要做到灭早灭小、科学处置，最大限度减少文物和财产损失。

（十七）有效处置火灾事故。文物、博物馆单位发生火灾事故，要立即报警并启动灭火和应急疏散预案，组织扑救初起火灾，有序组织人员疏散，及时抢救不可移动文物。火灾事故发生后，要认真汲取经验教训，认真整改火灾隐患和问题，切实采取消防安全措施。发生火灾事故要按照规定报告，严禁瞒报、谎报、漏报、迟报。

六、加强消防安全宣传教育

（十八）大力开展警示教育。各级文物行政部门和各文物、博物馆单位要大力开展文物消防警示教育活动，增强安全意识，坚决杜绝麻痹思想、侥幸心理和失职渎职行为。要利用典型文物火灾案例，制作警示教育片和宣传挂图，加强对重点人群的警示性教育，增强火灾风险防范意识。

（十九）广泛开展常识宣传。各级文物行政部门要加大宣传力度，深入基层文物、博物馆单位及其周边社区，开展“入户式”“网格化”宣传，并将文物消防安全宣传纳入“文化和自然遗产日”“5·18博物馆日”等活动内容，引导社会力量参与和监督文物消防工作。文物、博物馆单位要在醒目位置设立消防安全警示标识，张挂消防安全宣传图标。

（二十）深入开展专业培训。文物、博物馆单位要组织各级各岗位消防安全责任人员、自动消防设施操作人员、专（兼）职消防管理人员和保安人员，每年至少开展一次消防安全培训，开展新入岗人员岗前培训，培养一批会消防管理，会操作消防设施器材，会检查整改火灾隐患，会扑救初起火灾和组织人员疏散逃生的消防安全“明白人”。

七、严格督察问责

（二十一）严格实施督察考评机制。各级文物行政部门要建立实施文物安全督察机制，采取书面督办、现场督查、挂牌督办、通报曝光、约谈问效等方式，对文物、博物馆单位重大火灾隐患整改和火灾事故处置等实施严格督察，要将本辖区文物、博物馆单位消防安全工作纳入政府年度安全生产和消防工作考核指标，确保消防安全责任落到实处，火灾隐患整改到位，消防安全措施切实有效。

（二十二）严格实施责任追究。文物、博物馆单位发生火灾事故的，要按照事故原因未查清不放过、责任人员未处理不放过、整改措施未落实不放过、事故教训不汲取不放过的要求，查清火灾原因，依法严肃追究主体责任、监管责任和直接责任。被列为重大火灾隐患单位的文物、博物馆单位，拒不整改隐患或者整改不力的，要依法依规严肃追责。

国家文物局　应急管理部

2019年11月8日

应急管理部关于在自由贸易试验区试行公众聚集场所投入使用、营业消防安全告知承诺制的通知

（应急〔2019〕125号）

天津、河北、辽宁、黑龙江、上海、江苏、浙江、福建、山东、河南、湖北、广东、广西、海南、重庆、四川、云南、陕西省（自治区、直辖市）应急管理厅（局）、消防救援总队：

根据《全国人民代表大会常务委员会关于授权国务院在自由贸易试验区暂时调整适用有关法律规定的决定》和《国务院关于在自由贸易试验区开展“证照分离”改革全覆盖试点的通知》（国发〔2019〕25号）要求，自2019年12月1日起，在自由贸易试验区试行公众聚集场所投入使用、营业消防安全告知承诺制度。现就有关事项通知如下。

一、正确理解告知承诺制度。推行公众聚集场所投入使用、营业消防安全告知承诺制，是贯彻党中央、国务院“放管服”改革和深化消防执法改革的重要举措，对方便群众和企业办事、优化营商环境、转变政府职能具有重要意义。公众聚集场所投入使用、营业消防安全检查实行告知承诺制，将办事程序由先检查后发证调整为先发证后核查，由公众聚集场所的建设单位或使用单位，向场所所在地县级以上人民政府消防救援机构提出投入使用、营业消防安全许可申请，消防救援机构一次性告知其申请条件和需要提交的材料，当事人承诺符合消防安全标准并提供相关材料的，消防救援机构不再进行实质性审查，当场作出行政许可决定。办理行政许可后，消防救援机构对作出承诺的公众聚集场所进行核查，发现实际情况与承诺内容严重不符的，依法撤销行政许可并予以处罚。

二、规范告知承诺流程。消防救援机构通过政务服务网站等向社会公布《公众聚集场所消防安全标准》（附件1），并向社会公开实施告知承诺制的范围、依据、条件、程序、期限等，告知承诺流程包含申请、受理及许可、现场核查3个步骤。

（一）申请。申请人可以通过消防在线政务服务平台（https://xfwsfw.119.gov.cn），或者通过场所所在地的消防业务受理窗口提出公众聚集场所投入使用、营业消防安全许可申请，消防救援机构应当提供《自由贸易试验区公众聚集场所投入使用、营业消防安全告知承诺书》（附件2）文本，一次性告知其许可条件和需要提交的材料。申请人作出已经具备许可条件，

或者在领证后一定期限内（不超过30日）具备许可条件的承诺，并提交相关材料。

（二）受理及许可。消防救援机构对申请人提交的《自由贸易试验区公众聚集场所投入使用、营业消防安全告知承诺书》及相关材料进行形式审查。对通过消防在线政务服务平台提出申请的，应当自收到申请之日起1个工作日内办结。依法予以受理的，直接办理《自由贸易试验区公众聚集场所投入使用、营业消防安全许可证》，并在线送达；依法不予受理的，出具不予受理凭证。对到消防业务受理窗口提出申请的，应当当场作出决定，并出具相关法律文书。对承诺已经符合消防安全许可条件的公众聚集场所，取得许可证即可投入使用、营业；对承诺领证后一定期限内具备许可条件的，在达到许可条件并按要求提交材料后，方可投入使用、营业。

（三）现场核查。消防救援机构对取得许可证的公众聚集场所应当按照《自由贸易试验区公众聚集场所投入使用、营业消防安全核查规则（试行）》（附件3）进行现场核查，并自核查之日起3个工作日内作出判定。其中，申请人承诺已经具备消防安全许可条件的，自作出许可之日起30个工作日内开展核查；申请人承诺在领证后一定期限内（不超过30日）具备许可条件的，自其承诺日期届满之日起30个工作日内开展核查。对现场核查判定合格的单位（场所）纳入“双随机”抽查范围；对现场核查判定不合格的，应当责令限期改正，对符合临时查封条件的，要依法予以临时查封；对逾期不整改或整改后仍达不到要求的，依照《中华人民共和国行政许可法》第六十九条撤销许可，并责令停止使用、营业。对作出虚假承诺的单位和个人，应当记入信用记录，纳入全国信用信息共享平台，实施失信联合惩戒。

三、认真抓好工作落实。相关消防救援总队要加强统筹，层层压实责任，细化工作措施，确保告知承诺制改革按期推行。有关消防救援机构要做好政策宣传解读工作，扩大告知承诺制的知晓度，及时回应社会关切。要加强对基层一线消防监督执法人员和消防业务受理窗口人员的培训和指导，统一执行标准，细化审查要求，不得擅自增加申请材料、增设审查要求。要加强对申请单位的指导帮扶和技术服务，提高企业、群众的获得感和满意度。要加强对告知承诺制改革推进情况的跟踪了解和检查指导，对工作中发现的新情况、新问题加强调查研究，探索制定针对性的监管措施，严防消防安全风险。

各地在试行过程中遇到的重大问题，请及时向应急管理部消防救援局报告。

附件：1. 公众聚集场所消防安全标准（略）

2. 自由贸易试验区公众聚集场所投入使用、营业消防安全告知承诺书及相关法律文书式样（略）

3. 自由贸易试验区公众聚集场所投入使用、营业消防安全核查规则（试行）（略）

应急管理部

2019年11月28日

民政部　财政部　住房和城乡建设部 应急管理部关于印发《民办养老机构消防安全达标提升工程实施方案》的通知

（民发〔2019〕126号）

各省、自治区、直辖市民政厅（局）、财政厅（局）、住房和城乡建设厅（委、管委）、应急管理厅（局），新疆生产建设兵团民政局、财政局、住房和城乡建设局、应急管理局、公安局，各省级消防救援总队：

为深入学习贯彻党的十九届四中全会精神，完善和落实养老机构安全生产责任和管理制度，严格安全监管，切实提升养老机构消防安全管理水平，确保老年人生命财产安全，根据《国务院办公厅关于推进养老服务发展的意见》（国办发〔2019〕5号）要求，民政部、财政部、住房和城乡建设部、应急管理部联合制定了《民办养老机构消防安全达标提升工程实施方案》，现予印发，请结合本地实际认真贯彻执行。

附件：民办养老机构消防安全达标提升工程实施方案

民政部　财政部

住房和城乡建设部　应急管理部

2019年12月18日

附件

民办养老机构消防安全达标提升工程实施方案

为实现民办养老机构消防设施设备配备符合标准、日常消防安全管理落实到位、切实提高民办养老机构消防安全水平，防范重大安全风险，根据《国务院办公厅关于推进养老服务发展的意见》（国办发〔2019〕5号）要求，制定本实施方案。

一、总体要求

从2020年起，在全国范围内引导和帮助存量民办养老机构按照国家工程建设消防技术标准配置消防设施、器材，落实日常消防安全管理要求，针对经判定为重大火灾隐患的养老机构进行有效整改，力争在两年时间内，使全国存量民办养老机构消防设施设备配备符合国家工程建设消防技术标准，消防安全管理满足需要，达到安全服务要求。

二、改造范围

已开展服务，但不符合国家工程建设消防技术标准、不满足消防安全管理要求，消防安全未达标的民办养老机构，优先改造贫困地区和农村民办养老机构，具体改造范围由各省级民政部门会同有关部门结合实际审核确定。

三、改造标准及要求

（一）建筑环境及消防设施设备。

建筑环境及消防设施配置要严格执行《建筑设计防火规范》（GB50016）、《建筑灭火器配置设计规范》（GB50140）、《火灾自动报警系统设计规范》（GB50116）、《建筑防烟排烟系统技术标准》（GB51251）等相关标准规范要求。改造项目所涉及的房屋建筑，须有功能变更批准文件、不动产登记或使用权证明（含所在街道、乡镇对养老服务设施现状的书面认可证明）。租赁房屋开办的养老机构，需事先取得产权所有方书面认可。

（二）消防安全管理。

应严格落实《中华人民共和国消防法》等法律法规规定，严格执行《社会福利机构消防安全管理十项规定》（民函〔2015〕280号）、《消防安全标志》（GB13495）、《消防控制室通用技术要求》（GB25506）、《养老机构安全管理》（MZ/T032）、《养老机构服务质量基本规范》（GB/T35796）。

四、申报程序及主要任务措施

（一）摸底调查。县级民政部门要在全国养老院服务质量建设专项行动安全隐患排查整治基础上，全面摸清辖区内的民办养老机构消防安全状况，建立底数台账，列出操作性强的整治措施，建立隐患、整改、责任“三个清单”，依照消防安全状况分清轻重缓急，合理确定改造范围和顺序。住房和城乡建设部门、消防救援机构应当积极配合，提供技术支持。

（二）项目申报。县级民政部门要做好动员和政策宣传工作，引导消防安全不达标的民办养老机构制定消防安全改造方案并主动申报。省级民政部门要会同有关部门组织对申报养老机构的情况进行归集分类，分析研判，合理确定改造对象、认定标准、审定权限、激励机制等。住房和城乡建设部门、消防救援机构提供技术支持。

（三）工程实施。消防安全改造工程应严格执行国家工程建设消防技术标准和消防安全法律法规。改造项目应按照规定程序招标，由具有相应资质的单位施工。设区的市级民政部门通过公开招标、竞争性谈判等方式选定一批具备相关资质的施工方和设施设备供应商供纳入工程项目的民办养老机构自主选择使用。有条件的地区也可由省级民政部门按上述要求统一选定施工方和设备供应商。已开展此项工作的地区也可结合落实本通知要求，按既定工作机制实施。

（四）实效评估。项目竣工后，应严格执行建设工程消防验收的有关规定。对养老机构依法申请建设工程消防验收和消防验收备案的，住房和城乡建设部门应当依法办理。相关改造工程应当在立项次年底前完成。验收通过或验收备案完成后，由批准的民政部门形成项目改造报告并存档。

五、保障措施

（一）加强组织领导。各级民政、财政、住房和城乡建设、应急管理部门要高度重视民办养老机构消防安全达标工作，建立省级统筹部署、市县级组织实施的工作机制。民政部门要充分发挥牵头协调作用，联合有关部门共同开展摸底排查、项目审核、实效评估等工作。要坚持人防、物防、技防相结合，经常性组织开展防火检查、巡查、火灾隐患整改、消防安全宣传教育培训、灭火和应急疏散演练等活动。要以推广应用“智慧消防”、“智慧预警”等为抓手，实行联防联治、群防群治。要注重发挥专业社会组织、责任保险等作用，扩大社会参与，提高安全防范水平。

（二）加强经费保障。民政部本级和地方政府用于社会福利事业的彩票公益金，可按规定用于民办养老机构消防安全改造，并做好与民办养老机构相关扶持政策的衔接。

（三）加强监督管理。省级民政部门要会同有关部门加强工作督查指导，制定相关配套措施，严格审核，规范程序，加强监管，保证质量。要通过随机抽查、第三方审计等多种方式对改造项目进行全过程跟踪检查。通过福利彩票公益金安排奖补资金的，要严格执行彩票公益金使用管理有关规定，提高资金使用效益，并依照规定设置资助标识，确保资金使用公开透明。

第 五 篇

灭火救援统计情况

第一章　全国灭火救援统计情况

2019年全国消防救援队伍接警出动情况

2019年，全国消防救援队伍共接警出动131万起，共出动消防指战员及其他消防人员1348.3万人次、消防车辆238.1万辆次，从各类灾害事故中营救遇险被困人员16万人，疏散转移人员近50万人，保护财产价值183亿元。在灭火救援战斗中，共有7名消防指战员和2名专职消防员牺牲。

一、出警任务历年来最多

接警出动起数同比上升11.7%，为有统计数据以来消防队伍处警任务量最多的一年。出动人次、辆次分别同比上升4.8%和7.4%。

二、火灾扑救投入力量较多

平均每起火灾扑救行动投入消防车2.6辆、消防救援人员13.7人，平均每起抢险救援行动投入消防车1.6辆、消防救援人员9.7人，平均每起社会救助行动投入消防车1.2辆、消防救援人员7.1人。

三、夏季灾害事故救援任务繁重

从警情的分类看，抢险救援37万起、社会救助37.4万起，合计占全国消防救援队伍接警出动总数的56.8%。出警任务集中在石化燃爆及洪涝、强降雨、台风、泥石流、滑坡等事故险情多发的7月、8月、9月，这三个月的救援救助出动起数占全年的35.6%。

全国消防救援队伍接警出动情况

地区	接警出动起数							参战人员（人次）			出动车辆（辆次）			参战人员伤亡（人）				战斗成果		
	合计	火灾扑救	抢险救援	反恐排爆	公务执勤	社会救助	其他出动	小计	指战员	其他	小计	消防救援队伍	其他	指战员		其他		救出人员（人）	疏散人员（人）	抢救财产价值（万元）
														亡	伤	亡	伤			
合　计	1309632	254712	369784	1169	44824	373707	265436	13482602	12104375	1378227	2380939	2131792	249147	7	15	2	1	160498	499690	1831488
北　京	53466	3038	9670	26	11140	11297	18295	598799	595155	3644	105219	104590	629					2711	4803	3937
天　津	49664	1580	7757	15	12	13842	26458	666033	643210	22823	122078	118113	3965					1654	2483	7409
河　北	35777	3858	4515	1	29	25739	1635	400436	173041	227395	72186	33557	38629		1			3214	9355	49468
山　西	15351	4623	4210	9	1502	1370	3637	143032	132632	10400	26557	24718	1839					3093	12387	14984
内蒙古	9064	5406	2487		238	917	16	83606	82938	668	16490	16346	144					1899	3650	29199
辽　宁	34544	17567	6172	2	1	10448	354	267061	254191	12870	54838	52513	2325					3407	7332	59147
吉　林	15376	6983	1163	1		1474	5755	162525	154037	8488	33769	31886	1883					1628	4023	20130
黑龙江	26858	10510	2528		3665	2149	8006	257377	252748	4629	57444	56383	1061					2098	2924	14283
上　海	63634	4014	22361	170	45	16591	20453	881904	881866	38	110559	110555	4					4770	7861	85707
江　苏	126402	12854	22781	16	1303	20224	69224	1074256	651293	422963	207801	128553	79248	1				7465	18265	49140
浙　江	99214	10475	29143	12	591	18092	40901	1127141	1055751	71390	189498	177636	11862	2		1		13484	16394	264654
安　徽	40574	9621	12039	3	42	17730	1139	370125	344270	25855	64283	60434	3849	2	5			5130	32657	42778
福　建	53291	7105	26678	2	118	12871	6517	469059	429417	39642	83940	77446	6494	1				7280	14807	46749
江　西	49260	9343	21164	2	11944	5914	893	625343	590142	35201	100244	94625	5619		4			14420	64355	374575
山　东	62270	18971	17627	1	199	24404	1068	742094	703921	38173	120647	114094	6553					9848	13337	76612

全国消防救援队伍接警出动情况（续）

地区	接警出动起数							参战人员（人次）			出动车辆（辆次）			参战人员伤亡（人）				战斗成果		
	合计	火灾扑救	抢险救援	反恐排爆	公务执勤	社会救助	其他出动	小计	指战员	其他	小计	消防救援队伍	其他	指战员		其他		救出人员（人）	疏散人员（人）	抢救财产价值（万元）
														亡	伤	亡	伤			
湖　北	71334	14921	29169	822	1620	22859	1943	645536	636358	9178	119048	117446	1602					6952	38649	85248
湖　南	41481	7409	9010	5	14	9115	15928	436830	410510	26320	68938	64778	4160					11659	40177	97167
广　东	109022	24966	41677	16	21	29700	12642	1127602	1004206	123396	210863	186835	24028					15118	38829	113979
广　西	19861	5281	6137	3	820	4921	2699	232010	225084	6926	43391	42110	1281					4894	9337	33182
海　南	11815	1591	3366	2	403	4080	2373	102543	100167	2376	20521	20024	497					1364	1696	22352
重　庆	56522	6479	10756	2	15	27781	11489	695763	692972	2791	110275	109741	534					4701	22793	12975
四　川	82401	14206	24850	36	423	42458	428	568521	396173	172348	116816	82868	33948		2			8215	23022	26615
贵　州	22074	5570	7432		345	5549	3178	195826	195585	241	34809	34775	34					4093	22191	70128
云　南	17313	7197	5174	5	497	4206	234	159273	158799	474	28684	28591	93					4030	18154	27396
西　藏	5861	149	236		5360	116		32532	32523	9	6995	6993	2					237	596	3887
陕　西	40747	8136	6589	7	150	24896	969	331668	329688	1980	57457	57155	302	1	1	1	1	4376	26887	60526
甘　肃	14037	7980	2838	1	30	1322	1866	114852	103999	10853	22008	20026	1982					1827	2611	15499
青　海	2857	1568	856	1	1	377	54	26830	26830		5113	5113						787	6970	6021
宁　夏	9889	4645	2842		129	1875	398	135594	133698	1896	22183	21860	323					1290	6201	20799
新　疆	18101	8642	3191	7	4068	855	1338	146603	144621	1982	31720	31317	403					3028	6380	42947

全国消防救援队伍分类出警情况

类别		起数	投入力量						参战人员伤亡（人）				战斗成果		
			参战人员（人次）			出动车辆（辆次）			指战员		其他		救出人员（人）	疏散人员（人）	抢救财产价值（万元）
			小计	指战员	其他	小计	消防救援队伍	其他	亡	伤	亡	伤			
合计		1309632	13482602	12104375	1378227	2380939	2131792	249147	7	15	2	1	160498	499690	1831488
火灾扑救	小计	254712	3499703	3206841	292862	649563	594965	54598	3	9	1	1	13902	242996	1322724
	人员密集场所火灾	90269	1333937	1237803	96134	246140	228328	17812	1				7775	115486	421786
	高层建筑火灾	3860	72251	68014	4237	13869	13111	758			1	1	1547	15274	30164
	地下建筑火灾	571	9129	8611	518	1786	1696	90					106	1998	7277
	其他重要场所火灾	31693	455470	408841	46629	85911	76925	8986	1	6			737	24922	460764
	化工火灾	739	12594	11401	1193	2496	2258	238					26	1400	23016
	交通工具火灾	28559	353672	316070	37602	63486	56673	6813	1	1			425	19829	128052
	特殊火灾	14894	171780	156732	15048	31222	28340	2882					282	6961	22655
	其他火灾	84127	1090870	999369	91501	204653	187634	17019		2			3004	57126	229010
灾害事故抢险救援	小计	369784	3577561	3240617	336944	607737	548877	58860	3	5	1		136246	216010	379416
	危险化学品事故	14641	179606	168253	11353	30915	28883	2032					757	20500	74520
	建（构）筑物事故	3164	45971	42613	3358	7434	6866	568					1108	2805	6855
	交通事故	67722	697205	616349	80856	118727	104526	14201					38896	48628	139005
	自然灾害	5658	53932	51359	2573	8723	8262	461			1		20491	59671	42441
	突发性事件	634	7737	6215	1522	1276	1003	273					132	623	3135
	救人行动	145324	1166552	1066423	100129	190398	173082	17316	3	5			66115	47821	34771

全国消防救援队伍分类出警情况（续）

类别		起数	投入力量						参战人员伤亡（人）				战斗成果		
			参战人员（人次）			出动车辆（辆次）			指战员		其他		救出人员（人）	疏散人员（人）	抢救财产价值（万元）
			小计	指战员	其他	小计	消防救援队伍	其他	亡	伤	亡	伤			
	基础设施（备）事故	22134	227126	214159	12967	39011	36769	2242					2995	4664	10512
	森林火灾扑救	6478	52786	48080	4706	9264	8465	799					26	4509	15152
	草原火灾扑救	1222	10991	10206	785	1940	1809	131					3	224	1210
	其他抢险救援	102807	1135655	1016960	118695	200049	179212	20837					5723	26565	51815
反恐排爆		1169	10947	10827	120	1966	1944	22					3	20	112
公务执勤		44824	347951	333346	14605	64186	61596	2590					74	27	58
社会救助	小计	373707	2669273	2300966	368307	465978	400402	65576	1	1			8785	22541	34895
	开门	52872	371562	346970	24592	64155	59754	4401					4340	1571	2589
	取马蜂窝	178354	1051262	917605	133657	188731	162985	25746	1				220	9580	3980
	冲马路	1823	16616	15075	1541	2767	2507	260					1	78	125
	送水	2117	15982	15319	663	3067	2902	165					6	10	41
	关水龙头	1517	11064	10949	115	1594	1574	20						6	24
	高空取物	5620	38930	37290	1640	6612	6336	276					8	441	1468
	抓动物	25449	162044	150121	11923	27872	25699	2173					28	1322	602
	其他救助行动	105955	1001813	807637	194176	171180	138645	32535		1			4182	9533	26066
其他出动	虚假警	102500	1410777	1312059	98718	252241	234159	18082					67	412	841
	其他	162936	1966390	1699719	266671	339268	289849	49419					1421	17684	93442

全国消防救援队伍火灾扑救情况

地区	起数	出动情况（次）				参战人员（人次）			出动车辆（辆次）			参战人员伤亡（人）				战斗成果		
		出动次数	中途返回	到场未实施处置	到场实施处置	小计	指战员	其他	小计	消防救援队伍	其他	指战员		其他		抢救人员（人）	疏散人员（人）	抢救财产价值（万元）
												亡	伤	亡	伤			
合计	254712	280187	52477	58976	168734	3499703	3206841	292862	649563	594965	54598	3	9	1	1	13902	242996	1322724
北京	3038	5081	913	1514	2654	88419	87939	480	16254	16162	92					188	4223	3566
天津	1580	4325	887	1997	1441	60341	58397	1944	11796	11450	346					90	1975	6591
河北	3858	3908	103	210	3595	57434	22902	34532	10677	4606	6071					212	5157	45547
山西	4623	4794	370	868	3556	51603	47138	4465	9613	8843	770					188	6466	11524
内蒙古	5406	5496	343	710	4443	55408	54938	470	11228	11125	103					120	2436	25472
辽宁	17567	17585	2374	3318	11893	163674	155800	7874	34099	32597	1502					361	5397	50113
吉林	6983	7230	302	719	6209	79847	76607	3240	17043	16293	750					320	2219	9406
黑龙江	10510	10636	970	1266	8400	115535	112312	3223	25850	25118	732					218	1179	12878
上海	4014	6983	1432	3659	1892	130219	130200	19	18122	18120	2					354	6025	70223
江苏	12854	13821	1952	3963	7906	153207	98860	54347	31595	21046	10549					835	9025	32885
浙江	10475	13886	2836	2676	8374	201303	190098	11205	36410	34388	2022					705	3926	190111
安徽	9621	10303	1515	2371	6417	127497	118667	8830	22681	21361	1320	1				740	18391	33369
福建	7105	7755	1448	1338	4969	97422	91804	5618	18817	17811	1006	1				546	6922	33971
江西	9343	10824	1763	1964	7097	147964	139072	8892	23985	22505	1480		4			511	19735	290335
山东	18971	19101	1788	2619	14694	238077	229252	8825	39422	37902	1520					1281	8154	61817
河南	10024	10299	1351	1539	7409	146895	119983	26912	26947	22121	4826		2			667	9221	32138

全国消防救援队伍火灾扑救情况（续）

地区	起数	出动情况（次）				参战人员（人次）			出动车辆（辆次）			参战人员伤亡（人）				战斗成果		
		出动次数	中途返回	到场未实施处置	到场实施处置	小计	指战员	其他	小计	消防救援队伍	其他	指战员		其他		抢救人员（人）	疏散人员（人）	抢救财产价值（万元）
												亡	伤	亡	伤			
湖　北	14921	15064	3676	3404	7984	202146	200278	1868	37774	37439	335					447	20008	62104
湖　南	7409	7740	1117	983	5640	97848	93836	4012	15671	15024	647					959	13319	49242
广　东	24966	30317	10878	8226	11213	379635	334054	45581	72692	63551	9141					1854	21691	72169
广　西	5281	5422	1105	1499	2818	81973	80496	1477	15916	15638	278					589	3629	17728
海　南	1591	1892	203	449	1240	23289	22287	1002	4972	4764	208					176	985	11464
重　庆	6479	8671	2501	2435	3735	143239	142189	1050	22800	22598	202					444	13886	10728
四　川	14206	14263	3650	2912	7701	165011	117799	47212	32811	23918	8893		2			584	11464	20421
贵　州	5570	5671	1430	1089	3152	63550	63379	171	11564	11541	23					283	9438	55134
云　南	7197	7662	1745	1505	4412	85189	84897	292	16331	16277	54					291	9629	17713
西　藏	149	187	4	11	172	2062	2062		444	444						3	289	3470
陕　西	8136	8246	2172	1452	4622	93606	93317	289	16794	16751	43	1	1	1	1	455	14759	28290
甘　肃	7980	8061	1778	1321	4962	69883	63679	6204	13902	12753	1149					96	1276	13217
青　海	1568	1568	307	451	810	15968	15968		3157	3157						10	3100	3874
宁　夏	4645	4678	387	1099	3192	76928	75524	1404	12003	11764	239					120	3583	12448
新　疆	8642	8718	1177	1409	6132	84531	83107	1424	18193	17898	295					255	5489	34776

注：出动次数包括同一起接警中的增援出动。

全国消防救援队伍火灾扑救战斗进程情况

起

地　区	到场实施处置起数	途中时间				战斗时间					
		≤ 3 分钟	3 ~ 10 分钟	10 ~ 20 分钟	≥ 20 分钟	≤ 10 分钟	10 ~ 30 分钟	30 ~ 60 分钟	60 ~ 90 分钟	90 ~ 120 分钟	≥ 120 分钟
合　计	168734	4183	65832	48110	50609	23692	72222	42376	13641	5994	10809
北　京	2654	30	643	1128	853	457	1032	661	222	92	190
天　津	1441	40	581	471	349	194	384	375	173	94	221
河　北	3595	59	1046	1178	1312	227	1199	1086	478	212	393
山　西	3556	49	1169	1272	1066	540	1479	974	302	99	162
内蒙古	4443	94	1552	1229	1568	355	1756	1486	412	174	260
辽　宁	11893	376	4304	3388	3825	1791	5286	3064	862	368	522
吉　林	6209	155	2503	1468	2083	701	2127	1766	701	314	600
黑龙江	8400	210	2690	2220	3280	687	3068	2405	1017	485	738
上　海	1892	56	1028	625	183	146	574	579	237	110	246
江　苏	7906	145	4066	2359	1336	902	3496	2151	624	266	467
浙　江	8374	180	3635	2807	1752	1169	3490	1970	681	305	759
安　徽	6417	207	2776	1465	1969	882	3322	1397	355	147	314
福　建	4969	172	2063	1473	1261	722	1963	1135	435	201	513
江　西	7097	154	2822	1981	2140	1337	2857	1654	550	244	455
山　东	14694	338	4673	4702	4981	2316	7229	3431	906	357	455
河　南	7409	173	3080	2070	2086	1067	3771	1644	444	157	326

全国消防救援队伍火灾扑救战斗进程情况（续）

起

地　区	到场实施处置起数	途中时间				战斗时间					
		≤ 3 分钟	3 ~ 10 分钟	10 ~ 20 分钟	≥ 20 分钟	≤ 10 分钟	10 ~ 30 分钟	30 ~ 60 分钟	60 ~ 90 分钟	90 ~ 120 分钟	≥ 120 分钟
湖　北	7984	214	3246	2228	2296	2246	3523	1438	395	177	205
湖　南	5640	179	2430	1249	1782	580	2371	1472	513	237	467
广　东	11213	266	5330	3434	2183	1643	4834	2738	769	348	881
广　西	2818	86	1409	677	646	397	1286	665	215	90	165
海　南	1240	28	536	393	283	308	546	208	65	32	81
重　庆	3735	93	1548	913	1181	479	1613	867	333	155	288
四　川	7701	254	3704	1630	2113	1234	3447	1786	572	244	418
贵　州	3152	112	1246	831	963	556	1313	725	273	119	166
云　南	4412	126	1568	1342	1376	620	1751	1030	416	230	365
西　藏	172	13	77	28	54	13	54	51	13	7	34
陕　西	4622	104	1441	1412	1665	629	1968	1255	363	158	249
甘　肃	4962	121	1293	1282	2266	654	1886	1354	508	234	326
青　海	810	12	271	232	295	142	343	212	60	23	30
宁　夏	3192	46	867	925	1354	279	1575	937	215	72	114
新　疆	6132	91	2235	1698	2108	418	2680	1860	532	243	399

注：出动次数包括同一起接警中的增援出动。

全国消防救援队伍抢险救援情况

地区	起数	出动次数	出动人次	出动车辆（辆次）	灾害事故抢险救援（次）								参战人员伤亡（人）				战斗成果		
					危化品事故	建（构）筑物事故	交通事故	自然灾害	突发事件	救人	基础设施（备）事故	其他	指战员		其他		救出人员（人）	疏散人员（人）	抢救财产价值（万元）
													亡	伤	亡	伤			
合计	369784	382545	3577561	607737	15563	3560	70773	5834	681	150295	22491	113348	3	5	1		136246	216010	379418
北京	9670	10861	93959	15996	1199	54	2096	19	46	6611	206	630					2397	385	251
天津	7757	8435	76194	13535	1144	26	3077	15	15	2872	462	824					1378	451	278
河北	4515	4524	50343	9118	64	22	2129	10	4	916	256	1123					2793	3832	3134
山西	4210	4319	35948	6447	189	20	1733	27	5	1538	167	640					2660	5559	3298
内蒙古	2487	2516	20374	3805	217	13	973	15	2	1136	45	115					1683	1182	3445
辽宁	6172	6184	44572	8978	503	25	1681	30	7	3444	156	338					2845	1684	8945
吉林	1163	1199	10322	2087	62	24	500	39	1	482	23	68					1052	1618	10678
黑龙江	2528	2548	22999	4753	92	10	770	135	4	1224	28	285					1789	1701	1075
上海	22361	26415	244733	27569	1561	178	3255	410	170	14661	1157	5023					4277	1346	9826
江苏	22781	23000	179698	33103	1010	69	5439	86	26	15440	253	677	1				6025	4391	4256
浙江	29143	30931	266991	41833	1341	149	5986	1480	34	17901	1215	2825	1		1		12133	10853	21630
安徽	12039	12087	102851	17790	924	44	1489	76	3	3098	502	5951	1	5			3952	10471	8616
福建	26678	27129	233535	40216	232	106	2517	165	13	7098	1916	15082					6160	7068	11992
江西	21164	22660	262615	41073	1406	2176	2960	796	36	5758	2969	6559					13741	44211	82016
山东	17627	17650	211504	34656	287	53	4568	220	15	5056	t1699	5752					7898	4229	11188
河南	25366	25628	324195	56554	356	54	2667	12	1	4042	1832	16664					4938	10879	21531

全国消防救援队伍抢险救援情况（续）

地区	起数	出动次数	出动人次	出动车辆（辆次）	灾害事故抢险救援（次）								参战人员伤亡（人）				战斗成果		
					危化品事故	建（构）筑物事故	交通事故	自然灾害	突发事件	救人	基础设施（备）事故	其他	指战员		其他		救出人员（人）	疏散人员（人）	抢救财产价值（万元）
													亡	伤	亡	伤			
湖北	29169	29198	271915	49268	764	47	3014	161	40	7028	3465	14679					6147	14217	19881
湖南	9010	9086	81422	12423	329	54	2174	309	18	4721	485	996					9910	18471	30337
广东	41677	42965	103370	74175	871	125	6982	225	36	13936	1806	18984					11832	14731	33576
广西	6137	6165	70761	12847	115	32	2388	160	6	1948	354	1162					4015	5615	15306
海南	3366	3443	28050	5304	72	13	481	126	2	1370	172	1207					1112	634	10794
重庆	10756	11307	103079	15403	518	40	1501	94	15	6919	1002	1218					3877	6804	1372
四川	24850	24871	199079	39494	1023	40	2828	413	120	8780	1316	10351					7385	10983	6173
贵州	7432	7476	57813	9879	254	73	2116	346	11	3696	531	449					3453	11332	13784
云南	5174	5249	41618	6819	132	41	2262	161	9	2145	49	450					3266	7678	9500
西藏	236	266	2360	478	12	1	105	24		108	3	13					213	293	416
陕西	6589	6652	53585	8588	336	21	2146	57	19	3812	123	138					3499	7980	20506
甘肃	2838	2862	22471	4050	161	17	965	69	9	1183	49	409					1568	944	2263
青海	856	856	7198	1318	29	9	273	17	2	403	22	101					606	3191	1909
宁夏	2842	2866	28810	4720	130	6	800	123	8	1228	120	451					1122	2470	8105
新疆	3191	3197	25197	5158	230	18	898	14	4	1741	108	184					2520	807	3337

注：出动次数包括同一起接警中的增援出动。

全国消防救援队伍分月抢险救援出警情况

次

地区	小计	1月	2月	3月	4月	5月	6月	7月	8月	9月	10月	11月	12月
合　计	382545	29360	23291	29051	30154	31628	31742	35852	39238	34435	32679	32448	32667
北　京	10861	778	464	772	841	877	942	1024	1032	1022	985	1061	1063
天　津	8435	760	509	650	596	777	702	780	782	693	744	749	693
河　北	4524	411	333	421	432	433	410	428	352	300	346	337	321
山　西	4319	359	210	382	345	394	443	432	368	381	319	313	373
内蒙古	2516	214	143	213	200	186	204	263	237	207	244	199	206
辽　宁	6184	585	373	458	496	560	581	709	765	559	492	348	258
吉　林	1199	73	70	67	83	94	117	147	133	114	114	99	88
黑龙江	2548	197	178	217	169	229	265	342	361	192	138	115	145
上　海	26415	1949	1373	1968	2025	2102	2136	2242	3925	2235	2360	1956	2144
江　苏	23000	1827	1284	1803	1855	2067	1964	2307	2238	2072	1924	1889	1770
浙　江	30931	2259	1388	2080	2294	2479	2423	3173	4776	2809	2698	2329	2223
安　徽	12087	713	705	893	766	1456	904	1049	1033	1188	1103	1296	981
福　建	27129	1984	1749	1482	1820	1758	1993	2315	2406	2693	3060	3243	2626
江　西	22660	1683	1396	1324	1411	1298	1593	2098	1844	2407	2257	2494	2855
山　东	17650	1524	1290	1935	1488	1861	1617	1428	1618	1356	1354	1136	1043
河　南	25628	2402	1896	2621	2257	2967	2316	2286	1920	1689	1449	1739	2086

全国消防救援队伍分月抢险救援出警情况（续）

次

地区	小计	1月	2月	3月	4月	5月	6月	7月	8月	9月	10月	11月	12月
湖北	29198	2344	1780	2333	2188	2033	2143	2439	3206	3418	2830	2424	2060
湖南	9086	664	509	579	683	659	761	1162	862	971	799	684	753
广东	42965	3329	2461	2992	3504	3284	3555	3660	3663	3699	3637	4294	4887
广西	6165	454	333	446	489	554	576	666	596	519	465	535	532
海南	3443	207	229	320	424	247	284	328	362	258	215	227	342
重庆	11307	760	824	823	960	876	1017	1190	1166	988	919	881	903
四川	24871	1906	2094	2030	2185	1975	2015	2348	2542	1991	1835	1855	2095
贵州	7476	531	399	549	618	655	844	786	820	680	523	505	566
云南	5249	393	369	412	458	520	450	483	464	446	434	399	421
西藏	266	14	8	15	13	15	37	48	44	24	17	18	13
陕西	6652	482	396	491	547	549	620	727	648	631	523	514	524
甘肃	2862	197	164	270	294	207	222	277	293	236	257	247	198
青海	856	34	55	77	90	64	71	103	93	83	54	75	57
宁夏	2866	165	172	214	363	194	256	240	312	256	262	241	191
新疆	3197	162	137	214	260	258	281	372	377	318	322	246	250

注：出动次数包括同一起接警中的增援出动。

全国消防救援队伍分月社会救助出警情况

次

地区	小计	1月	2月	3月	4月	5月	6月	7月	8月	9月	10月	11月	12月
合计	375693	18754	17693	23047	25359	23442	31347	53951	60239	46266	34631	23647	17317
北京	11501	710	691	781	924	1373	1397	2023	1814	1101	349	207	131
天津	14017	716	645	739	857	1083	1387	1915	1943	1527	1123	1133	949
河北	25757	3303	3056	3796	2899	2373	1893	1413	1248	1152	1784	1432	1408
山西	1374	48	40	45	51	84	96	230	337	249	85	47	62
内蒙古	917	39	40	86	109	101	56	76	137	98	75	53	47
辽宁	10448	401	337	409	602	685	857	2224	2566	1492	497	226	152
吉林	1481	94	112	110	104	130	111	176	216	202	113	48	65
黑龙江	2153	104	161	201	179	163	172	343	389	234	86	58	63
上海	16758	585	325	619	1613	1059	1736	2862	2786	1611	1538	1227	797
江苏	20236	427	356	668	1643	1001	1739	3306	3859	3052	2053	1451	681
浙江	18812	516	431	671	1019	1032	1510	2840	4313	2454	2056	1163	807
安徽	17821	1019	678	878	817	1294	1531	3006	2443	2092	2010	1370	683
福建	12876	260	231	296	436	470	859	1846	2582	2570	1713	1077	536
江西	5966	164	108	184	210	229	518	1114	1146	802	703	522	266
山东	24408	2471	2500	2929	2148	2216	2092	1870	1971	1828	1586	1463	1334
河南	10548	786	622	856	713	1368	893	1162	1344	954	688	575	587

全国消防救援队伍分月社会救助出警情况（续）

次

地　区	小计	1月	2月	3月	4月	5月	6月	7月	8月	9月	10月	11月	12月
湖　北	22861	504	388	574	979	874	2455	5223	4351	3241	2167	1359	746
湖　南	9123	184	131	209	351	339	699	1777	1944	1505	974	667	343
广　东	29822	1148	984	1327	1282	1814	2812	3905	4211	4057	3571	2744	1967
广　西	4921	162	134	179	242	304	554	762	748	639	495	405	297
海　南	4083	123	122	162	240	259	494	688	711	544	372	218	150
重　庆	28115	807	763	941	1496	1173	2066	4965	5696	4321	2912	1741	1234
四　川	42459	1651	1321	1651	2256	1626	2832	6373	7863	6508	5457	2788	2133
贵　州	5550	141	108	201	343	309	411	828	1341	881	529	299	159
云　南	4208	151	216	209	303	396	389	542	708	532	355	235	172
西　藏	118	4	9	7	8	9	14	17	19	17	4	4	6
陕　西	24926	1965	2711	3836	3031	1377	1500	2059	2958	2176	1088	934	1291
甘　肃	1322	69	145	82	116	65	77	155	221	159	87	65	81
青　海	377	15	29	45	30	33	26	22	36	57	34	32	18
宁　夏	1880	146	244	302	317	144	103	108	173	111	58	66	108
新　疆	855	41	55	54	41	59	68	121	165	100	69	38	44

注：出动次数包括同一起接警中的增援出动。

全国消防救援队伍参战人员死亡情况

人

地区	亡		死亡原因								
	指战员	其他	烧	窒息	摔	砸	炸	中毒	触电	交通事故	其他
合 计	7	2	1	3				1		1	3
北 京											
天 津											
河 北											
山 西											
内蒙古											
辽 宁											
吉 林											
黑龙江											
上 海											
江 苏	1										1
浙 江	2	1		2							1
安 徽	2		1					1			
福 建	1										1
江 西											
山 东											

全国消防救援队伍参战人员死亡情况（续）

人

地区	亡		死亡原因								
	指战员	其他	烧	窒息	摔	砸	炸	中毒	触电	交通事故	其他
河南											
湖北											
湖南											
广东											
广西											
海南											
重庆											
四川											
贵州											
云南											
西藏											
陕西	1	1		1						1	
甘肃											
青海											
宁夏											
新疆											

全国消防救援队伍参战人员受伤情况

人

地区	伤		受伤原因									受伤部位			
	指战员	其他	烧	窒息	摔	砸	炸	中毒	触电	交通事故	其他	头颈部	上肢	躯干	下肢
合　计	15	1	8		2	4		1		1		6	4	1	5
北　京															
天　津															
河　北	1				1										1
山　西															
内蒙古															
辽　宁															
吉　林															
黑龙江															
上　海															
江　苏															
浙　江															
安　徽	5		4		1							1	2	1	1
福　建															
江　西	4		4									4			
山　东															

全国消防救援队伍参战人员受伤情况（续）

人

地区	伤		受伤原因									受伤部位			
	指战员	其他	烧	窒息	摔	砸	炸	中毒	触电	交通事故	其他	头颈部	上肢	躯干	下肢
河　南	2					2							1		1
湖　北															
湖　南															
广　东															
广　西															
海　南															
重　庆															
四　川	2					2									2
贵　州															
云　南															
西　藏															
陕　西	1	1						1		1		1	1		
甘　肃															
青　海															
宁　夏															
新　疆															

春节期间消防救援队伍接警出动情况

地区	出动情况（起）							参战人员（人次）			出动车辆（辆次）			消防人员伤亡（人）			战斗成果		
	起数	火灾扑救	抢险救援	反恐排爆	公务执勤	社会救助	其他出动	小计	指战员	其他	小计	消防救援队伍	其他	小计	亡	伤	救出人员（人）	疏散人员（人）	抢救财产价值（万元）
合计	30396	10888	5928	19	1817	5841	5903	320346	289806	30540	56521	51109	5412				2182	10930	24987
北京	1307	89	73	2	533	147	463	14929	14880	49	2662	2655	7				24	88	29
天津	1061	42	116			138	765	14658	14236	422	2575	2509	66				16	41	217
河北	1426	110	124			1130	62	14993	6161	8832	2628	1143	1485				39	218	326
山西	297	185	52		21	6	33	2992	2672	320	536	477	59				65	236	196
内蒙古	305	261	34		2	7	1	2828	2828		545	545					20	201	917
辽宁	1509	1321	83			89	16	11822	11109	713	2347	2217	130				46	243	876
吉林	617	425	16			29	147	5869	5543	326	1242	1177	65				21	128	515
黑龙江	1653	866	43		415	29	300	14784	14124	660	3206	3055	151				35	47	659
上海	587	55	210			45	277	10579	10579		1362	1362					42	47	384
江苏	1769	298	256		97	81	1037	16335	11058	5277	3157	2144	1013				166	419	774
浙江	1411	371	238		64	84	654	17322	16198	1124	2925	2730	195				159	123	2937
安徽	780	367	204	1	12	171	25	7778	7462	316	1346	1301	45				83	758	587
福建	1003	294	486		1	41	181	10386	9559	827	1867	1726	141				112	343	884
江西	688	251	348		47	27	15	8799	8380	419	1390	1326	64				61	606	4661
山东	2428	1042	366		3	956	61	28290	27409	881	4626	4475	151				196	336	1732
河南	1331	307	595		1	231	197	16932	14757	2175	2962	2596	366				67	478	490

春节期间消防救援队伍接警出动情况（续）

地区	出动情况（起）							参战人员（人次）			出动车辆（辆次）			消防人员伤亡（人）			战斗成果		
	起数	火灾扑救	抢险救援	反恐排爆	公务执勤	社会救助	其他出动	小计	指战员	其他	小计	消防救援队伍	其他	小计	亡	伤	救出人员（人）	疏散人员（人）	抢救财产价值（万元）
湖　北	1340	573	549	14	71	90	43	13821	13748	73	2445	2435	10				120	732	1222
湖　南	781	197	110			38	436	8776	8435	341	1350	1301	49				109	618	619
广　东	1749	621	580	1		272	275	18755	17196	1559	3511	3207	304				160	529	1033
广　西	436	167	71		60	35	103	5747	5686	61	1071	1061	10				82	117	540
海　南	191	44	56		15	25	51	2056	1995	61	411	401	10				23	36	406
重　庆	1079	204	195		1	202	477	14103	13955	148	2123	2095	28				142	445	305
四　川	1701	673	709	1	27	265	26	14588	9565	5023	2755	1850	905				118	465	331
贵　州	408	211	98		16	22	61	4282	4268	14	762	760	2				45	717	2435
云　南	730	585	80		7	52	6	6891	6861	30	1219	1214	5				42	1489	586
西　藏	193	2			188	3		1230	1230		223	223					1		30
陕　西	1908	386	60		17	1403	42	15186	15081	105	2483	2468	15				41	701	513
甘　肃	749	481	61			85	122	5265	4602	663	962	848	114				32	66	113
青　海	148	109	21		1	14	3	1282	1282		227	227					56	91	212
宁　夏	452	274	64			111	3	6649	6559	90	1078	1063	15				29	205	309
新　疆	359	77	30		218	13	21	2419	2388	31	525	518	7				30	407	149

注：2019 年春节期间是指 2 月 4—9 日（农历除夕至正月初五）。

第二章　各省、自治区、直辖市接处警统计情况

北京市消防救援总队接处警综合情况

地区	接警出动起数							参战人员（人次）			出动车辆（辆次）			参战人员伤亡（人）				战斗成果		
	合计	火灾扑救	抢险救援	反恐排爆	公务执勤	社会救助	其他出动	小计	指战员	其他	小计	消防救援队伍	其他	指战员		其他		救出人员（人）	疏散人员（人）	抢救财产价值（万元）
														亡	伤	亡	伤			
合计	53466	3038	9670	26	11140	11297	18295	598799	595155	3644	105219	104590	629					2711	4803	3937
东城区	2473	103	308	3	997	526	536	25433	25399	34	4237	4232	5					79	419	30
西城区	2111	51	491	2	38	650	879	25248	24512	736	4149	4015	134					82	283	12
朝阳区	10057	567	1757	9	2256	2619	2849	115369	115369		19152	19152						357	545	117
海淀区	6798	344	1290	1	2184	1421	1559	79520	79448	72	12109	12097	12					257	673	1497
丰台区	4743	275	918	2	995	1201	1352	45988	45355	633	9301	9192	109					256	934	48
石景山区	1572	37	268	2	415	411	439	18153	17054	1099	3163	3006	157					42	43	80
门头沟区	966	45	224	1	142	227	327	11699	11699		2000	2000						93	322	31
房山区	2982	249	605		201	487	1440	30368	30368		5851	5851						106	73	100
通州区	4742	193	840	2	954	764	1989	51792	51792		10527	10527						257	112	151
顺义区	3471	171	562	2	652	676	1408	38701	38701		6514	6514						209	274	303
昌平区	4275	390	787	1	829	856	1412	47716	47716		8708	8708						191	478	46
大兴区	3698	257	620		336	572	1913	44636	43566	1070	8178	7966	212					184	318	551
怀柔区	1171	77	212	1	293	216	372	12251	12251		2201	2201						114	61	522
平谷区	1417	100	191		181	215	730	18067	18067		2850	2850						58	113	149
密云区	1312	88	310		79	283	552	15219	15219		2815	2815						268	89	249
延庆区	1141	79	199		380	100	383	12489	12489		2094	2094						129	40	30
北京西站																				
燕山																				
亦庄地区	507	11	82		208	58	148	5881	5881		1327	1327						27	26	21
天安门地区																				
清河农场	29	1	6			15	7	269	269		43	43						2		
轨道交通																				

天津市消防救援总队接处警综合情况

地区	接警出动起数							参战人员（人次）			出动车辆（辆次）			参战人员伤亡（人）				战斗成果		
	合计	火灾扑救	抢险救援	反恐排爆	公务执勤	社会救助	其他出动	小计	指战员	其他	小计	消防救援队伍	其他	指战员		其他		救出人员（人）	疏散人员（人）	抢救财产价值（万元）
														亡	伤	亡	伤			
合计	49664	1580	7757	15	12	13842	26458	666033	643210	22823	122078	118113	3965					1654	2483	7409
滨海新区	3492	105	617	2		928	1840	56710	55849	861	9276	9176	100					168	321	1321
河西区	3190	50	368	2		1183	1587	12153	11253	900	5790	5590	200					93	190	987
和平区	1252	95	128		3	416	610	35064	32032	3032	2659	2600	59					114	123	645
河东区	2752	56	328	1		1501	866	39140	37021	2119	6272	5972	300					95	165	777
南开区	2862	93	408	2		1704	655	24632	22311	2321	6968	5818	1150					66	190	896
河北区	1869	46	208	1	1	1021	592	16920	14720	2200	5550	5450	100					27	225	516
红桥区	1909	54	358	1		842	654	47054	46004	1050	4248	4148	100					8	321	423
东丽区	3388	203	708	1		874	1602	47642	46321	1321	8287	8187	100					54	222	257
西青区	3037	74	800		1	1201	961	51242	50121	1121	8385	8285	100					133	123	600
津南区	3542	103	725		1	721	1992	59556	59506	50	8985	8885	100					72	15	87
北辰区	3406	75	615			868	1848	84102	81302	2800	9126	9026	100					84	20	322
武清区	5253	116	758		1	503	3875	37608	37177	431	12017	11617	400					183	25	72
宝坻区	2322	98	478	2		215	1529	23412	23200	212	6268	6168	100					121	30	15
宁河区	1703	85	201		1	257	1159	68880	65321	3559	3947	3802	145					71	35	20
静海区	3918	80	401	2		341	3094	36408	36208	200	10480	10280	200					99	50	35
蓟州区	2422	73	314			413	1622	12114	12014	100	5068	4668	400					102	70	75
经济技术开发区	819	51	87		2	313	366	4272	4252	20	2019	1919	100					47	90	314
天津港保税区	526	31	53		1	142	299	2202	2050	152	712	621	91					16	101	20
高新区	465	20	26		1	122	296	3924	3674	250	367	357	10					20	88	21
大港地区	1537	72	176	1		277	1011	2998	2874	124	5654	5544	110					81	79	6

河北省消防救援总队接处警综合情况

地区	接警出动起数							参战人员（人次）			出动车辆（辆次）			参战人员伤亡（人）				战斗成果		
	合计	火灾扑救	抢险救援	反恐排爆	公务执勤	社会救助	其他出动	小计	指战员	其他	小计	消防救援队伍	其他	指战员		其他		救出人员（人）	疏散人员（人）	抢救财产价值（万元）
														亡	伤	亡	伤			
合计	35777	3858	4515	1	29	25739	1635	400436	173041	227395	72186	33557	38629		1			3214	9355	49468
石家庄市	1185	826	222		21	115	1	17368	11733	5635	3212	2030	1182					267	1880	25584
唐山市	619	306	141			167	5	6128	4145	1983	1207	729	478					164	342	1950
秦皇岛市	4405	146	379	1		3870	9	37730	20574	17156	7208	4075	3133					250	136	1448
邯郸市	3694	423	1859		2	1152	258	38700	15833	22867	7626	3422	4204					732	2367	3097
邢台市	1320	492	203		1	35	589	17143	8247	8896	3333	1988	1345					214	1106	4821
保定市	3577	128	234		2	3106	107	43478	15912	27566	7828	3676	4152					203	127	555
张家口市	457	293	152			12		5985	2465	3520	1061	625	436					313	916	2487
承德市	2199	127	273		1	1786	12	17726	5370	12356	2914	949	1965					257	671	3028
沧州市	15582	500	862		1	14213	6	184662	76977	107685	31808	13676	18132					623	1252	3336
衡水市	2214	347	158		1	1257	451	24935	8576	16359	4633	1717	2916					161	383	2062
廊坊市	512	262	28			26	196	6424	3209	3215	1323	670	653					29	175	1002
华北油区	13	8	4				1	157		157	33		33					1		98

山西省消防救援总队接处警综合情况

地区	接警出动起数							参战人员（人次）			出动车辆（辆次）			参战人员伤亡（人）				战斗成果		
	合计	火灾扑救	抢险救援	反恐排爆	公务执勤	社会救助	其他出动	小计	指战员	其他	小计	消防救援队伍	其他	指战员		其他		救出人员（人）	疏散人员（人）	抢救财产价值（万元）
														亡	伤	亡	伤			
合　计	15351	4623	4210	9	1502	1370	3637	143032	132632	10400	26557	24718	1839					3093	12387	14984
太原市	7441	1183	1438	2	898	565	3355	73145	73117	28	13722	13718	4					974	1588	432
大同市	1721	829	345		306	121	120	14355	12172	2183	2873	2486	387					218	1640	1325
阳泉市	294	108	71		80	35		2853	2841	12	502	500	2					86	160	327
长治市	451	181	221			49		4362	3583	779	834	679	155					225	1527	2240
晋城市	1357	177	743	4	64	283	86	11165	10651	514	2254	2137	117					205	1025	1219
朔州市	269	164	89		2	8	6	2797	2327	470	502	424	78					105	278	795
晋中市	1095	370	449		135	138	3	10426	7966	2460	1819	1366	453					421	1690	2248
运城市	393	204	97		14	38	40	3191	2319	872	587	453	134					140	1471	2388
忻州市	594	263	288	1		42		5260	4250	1010	966	799	167					261	919	994
临汾市	1258	865	287		1	81	24	10338	8819	1519	1576	1329	247					254	1771	1797
吕梁市	478	279	182	2	2	10	3	5140	4587	553	922	827	95					204	318	1219

内蒙古自治区消防救援总队接处警综合情况

地区	接警出动起数							参战人员（人次）			出动车辆（辆次）			参战人员伤亡（人）				战斗成果		
	合计	火灾扑救	抢险救援	反恐排爆	公务执勤	社会救助	其他出动	小计	指战员	其他	小计	消防救援队伍	其他	指战员		其他		救出人员（人）	疏散人员（人）	抢救财产价值（万元）
														亡	伤	亡	伤			
合计	9064	5406	2487		238	917	16	83606	82938	668	16490	16346	144					1899	3650	29199
呼和浩特市	2707	1401	922		98	279	7	27787	27787		4558	4558						350	780	2811
包头市	1272	704	442		12	114		12556	12538	18	2402	2399	3					355	1232	2882
乌海市	540	336	140			64		4499	4499		1042	1042						168	142	1373
赤峰市	714	573	136			5		6160	6160		1250	1250						186	81	5597
通辽市	553	449	85			19		5610	5610		1155	1155						115	103	1747
鄂尔多斯市	339	191	135		8	5		3620	3398	222	824	781	43					135	93	1325
呼伦贝尔市	866	679	109		27	43	8	8211	8155	56	1889	1875	14					140	106	2146
巴彦淖尔市	986	462	193		22	309		6311	6311		1270	1270						133	32	5733
乌兰察布市	285	217	67			1		2427	2427		609	609						79	395	1465
兴安盟	160	93	57			10		1234	1234		277	277						61	57	1483
锡林郭勒盟	530	255	142		71	62		4170	4170		981	981						161	394	1639
阿拉善盟	89	23	59			6	1	649	649		149	149						14	114	706
大兴安岭林管局	23	23						372		372	84		84					2	121	292

辽宁省消防救援总队接处警综合情况

地区	接警出动起数							参战人员（人次）			出动车辆（辆次）			参战人员伤亡（人）				战斗成果		
	合计	火灾扑救	抢险救援	反恐排爆	公务执勤	社会救助	其他出动	小计	指战员	其他	小计	消防救援队伍	其他	指战员		其他		救出人员（人）	疏散人员（人）	抢救财产价值（万元）
														亡	伤	亡	伤			
合计	34544	17567	6172	2	1	10448	354	267061	254191	12870	54838	52513	2325					3407	7332	59147
沈阳市	13697	3265	3576		1	6736	119	92562	92537	25	19535	19530	5					1343	1016	1616
大连市	4201	2059	861			1234	47	42621	31633	10988	8053	6108	1945					489	928	1861
鞍山市	2219	1319	323			576	1	19872	19872	0	4282	4282	0					312	167	8926
抚顺市	2699	1876	243			555	25	26958	26958	0	5376	5376	0					181	1434	2940
本溪市	1513	1060	149	1		261	42	11921	11915	6	2223	2222	1					138	264	13952
丹东市	1304	957	147			180	20	9821	9821	0	1977	1977	0					78	56	4315
锦州市	1753	1615	62	1		72	3	13148	13148	0	2674	2674	0					54	187	1035
营口市	1265	971	55			229	10	9593	9421	172	2356	2321	35					46	848	1490
阜新市	999	782	124			88	5	7076	6665	411	1357	1277	80					124	686	9161
辽阳市	1103	962	47			94		7749	7687	62	1720	1706	14					48	319	6093
铁岭市	436	382	40			14		2570	2570	0	673	673	0					75	346	837
朝阳市	1262	604	329			269	60	8298	8287	11	1725	1722	3					300	469	521
盘锦市	1128	1065	25			38		8299	7868	431	1429	1356	73					19	280	51
葫芦岛市	965	650	191			102	22	6573	5809	764	1458	1289	169					200	332	6349

吉林省消防救援总队接处警综合情况

地区	接警出动起数							参战人员（人次）			出动车辆（辆次）			参战人员伤亡（人）				战斗成果		
	合计	火灾扑救	抢险救援	反恐排爆	公务执勤	社会救助	其他出动	小计	指战员	其他	小计	消防救援队伍	其他	指战员		其他		救出人员（人）	疏散人员（人）	抢救财产价值（万元）
														亡	伤	亡	伤			
合计	15376	6983	1163	1		1474	5755	162525	154037	8488	33769	31886	1883					1628	4023	20130
长春市	9443	2401	658			807	5577	103425	95100	8325	21012	19182	1830					974	2680	12858
吉林市	1534	1291	103			130	10	14188	14188		3306	3306						198	631	1565
四平市	470	450	8			7	5	3584	3584		763	763						22	103	193
辽源市	481	431	29			21		4080	3917	163	1029	976	53					40	100	1439
通化市	399	269	57			24	49	3408	3408		752	752						59	72	1134
白山市	802	596	82	1		118	5	8730	8730		1832	1832						134	106	279
松原市	250	210	26			14		1921	1921		390	390						38	74	559
白城市	114	112	2					829	829		170	170						4	13	512
延边朝鲜族自治州	1855	1200	196			350	109	22078	22078		4458	4458						157	201	1532
长白山管委会	28	23	2			3		282	282		57	57						2	43	59

黑龙江省消防救援总队接处警综合情况

地区	接警出动起数							参战人员（人次）			出动车辆（辆次）			参战人员伤亡（人）				战斗成果		
	合计	火灾扑救	抢险救援	反恐排爆	公务执勤	社会救助	其他出动	小计	指战员	其他	小计	消防救援队伍	其他	指战员		其他		救出人员（人）	疏散人员（人）	抢救财产价值（万元）
														亡	伤	亡	伤			
合计	26858	10510	2528		3665	2149	8006	257377	252748	4629	57444	56383	1061					2098	2924	14283
哈尔滨市	9592	1811	1141		1192	790	4658	96107	96107		21872	21872						552	562	1273
齐齐哈尔市	3738	2076	208		621	287	546	36029	35761	268	6770	6729	41					312	185	1551
大庆市	2184	577	161		908	246	292	17712	14995	2717	4271	3609	662					112	56	2236
牡丹江市	931	702	149		16	57	7	10227	10227		2132	2132						225	250	1110
佳木斯市	2251	1085	200		257	225	484	25591	25591		5906	5906						142	366	1965
绥化市	1776	1378	115		4	13	266	14500	14500		3647	3647						162	173	1073
伊春市	522	310	48		8	66	90	5760	5142	618	1267	1144	123					53	176	432
鸡西市	1218	465	113		206	30	404	9569	9547	22	2234	2229	5					253	714	588
黑河市	540	427	65		8	18	22	5679	5679		1264	1264	0					70	84	1788
双鸭山市	1408	900	108		271	122	7	10983	10983		2482	2482	0					70	109	524
大兴安岭地区	305	208	32		4	56	5	2829	2777	52	673	657	16					35	60	396
鹤岗市	1148	226	78		87	152	605	11316	11316		2513	2513	0					39	165	466
七台河市	1156	258	109		83	87	619	10112	10112		2196	2196	0					65	3	688
林区	58	57					1	670		670	149		149					5	0	42
垦区	31	30	1					293	11	282	68	3	65					3	21	151

上海市消防救援总队接处警综合情况

地区	接警出动起数							参战人员（人次）			出动车辆（辆次）			参战人员伤亡（人）				战斗成果		
	合计	火灾扑救	抢险救援	反恐排爆	公务执勤	社会救助	其他出动	小计	指战员	其他	小计	消防救援队伍	其他	指战员		其他		救出人员（人）	疏散人员（人）	抢救财产价值（万元）
														亡	伤	亡	伤			
合计	63634	4014	22361	170	45	16591	20453	881904	881866	38	110559	110555	4					4770	7861	85707
黄浦区	1678	258	577	3		274	566	27486	27486		3235	3235						127	437	2980
徐汇区	3162	95	1207	3		802	1055	46793	46793		5455	5455						180	617	1993
长宁区	2017	76	803	5		519	614	27646	27646		3329	3329						202	631	5543
静安区	2675	155	1212	4		539	765	41046	41046		4615	4615						217	465	2143
普陀区	3513	124	1412	8		936	1033	46002	46002		5717	5717						247	476	3794
虹口区	1958	179	709	6		510	554	27984	27984		3144	3144						163	391	6971
杨浦区	3462	280	1310	11		1055	806	43734	43734		5466	5466						371	623	2157
闵行区	6834	391	2173	9		2029	2232	95747	95747		11588	11588						467	1106	5625
宝山区	5669	248	2100	40		1503	1778	76893	76893		9672	9672						428	422	3460
嘉定区	4394	280	1601	24		1065	1424	57912	57912		7876	7876						170	642	3899
浦东新区	13597	832	4718	34	27	3247	4739	189538	189538		24120	24120						1076	1111	16627
金山区	1923	85	593		7	458	780	24428	24428		3561	3561						149	185	14091
松江区	5046	351	1593	6		1549	1547	74569	74569		8937	8937						436	389	5207
青浦区	2984	241	929	10		932	872	39488	39488		4979	4979						204	198	7571
奉贤区	2803	226	987	3	4	445	1138	39016	39016		5491	5491						223	134	2416
崇明区	1897	187	432	4		728	546	22923	22885	38	3276	3272	4					105	34	665
轨道区域	2	2						149	149		17	17								40
化工区	17	1	5		7		4	328	328		55	55						1		
水上区域	3	3						222	222		26	26						4		525

江苏省消防救援总队接处警综合情况

地区	接警出动起数							参战人员（人次）			出动车辆（辆次）			参战人员伤亡（人）				战斗成果		
	合计	火灾扑救	抢险救援	反恐排爆	公务执勤	社会救助	其他出动	小计	指战员	其他	小计	消防救援队伍	其他	指战员		其他		救出人员（人）	疏散人员（人）	抢救财产价值（万元）
														亡	伤	亡	伤			
合计	126402	12854	22781	16	1303	20224	69224	1074256	651293	422963	207801	128553	79248	1				7465	18265	49140
南京市	8422	1407	1605	4		557	4849	98323	84213	14110	17681	15250	2431					790	5570	6071
无锡市	17014	1949	3455		1	2386	9223	163548	59494	104054	30742	12350	18392					1105	233	5348
徐州市	10518	1085	1343		6	1038	7046	71414	59289	12125	13429	11245	2184					726	3406	3362
常州市	13743	913	1989			4968	5873	101646	62977	38669	21209	13225	7984					546	466	2850
苏州市	18818	1559	5916	8	1272	2243	7820	210267	76253	134014	38465	14751	23714	1				832	842	5088
南通市	13091	1038	1357	1		3509	7186	110489	35746	74743	22233	7330	14903					466	579	1893
连云港市	6474	741	1665			873	3195	47794	43351	4443	8343	7602	741					648	714	8562
淮安市	7584	1003	631	1		904	5045	49970	48873	1097	10318	10119	199					326	643	3020
盐城市	7733	438	975			938	5382	55309	51938	3371	10593	9799	794					321	149	1639
扬州市	5739	833	898	1		406	3601	40177	29111	11066	9651	7022	2629					575	3851	3251
镇江市	4184	488	1013	1	23	529	2130	33824	26302	7522	7424	5665	1759					434	512	3989
泰州市	5223	1103	573		1	1685	1861	37286	25611	11675	7827	5446	2381					230	468	1768
宿迁市	7859	297	1361			188	6013	54209	48135	6074	9886	8749	1137					466	832	2299

浙江省消防救援总队接处警综合情况

地区	接警出动起数							参战人员（人次）			出动车辆（辆次）			参战人员伤亡（人）				战斗成果		
	合计	火灾扑救	抢险救援	反恐排爆	公务执勤	社会救助	其他出动	小计	指战员	其他	小计	消防救援队伍	其他	指战员		其他		救出人员（人）	疏散人员（人）	抢救财产价值（万元）
														亡	伤	亡	伤			
合计	99214	10475	29143	12	591	18092	40901	1127141	1055751	71390	189498	177636	11862	2		1		13484	16394	264654
杭州市	16536	1894	6255		57	1799	6531	194109	193983	126	31831	31812	19					2347	2251	2512
宁波市	14954	1633	4532	5	54	3379	5351	177891	174299	3592	30605	30007	598					1755	1040	8497
温州市	12092	1664	2255	1	56	1551	6565	144895	133289	11606	23004	20913	2091			1		1149	908	73750
嘉兴市	9465	1037	2769		136	1607	3916	99470	87043	12427	17289	15153	2136					776	1201	10994
湖州市	5954	371	1948	1	48	1278	2308	55535	49668	5867	8912	7996	916	1				692	579	2113
绍兴市	7227	962	2377	2	40	724	3122	76713	76705	8	12544	12543	1					973	616	14707
金华市	6345	862	1621	1	9	678	3174	100843	99860	983	18945	18754	191					749	4692	70361
衢州市	5116	395	1206		145	1307	2063	43872	42464	1408	7238	7009	229					587	1766	12776
舟山市	2209	64	900	1	4	253	987	21837	21149	688	3971	3833	138					388	945	5106
台州市	14003	1060	4043	1	33	4098	4768	156073	143499	12574	26844	24419	2425					3055	1508	34728
丽水市	2342	373	671		9	233	1056	23691	23691		3625	3625		1				583	857	22845
义乌市	2971	160	566			1185	1060	32212	10101	22111	4690	1572	3118					430	31	6265

安徽省消防救援总队接处警综合情况

地区	接警出动起数							参战人员（人次）			出动车辆（辆次）			参战人员伤亡（人）				战斗成果		
	合计	火灾扑救	抢险救援	反恐排爆	公务执勤	社会救助	其他出动	小计	指战员	其他	小计	消防救援队伍	其他	指战员		其他		救出人员（人）	疏散人员（人）	抢救财产价值（万元）
														亡	伤	亡	伤			
合计	40574	9621	12039	3	42	17730	1139	370125	344270	25855	64283	60434	3849	2	5			5130	32657	42778
合肥市	11407	2232	1024		3	8141	7	107137	84689	22448	15628	12402	3226	1				707	4407	10048
芜湖市	739	354	243			138	4	6636	6636		1092	1092						101	493	1057
蚌埠市	2988	939	1334	1		702	12	31607	31607		5671	5671		1	5			266	1167	1836
淮南市	2731	1390	642	1		680	18	27015	27015		4519	4519						580	1150	1274
马鞍山市	3789	374	829		5	2491	90	42950	42950		9396	9396						216	1092	402
淮北市	1724	377	675			668	4	15595	12230	3365	2926	2313	613					160	1214	3669
铜陵市	3007	243	1627			1118	19	25111	25111		4274	4274						230	2610	3397
安庆市	4897	361	3503			1023	10	35808	35808		6317	6317						960	4690	7511
阜阳市	196	191	5					2628	2628		560	560						51	4073	3006
滁州市	282	202	60		9	10	1	2680	2680		471	471						85	192	1061
宿州市	1395	814	496	1		83	1	18567	18539	28	3799	3791	8					355	1294	1163
六安市	384	281	81		2	6	14	3486	3486		585	585						83	520	1445
宣城市	2549	715	290			848	696	20524	20510	14	3328	3326	2					245	2896	1562
池州市	168	66	67			35		1525	1525		317	317						55	447	562
亳州市	1275	605	446			215	9	10571	10571		1829	1829						664	4463	2437
黄山市	3043	477	717		23	1572	254	18285	18285		3571	3571						372	1949	2348

福建省消防救援总队接处警综合情况

地区	接警出动起数							参战人员（人次）			出动车辆（辆次）			参战人员伤亡（人）				战斗成果		
	合计	火灾扑救	抢险救援	反恐排爆	公务执勤	社会救助	其他出动	小计	指战员	其他	小计	消防救援队伍	其他	指战员		其他		救出人员（人）	疏散人员（人）	抢救财产价值（万元）
														亡	伤	亡	伤			
合计	53291	7105	26678	2	118	12871	6517	469059	429417	39642	83940	77446	6494	1				7280	14807	46749
福州市	8141	1337	4281	1	41	806	1675	72247	66464	5783	12455	11474	981	1				1766	4538	8255
厦门市	7260	468	4414	1	6	2272	99	69728	65265	4463	12092	11278	814					1173	1661	1833
莆田市	3657	947	1392		9	274	1035	30006	29936	70	5311	5298	13					260	1039	4165
三明市	2334	598	723			142	871	22009	21758	251	3815	3759	56					604	799	3114
泉州市	20167	1710	11290		33	6481	653	171863	144966	26897	30398	26155	4243					1788	1295	4095
漳州市	4929	319	2310			2294	6	40427	38254	2173	7333	6947	386					402	481	7472
南平市	2121	809	717		3	121	471	19241	19241		3522	3522						491	1102	3622
龙岩市	2354	634	1166		26	412	116	21514	21509	5	4955	4954	1					545	2900	11344
宁德市	1986	178	250			33	1525	18270	18270		3498	3498						214	985	2787
平潭综合实验区	342	105	135			36	66	3754	3754		561	561						37	7	62

江西省消防救援总队接处警综合情况

地区	接警出动起数							参战人员（人次）			出动车辆（辆次）			参战人员伤亡（人）				战斗成果		
	合计	火灾扑救	抢险救援	反恐排爆	公务执勤	社会救助	其他出动	小计	指战员	其他	小计	消防救援队伍	其他	指战员		其他		救出人员（人）	疏散人员（人）	抢救财产价值（万元）
														亡	伤	亡	伤			
合计	49260	9343	21164	2	11944	5914	893	625343	590142	35201	100244	94625	5619		4			14420	64355	374575
南昌市	10977	1236	5155		2213	2124	249	134588	112094	22494	20572	17215	3357					1724	6617	61880
景德镇市	2167	270	935		559	394	9	28927	28927		4203	4203						322	1652	14429
萍乡市	2793	477	1186		761	291	78	32457	32457		5743	5743						1632	15427	14307
九江市	5451	727	2288		1782	258	396	74579	74433	146	10767	10741	26					404	6631	116683
新余市	2221	695	687		439	391	9	39550	37212	2338	5725	5391	334					1635	7554	9624
鹰潭市	2563	300	1191		579	476	17	30008	26830	3178	5267	4620	647		4			271	475	32170
赣州市	5164	1438	1963	1	1486	233	43	75737	71319	4418	12886	12106	780					1587	5069	45974
吉安市	3865	1062	1359		1123	309	12	43088	43088		8003	8003						2930	8030	27157
宜春市	4791	1121	2295		606	754	15	53135	53128	7	8869	8868	1					1524	4719	17671
抚州市	3293	551	1376		1091	272	3	38612	38612		6439	6439						603	1709	10311
上饶市	5975	1466	2729	1	1305	412	62	74662	72042	2620	11770	11296	474					1788	6472	24369

山东省消防救援总队接处警综合情况

地区	接警出动起数							参战人员（人次）			出动车辆（辆次）			参战人员伤亡（人）				战斗成果		
	合计	火灾扑救	抢险救援	反恐排爆	公务执勤	社会救助	其他出动	小计	指战员	其他	小计	消防救援队伍	其他	指战员		其他		救出人员（人）	疏散人员（人）	抢救财产价值（万元）
														亡	伤	亡	伤			
合计	62270	18971	17627	1	199	24404	1068	742094	703921	38173	120647	114094	6553					9848	13337	76612
济南市	7841	2872	1566	1	60	2806	536	91192	87864	3328	13967	13499	468					1795	2535	7167
青岛市	5458	708	480		6	4217	47	64310	64015	295	9906	9852	54					477	1324	4853
淄博市	7607	632	1197		31	5588	159	87297	83255	4042	13880	13226	654					904	1793	3158
枣庄市	1810	926	544			337	3	19805	19283	522	3354	3277	77					222	798	3469
东营市	2144	1228	402			512	2	25697	25697		4319	4319						267	657	1137
烟台市	3065	949	1314		1	801		38018	37891	127	6301	6279	22					1372	772	2881
潍坊市	5235	910	2202		6	2116	1	53942	53158	784	10245	10088	157					281	256	1601
济宁市	1367	1274	71			22		16004	15984	20	2682	2678	4					84	824	2063
泰安市	1230	1016	79			115	20	11677	11521	156	1858	1831	27					159	194	1114
威海市	5098	793	3828		7	425	45	65181	37950	27231	11250	6439	4811					683	105	10271
日照市	3749	269	1043			2426	11	41481	41401	80	6683	6670	13					531	1002	11004
临沂市	3325	2244	856		67	157	1	42122	42077	45	6869	6861	8					795	1133	4167
德州市	3897	2343	840		8	473	233	48150	47611	539	8215	8123	92					353	1136	10797
聊城市	8541	1372	2801		13	4355		116542	116390	152	17610	17586	24					1077	264	9005
滨州市	566	455	86			15	10	7040	6188	852	1168	1026	142					618	396	1470
菏泽市	1337	980	318			39		13636	13636		2340	2340						230	148	2455

河南省消防救援总队接处警综合情况

地区	接警出动起数							参战人员（人次）			出动车辆（辆次）			参战人员伤亡（人）				战斗成果		
	合计	火灾扑救	抢险救援	反恐排爆	公务执勤	社会救助	其他出动	小计	指战员	其他	小计	消防救援队伍	其他	指战员 亡	指战员 伤	其他 亡	其他 伤	救出人员（人）	疏散人员（人）	抢救财产价值（万元）
合计	51572	10024	25366	2	99	10535	5546	661828	568550	93278	116565	100711	15854		2			5826	20564	53994
郑州市	5897	2266	2813	1		553	264	96830	74519	22311	18103	14028	4075		2			999	2298	5007
开封市	3489	469	2359			76	585	42029	41341	688	7305	7184	121					542	2886	6034
洛阳市	8232	710	3391		1	3736	394	107849	77130	30719	19370	14185	5185					588	468	2766
平顶山市	3303	685	1642	1		790	185	43490	29620	13870	7129	4985	2144					434	1204	1231
安阳市	4691	456	3926		63	187	59	59809	56853	2956	10872	10376	496					418	1656	2074
鹤壁市	987	107	834			32	14	13282	13282		2330	2330						114	93	274
新乡市	1460	737	360			66	297	17791	14931	2860	3011	2551	460					196	901	1071
焦作市	3369	486	623		12	233	2015	38812	35964	2848	6591	6119	472					258	188	3071
濮阳市	903	685	174			24	20	11947	10185	1762	2111	1793	318					144	946	3269
漯河市	1176	332	183		10	397	254	14050	14050		2646	2646						161	593	1775
三门峡市	2901	240	1947			539	175	31994	27617	4377	5640	4917	723					290	3981	16581
济源市	681	104	518			9	50	8628	7614	1014	1360	1210	150					109	121	770
许昌市	5029	398	2341			1501	789	62177	55712	6465	10217	9146	1071					461	359	2342
商丘市	623	237	362			15	9	7819	7753	66	1325	1313	12					92	678	519
周口市	673	531	137			1	4	7626	7626		1505	1505						94	887	2447
驻马店市	1366	465	391		1	313	196	16755	13998	2757	3026	2501	525					111	1369	1591
南阳市	1337	683	492			19	143	16933	16348	585	2861	2759	102					205	88	1890
信阳市	5455	433	2873		12	2044	93	64007	64007		11163	11163						610	1848	1282

湖北省消防救援总队接处警综合情况

地区	接警出动起数							参战人员（人次）			出动车辆（辆次）			参战人员伤亡（人）				战斗成果		
	合计	火灾扑救	抢险救援	反恐排爆	公务执勤	社会救助	其他出动	小计	指战员	其他	小计	消防救援队伍	其他	指战员		其他		救出人员（人）	疏散人员（人）	抢救财产价值（万元）
														亡	伤	亡	伤			
合计	71334	14921	29169	822	1620	22859	1943	645536	636358	9178	119048	117446	1602					6952	38649	85248
武汉市	30911	2207	14104	7	990	12767	836	272401	268439	3962	52365	51578	787					1869	3868	17004
黄石市	4698	842	2376	1	27	1433	19	35608	35608		6410	6410						563	1367	1897
十堰市	3084	863	1025		5	1151	40	26808	21689	5119	4603	3807	796					422	5836	9075
荆州市	3035	1572	574	1	8	782	98	24108	24086	22	4265	4261	4					319	2079	2191
宜昌市	4724	547	1219	789	225	1377	567	44493	44493		7526	7526						394	2071	6560
襄阳市	5141	2058	2124		1	921	37	75734	75720	14	12779	12777	2					663	2136	8401
鄂州市	1578	330	881			362	5	13835	13835		2549	2549						313	1321	4476
荆门市	1255	791	384		7	50	23	12655	12606	49	2256	2246	10					202	1896	410
黄冈市	2472	1359	516		25	562	10	19706	19697	9	4280	4278	2					499	4069	4530
咸宁市	4038	1187	1385		5	1368	93	25907	25904	3	5942	5941	1					241	128	579
恩施土家族苗族自治州	2094	1022	954			94	24	21891	21891		3629	3629						490	905	3084
潜江市	287	104	74			108	1	2551	2551		434	434						68	1138	288
随州市	1276	688	304			273	11	12322	12322		2121	2121						196	1241	734
天门市	594	359	112			112	11	6339	6339		983	983						70	1001	602
仙桃市	1022	580	263			132	47	11646	11646		1940	1940						85	1153	316
神农架林区	98	25	14			59		547	547		126	126						76	97	33
孝感市	5027	387	2860	24	327	1308	121	38985	38985		6840	6840						482	8343	25068

湖南省消防救援总队接处警综合情况

地区	接警出动起数							参战人员（人次）			出动车辆（辆次）			参战人员伤亡（人）				战斗成果		
	合计	火灾扑救	抢险救援	反恐排爆	公务执勤	社会救助	其他出动	小计	指战员	其他	小计	消防救援队伍	其他	指战员		其他		救出人员（人）	疏散人员（人）	抢救财产价值（万元）
														亡	伤	亡	伤			
合计	41481	7409	9010	5	14	9115	15928	436830	410510	26320	68938	64778	4160					11659	40177	97167
长沙市	11566	697	2565	4		3976	4324	126420	104224	22196	20639	17132	3507					1403	5150	22622
株洲市	3465	729	870			1171	695	34390	34390		5522	5522						1913	5921	19050
湘潭市	3494	414	918		3	1359	800	32176	28355	3821	5481	4874	607					653	1910	2186
衡阳市	3281	585	935	1		289	1471	35938	35677	261	5872	5832	40					2382	3513	2636
邵阳市	3853	895	607			474	1877	37418	37418		5766	5766						654	3300	3150
岳阳市	741	326	109		1	23	282	6588	6588		998	998						237	670	2149
常德市	641	387	165			30	59	7502	7481	21	1241	1238	3					281	534	1953
张家界市	1159	207	200			92	660	11500	11500		1886	1886						178	1364	1354
益阳市	2904	753	415			479	1257	29521	29521		4431	4431						268	600	2542
郴州市	1103	452	319			94	238	15790	15783	7	2460	2459	1					578	3961	7852
永州市	4471	630	977		10	658	2196	48762	48762		7066	7066						2140	7016	5423
怀化市	2050	487	417			202	944	21395	21395		3235	3235						461	2207	13480
娄底市	1742	571	286			189	696	18820	18820		2791	2791						308	2582	1636
湘西土家族苗族自治州	1011	276	227			79	429	10610	10596	14	1550	1548	2					203	1449	11134

广东省消防救援总队接处警综合情况

地区	接警出动起数							参战人员（人次）			出动车辆（辆次）			参战人员伤亡（人）				战斗成果		
	合计	火灾扑救	抢险救援	反恐排爆	公务执勤	社会救助	其他出动	小计	指战员	其他	小计	消防救援队伍	其他	指战员		其他		救出人员（人）	疏散人员（人）	抢救财产价值（万元）
														亡	伤	亡	伤			
合计	109022	24966	41677	16	21	29700	12642	1127602	1004206	123396	210863	186835	24028					15118	38829	113979
广州市	23282	6273	7169	1		7217	2622	252058	228581	23477	42710	38669	4041					1993	3221	7838
韶关市	2929	854	425	1		994	655	28958	28948	10	5162	5160	2					395	3633	2170
深圳市	17024	1470	9934	2		3135	2483	221072	220541	531	41120	41017	103					3117	3807	1644
珠海市	3606	335	1091	1	6	1195	978	41328	21344	19984	8145	4367	3778					416	3271	1806
汕头市	3115	500	1872			517	226	32368	32368		5935	5935						206	451	494
佛山市	13633	3900	3877			4692	1164	131690	115062	16628	26030	22655	3375					1432	2981	24209
江门市	3481	774	427		11	2167	102	33789	33779	10	5983	5981	2					338	1303	2271
湛江市	5769	288	3483			430	1568	40444	40444		7166	7166						346	2561	6654
茂名市	1174	541	436			114	83	11379	11379		2295	2295						611	293	1789
肇庆市	4089	392	1733	3		1774	187	36639	35725	914	7140	6927	213					599	1341	17394
惠州市	2294	304	1075			632	283	18592	18592		3283	3283						265	649	4190
梅州市	1049	354	623	7		29	36	10089	10067	22	2155	2151	4					291	759	1328
汕尾市	1749	856	541			283	69	15659	15659		2745	2745						376	1992	684
河源市	2132	203	1193			489	247	15491	15022	469	3093	2978	115					795	755	327
阳江市	2305	1088	576			600	41	20351	20351		3337	3337						433	333	1159
清远市	4020	1877	744	1		1182	216	35261	33782	1479	6562	6311	251					502	1766	7741
东莞市	8031	3440	1773			1713	1105	83956	57520	26436	19379	13489	5890					1888	3667	9773
中山市	5754	535	2926		4	1789	500	57939	26230	31709	10906	4947	5959					501	555	5681
潮州市	731	206	228			289	8	10527	10527		1951	1951						112	1094	139
揭阳市	1488	537	866			65	20	18622	16895	1727	3764	3469	295					293	544	12949
云浮市	1367	239	685			394	49	11390	11390		2002	2002						209	3853	3739

广西壮族自治区消防救援总队接处警综合情况

地区	接警出动起数							参战人员（人次）			出动车辆（辆次）			参战人员伤亡（人）				战斗成果		
	合计	火灾扑救	抢险救援	反恐排爆	公务执勤	社会救助	其他出动	小计	指战员	其他	小计	消防救援队伍	其他	指战员		其他		救出人员（人）	疏散人员（人）	抢救财产价值（万元）
														亡	伤	亡	伤			
合计	19861	5281	6137	3	820	4921	2699	232010	225084	6926	43391	42110	1281					4894	9337	33182
南宁市	3670	1674	1629	2	5	277	83	44648	43560	1088	9298	9084	214					973	2539	1155
柳州市	5716	478	1315		614	2983	326	48487	44291	4196	9057	8273	784					450	403	1333
桂林市	1929	744	532		20	385	248	26343	26269	74	4026	4015	11					698	2521	5396
梧州市	692	182	206	1	5	54	244	9586	9586		1797	1797						218	641	5685
北海市	272	167	79		10	14	2	3517	3517		624	624						30	124	1563
防城港市	879	139	221		2	319	198	10246	10246		2121	2121						139	156	1614
钦州市	656	200	293		19	128	16	9085	9067	18	1935	1931	4					269	156	4667
贵港市	1518	378	402		109	226	403	19896	19896		3645	3645						356	332	1068
玉林市	1787	341	423		1	360	662	22371	21219	1152	4108	3907	201					266	207	3334
百色市	557	200	220		6	63	68	7481	7083	398	1342	1275	67					275	944	1727
贺州市	615	242	245		20	53	55	7528	7528		1275	1275						257	168	843
河池市	636	165	241		6	13	211	9949	9949		1813	1813						247	538	2114
来宾市	196	123	67		1	5		3236	3236		552	552						104	372	1621
崇左市	738	248	264		2	41	183	9637	9637		1798	1798						612	236	1062

海南省消防救援总队接处警综合情况

地区	接警出动起数							参战人员（人次）			出动车辆（辆次）			参战人员伤亡（人）				战斗成果		
	合计	火灾扑救	抢险救援	反恐排爆	公务执勤	社会救助	其他出动	小计	指战员	其他	小计	消防救援队伍	其他	指战员		其他		救出人员（人）	疏散人员（人）	抢救财产价值（万元）
														亡	伤	亡	伤			
合计	11815	1591	3366	2	403	4080	2373	100698	98493	2205	20185	19734	451					1303	1596	22104
海口市	5617	529	1266	1	70	1896	1855	52142	50840	1302	10351	10086	265					353	695	5745
三亚市	1313	168	234		139	525	247	9812	9803	9	2079	2077	2					345	527	839
三沙市																				
儋州市	886	123	308		14	427	14	5498	5498		1221	1221						151	69	956
琼海市	609	67	170		39	262	71	6229	6032	197	1214	1173	41					56	93	1242
文昌市	719	54	240		122	277	26	4713	4201	512	955	845	110					60	13	8332
东方市	524	122	252		5	131	14	4682	4682		918	918						18	18	24
洋浦经济开发区	280	51	22			130	77	2897	2897		571	571						5	80	160
万宁市	535	124	211	1		187	12	4115	4014	101	891	872	19					42	31	3436
五指山市	54	27	18			7	2	582	582		116	116						12	21	65
乐东黎族自治县	126	39	59			27	1	1108	1108		211	211						20	36	213
澄迈县	157	34	107			13	3	1682	1682		360	360						72		331
临高县	161	50	101			8	2	1743	1743		285	285						21	2	187
定安县	156	43	92		5	10	6	1370	1291	79	263	250	13					25	1	113
屯昌县	79	25	22			31	1	614	614		116	116						17		60
陵水黎族自治县	22	7	11			4		206	206		37	37						11	5	105
昌江黎族自治县	313	44	148		1	97	23	2334	2329	5	404	403	1					79	5	293
保亭黎族苗族自治县	85	37	28		8	7	5	971	971		193	193						16		3
琼中黎族苗族自治县	103	37	45			15	6	1144	1087	57	195	178	17					40	100	188
白沙黎族自治县	76	10	32			26	8	701	587	114	141	112	29					21		62

重庆市消防救援总队接处警综合情况

地区	接警出动起数							参战人员（人次）			出动车辆（辆次）			参战人员伤亡（人）				战斗成果		
	合计	火灾扑救	抢险救援	反恐排爆	公务执勤	社会救助	其他出动	小计	指战员	其他	小计	消防救援队伍	其他	指战员		其他		救出人员（人）	疏散人员（人）	抢救财产价值（万元）
														亡	伤	亡	伤			
合计	56522	6479	10756	2	15	27781	11489	695763	692972	2791	110275	109741	534	0	0	0	0	4701	22793	12975
万州区	2521	737	204		2	1425	153	24676	24445	231	4351	4298	53					228	930	1836
涪陵区	1318	157	232			565	364	26076	25963	113	3477	3449	28					276	1771	172
渝中区	2447	258	584			1023	582	35619	35557	62	5380	5357	23					285	1195	179
大渡口区	1911	72	361			1147	331	36108	36045	63	4927	4851	76					148	386	211
江北区	3776	287	763	1		1996	729	37816	37695	121	5826	5768	58					153	476	110
沙坪坝区	4205	397	732			2332	744	43285	43064	221	7788	7745	43					230	1507	663
九龙坡区	4238	201	669		11	2409	948	49095	49051	44	8790	8755	35					150	419	428
南岸区	4096	199	839	1		2382	675	45351	45306	45	7492	7489	3					348	396	157
北碚区	2585	214	332			1517	522	37822	37769	53	4250	4239	11					213	716	261
万盛经济技术开发区	470	24	70			271	105	4999	4935	64	1651	1646	5					165	249	155
双桥区	148	26	16			90	16	3381	3316	65	2247	2245	2					113	348	135
渝北区	4952	372	851		1	2574	1154	65274	65220	54	8941	8941						128	521	636
巴南区	3324	250	478			2146	450	42933	42890	43	7183	7118	65					123	159	164
黔江区	531	170	113			151	97	7008	6920	88	2909	2905	4					98	842	213
长寿区	381	109	76			7	189	5284	5163	121	1715	1715						74	177	110
高新区	2778	76	561			1472	669	39363	39276	87	4730	4687	43					69	190	71
经开区	1549	39	235			925	350	36130	36091	39	3781	3781						95	106	71
綦江区	968	165	176		1	383	243	22		22	542	542						134	4495	1040
潼南区	1048	131	121			64	732	10065	9990	75	1440	1440						130	110	366
铜梁区	620	71	441			103	5	11050	10966	84	1446	1440	6					75	171	18
大足区	1592	219	350			881	142	8377	8345	32	1053	1053						81	121	113

重庆市消防救援总队接处警综合情况（续）

地区	接警出动起数							参战人员（人次）			出动车辆（辆次）			参战人员伤亡（人）				战斗成果		
	合计	火灾扑救	抢险救援	反恐排爆	公务执勤	社会救助	其他出动	小计	指战员	其他	小计	消防救援队伍	其他	指战员		其他		救出人员（人）	疏散人员（人）	抢救财产价值（万元）
														亡	伤	亡	伤			
荣昌区	264	10	111			126	17	14477	14439	38	2376	2372	4					29	822	56
璧山区	556	76	189			68	223	2607	2591	16	477	477						126	633	1295
梁平区	297	151	75			70	1	5070	5043	27	920	920						78	217	245
城口县	167	18	35			35	79	2922	2869	53	380	380						60	225	259
丰都县	272	36	56			23	157	1745	1671	74	266	266						24	114	211
垫江县	419	150	47			105	117	3042	3008	34	488	488						36	586	632
武隆区	46	13	18			15		4418	4350	68	616	616						27	64	123
忠　县	223	59	10			8	146	393	393		763	763						36	460	23
开州区	328	75	63			18	172	2439	2406	33	356	356						19	377	236
云阳县	113	47	44			13	9	3524	3470	54	538	532	6					22	81	56
奉节县	318	36	68			29	185	1167	1157	10	591	589	2					34	213	282
巫山县	355	33	52			100	170	3289	3273	16	425	423	2					115	110	202
巫溪县	312	117	60			121	14	3520	3445	75	408	408						27	40	286
石柱县	146	17	43			6	80	3233	3206	27	488	484	4					26	68	324
秀山县	342	123	48			23	148	1578	1540	38	198	198						11	18	75
酉阳县	117	16	54			47		5774	5763	11	918	916	2					40	238	60
彭水县	366	69	183			94	20	906	881	25	161	161						56	437	248
江津区	1767	277	630			838	22	4080	3722	358	588	529	59					183	1162	490
合川区	1507	503	380			607	17	21376	21344	32	3179	3179						124	859	59
永川区	2485	250	213			1411	611	16970	16906	64	2491	2491						152	614	149
南川区	664	229	173			161	101	23499	23488	11	3729	3729						160	170	555

四川省消防救援总队接处警综合情况

地区	接警出动起数							参战人员（人次）			出动车辆（辆次）			参战人员伤亡（人）				战斗成果		
	合计	火灾扑救	抢险救援	反恐排爆	公务执勤	社会救助	其他出动	小计	指战员	其他	小计	消防救援队伍	其他	指战员		其他		救出人员（人）	疏散人员（人）	抢救财产价值（万元）
														亡	伤	亡	伤			
合计	82401	14206	24850	36	423	42458	428	568521	396173	172348	116816	82868	33948		2			8215	23022	26615
成都市	42637	2776	17062	13	230	22392	164	287065	183953	103112	59406	39819	19587		2			3601	5353	4070
自贡市	2486	478	603	1		1394	10	16839	16833	6	3440	3439	1					94	1304	823
攀枝花市	1883	292	827		1	748	15	15308	15308		3184	3184	0					205	1344	224
泸州市	5834	1789	725			3291	29	39581	21509	18072	8461	4412	4049					528	2811	465
德阳市	5293	660	658			3975		32546	20380	12166	6615	4200	2415					379	57	4844
绵阳市	1207	389	513			302	3	9102	7084	2018	1711	1283	428					407	226	1709
广元市	3621	764	644	22	127	2021	43	20875	15425	5450	4756	3419	1337					299	896	789
遂宁市	3845	1367	1003			1441	34	30133	28870	1263	6127	5878	249					234	645	826
内江市	1245	770	260			209	6	11474	11474		1838	1838						155	365	809
乐山市	2782	588	709		53	1430	2	19898	13089	6809	4227	2859	1368					687	3277	4883
南充市	232	183	46			3		2145	2126	19	497	492	5					35	331	201
眉山市	698	330	207			161		5852	3992	1860	1045	698	347					254	929	769
宜宾市	1565	979	210			376		17784	13247	4537	3030	2269	761					125	1114	591
广安市	547	393	88			63	3	5324	1595	3729	874	314	560					85	390	324
达州市	833	413	193			227		7246	6908	338	1404	1346	58					292	505	232
雅安市	933	338	154			423	18	7911	4765	3146	1449	837	612					147	845	484
巴中市	1537	737	547			190	63	12533	10296	2237	2552	2152	400					283	1433	668
资阳市	4273	495	169			3609		20121	14466	5655	4870	3443	1427					209	411	1644
阿坝藏族羌族自治州	125	15	25		8	59	18	725	718	7	177	176	1					22	433	1728
甘孜藏族自治州	25	17	5			2	1	236	218	18	52	45	7					6	89	114
凉山彝族自治州	800	433	202		4	142	19	5823	3917	1906	1101	765	336					168	264	418

贵州省消防救援总队接处警综合情况

地区	接警出动起数							参战人员（人次）			出动车辆（辆次）			参战人员伤亡（人）				战斗成果		
	合计	火灾扑救	抢险救援	反恐排爆	公务执勤	社会救助	其他出动	小计	指战员	其他	小计	消防救援队伍	其他	指战员		其他		救出人员（人）	疏散人员（人）	抢救财产价值（万元）
														亡	伤	亡	伤			
合计	22074	5570	7432		345	5549	3178	195826	195585	241	34809	34775	34					4093	22191	70128
贵阳市	9297	844	3227			2621	2605	88820	88820		15514	15514						862	2573	1925
遵义市	4353	2164	994			1175	20	34498	34498		6042	6042						615	1632	6827
安顺市	772	228	311			229	4	6215	6215		1105	1105						281	975	442
黔南布依族苗族自治州	1165	433	422			266	44	9593	9563	30	1665	1659	6					519	1246	2881
黔东南苗族侗族自治州	772	289	294		26	158	5	8619	8571	48	1646	1640	6					222	1151	38920
铜仁市	751	395	266		1	87	2	6986	6852	134	1182	1165	17					349	4611	4768
毕节市	1323	458	346			346	173	9392	9387	5	1482	1481	1					347	1352	2481
六盘水市	1384	356	676		1	350	1	14378	14354	24	2788	2784	4					444	4369	6824
黔西南布依族苗族自治州	2123	383	817		317	282	324	16225	16225		3192	3192						406	3229	4843
贵安新区	134	20	79			35		1100	1100		193	193						48	1053	217

云南省消防救援总队接处警综合情况

地区	接警出动起数							参战人员（人次）			出动车辆（辆次）			参战人员伤亡（人）				战斗成果		
	合计	火灾扑救	抢险救援	反恐排爆	公务执勤	社会救助	其他出动	小计	指战员	其他	小计	消防救援队伍	其他	指战员		其他		救出人员（人）	疏散人员（人）	抢救财产价值（万元）
														亡	伤	亡	伤			
合计	17313	7197	5174	5	497	4206	234	159273	158799	474	28684	28591	93					4030	18154	27396
昆明市	6446	2518	2188		16	1613	111	69010	69010		12520	12520						1254	1417	3165
曲靖市	1352	747	310	1	44	245	5	11380	11380		1886	1886						267	2165	525
玉溪市	1028	330	274		20	397	7	9720	9493	227	1565	1519	46					258	336	599
保山市	519	300	125			86	8	4632	4590	42	771	765	6					110	397	1143
昭通市	519	263	157		39	60		4541	4541		700	700						204	1428	5235
丽江市	230	133	70		1	19	7	2166	2166		380	380						68	850	162
普洱市	542	220	128	1	28	161	4	4174	4164	10	809	805	4					111	678	1519
临沧市	409	167	117	1	62	56	6	3590	3590		755	755						130	317	1566
楚雄彝族自治州	599	224	278		1	90	6	5520	5515	5	1025	1024	1					147	997	625
红河哈尼族彝族自治州	1318	400	444	2	98	369	5	9183	9183		1686	1686						396	966	1268
文山壮族苗族自治州	866	484	240		21	115	6	6664	6664		1055	1055						233	2055	4741
西双版纳傣族自治州	832	359	178		110	181	4	6585	6523	62	1195	1182	13					126	1177	2206
大理白族自治州	1751	739	356		26	617	13	14046	13927	119	2743	2722	21					422	2495	2056
德宏傣族景颇族自治州	684	242	213		19	159	51	5935	5926	9	1179	1177	2					188	2042	2143
怒江傈僳族自治州	143	40	62		8	32	1	1115	1115		233	233						51	736	166
迪庆藏族自治州	75	31	34		4	6		1012	1012		182	182						65	98	277

西藏自治区消防救援总队接处警综合情况

地区	接警出动起数							参战人员（人次）			出动车辆（辆次）			参战人员伤亡（人）				战斗成果		
	合计	火灾扑救	抢险救援	反恐排爆	公务执勤	社会救助	其他出动	小计	指战员	其他	小计	消防救援队伍	其他	指战员		其他		救出人员（人）	疏散人员（人）	抢救财产价值（万元）
														亡	伤	亡	伤			
合计	5861	149	236		5360	116		32532	32523	9	6995	6993	2					237	596	3887.1
拉萨市	1924	39	96		1766	23		10511	10502	9	2324	2322	2					112	369	574.7
日喀则市	709	40	38		624	7		4447	4447		858	858						29	98	1796.7
昌都市	1380	33	32		1282	33		6685	6685		1492	1492						30	22	466.1
林芝市	502	13	30		416	43		2358	2358		497	497						21	5	954.7
山南市	794	6	19		760	9		5137	5137		1129	1129						18	0	81.0
那曲市	380	6	8		365	1		2197	2197		455	455						19	11	0
阿里地区	172	12	13		147			1197	1197		240	240						8	91	13.9

陕西省消防救援总队接处警综合情况

地区	接警出动起数							参战人员（人次）			出动车辆（辆次）			参战人员伤亡（人）				战斗成果		
	合计	火灾扑救	抢险救援	反恐排爆	公务执勤	社会救助	其他出动	小计	指战员	其他	小计	消防救援队伍	其他	指战员 亡	指战员 伤	其他 亡	其他 伤	救出人员（人）	疏散人员（人）	抢救财产价值（万元）
合计	40747	8136	6589	7	150	24896	969	331668	329688	1980	57457	57155	302	1	1	1	1	4376	26887	60526
西安市	7976	1888	1308	5	4	4013	758	83826	83794	32	14498	14489	9					888	6885	4390
铜川市	1234	212	163		4	831	24	9818	9818		1496	1496						127	1498	1131
宝鸡市	3581	911	810		2	1849	9	38648	37521	1127	6349	6188	161					475	2819	1840
咸阳市	5864	791	1006		125	3899	43	36015	36015		6642	6642						604	1730	11568
渭南市	5565	518	414	1	10	4600	22	36498	36492	6	6415	6414	1					356	441	1443
延安市	2420	331	579			1498	12	22660	22652	8	3483	3481	2					390	1127	14854
汉中市	3654	765	549			2337	3	27032	27032		5262	5262						410	5665	9719
榆林市	3883	889	864		2	2105	23	30035	29280	755	4605	4487	118					475	1927	3205
安康市	1536	756	361	1		405	13	14029	14017	12	2226	2224	2			1	1	254	850	1167
商洛市	2094	463	243		3	1372	13	14540	14540		2746	2746						199	2179	1370
西咸新区	2471	556	241			1630	44	15331	15291	40	3112	3103	9					163	1432	8810
杨凌示范区	469	56	51			357	5	3236	3236		623	623		1	1			35	334	1029

甘肃省消防救援总队接处警综合情况

地区	接警出动起数							参战人员（人次）			出动车辆（辆次）			参战人员伤亡（人）				战斗成果		
	合计	火灾扑救	抢险救援	反恐排爆	公务执勤	社会救助	其他出动	小计	指战员	其他	小计	消防救援队伍	其他	指战员		其他		救出人员（人）	疏散人员（人）	抢救财产价值（万元）
														亡	伤	亡	伤			
合计	14037	7980	2838	1	30	1322	1866	114852	103999	10853	22008	20026	1982					1827	2611	15499
兰州市	3128	1304	946		7	203	668	28850	28850		5063	5063						505	196	1536
嘉峪关市	395	165	56	1	14	52	107	2774	2774		706	706						62	108	5665
金昌市	421	296	69			30	26	3948	3948		762	762						43	18	144
白银市	895	655	169			42	29	6639	6639		1507	1507						121	25	727
天水市	1274	885	257		1	114	17	10716	8779	1937	2038	1674	364					160	57	1968
武威市	250	191	52			5	2	2164	2164		352	352						72	411	1163
张掖市	1263	1015	164			49	35	9490	8427	1063	2415	2213	202					102	20	255
平凉市	1235	314	144			54	723	8284	6624	1660	1390	1121	269					140	129	402
酒泉市	906	786	96			21	3	9044	9018	26	1832	1827	5					124	340	528
庆阳市	1528	1147	302		8	55	16	11162	7942	3220	1929	1385	544					145	326	338
定西市	968	324	119			487	38	5989	4303	1686	1076	754	322					110	145	876
陇南市	932	501	135			153	143	7168	6603	565	1427	1299	128					69	221	268
临夏回族自治州	315	168	114			13	20	2782	2096	686	563	417	146					67	49	220
甘南藏族自治州	304	95	144			30	35	2786	2776	10	495	493	2					48	439	1213
兰州新区	223	134	71			14	4	3056	3056		453	453						59	127	196

青海省消防救援总队接处警综合情况

地区	接警出动起数							参战人员（人次）			出动车辆（辆次）			参战人员伤亡（人）				战斗成果		
	合计	火灾扑救	抢险救援	反恐排爆	公务执勤	社会救助	其他出动	小计	指战员	其他	小计	消防救援队伍	其他	指战员		其他		救出人员（人）	疏散人员（人）	抢救财产价值（万元）
														亡	伤	亡	伤			
合计	2857	1568	856	1	1	377	54	26830	26830		5113	5113						787	6970	6021
西宁市	1711	929	498	1	1	231	51	16255	16255		2941	2941						293	1571	1872
海东市	239	159	69			11		2134	2134		504	504						98	615	457
海西蒙古族藏族自治州	234	150	75			9		2120	2120		446	446						101	435	788
海南藏族自治州	119	80	39			0		1300	1300		257	257						33	1401	761
海北藏族自治州	112	70	32			7	3	947	947		201	201						29	60	102
黄南藏族自治州	75	47	21			7		693	693		139	139						9	444	855
果洛州	108	42	52			14		903	903		185	185						49	376	104
玉树州	93	53	29			11		749	749		171	171						131	834	858
格尔木市	166	38	41			87		1729	1729		269	269						44	1234	224

宁夏回族自治区消防救援总队接处警综合情况

地区	接警出动起数							参战人员（人次）			出动车辆（辆次）			参战人员伤亡（人）				战斗成果		
	合计	火灾扑救	抢险救援	反恐排爆	公务执勤	社会救助	其他出动	小计	指战员	其他	小计	消防救援队伍	其他	指战员		其他		救出人员（人）	疏散人员（人）	抢救财产价值（万元）
														亡	伤	亡	伤			
合计	9889	4645	2842		129	1875	398	135594	133698	1896	22183	21860	323					1290	6201	20798.7
银川市	3924	2302	1020		0	600	2	69699	68633	1066	10102	9957	145					517	3623	3694.6
石嘴山市	1463	682	226		124	152	279	17007	16762	245	3131	3065	66					177	669	3351.4
吴忠市	1964	680	815		5	347	117	19893	19791	102	2896	2861	35					218	1476	11510.7
固原市	1342	218	367			757		17007	16912	95	3950	3907	43					178	269	658.7
中卫市	1196	763	414			19		11988	11600	388	2104	2070	34					200	164	1583.3

新疆维吾尔自治区消防救援总队接处警综合情况

地区	接警出动起数							参战人员（人次）			出动车辆（辆次）			参战人员伤亡（人）				战斗成果		
	合计	火灾扑救	抢险救援	反恐排爆	公务执勤	社会救助	其他出动	小计	指战员	其他	小计	消防救援队伍	其他	指战员		其他		救出人员（人）	疏散人员（人）	抢救财产价值（万元）
														亡	伤	亡	伤			
合计	18101	8642	3191	7	4068	855	1338	146603	144621	1982	31720	31317	403					3028	6380	42947
乌鲁木齐市	3427	1566	836		637	298	90	35168	34993	175	7514	7498	16					933	837	9672
克拉玛依市	944	144	96		384	72	248	7464	7369	95	1504	1496	8					80	218	1034
吐鲁番市	732	580	106	3	10	25	8	6365	6191	174	1398	1391	7					83	44	1446
哈密市	319	211	63			15	30	3099	3054	45	721	708	13					90	24	898
昌吉回族自治州	1314	852	176		23	88	175	11079	10804	275	2577	2573	4					245	92	756
博尔塔拉蒙古自治州	444	170	49		47	14	164	3266	3223	43	692	673	19					64	355	1464
巴音郭楞蒙古自治州	622	425	163			25	9	5833	5689	144	1211	1132	79					238	231	3729
阿克苏地区	1375	348	476		503	36	12	9959	9825	134	2175	2030	145					398	164	5546
克孜勒苏柯尔克孜自治州	297	64	29		194	10		1833	1786	47	411	389	22					34	20	97
喀什地区	4010	1164	352	1	2158	122	213	27404	27183	221	6211	6190	21					233	689	1889
和田地区	462	292	80	3	61	6	20	3030	2977	53	625	591	34					180	2881	1479
伊犁哈萨克自治州	2738	1767	585			86	300	20239	20013	226	4333	4322	11					233	181	4252
塔城地区	831	650	79		14	29	59	6325	6096	229	1077	1070	7					74	145	4492
阿勒泰地区	202	149	31			21	1	1443	1409	34	291	282	9					79	395	3325
石河子市	384	260	70		37	8	9	4096	4009	87	980	972	8					64	104	2868

第三章　重大灭火救援战例

北京通州“3·8”国奇能量钢结构工程有限公司火灾扑救情况

2019年3月8日13时38分，位于北京市通州区潞城镇贾后疃村的北京国奇能量钢结构工程有限公司库房发生火灾。事故发生后，北京市消防救援总队调派42个队站、112辆消防车、620余名消防指战员赶赴现场处置，协调39辆洒水车、24辆挖掘机和铲车、70辆沙土车到场配合处置。20时55分，明火被扑灭。此次火灾过火面积2200平方米，无人员伤亡。消防救援部门成功保住了北侧1.7万平方米库房、东侧2个库房、2座办公楼和2座宿舍楼、南侧1万平方米搅拌站库房，疏散单位员工30余人。

一、基本情况

（一）起火单位情况

起火单位位于通州区潞城镇贾后疃村西1公里处，距离城市副中心行政办公区约10公里，距离最近的玉桥中队约11公里。该单位东临金棠路、南临搅拌站、西临一条污水沟、北侧为后卜路，南北长240米、东西宽170米，总占地面积3.8万平方米，库区共有11栋建筑，总建筑面积约3万平方米。2012年建成，2017年整体改为库房使用。南侧7600平方米的U形库房分租给9家公司，主要存储润滑油、家具；北侧1.5万平方米的厂房主要存储书籍、调料。

（二）起火建筑情况

起火建筑为库区西南侧的1号、2号、3号U形库房及4号库房东侧，整体建筑结构为钢框架结构，维护构件为铁皮，屋顶为岩棉夹芯彩钢板。起火库房东西长125米，南北宽155米，高10米。1号库房除东侧126平方米为食堂外，其余分租给4家公司，主要存储家具、润滑油；2号库房为北京统御凯源商贸有限公司库房，主要存储润滑油、化清剂；3号库房分租给4家公司，主要存储润滑油；4号库房为万达永安物流公司库房，主要存储书籍、调料。

（三）燃烧物质情况

此次火灾主要燃烧物为润滑油和书籍以及部分家具和化清剂。其中润滑油闪点在120～340 ℃，遇明火或高温可自燃，燃烧后会产生一氧化碳等有毒有害气体；化清剂（主要用于清洗化油器内部油污、积碳）有一定的腐蚀性，含有少量二甲苯，属于易燃易爆物品。

（四）天气情况

3月8日12—17时，晴间多云，西南风4级，最高气温13 ℃，最小相对湿度25%。17时后，风向变为东南风。

二、扑救经过

（一）力量调集阶段

13时38分，总队119指挥中心接到

第一次报警。根据报警人描述，现场为贾后疃村一库房起火且火势蔓延迅速。119指挥中心调度通541、通542、通651、通652等4个执勤车组及通州支队全勤指挥部赶赴现场。

13时51分，玉桥中队通542执勤车组到达现场，南侧1号库房正处于猛烈燃烧阶段，地面有流淌火，火势已蔓延至西侧2号库房，现场有大量员工正在紧急搬运物资。现场指挥员立即组织将30余名厂员工疏散至安全区域，并组织对南侧1号库房和西侧2号库房火势进行堵截，等待增援。

13时52分，根据现场反馈和路网监控核查，总队119指挥中心启动5级火警调派和火灾事故应急救援一级响应，调派总队全勤指挥部及9个中队、31辆消防车赶赴现场，同时电话上报市委、市政府、应急管理部消防救援局、市应急管理局，联络“110”“122”“999”等职能部门启动联勤联动响应机制。

14时8分，玉桥中队5辆消防车、20名消防指战员陆续抵达现场，此时，西侧2号库房火势已蔓延至北侧3号库房，并伴有爆炸和流淌火，玉桥中队立即架设移动炮对火势进行压制，并深入北侧3号库房内部堵截火势蔓延。

（二）堵截控火阶段

13时51分至17时8分，总队根据火灾形势变化和现场指挥部情况反馈，调派远程供水系统、大吨位水罐、泡沫、高喷、照明等保障车辆，先后分4批次调派6个支队所属27个中队、69辆消防车以及战勤保障基地13辆保障车赶赴现场。丰台、顺义、平谷、特勤全勤指挥部到场指挥。

14时23分，增援力量相继到场。现场指挥部根据到场力量情况，结合地形地势及火灾发展形势，调整力量部署，全力阻挡火势向东侧10号办公楼蔓延。在库区西侧架设高喷阵地，对南北两侧的火势进行堵截。

14时50分，挖掘机、铲车陆续到达现场。现场指挥部组织工程机械推倒库区东北侧围墙，打开进攻通道，玉桥中队对东北侧4号库房的火势进行堵截。15时7分，特勤支队接管4号库阵地，成功将火势堵截在北侧4号库房。

15时3分，应急管理部消防救援局和总队全勤指挥部及各支队增援力量、社会联动力量相继到场。指挥部在前期战斗力量部署基础上，组织顺义支队和丰台支队利用大型机械，在厂区南侧搅拌站内破拆墙体，打开进攻通道，堵截南侧火势。组织利用沙土对西侧河沟进行填埋，打通西侧进攻通道，与北侧、南侧形成合围。

（三）灭火攻坚阶段

17时30分，西侧污水沟被填平，墙体破拆完毕，24辆挖掘机和铲车全部到位，现场指挥部根据现场情况组织总攻灭火。由特勤支队负责处置北侧火势，通州支队负责处置西侧中部火势，平谷支队负责处置火场西南侧火势，顺义支队、丰台支队在火场南侧向火场纵深灭火。天竺供水中队、博兴路中队、狼垡供水中队、未来科技城中队、杨庄供水中队及39辆环卫洒水车对现场进行不间断供水。

（四）留守看护阶段

20时55分，现场明火熄灭。3月9日0时5分，增援力量陆续归建，通州支队和特勤支队留守现场继续清理；7时50分，特勤支队归建；11时20分，现场清理完毕，副中心办公区中队、梨园中队留守4辆消防车看护，其他参战力量全部归建。

三、主要经验

（一）战术运用得当

初期力量到场后，火势已处于猛烈燃烧状态，指挥员坚决贯彻“救人第一”的指导思想，按照“先控制、后消灭”的战术措施，成功疏散员工30余人，保住了北侧1.7万平方米库房，东侧2个库房、2座办公楼以及2座宿舍楼，南侧1万平方米搅拌站库房。增援力量到场后，指挥部根据火势发展变化调整力量部署，采用“堵截控火、重点突破、破拆强攻、分割围歼、逐片消灭”等技战术措施，打通灭火救援通道后阻截了火势蔓延扩大。

（二）保障工作到位

此次灭火战斗参战人员多、车辆多、持续时间长，战勤保障工作难度大。各级联动单位到场迅速，形成合力，调集洒水车39辆，挖掘机、铲车等大型机械24辆，沙土车70辆，为扑灭火灾提供了有力支持。

（三）舆论引导及时

火灾发生后，宣传部门及时整理火灾现场资料，第一时间主动发声，及时回应社会关切，主动引导舆论良性发展，成功避免舆论压力影响灭火战斗决策。

山西乡宁“3·15”山体滑坡灾害抢险救援情况

2019年3月15日18时10分，山西省临汾市乡宁县枣岭乡发生山体滑坡，致8栋建筑垮塌，79人涉险，其中46人自救互救脱险，33人被困。经过2000余名消防人员138小时奋战，33名被困人员全部救出，其中13人生还。救援中，共疏散人员900余人。

一、基本情况

（一）枣岭乡基本情况

枣岭乡位于乡宁县西南端，东邻白岭村，西邻碟子村，南为乡环城路，北为570县道，距乡宁县城45公里、临汾市136公里、省会太原市418公里。全乡行政区域面积245平方公里，辖21个行政村115个自然村，常住人口2.7万人。枣岭乡属典型黄土高原残垣沟壑区，境内山岭重叠，沟壑纵横，多坡地，少平川。此次受灾区域位于深70米、坡度85度的悬崖边，坡陡沟深，土质松软，易发生滑坡、黄土崩塌等地质灾害。

（二）灾害现场情况

3月15日18时10分、20时5分，先后发生两次滑坡，造成枣岭乡卫生院北侧和信用社东侧区域内的8栋建筑先后发生垮塌。滑坡前建筑不规则分布于东西长约90米、南北宽约40米、占地面积约3000平方米的区域内。滑坡后形成深70米、宽140米、倾斜坡度53度的灾害区域，滑坡体量达6万余立方米。

（三）垮塌建筑及涉险人员情况

8栋垮塌建筑，除4号、6号基本完好外，其余均粉碎性破坏。其中，1号建筑为乡信用社家属楼，四层砖混结构，坐东朝西，每层2户共8户，事发时有32人，8人遇难。2号建筑为乡大众澡堂，二层砖混结构，坐东朝西，一层为营业区，二层为居住区，事发时有13人，10人遇难。3号建筑为乡卫生院食堂，单层砖混结构，事发时有3人，2人遇难。4号建筑为乡卫生院家属楼，三层砖混结构，坐北朝南，每层2户共6户，事发时有14人。5号建筑为乡卫生院采暖机房，单层砖混结构，事发时有2人。6号建筑为乡卫生院库房，单层彩钢板结构，事发时无人。7号建筑为乡卫生院住院楼，二层砖混结构，一层为门诊区，二层为住院区，事发时有15人，二次滑坡前全部疏散。8号建筑为乡卫生院厕所，单层砖混结构，事发时无人。

（四）天气情况

救援期间昼夜温差大，历经大风、降温、降雨等极端天气，最大风力达7级。

二、救援经过

（一）响应迅速、抢占先机，第一时间投入救援

3月15日18时11分，乡宁县政府专职消防队接县公安局“110”转警，立即出动3辆消防车、23名消防员赶赴现场，并向临汾市消防救援支队指挥中心报告。支队立即调派周边7个消防中队12辆消防车、96名消防指战员前往增援，支队全勤指挥部遂行出动。

19时22分，乡宁县政府专职消防队到场。此时，灾害现场一片狼藉，滑坡区域上方有大量围观群众，100余名群众正在废墟上自救互救，距现场5公里外的德通煤业矿山救护队10余人已先期展开救援。现场消防指挥员迅速设置2名安全员监测现场，组织9人投入搜救，同时明确撤退路线和信号、统筹现场4G单兵图传、现场照明、安全警戒、调运器材装备、协调社会救援力量等工作。截至19时50分，共救出13人，其中3人遇难。

19时58分，乡卫生院住院楼倾斜度加大，并出现明显土石滑落迹象，现场人员迅速撤离。20时5分，发生二次滑坡，导致2栋建筑垮塌。随后，消防指挥员对现场进行侦察评估，在初步判断短时间内不可能发生再次滑坡的情况下，20时35分，现场指挥员（县消防大队大队长）率11名战斗员和华晋矿山救护队9名队员，组成21人的搜救组再次进入现场搜救，县政府组织16人在北坡开辟人行便道。

20时15分，山西省消防救援总队指挥中心启动《山西省消防总队处置突发灾害应急救援预案》，按照战区划分先后调动运城、晋中、太原、长治4个支队2支重型地震救援队、2支轻型地震救援队赶赴现场增援。总队全勤指挥部赶往现场。

20时59分至22时30分，搜救组采取听、看、敲、喊、摸等人工搜索方法，先后在1号建筑垮塌区域发现1名8岁女孩和1名10岁男孩，在2号建筑垮塌区域发现1名17岁女孩和1名7岁男孩。

21时26分，临汾支队全勤指挥部及襄汾中队到场，成立前沿指挥部做出部署，襄汾中队全力营救被困人员，继续扩大搜索面；设置3处安全观测点，密切监视险情，遇有情况及时报警；成立警戒组，安排专人登记人员装备出入情况；成立3个后援小组，负责现场照明和后场应急支援；积极协调其他职能部门和社会救援力量，统筹安排救援工作；加强与总队、部消防救援局通信联络，及时报送现场信息，确保指挥渠道畅通。任务下达后，现场救援人员采取“破拆清障、撑顶扩张、速断剪切”等手段开辟救援通道，对被困人员进行施救。截至23时5分，营救出1名8岁女孩、1名10岁男孩（后经抢救无效死亡）和1名17岁女孩，仍有16人失联。

（二）集结精锐、争分夺秒，紧抓战机高效救援

23时9分，运城支队到场投入战斗。晋中、太原、长治3个支队分别于16日

3时、4时、5时30分陆续到场。前沿指挥部根据救援实际调整指挥编成，设作战指挥组、技术专家组、政治工作组、综合协调组、现场警戒组、战勤保障组、宣传报道组，现场通信由总队应急通信保障分队负责。

前沿指挥部通过灾情侦察迅速对增援力量下达作战任务，设立警戒出入口严格管控人员进出；统筹指挥现场救援力量，形成战斗合力；将灾害现场划分为A、B两个作业区，采取“小规模、多批次”的方式，分区定点、垂直错位展开救援；提请政府做好防疫消毒工作。16日3时35分，成功将一名7岁被困男孩救出。

16日3时15分，成立副省长任总指挥的省政府抢险救援指挥部。为进一步提高救援效率和进度，技术专家组通过走访询问知情人，了解建筑结构及灾害发生时失联人员所处位置，辨识现场家具、生活用品及装修材料等参照物，并结合搜救犬、生命探测仪搜索情况，基本判断出其他被困人员的大致方位。经过分析研判，前沿指挥部决定将A区作为重点搜救区域，命令各支队轮流作战，加快搜救进度。为确保救援安全，住建部门对灾害现场上方约200吨的建筑残留底座用槽钢和钢丝绳捆绑固定，并进行牵引加固，防止松动下滑。为争取救援时间，各支队轮流作业进行地毯式、全覆盖搜救。截至17日12时，在A区搜寻出6名遇难者，仍有10人失联。

（三）科学研判、划片分区，精准定位全力攻坚

17日12时10分，省政府抢险救援指挥部安排2台挖掘机修建救援道路，为后期大型机械设备进场做好准备。16时，根据省政府抢险救援指挥部工作部署，前沿指挥部召开作战会议，决定抓住黄金72小时最后宝贵时间，将现场调整划分为4个作业区，按照“安全评估、分片作业、重点搜救”原则全力攻坚。18时，省政府抢险救援指挥部综合分析研判，排除了1号、2号区有被困人员的可能性，决定采取挖掘机与消防救援人员“1+5”捆绑救援模式进行搜寻，即每个挖掘机作业区配备5名消防员，其中3人负责地面巡查、1人跟车监控、1人安全观测，紧盯挖掘、倾倒两个环节。经过12小时搜寻，确定无被困人员。随后，挖掘机进入3号、4号区清理建筑构件，通过表层剥离进行搜寻。截至18日19时，在3号区搜寻出2名遇难者，仍有8人失联。

23时30分，山西省委根据抢险救援需要指派省消防救援总队承担前后方通信保障任务。总队和支队应急通信保障队按照省委要求，在太原支队静中通卫星通信车、省委办公楼东楼一层会议室、省委专线局六楼会议室建立三处会场，实现与现场指挥部音视频互通。省消防救援总队协调省移动公司，为省委接入消防指挥调度网专线，实现三处会场有线传输，确保音视频传输稳定性。省消防救援总队应急通信保障队安排专人负责与省政府值班室的通信工作，每3小时进行电话连线，确保省政府与现场音视频连接时刻保持畅通。

18日19时30分，省政府抢险救援指挥部要求对二次滑坡废墟进行排查。前沿指挥部随即将4个作业区调整为5个作业区，各支队梯次编队进入现场配合挖掘机进行搜寻。截至20日6时，在3号、4号区分别搜寻出2名、4名遇难者，仍有2人失联。

20日8时10分，前沿指挥部根据失

联人员名单，分析垮塌轨迹，结合前期分区搜救情况，综合判定：1 号建筑藏某滑落至 4 号区西北侧，此处为落差 20 米的陡坡，但前期蓝天救援队进行浅表搜索无果，需进行深层挖掘；2 号建筑刘某可能在 3 号区南侧靠近悬崖边附近，如盲目动用挖掘机，极易引起滑坡及构件滑落。前沿指挥部根据研判情况决定在悬崖边增设 6 号区，主要任务是排除险情；在 4 号区西北侧增设 7 号区，进行深层挖掘。任务明确后，前沿指挥部安排晋中支队指战员采取由吊车悬挂吊篮进行悬空作业的方式，对 6 号区陡坡上残留构件进行清理，消除坠落危险。20 日 16 时，在 3 号区搜寻出刘某；21 日 11 时 22 分，在 7 号区搜寻出藏某，救援行动结束。

三、主要经验

（一）组织指挥有方，作战思路清晰，为成功救援提供正确指引

接报后，总队、支队全勤指挥部响应迅速，遂行出动，迅速成建制、模块化调集地震救援队、战勤保障队、应急通信保障队、搜救犬队等协同作战。前沿指挥部组织架构合理、任务分工明确、指挥高效顺畅，设立多个联络员，对上与政府抢险救援指挥部、应急管理部、部消防救援局、省消防救援总队后方指挥部联络，对下具体指挥救援行动，同时填写救援日志，收集、审核、上报救援信息，确保了信息畅通、数据同步、资源共享。特别是在现场合理设置出入口，加强人员管控，排除外界干扰，为整个救援工作创造了安全、有序、规范的救援环境。前沿指挥部坚持“救人第一、科学施救”的指导思想和“先期全面搜索、中期重点搜救、后期定位搜寻”的战术原则，确定“划片分区、突出重点、分组作业、协同处置”的救援方案。

（二）科学周密部署，救援措施高效，为成功救援提供根本保证

在灾情研判上，利用相关技术手段，结合走访询问知情人、查看监控视频、建筑垮塌规律分析、现场实物比对、灾害现场 3D 复原、多方专家会商等措施，基本确定被困人员大致位置，为确定作战思路和指挥决策提供科学指引。在指挥决策上，先后召开作战会议 13 次，先后根据不同作战形势任务划分作业区，逐步调整优化细化，实现搜救区域网格化、全覆盖、无死角、无缝隙。在战术战法上，前沿指挥部采用“小规模、多批次”模式，安排各支队轮流作战，在每批次人员上场前，前沿指挥部均明确交代搜救任务、位置、方法等内容，避免盲目行动贻误战机。各支队采取“先低后高、先易后难、由表及里、由点及面”程序展开救援：针对浅表层被困人员，采取传统人工搜救方法进行快速搜救；针对建筑构件深压人员，采取仪器搜索和搜救犬相结合确定方位，利用破拆、顶撑等手段开辟救援通道；针对黄土深埋人员，采取工程机械和人工相结合进行救援。

（三）全域监测排险，守住安全底线，为成功救援提供可靠保障

由于灾害现场山体平衡性遭到破坏，随时有再次发生滑坡危险。全体参战人员始终贯彻“安全第一”思想，严守操作规程和安全纪律，落实各项安全防护措施。自然资源部门设置 1 个简易监测站、5 个全站仪监测机位、10 个固定观测点、3 个移动观测点、6 个流动巡查点。在每个全站仪监测机位配备 3 名消防救援人员跟班，配合监测人员对事发区域内的重点目

标进行预警监测，随时分析监测数据，每半小时反馈监控情况，如遇险情，及时发布撤离信号。前沿指挥部要求每个作业面设立3名安全员，随时发现险情并预警。通过采取加固建筑残留底座以及消除6号区安全隐患等措施，为安全救援创造条件。救援期间，现场共发出5次险情预警，前沿指挥部及时下达撤离命令，确保救援行动绝对安全。

（四）部门联动密切，多方积极参与，为成功救援提供整体合力

灾情发生后，全省上下迅速动员、多个部门合力联动，多种力量快速响应。省政府紧急拨付500万元专项救灾资金，消防、公安、应急管理、自然资源、住建、卫生、民政、交通、电力、气象、通信等多部门联动，省军区、武警总队、蓝天、天龙、矿山救护等救援力量积极参与。国家卫健委先后派出两批医疗专家指导现场医疗救治、消毒防疫等工作；公安部门采取手机定位、大数据分析、DNA比对等技术手段，快速确认失联人员信息，并做好外围警戒、交通管制等工作；自然资源部门绘制卫星遥感图，评估次生灾害，监测地质隐患；供电部门保障现场供电及照明。住建、民政、交通等部门按照相应职责配合救援；当地政府积极协调，就近在学校、煤矿等单位设置救援人员休息点和固定就餐点，组织5支送餐队伍分5个时段定时送餐，提供口罩、湿巾、抽纸、洗漱等生活必需用品，并调集工程机械设备开辟救援道路、配合搜寻失联人员；当地群众自发组织慰问救援人员，随时保证救援人员吃上可口热饭。

（五）通信渠道畅通，及时主动发声，为成功救援提供有力支撑

在信息直报方面，省消防救援总队建立“重大情况随时报、安排部署随时报、力量调集随时报、整体进展每小时报、早晚8时汇总情况报”救援信息直报机制，从现场第一时间直报应急管理部消防救援局救援信息28期，向省政府第一时间直报进展情况90余次。在应急通信保障方面，累计调集1辆动中通卫星通信车、3辆静中通卫星通信车、1个卫星便携站、7架无人航拍机、5套布控球、18套4G单兵图传设备、5部卫星电话等装备保障现场通信。静中通卫星通信车24小时连线应急管理部、部消防救援局、省委、省政府、总队指挥中心，为各级与抢险救援指挥部实现即时信息互通、图像传输、视频会议等功能奠定基础，救援期间累计保障应急管理部会议7次、应急管理部消防救援局会议6次和省委、省政府会议5次。在宣传报道方面，省消防救援总队及时成立前方宣传报道组和后方新闻发布组，统筹协调新闻宣传、记者采访、媒体发稿等相关事项，统一汇总资料，统一新闻发布，确保舆论报道权威性和准确性。此次救援报道工作中，中央电视台播发新闻166次，日均播发新闻28次。新华社、《人民日报》、中央广播电视总台等主流媒体多次进行新闻直播和现场报道。

江苏响水“3·21”天嘉宜化工有限公司爆炸火灾事故处置情况

2019年3月21日14时48分，江苏省盐城市响水县陈家港生态化工园区天嘉宜化工有限公司发生爆炸事故。事故发生后，江苏省消防救援总队迅速启动跨区域应急响应机制，调派13个支队级单位，共192辆消防车、930名消防指战员、4

条搜救犬和20台工程机械赶赴现场处置。3月22日5时，现场明火被扑灭。经过全体参战消防指战员82个小时连续奋战，7轮不间断搜救，消防救援队伍共搜救出164人，其中86人生还，疏散转移150余人，累计监护转输危险化学品近百种、超10万吨。

一、基本情况

（一）园区概况

江苏省盐城市响水县陈家港生态化工园区位于响水县东北部，北至船厂路，南至纬六路，东至301县道，西至灌河，规划面积10.5平方公里，共有化工企业56家，其中46家正停产整顿，10家企业正常生产。园区划分为仓储物流区、产业区、码头作业区3个功能分区，产业定位为以丙烯酸及酯类、氯碱、医药、染料、农药、助剂为主的精细化工产业。园区江苏森达陈家港热电有限公司、江苏裕廊化工有限公司依托灌河建设有两个化工码头。

（二）单位概况

天嘉宜化工有限公司成立于2007年4月5日，位于陈家港生态化工园区东南部，占地面积约14.7平方米，职工195人，东临301县道，南靠大和路，西南侧为盐城德力化工有限公司（简称德力化工），西临经三路，隔路与江苏之江化工有限公司（简称之江化工）相对，北侧自西向东依次与江苏华旭药业有限公司、响水富梅化工有限公司、响水县鲲鹏化工有限公司（简称华旭药业、富梅化工、鲲鹏化工）和江苏神龙经达物流有限公司相邻，主要从事染料中间体、表面活性剂、感光材料、液晶材料、新型功能材料、环氧树脂固化剂等生产。主要产品为间苯二胺（17000吨/年）、邻苯二胺（2500吨/年）、对苯二胺（500吨/年）、间羟基苯甲酸（500吨/年）、对甲苯胺（500吨/年）、均三甲基苯胺（500吨/年）等，主要用于生产农药、染料、医药等。其中，间苯二胺为企业主导产品，用于下游企业生产分散染料。

（三）事故现场情况

发生爆炸区域为企业存放固体危险废料仓库，简称固废库。中国地震台网测得此次爆炸引发2.2级地震。经测算，此次事故爆炸总能量约为260吨TNT当量。根据现场破坏情况，将事故现场划分为爆炸中心区、重度波及区、中度波及区和轻度波及区。

爆炸中心区为北至纬一路，南至大和路，西至江苏之江化工有限公司，东至301县道，面积约为0.5平方公里。爆炸形成了直径120米积水覆盖的圆形坑。排水后发现，爆炸形成以天嘉宜化工有限公司旧固废库硝化废料堆垛区为中心基准点，直径75米、深1.7米爆坑。爆炸中心300米范围内的绝大多数化工生产装置、建（构）筑物被摧毁，造成重大人员伤亡。事故引发周边8处起火，包括天嘉宜化工有限公司储罐区3处，华旭药业、富梅化工、鲲鹏化工、之江化工、德力化工各1处起火，周边15家企业受损严重。

重度波及区：爆炸冲击波导致周边结构受损，区域面积约为14平方公里。中度波及区：爆炸冲击波导致周边建筑外墙及门窗受损，区域面积约为48平方公里。轻度波及区：由于爆炸冲击波作用，造成建筑物门窗玻璃受损，向东最远达14.7公里（响水县大有镇康庄村），向西最远达11.4公里（连云港市灌南县田楼镇佑心村），向南最远达10.5公里（响水县南河镇安宁村），向北最远达 8.8 公里（响水县陈家港镇蟒牛村、灌南县化工园区）。响水县、灌南县 133 家生产企业、2700 多家商户受到波及，约 4.4 万户居民房屋门窗、玻璃等不同程度受损。

（四）消防设施及水源情况

园区公用供水管网及企业内部消防供水管道全部被爆炸冲击波损坏，消火栓、固定炮、消防水喷淋、泡沫灭火系统和可燃有毒气体检测系统等全部被摧毁，无法发挥作用。园区西北紧邻灌河（属淮河水系），河宽水深、水量充沛。

（五）天气情况

多云转晴，最高气温 16 ℃，最低气温 6 ℃，南风，微风。

二、处置过程

（一）第一阶段：救人第一，全力救助现场伤员

爆炸发生后，距离事发地仅 1.6 公里的陈家港化工园区政府专职消防队听到爆炸声，迅速出动 4 辆消防车、12 名专职消防员赶赴现场处置。

14 时 50 分，响水县消防救援大队接到报警，立即调派 4 辆消防车、18 名消防指战员赶赴现场，并向盐城市消防救援支队请求增援；盐城支队接报后，调集全勤指挥部及特勤、射阳、建湖、阜宁、滨海 5 个消防中队和滨海经济开发区专职消防队及战勤、通信保障分队，共 20 辆消防车、99 名消防指战员赶赴现场，并通报市应急管理、公安、电力、卫生、环保等联动部门。15 时 5 分，119 指挥中心根据报警量激增情况，又调派北闸、毓龙路、盐都、开发区、戴庄路、大丰、东台等 7 个消防中队，共 7 辆消防车、32 名消防指战员增援。

15 时 20 分，江苏总队全勤指挥部响应出动，调集连云港市、淮安市、宿迁市消防救援支队和总队培训基地 4 个单位，55 辆消防车、252 名消防指战员增援，途中又增调泰州、常州、徐州、南通、南京、镇江、无锡、苏州等 8 个支队的 102 辆消防车、517 名消防指战员、4 条搜救犬、20 台工程机械，以及防护、侦检、洗消等专业救援装备赶赴现场增援。

应急管理部指挥中心接报后，应急管理部党组书记黄明第一时间通过视频了解现场救援情况，并派工作组紧急赶赴现场。随后，黄明书记带领相关司局领导组成的工作组赶赴现场指导事故处置工作。

15 时 3 分，陈家港化工园区政府专职队到达现场，现场一片狼藉，厂区内和道路上有大量受伤群众，天嘉宜化工有限公司罐区储罐着火，浓烟笼罩着厂区及周边区域。指挥员立即组织全力抢救受伤群众。

15 时 26 分，响水县消防救援大队作战力量到达现场，全力开展人员搜救。

15 时 40 分，盐城市消防救援支队滨海中队、连云港市消防救援支队灌南中队、滨海经济开发区专职消防队等力量陆续到达现场，迅速组织力量深入周边受损严重的鲲鹏化工、响水县现代化工有限责任公司、华旭药业等企业开展人员搜救。

（二）第二阶段：灭救同步，有效控制灾情发展

18 时许，盐城市消防救援支队全勤指挥部到场，成立支队级现场指挥部。特勤、射阳、建湖、阜宁、北闸、毓龙路、盐都、开发区、戴庄路、大丰、东台等中队及连云港市消防救援支队、淮安市消防救援支队增援力量相继到场。在全力搜救

人员同时，部署精干力量从天嘉宜化工有限公司南门进入，在着火罐区侧上风向的北侧、东侧布置6门移动水炮，对3个着火储罐进行冷却保护。

19时20分，应急管理部灭火救援专家到达现场，调阅企业相关资料和无人机视频，组织力量深入事故区域进行全面侦察。确定着火罐区共有2个1500立方米的内浮顶苯储罐和1个1500立方米的内浮顶甲醇储罐，均呈敞开式、全液面燃烧，同时在储罐区西面、北面还有5个装置和小型储罐起火点，厂区周边十余个企业的装置、罐区均被摧毁，管线拉断、管廊坍塌。

19时43分，江苏省消防救援总队全勤指挥部到场，成立总队级现场指挥部，下设灭火、侦检、搜救、供水、洗消、保障、政工、宣传等8个工作组。

20时40分，泰州市、宿迁市、徐州市消防救援支队和总队培训基地增援力量陆续到场，投入灭火救援战斗。

22时30分，常州市、南通市消防救援支队增援力量陆续到场，投入灭火救援。

23时45分，应急管理部党组书记黄明带领应急管理部工作组到达现场，了解灭火救援及伤员救治情况，组织研究下一步处置措施。

3月22日0时10分，南京市、镇江市、无锡市、苏州市消防救援支队增援力量陆续到场，投入灭火救援战斗。

总队现场指挥部研究制定“灭搜同步、重点控制、筑堤设防、全程监护”战术，连夜组织淮安、镇江、泰州、南通、徐州、盐城支队力量全力搜寻被困人员；组织精干力量、专业装备和泡沫药剂，做好扑灭储罐大火的准备；对罐区防火堤进行加固，并在罐区北侧道路上设两道围堤，防止流淌火蔓延；针对华旭药业、鲲鹏化工、之江化工、德利化工、富梅化工5处起火点，采取控制燃烧措施。

3月22日1时40分，泡沫灭火剂调集到位，4套远程供水泵组设置完毕，总队现场指挥部组织盐城市、常州市、无锡市、南京市、徐州市、宿迁市、连云港市支队和总队培训基地力量设置17门移动炮对着火罐区进行强攻灭火，同时部署其他增援力量扑救周边5处火点。5时许，罐区3个储罐和其余5处明火被扑灭。现场不间断出水，进行冷却、稀释，防止发生复燃复爆和泄漏中毒。

（三）第三阶段：划片分区，全面搜寻失联人员

3月22日8时，现场灭火任务完成后，总队现场指挥部重新调整力量部署，抢抓72小时黄金搜救时间，转入全面搜寻失联人员阶段。总队现场指挥部将1.2平方公里的爆炸核心区划分为13个片区、65个网格，组织消防指战员采取“化整为零、拉网排查、消除盲点”的措施，逐个区域开展地毯式搜救。同时，组织20台大型工程机械在水枪掩护下进入现场破拆、清障。

在企业技术人员带领下，进入化工厂区搜救的消防指战员深入倒塌装置、储罐、建筑等区域，采取人工搜索、仪器探测等方法，逐个片区、逐个建筑全面搜寻失联人员。

3月22日，消防救援队伍搜救出12人，在搜救过程中有1名消防员不慎跌倒受伤，手部、脚部被强酸灼伤；23日，消防救援队伍搜救出12人，其中1人生还；24日，总队现场指挥部将搜救范围扩大到2平方公里，搜救出1人。截至25日0时，全部失联人员均被找到。

（四）第四阶段：排危除险，消除次生灾害隐患

3月25日8时起，总队现场指挥部加强与公安、武警联动，强化现场管控，落实核心区隔离、外围道路管控措施，严格控制无关人员进入。在现场上风方向分区设置4个洗消点，对进入核心区的人员、车辆、装备等进行全面洗消，消除风险隐患。

3月25—26日，消防救援力量对爆炸核心区外围企业开展风险摸排，逐一核查存储、使用、生产的危险化学品种类、数量，评估安全风险，落实管控措施，确保不发生次生灾害。协助调查组专家进入核心区开展采样、勘验、检测等调查工作，做好防护、引导和洗消，确保救援人员和专家安全。

3月26日开始，根据总队指挥部统一部署，消防救援队伍协助相关部门开展高危化学品处置、输转、监护、转移等工作，消除次生灾害隐患。调集氢氧化钠、氢氧化钙、干水泥粉等对事故区域泄漏的强酸强碱、遇湿易燃物品等进行中和、覆盖处理。协助环保部门对核心区爆坑中的积水进行取样检测，并利用远程供水系统将积水输转至园区污水厂进行处理。会同相关部门及企业技术人员研究制定高危化学品处置方案，实施分类转运，落实全程监护。

三、主要经验

（一）重响应，做到灭搜同步

始终坚持“救人第一、快速响应、灭搜并重”，首批力量在接近核心区2公里时，按照指令边侦检、边行进，在确保安全前提下，有序深入、抵近前沿。总队指挥团队到达现场后，采取实地侦察、现场询问、调阅资料、仪器侦检、高空瞭望、航拍建模等手段迅速掌握情况，决定立即开展边搜救人员、边消灭明火。将8处较大燃烧区域划分6个灭火战区，针对丙烯腈燃烧特性，决定派精兵强将，着重防护，首先消灭丙烯腈储罐着火点；然后集中优势兵力，部署大流量泡沫车、供液车、远程供水泵组“三车一套”编成，将所有的泡沫药剂置换成抗溶性泡沫，按类型等级逐一处置消灭。在灭火同时，针对大量人员被困废墟的情况，将核心区划分为13个片区、65个网格，抢抓72小时黄金救援期，组织开展“地毯式、全覆盖、全时段”排查搜救，采用仪器探测、人工搜寻、知情引导、搜救犬搜索以及手机定位等多种手段，逐个片区、逐个废墟搜寻生命踪迹，科学实施破拆、顶撑、支护、救生作业，全力营救被困人员。共搜救出被困人员164人，其中生还86人。

（二）重侦察，做到精准研判

由于涉事企业人员伤亡惨重，现场工程技术人员或知情者极少，提供的有用信息有限，参战消防救援力量只能多次深入核心区查看灾情，利用军事毒剂、可燃气体、有毒气体侦检仪和红外热视及测温仪、望远镜、风向标等设备加密监测点位、频次，实时采集有毒、爆炸性混合物浓度、辐射热值和风力风向等数据。利用水质分析仪、pH试纸检测泄漏液体的组分和酸碱度。利用消防无人机航拍测绘技术，实时传输爆炸核心区全景视频，建立二维影像、三维模型，分区设置高空瞭望点、观察哨，全要素获取第一手技术资料和灾情信息，为现场指挥提供决策参考。

（三）重防护，做到全程洗消

坚持全过程防护，针对灾情不同阶段和不同区域，实施差异化防护，按照防

火、防爆、防毒、防酸碱、防辐射、防灼伤“六防”标准，落实呼吸和躯干“双防护”要求，联动调集各类防化服、空气呼吸器、氧气呼吸器及充气车、综合性隔离防护面罩，凡进入核心区作业必须配空气（氧气）呼吸器、着一级重装防护，手持木质探棒行进。坚持全过程洗消，将整个园区划分为重危、中危、轻危区，严格核心区隔离、外围面戒严措施，设置四色警戒标识和检查控制口，在中危与轻危区之间设立4个洗消点，严格对人、车、装备进行常规洗消。卫勤分队第一时间遂行保障、靠前应急，携带迪福特林、去氟灵等洗消药剂，随时对受到污染的人员实施现场快速洗消。

（四）重评估，做到因情施策

根据各事故涉及相关企业的行业特点、生产类别和物料特性，逐一甄别灾害范围、损毁程度、危害后果和处置难度，绘制灭火救援作战力量部署图、道路水源图，实施沙盘推演、挂图作战。结合不同企业、不同工艺、不同灾害、不同危险化学品性质，制定专项处置方案，利用泡沫、干粉、二氧化碳、干沙、水泥粉等进行分类防控灭火。针对高浓度硫酸、硝酸储罐大量泄漏、流淌积聚路面，致使一名消防员和一名应急管理厅领导受伤的情况，立即取样进行实验，从环境容量、放热反应、次生事故等方面，反复比对碳酸钠、碳酸氢钠、30%氢氧化钠、氧化钙、氢氧化钙等各类碱性化合物中和效果，最后选定投放500吨氢氧化钙实施中和处理，取得明显效果。针对核心区诸多企业存放的硝基化合物、硝基酚盐等失水活泼、不稳定物质，落实不间断水封措施。针对剧毒高腐的溴素和遇湿遇水易燃易爆物质，及时调集自行研发的水泥粉高喷车，实施覆盖吸附和隔离窒息。针对剧毒危险化学品氰化钠，及时调集次氯酸钠，实施破氰处理。针对氯气、氟化氢、溴化氢等剧毒气体，投放碳酸氢钠至消防车水罐内，使浓度达到5%～10%，实施中和降毒。针对爆坑内约2万立方米酸性积水和新丰河重污染水采取中和措施，在pH升至3.5以上，即运用远程供水泵组输转至3公里外的污水处理厂。

（五）重监护，做到分类转运

随着事故救援任务结束，现场处置由应急抢险转入危险源处置清运阶段。组织开展对园区存贮的各类危险化学品逐一开展风险点摸排，统计甄别危险品的种类、储量和现状以及各类装置的疲劳损伤。按照“企业提案、专家论证、集中审核、全程监护”的程序，精准制定“一企一案、一品一策”处置方案，划分爆炸区、核心区、缓冲区3个处置圈层，先急后缓、有力有序做好危险化学品输转、倒罐、清理等工作。

陕西榆林“4·23”危险化学品运输罐车燃爆事故处置情况

2019年4月23日15时30分许，陕西榆林榆横工业区马扎梁村附近停车场槽罐车发生燃爆事故。榆林市消防救援支队调派6个中队、1个战勤保障大队、8个企业专职消防队，共49辆消防车、256名消防人员、4台消防机器人及应急通信、无人机、防化洗消等装备前往处置。4月30日7时30分，事故处置完毕，成功地保护了周边3公里范围内的人员及财产安全，未造成人员伤亡，避免了灾情扩大和次生灾害。

一、基本情况

燃爆停车场占地约 24 亩，距离周边最近化工企业 800 米。事发时，该停车场停放危险化学品罐车 28 辆，主要装载碳四、碳五、液化石油气等。东侧一墙之隔为占地约 20 亩的甲醇、汽油、柴油罐车停车场，当日停放各类罐车 23 辆。该停车场一辆载碳五罐车燃爆后发生连锁爆炸，导致两个停车场 48 辆罐车、1000 平方米彩钢房过火，烧毁铝合金罐体甲醇罐车 2 辆，炸毁、炸裂危险化学品运输罐车 9 辆，罐顶及管线附件撕裂危险化学品罐车 6 辆，爆炸冲击导致周边 100 米范围建筑玻璃破碎，800 米范围内能明显感受到爆炸冲击波，破裂罐体最远飞出 315 米，罐体残片最远飞出 344 米。

二、处置经过

（一）第一阶段：最大限度响应，防止灾情扩大

4 月 23 日 15 时 36 分接警后，支队启动重大灾害事故预案，调集 3 个中队、4 个企业专职队、战勤保障大队力量及相关联动单位和化工专家组前往处置。同时，向总队指挥中心汇报情况。

16时20分，辖区特勤中队抵达现场。在车载物质种类数量不明，连续爆炸无法抵近侦察的情况下，于 2 公里处设置安全警戒线，并对周边 3 公里内的居民和周边厂区进行疏散。

16 时 40 分，支队全勤指挥部和专家组到场。部署作战力量从东西两侧各设立 1 架无人机空中观察哨，逐步推进并搜寻被困人员。同时增调 3 个中队和 4 个企业专职队。

18 时 10 分，经无人机侦察，加之现场趋于稳定，指挥部调整力量，从东、西两侧上风方向分别设置阵地冷却着火罐体，设置 1 台侦检机器人深入侦察伤亡情况及风险源头、3 台灭火机器人近距离冷却抑爆。

（二）第二阶段：全方位侦察研判，技术辅助指挥决策

18 时 39 分，指挥部派出 3 个侦察组进入现场，初步确定西侧停车场罐车发生燃爆引发连锁爆炸，引燃东侧停车场部分罐车和彩钢房。东侧共 23 辆罐车过火，西侧共 25 辆罐车过火，解体罐车数量暂无法统计。通过气相色谱仪检测，基本确定起火物质为碳四、碳五、液化石油气、甲醇、汽油等，但因零星爆炸仍在持续，无法判定具体车载物质和载量。

20 时 15 分，根据指挥部命令及化工专家意见，所有作战力量后撤。同时，增设热成像无人机进行现场监护及火情侦察。

4 月 24 日 0 时 30 分，总队全勤指挥部到场后决定加强动态监护和警戒，在稳定控烧前提下采取技术手段加快罐内物质燃烧速度。

0 时 50 分许，现场指挥部与化工专家会商研判，罐体爆炸起火，不宜扑灭堵漏，初步拟定先稳定控烧再工艺处置。

1 时 30 分，公安机关将停车场管理员带至现场。侦察组带领管理员再次进入现场，确认各罐体物质、储量及位置分布。

（三）第三阶段：值守稳定控烧，“一罐一对策”排险

4 月 25 日 9 时，指挥部与化工专家会商研判，提出处置意见：由保持稳定控烧，转入工艺处置阶段；实施罐体除霜作业，加快燃烧速度；加强现场管控，制定

“一罐一对策”方案。

4月25—30日，在持续稳定控制燃烧前提下，作战力量按照“一罐一对策”方案，对着火罐体分别进行除霜、引流、注水、注氮、灭火、堵漏作业。

4月30日7时30分，作战力量扑灭最后一个火点后，对现场罐体逐一开展排险作业，确认现场无任何危险后，移交归建。

三、主要经验

（一）发挥政府主导作用

当地政府第一时间启动重大事故应急响应预案和联动机制，调集相关联动部门及化工专家组到场协助处置，协调军警对事故周边主要道路进行封控管制。政府各部门协调配合，各司其职，形成“应急协调保障、公安交通管制、刑事涉案侦控、环境现场检测、消防主导处置、网络舆情监控、专家技术支撑”的大应急处置格局，避免了部门之间责任不清、权属不明，处置过程运行高效、效果明显。

（二）发挥化工专家指导作用

应急管理部灭火救援专家组和总队、支队专家组全程技术指导，为指挥决策提供了专业技术支撑。支队参加部、局石油化工“师傅带徒弟”培训班学员第一时间给出处置建议和对策，参与处置研判和决策。支队通过小班教学、实地调研等形式培养的一批会辨识、懂研判的基层业务骨干在事故处置过程中发挥作用明显。

（三）发挥先进装备保障作用

无人机空中观察哨实时传输画面辅助指挥决策；机器人远程侦察抑爆，确保人员安全；空气采样，气相色谱分析，确定物质种类；针对性调集多种类型泡沫和干粉，应对不同物质火灾；针对不同着火罐体，分别制定除霜引流、注水注氮、灭火堵漏的“一罐一对策”处置措施。

（四）坚持科学、安全、环保处置理念

指挥部与专家组多次会商权衡“灭火堵漏”和“稳定控制燃烧”两种作战思路利弊。面对各方压力，指挥部坚持稳定控制燃烧、工艺处置战术措施，综合考量降低冷却水强度，防止造成水渍污染，实施空气、土壤、水质全程动态监测，确保处置过程科学安全环保。

内蒙古乌兰察布“4·24”伊东集团东兴化工有限责任公司爆炸事故处置情况

2019年4月24日2时34分，内蒙古伊东集团东兴化工有限责任公司氯乙烯转化装置发生爆燃。事故发生后，内蒙古自治区消防救援总队启动《化学危险品事故处置应急救援预案》和《跨区域灭火救援预案》，调派总队全勤指挥部、乌兰察布支队、呼和浩特支队共32辆消防车、139名消防指战员赶赴现场处置，连续奋战110个小时，救出4名被困人员，避免了人员伤亡和次生灾害发生。

一、基本情况

（一）企业基本情况

内蒙古伊东集团东兴化工有限责任公司位于乌兰察布市卓资县旗下营镇，于2013年3月建成投产，占地面积204万平方米，建筑面积38万平方米。该企业主要产品有烧碱、PVC、糊树脂、三氯乙烯、电石、乙炔、氯乙烯、聚氯乙烯等。

（二）氯乙烯气柜情况（爆炸气柜）

氯乙烯气柜位于厂区北侧，容积为

5000 立方米，双层钟罩结构，爆炸前该气柜储存氯乙烯气体约 1500 立方米。

（三）糊树脂单体储槽情况（着火储槽）

氯乙烯气柜爆炸后，引燃邻近糊树脂单体储槽。糊树脂单体储槽分为 A 槽和 B 槽，单个槽体容积为 100 立方米，位于氯乙烯球罐东侧。

（四）糊树脂单体储槽毗邻情况

糊树脂单体储槽南侧为氯乙烯转化工序；东南侧为 303 配电所；西侧为氯乙烯球罐，容积为 2026 立方米，爆炸时储存液态氯乙烯约 1200 立方米；东侧为氯乙烯精馏工序。

（五）单位消防设施及周边水源情况

爆炸核心区方圆 1.5 公里内有 168 个室外消火栓，有 2 个储量为 1.5 万立方米的消防水池。

（六）天气情况

当日旗下营地区多云转雨，东北风 4～5 级，气温 -1～6 ℃。

二、处置经过

（一）力量调度阶段

4 月 24 日 2 时 44 分，乌兰察布支队指挥中心接警后，调派卓资县旗下营政府专职队 3 车 14 人赶赴现场，同时调集卓资、特勤、集宁、高速公路救援队 4 个中队及战勤保障大队共 21 辆消防车、83 名消防指战员赶赴现场，支队全勤指挥部遂行出动，并分别向总队指挥中心和市政府报告。总队立即调派呼和浩特支队 8 辆消防车、29 名消防指战员人前往增援。

（二）侦察搜救阶段

2 时 55 分，卓资县旗下营政府专职队到达现场，迅速对现场进行警戒，侦察了解现场情况，得知有人员被困，具体人数不详。

3 时 30 分左右，现场又发生两次爆炸。

3 时 49 分，卓资县消防大队 4 辆消防车、13 名消防指战员到达现场，经询问知情人和现场侦察了解到，三氯乙烯监控室共有 7 名工作人员，2 人已撤离，4 人被困，1 人失联，气柜钟罩部分全部损毁。糊树脂单体储槽有裂缝，明火从裂缝喷出，伴有大量浓烟，相距约 15 米的氯乙烯球罐受到热辐射威胁，极具爆炸危险性。根据现场情况，卓资消防大队及时部署力量展开战斗，派出警戒组对现场进行警戒，并成立 1 个搜救小组，对氯乙烯监控室及周边地区进行搜救。

4 时 20 分，支队全勤指挥部到达现场，针对现场火灾易燃易爆、有毒、处置难度大等特点，按照“侦察搜救、冷却抑爆、安全行动”的要求，迅速作出部署，划定警戒区域，由旗下营专职队队员全面实施警戒，严格控制人员车辆进入；对卓资中队派出的搜救小组，强调个人安全问题；对现场进行侦察。

5 时 5 分，特勤中队 5 辆消防车、21 名消防指战员到达现场。经过现场 3 次侦察，现场指挥部确定糊树脂单体储槽火势正处于猛烈燃烧阶段，情况稳定，但随时有恶化危险，配电室和架空电缆火势燃烧猛烈，极易引起架空管道燃烧爆炸。指挥部命令搜救组继续搜救被困者，特勤中队在罐体东南侧布置水炮阵地，对糊树脂罐体进行冷却，卓资中队和旗下营专职队负责扑灭配电室及架空电缆明火，高速公路救援队负责供水。

5 时 18 分至 7 时 5 分，搜救组先后在监控室一楼房间内、三氯乙烯监控室西侧约 250 米处路边、三氯乙烯监控室西侧约150米库房内和三氯乙烯监控室楼梯处，搜救出4名被困人员。

（三）初战控火阶段

6时15分，特勤中队水炮阵地布置完毕，对氯乙烯球罐进行冷却。卓资中队出一支水枪干线控制配电室北侧火势，旗下营中队1辆消防车、5名消防指战员负责扑灭南侧电缆明火，1辆消防车、5名消防指战员利用车载水炮协助卓资中队控制配电室火势。

8时3分，精馏装置区突然发现有大量白烟冒出并有明火出现。经询问厂方技术人员了解到该区域有爆炸危险。现场指挥部命令所有救援力量紧急撤离出厂区。

8时40分，总队全勤指挥部到达现场成立现场指挥部。在听取处置情况汇报和实地侦察后，指挥部根据现场情况，确定了“全程监测、控制燃烧、冷却抑爆、关阀断料、加强防护”等措施，重新调整力量部署，挑选精干指战员成立攻坚小组现场处置，其余人员全部撤到500米以外；严格落实现场警戒，在现场西北和西南侧分别设置1名观察哨，随时观察并汇报情况；由特勤中队、卓资中队各出1门移动水炮，对爆炸区域装置进行冷却，重点保护架空管线及毗邻球罐的安全；配合企业技术人员逐个确认阀门状态，选择适当时机关阀断料。

9时30分，呼和浩特支队8辆消防车、29名消防指战员增援力量到场。

10时25分，卓资中队1辆消防车、5名消防指战员返回配电室北侧火场继续灭火，直至将配电室及周边明火扑灭。

（四）工艺处置阶段

10时50分，特勤中队配合企业技术人员关闭球罐进料阀和罐顶平衡阀。经过近5小时处置，成功关闭10个与糊树脂单体储槽相关联的阀门。指挥部命令特勤中队和卓资中队分别在球罐东南侧和东北侧各架设一个移动水炮阵地，持续对西侧球罐进行冷却，其余人员撤离到厂区外。

20时许，现场指挥部召集专家召开会议研究处置方案，认为部分阀门可能破损，无法关严，存在内漏情况。经专家论证，氯乙烯难溶于水且密度比水小，球罐工作压力为0.2兆帕，建议从球罐底部向内注水，抬高物料液位，实现注水液封。经计算，需注入100吨水，能将罐内物料抬高到出料口上方。现场指挥部立即调集2辆25吨水罐车，同时命令现场所有水罐车进行串联不间断供水，并设立观察哨观察火势，厂区人员迅速制作注水压力接口。

4月25日1时50分，现场压力测试时，发现接口处存在裂痕，无法将水注入罐内。现场指挥部随即要求企业技术人员持续制作压力接口。经过企业技术人员两次制作、改进接口，11时30分接口制作完毕，指挥部立即调集大吨位水罐车对球罐进行注水，同时设立观察哨，共计注水108吨。

注水完毕后，经过2个多小时观察，仍有明火喷出，系统管道阀门存在内漏，指挥部研究决定对单体槽罐所有进出料管线加装盲板，实现物理隔离。加装盲板过程中，由消防人员利用水驱动排烟机对泄漏少量物料进行吹扫驱散，并设置开花水枪稀释保护，同时调集呼和浩特支队排烟车到场实施吹扫。当发现个别管道压力较大，盲板无法加装时，现场指挥部决定对管道泄压，进行放空点燃。放空管长度为20米，直径与管道废气排放口相同。由于当时气温太低，氯乙烯无法气化，排放的氯乙烯不能稳定燃烧，突然出现轰燃现象，指挥部立即命令马上停止放空余气，组织所有人员立刻撤离现场。

4 月 26 日 8 时左右，技术人员在放空管道点火口处挖掘一个小型储气池，池内放置不间断明火，放空点燃泄压，继续加装盲板。加装盲板过程始终用雾状水进行驱散吹扫，降低工作区域气体浓度，同时不间断冷却周边罐体。

4 月 27 日 8 时 33 分，盲板全部加装完毕，精馏系统共加盲板 8 块，单体罐区共加盲板 9 块、盲法兰 6 块。

9 时 20 分，现场火势明显减小。指挥部分析认为危险解除，各单位参战力量分批洗消、撤离，卓资中队 2 辆消防车、10 名消防指战员留守现场监护。

4月28日16时38分，明火完全熄灭。

三、主要经验

（一）快速反应、科学调度

爆炸发生后，总队全勤指挥部快速反应，一次性调派 2 个支队、7 个中队以及 1 个战勤保障大队共 32 辆消防车、139 名消防指战员赶赴现场，集中优势力量进行处置，并做了充足的力量备份，既快速有效控制住险情，也做好打大仗、打恶仗和处置各种突发情况的准备，牢牢掌握作战行动主动权。

（二）侦察先行、救人第一

现场指挥部坚持“救人第一”，同步组织侦察搜救，先后救出 4 名被困人员。各级指挥员多次深入爆炸核心区域进行侦察搜救，充分了解掌握现场情况，第一时间确定最危险区域、被困人员情况以及燃烧物质，确保灭火救援指挥决策的科学性、准确性和及时性，对控制灾情起到决定性作用。

（三）战术得当、科学处置

此次事故灾情复杂，现场指挥部始终坚持科学处置原则，在全力处置周边生产线和着火区域火灾的同时，采取冷却抑爆、关阀断料、注水液封、加装盲板、吹扫驱散、放空点燃等措施进行处置，确保事故处置工作科学高效。现场指挥部始终坚持靠前沿指挥部署，在相继发生几次爆炸前果断下达撤离命令，成功避免现场救援人员伤亡。

上海长宁“5·16”建筑坍塌事故救援情况

2019 年 5 月 16 日 11 时 17 分，上海市长宁区昭化路 148 号光之里二期改造工程建筑物发生坍塌事故，造成多人受困。灾情发生后，上海市消防救援总队在应急管理部、应急管理部消防救援局和市委、市政府的指挥下，精准施救，顽强作战，先后调集延安、长宁等 21 个中队、41 辆消防车、10 台重型救援设备、300 余名消防指战员和 8 条搜救犬前往救援，经过近 14 小时的艰苦鏖战，搜救出埋压人员 25 人。

一、基本情况

（一）现场情况

坍塌建筑为正在改建施工中的光之里文创园区，外立面四周搭建脚手架。建筑共两层，装配式混凝土结构，建筑面积约 3000 平方米。东侧毗邻小区内部道路，南侧为居民楼，西侧为施工建筑，北侧为昭化路。

（二）坍塌情况

坍塌区域为建筑后部南侧一层、二

层整体以及北侧二层整体，总体呈水平贯穿式坍塌。南侧建筑坍塌后形成高约5米的废墟堆，北侧二层屋顶预制板掉落在二层楼面上。东、西、北侧墙体出现多条裂缝。据了解，建筑坍塌时，工地施工人员正聚集在南侧区域内就餐。

（三）天气情况

当日气象为阴，温度19～23℃，东南风3～4级。

二、救援特点

（一）坍塌形式复杂，救援作业面窄

现场坍塌的混凝土梁板柱、钢管钢筋等构件错综交织，作业面凹凸不平、空间狭小，装备使用限制较多，破拆和开辟救援通道困难。

（二）被困人员数量不明，定位救援难

现场建筑构件堆积深埋，建筑内被困人员数量不明确，被困点分布不确定，救援过程中稍有不慎，极易对被埋压人员造成二次伤害。同时，施工企业和被救出人员关于被困人员情况的表述相差较大，无法准确定位。

（三）救援环境危险，有效防护难度大

建筑物坍塌导致施工脚手架局部严重变形，处于不稳定状态，废墟边上未倒塌部分随时可能再次解体坍塌。大量钢管变形折断形成尖锐物，且空气中有大量扬尘，增加了救援难度。

三、处置经过

（一）坚持“生命至上”理念，快速实施救援

总队作战指挥中心接报后，一键启动建筑坍塌事故调度编成，一次性调集建筑坍塌救援队、特战轮值轮训队、工程机械队等精干力量，同步提请市应急联动中心启动应急预案，协调公安、住建、医疗、供电等救援力量协同处置。

11时24分，辖区延安中队、长宁支队全勤指挥部相继到达现场，支队指挥员组织力量抢抓救援黄金时间，按照“询情与检测同步、搜索与救助并行”救援方针，安排初期到场力量组成4个搜救组，从东、西两个方向实施交叉搜索。到场10分钟发现3名被困人员并立即组织营救，到场20分钟初步确定内部有20余人。通过破拆预制板、移除瓦砾作业，救援力量到场30分钟后救出第1名被埋压人员。

11时37分，总队全勤指挥部到场后，根据人员被困位置将现场划分为东、中、西3个救援区域，实施分片包干、分组交替作业，经过约1.5小时紧张作业，现场共搜救出17名被困人员。

（二）坚持多措并举施救，科学组织救援

按照“一片区一安全官、一点位一安全员”标准安排专人负责安全观察和现场警戒。采取组织专家实地踏勘、利用位移监测器监控等措施强化建筑稳定性监控，确保救援行动安全。现场救援行动按照“先浅层后深层、先重伤后轻伤、先救易后救难”的救援优先级，分层清理废墟，根据不同对象受困情形制定“一人一救援方案”。针对障碍物厚重程度，灵活采取凿岩机破拆、气垫顶撑、液压剪扩以及人工清理等措施。针对现场救援通道缺乏、作业风险高的情况，组织力量在东侧开辟第二救生通道，加快救援进度。对长时间埋压人员提前输液防止挤压综合征危及生命，对黑暗中救出的受困人员蒙住双眼以免强光伤害眼睛，对移动建筑构件可能危及被压人员

安全的，综合运用机械吊升、辅助支撑和分段破拆等手段打通多条救援通道实施救人。

（三）坚持联勤联动联保，形成救援合力

总队各级领导相继到场后，迅速形成现场组织指挥体系。政委王新建、总队长李伟民等靠前指挥，统揽救援整体进程，紧密对接市政府应急指挥部，及时协调公安、医疗、住建、供电等社会应急联动力量参与救援。公安机关根据现场救援需求设置警戒范围，实施局部交通管制，利用信息化手段核对人员身份。医疗急救人员与消防救援人员混合编组，并根据伤情及时予以补液、输血、包扎等救助，指导做好被困人员抚慰和救护。建筑结构专家在3处主要施救点提供现场指导，构建稳固建筑支撑。在被埋人员数量难以确定的情况下，消防救援力量与工程机械协同作业，按照“横向到边、纵向到底”的搜救要求，实行消防指挥员、现场观察员、机械操作员结对作业，区分作业区段实施彻底清理。

5月17日1时45分，现场搜救完毕，人员全部救出。现场除留有少量监护力量外，其余消防力量队伍全部归建。

四、几点体会

（一）快速反应、指挥顺畅是救援成功的前提

此次事故发生后，总队第一时间启动相关预案，调集侦检、搜救、破拆、支撑、保障等专业精干力量和优势装备到场施救，现场形成以总队党委班子为核心的指挥部，实行统一领导下的分片指挥体系，确保指令传递通畅，执行坚决到位。

（二）科学施救、战术得当是救援成功的关键

科学研判灾情，充分发挥专业优势，通过人员核查摸排、现场喊话、仪器侦查、搜救犬搜救、血迹寻踪等多种手段，快速确定被困人员位置。合理运用机械与人工、清障与破拆相结合的方法，定点作业、全力攻坚，成功营救全部被困人员。尤其是在未确定人员具体被困位置前，没有盲目进行机械作业，在不同方位设置安全观察哨，由建筑结构专家和消防安全员全程负责，密切观察建筑位移和形变状况，确保救援行动安全有序。

（三）联动高效、协同作战是救援成功的基础

市委、市政府迅速启动联动预案，调集公安、建设、医疗等部门和相关技术专家、大型工程车辆到场救援。及时组织力量实行交通管制，维护现场秩序。组建建筑结构、医疗救助等专家组，实时提供现场技术支持。及时启动部队和社会两级战勤保障，为抢抓救援“黄金时间”和持续作战提供人员、技术和装备保障。

江苏南京“5·24”新街口金鹰购物中心火灾扑救情况

2019年5月24日21时许，江苏省南京市秦淮区汉中路89号新街口金鹰购物中心A座发生火灾。火灾发生后，南京市消防救援支队指挥中心调派8个消防中队和1个政府专职队共22辆消防车、135名消防人员赶赴现场处置。总队、支队两级全勤指挥部赶赴现场组织指挥，经过一个多小时灭火战斗，成功扑灭火灾。该起火灾未造成人员伤亡。

一、基本情况

（一）单位概况

金鹰购物中心位于江苏省南京市秦淮区汉中路89号，地处南京新街口核心商业圈，中心内有商场、酒店、餐饮、影院、写字楼等多种业态，是典型的商业综合体，属于超高层建筑。金鹰购物中心由A座、B座及连廊组成。A座四至八层与B座三至七层通过连廊相连。A座于1996年4月投入使用，建筑高度为218米，总建筑面积14.8万平方米，地上58层，地下2层。一至六层为商场，营业面积25034平方米，七层、九层及三十七至五十八层为侨鸿皇冠酒店，八层、十至三十六层为办公区域。B座于2014年4月投入使用，建筑高度为220米，总建筑面积17.9万平方米，地上54层，地下4层。地下一层至地上九层为商场，营业面积69920平方米，十层为设备层，十一层为宴会厅，十二至二十四层为办公区域，二十六层至四十六层为金鹰国际酒店，四十六层以上主要为办公区域及设备用房，地下四层至地下二层为地下停车场。

（二）起火区域情况

起火部位为金鹰购物中心A座九层酒店厨房施工现场西北角，起火原因是施工人员使用等离子切割机拆除油烟设备时产生的高温滴落物引燃油烟设备内的残存油污和周边可燃物。

（三）毗邻情况

着火建筑东侧为友谊广场，南侧为测绘大厦、金鹰花园小区，西侧为健康职业学院，北侧为金轮新天地广场、金轮大厦。

（四）天气情况

5月24日18—24时，晴转小雨，东南风2级，气温23～28 ℃。

二、扑救经过

（一）精准调度、编成出动，加强第一出动力量

5月24日21时，南京市消防救援支队指挥中心接警后，按照《高层建筑火灾灭火作战编成》，第一时间调集侯家桥、新街口、汉中门、逸仙桥、鼓楼、特勤一、特勤二、战勤保障等8个中队、22辆消防车、135名消防指战员，组成2个举高编队、6个灭火搜救编队、3个供水编队、1个保障编队、1个建筑消防设施操作分队到场施救，并通知正在新街口地区巡逻的消防特勤、新街口消防联防联治办公室和应急管理局等相关联动单位到场协助处置。同时，总队、支队两级全勤指挥部及应急通信保障分队遂行出动赶赴现场组织指挥，并迅速向省委、省政府和应急管理部消防救援局指挥中心报告灾情。

（二）灭搜同步、固移结合，有效控制灾情发展

21时7分，新街口专职队、侯家桥中队先后到达现场。中队指挥员进入消防控制室，了解起火具体部位、燃烧状态和蔓延方向，检查固定消防设施启动情况，利用应急广播安抚商场内人员情绪，引导疏散。

侯家桥中队、新街口专职队组织2个攻坚组进入着火层九层，利用室内消火栓出3支水枪，控制起火点火势。组织搜救组同步开展人员搜救，在单位微型消防站及工作人员协助下，进入商场疏散人员，并在着火层上下七层至十一层进行搜救。在建筑外部，设置1门移动炮、1门车载炮，在A座西侧广场协同压制外立面火势；在A座、B座连廊的疏散楼梯间外侧设置两

支水枪，扑救楼梯间及二层空调外机平台火势。

21时20分，总队、支队两级全勤指挥部及应急通信保障分队到达现场，命令首批增援到场的汉中门中队组织攻坚组，在避难层上一层二十七层建筑幕墙外侧设置1个高位灌注阵地，堵截火势向上蔓延，组织2个灭火搜救组自十一层向上逐层搜救疏散人员，先后利用室内消火栓在主楼十二层、十三层、十四层、二十六层堵截火势向楼内蔓延。命令逸仙桥中队3个灭火搜救组进入商场四层至六层设置水枪阵地堵截火势向商场蔓延，并引导疏散滞留群众。

秦淮大队建筑消防设施操作分队和单位工程技术人员占据消防控制室、消防水泵房、配电房，确保固定消防设施正常运转，保障火场供水、供电、排烟及消防电梯正常使用。

（三）立体布控、内外夹击，最短时间扑灭火灾

21时30分左右，后续增援力量陆续到场。现场指挥部根据现场火灾蔓延态势，采取“分段作业、高点灌注、内外夹击、多向设防”战术措施，将现场分为内攻、外控两个战斗区、5个战斗段，每个战斗段由1名总队、支队指挥长负责指挥，立体布控扑灭火灾。

第一战斗段由侯家桥中队、新街口专职队负责扑救主楼七层至十层火势，在A座、B座连廊设置阵地，阻止火势向B座蔓延。

第二战斗段由汉中门中队、特勤一中队负责主楼十一层至顶层，组成6个灭火搜救组逐层搜救疏散人员，扑救过火区域。

第三战斗段由逸仙桥中队、特勤二中队负责商场一层至六层，分别设置水枪阵地，扑灭服装柜台及储物间的火势，堵截火势向商场内部继续蔓延。

第四战斗段由鼓楼中队负责进入工商银行逐层搜救疏散人员，扑救过火区域。

外控战斗区由特勤一中队、战勤保障中队负责。特勤一中队接替侯家桥中队移动炮阵地，利用52米云梯消防车举高射水，压制外立面火势。战勤保障中队在外部设立保障点，做好气瓶、饮食和其他灭火物资保障。

（四）反复搜救、细致收尾，确保现场救援无盲区

21时45分，火势得到基本控制。现场指挥部将主楼救援力量调整为3个作业段，按照十层以下、十一层至二十层、二十一层以上的划分，组织力量逐层进行地毯式排查清理残火。

22时40分，明火被全部扑灭。现场指挥部调整力量部署，侯家桥、特勤一、新街口、汉中门4个中队留守监护、防止复燃，其余力量陆续归队。现场共成立15个监护小组，每个小组负责两个楼层，在单位安保人员的带领下，采取敲、问、喊话等方法逐个房间、逐个角落进行排查，确保现场不发生复燃，确保现场搜救工作无盲区、全覆盖。

22时50分，经过三轮地毯式搜索，确认楼内所有人员已疏散完毕，未发现新的被困人员。

23时15分，现场指挥部调派总队、支队两级火灾原因调查人员勘验现场，收集固定相关物证资料。

23时55分，经过现场指挥部和公安机关两次核对人员疏散情况，确认楼内人员全部安全疏散，无人员伤亡。现场指挥部组织辖区中队进行火场监护，其余力量归建。

三、主要经验

（一）坚持救人第一

此次火灾同时呈现超高层建筑和商业综合体火灾特点，内部人员多、分布分散，疏散救人难度大。现场指挥部及时研判火场态势，先后组成15个攻坚组，迅速进入消防控制室利用应急广播引导人员疏散，在主楼逐层搜救被困人员，快速将商场营业期间客人及工作人员疏散，共搜救疏散300余人。

（二）坚持内攻近战

采取“分段作业、高点灌注、内外夹击、多向设防”战术措施，第一时间在九层强攻控火；在商场四层至六层出枪堵截，控制火势向商场内部大面积蔓延；在写字楼十层至二十七层逐层开展灭火、搜救，确保火点被逐一消灭、人员全部疏散；在A座、B座连廊设枪堵截，控制火势向B座蔓延；在工商银行六层至八层内攻灭火，控制火势蔓延；在二十七层高位灌注，控制火势继续沿外墙向上蔓延，实现在较短时间内有效控制火势。

（三）坚持固移结合

现场指挥部采取“以固为主、固移结合”战术，攻坚组迅速利用消防电梯进入高层写字楼区域逐层搜救、灭火，发现火点立即使用室内消火栓出枪灭火，充分利用消防电梯运器材装备、疏散被困人员，有效提高处置效率。在商场内部和A座、B座连廊处堵截时，现场指挥部充分考虑建筑固定消防设施流量限制，命令参战指战员沿楼梯间蜿蜒铺设两条供水干线，确保火场供水不间断。在利用室内消火栓设置高位灌注阵地基础上，现场指挥部在建筑外侧设置移动炮和举高消防车，协力压制外墙火势，确保外立面火势彻底扑灭。

（四）坚持统一指挥

现场指挥部将整个火场划分为2个战斗区域、5个战斗段，明确每个战斗段的任务分工。总队、支队指挥长分段负责指挥，参战力量分段作业，实现扁平化指挥，确保整个战斗行动思路清晰，人员分工明确，组织高效有序。

四川长宁“6·17”6.0级地震灾害救援情况

2019年6月17日22时55分，四川省宜宾市长宁县双河镇（东经104.90度，北纬28.34度）发生里氏6.0级地震，震源深度16公里。截至6月19日13时，地震造成13人死亡，211人受伤，1.9万余人受灾，2.2万户房屋不同程度损坏或倒塌，部分水电、交通、通信等基础设施受损。消防救援队伍抢救被困群众20人，其中生还12人，转移疏散731人，深入震中周边10个乡镇159个村、15个社区逐一进行安全检查和隐患排险，配合住建部门完成6462处房屋评估，配合自然资源以及地勘单位发现地质灾害隐患点45处，协助民政部门设置灾民安置点9个，搭建帐篷200余顶，排除各类危险14处，为民送水1892吨。

一、基本情况

（一）交通地理情况

长宁县位于四川盆地南缘，宜宾市腹心地带，位于四川盆地与云贵高原的过渡带，东临江安县，南界兴文县，西与高县、珙县交邻，并紧靠宜珙铁路，北与南溪区、宜宾市相连，总面积999.6平方公里，总人口43.27万，全县共辖11个镇，7个乡。此次地震波及80个行政村4个社区，震中长宁县的双河镇下辖21村1个社区，受灾相对较重的龙头镇下辖14村2个社区，富兴乡下辖13村1个社区，珙县的巡场镇下辖32村，受灾人口约18.2万人，震中双河镇距离宜宾市72公里，距离成都360公里。

（二）天气情况

17日，灾区以阴转中雨为主，昼夜温差起伏较大，气温17～31℃，风力以1级西北风为主。

二、救援经过

（一）第一阶段：紧急响应、主动出击，火速投入抗震救灾

地震发生后，宜宾市消防救援支队立即调集辖区18辆消防车、108名消防人员，310余件（套）专业救援设备赶赴灾区救援。辖区长宁县消防救援大队宋家坝中队在地震发生后仅用3分钟时间就在双河镇南街农贸市场营救出1名70多岁老人。23时45分，宜宾支队全勤指挥部到达现场，依托动中通指挥车立即成立现场指挥部，研判现场灾情后决定采取“全面探测、分片作业、重点施救”战术措施，将现场划分10个作业点，采取人工搜索与仪器探测相结合的方式，从浅表到纵深，开展“拉网式”搜救。

省消防救援总队快速搭建指挥体系。通过地震波预警系统，总队指挥中心在地震波到达成都前31秒得到预警，第一时间做出应对响应，集结值班备勤人员并向系统定位区域精准核查灾情，5分钟内，总队全勤指挥部值班备勤人员集结完毕，成立信息联络、作战指挥、通信保障、政治鼓动、战勤保障、宣传报道、安全管控等7个职能组，指挥体系在15分钟内完成搭建，总队长坐镇指挥，23时20分，总队全勤指挥部及总队通信快速反应分队3车15人赶赴救灾现场。通过警用地理信息平台地震救援消防模块功能，第一时间分析计算震中周边最近救援力量、受灾乡镇情况，根据调度预案自动生成力量调度方案，规划行进路线，提供受灾乡镇基层党组织领导和派出所联系方式，为灾情获取和辅助决策提供有效支撑。首次投入实战的调度命令管理系统、重大地震灾害行动救援管理系统，第一时间将总队后方指挥部各种命令传达到支队接收端，改变以往“行进—集中—分散”的模式，实现一键式调度，多方位出动。以震中为圆心，通过灾情研判，科学划分作战半径，实现圈层调度，分3批次调集宜宾支队快速反应力量、宜宾支队主战力量、增援支队增援力量、集结支队集结力量以及社会联动力量，比原调度模式节省近12个小时。先后命令成都、自贡、泸州、内江、乐山、雅安、眉山、资阳、遂宁支队地震救援队赶赴现场救援，攀枝花、德阳、绵阳、广元、遂宁、南充、广安、达州、巴中、雅安、眉山、资阳、阿坝、甘孜、凉山支队地震救援队伍在辖区集结待命。

（二）第二阶段：科学研判、整体推进，全力展开生命搜救

地震发生后，总队后方指挥部利用警用地理信息平台，第一时间圈定震中周边20公里内的19个重点乡镇，点对点联系受地震波及20公里范围内的乡镇负责人，详细了解人员伤亡、房屋受损、道路损毁、通信畅通等情况，1小时内初步核准灾情，确立10个乡镇作为救援重点，制定“全域覆盖、分区作业、分片包干”的战略方针。采取“全面探测、分片作

业、重点施救”措施，将震中及周边区域划分为3个任务区，18个作业点，实现救援力量遍布灾区全域，在14个小时内完成所有受灾区域的搜救任务。

强化与武警、公安、民兵等救援力量协同配合，综合各方力量组成搜救小组，采取边搜寻边施救方式，逐一对每个作业点进行持续搜索、反复筛查。协调10余台大型机械，逐层缩小救援圈，最大限度开辟救生通道。协调三大通信运营商和机动通信局保障现场通信。调集时代星光、成都腾云等无人机公司实行空域搜索，精准定位被困人员。与交通、水利、气象、公安等部门联勤联动，快速获取天气、道路、地质灾害等作战信息并向各参战单位不间断推送。

地震搜救过程中，注重次生或衍生灾害防范。因房屋垮塌，部分易燃易爆气瓶被掩埋，现场破拆、挖掘作业频繁，处置不慎易发生爆炸起火等次生灾害。在铜锣乡搜救处置过程中，遂宁支队及时处置一起火灾事故，第一时间控制灾情。宜宾支队在双河镇一处危房中及时转运出50余具氧气瓶，有效化解了可能出现的危险。

根据救援现场余震频发、视线受阻、天气多变的实际，设立专职安全员和道路引导员36名，携带高音喇叭、高音口哨，分作战区域监测周边情况，把控各单位安全动态。针对性做好战前安全教育、力量开拔行进、营地选址搭建、人员战时管理、车辆器材管控、网络保密防范等工作，合理划分安全管控阶段，确保参战指战员人身安全。

（三）第三阶段：巡防驻守，救援力量有序撤离归建

18日12时8分，总队命令成都、遂宁、内江、乐山、雅安、眉山、资阳支队于14时开始有序撤离。宜宾、自贡、泸州支队就近帮助受灾群众疏散物资、搭建生活帐篷，成立微型消防站，做好机动处置准备，严防火灾、山体滑坡、堰塞湖等次生警情。

19日9时54分，前方指挥部在双河中学安置点召开会议，对救援力量进行再部署，优化搜救力量，对受灾区域继续开展搜救任务，保证户户村村无盲点。

19日18时6分，总队命令自贡、泸州支队救援力量于19时开始有序撤离。宜宾支队负责安置点巡防驻守任务。其中筠连专职队1辆水罐泡沫消防车5人负责巡防驻守珙县，特勤中队1辆抢险消防车5人负责巡防驻守双河镇，兴文专职队1辆水罐消防车5人负责巡防驻守硐底镇，长顺街中队1辆抢险消防车5人负责巡防驻守双河镇，其余救援力量全部归建。

三、主要经验

（一）未雨绸缪，预先准备是救援成功的重要前提

预案启动快。每年依据国家地震风险会商研判结果，第一时间修订地震救援预案，分等级、分区域、分任务编制力量调度方案并录入调度系统，关键时刻战斗模板化展开。前期，总队《跨区域重特大地震救援预案》修订完毕、举行“蓝色使命”地震拉动演练，此次发生地震的宜宾市长宁县正处于省地震局会商研判今年发生地震的风险区域。灾情发生时直接按预案展开调度，快速实现预案变方案，较之以往大幅节省了时间、提高了效率。“全域覆盖、分区作业、分片包干”战略方法，“化整为零、走村入户、拉网排查、

消除盲点”战术措施，以及“围边打点、人装共进、全面探测、重点施救”战斗技巧已逐步成为战斗习惯。

调度出动快。按照就近调派、自动集结、编成调派、梯次调派4种模式实施力量调度，实现震中附近救援力量第一时间就近救援。强烈震感区救援力量自动集结；快反分队和轻重型救援队整建制调派；增援力量按4小时、6小时、8小时分圈层调集，最大限度减少灾区交通压力，提高队伍行进效率。总队结合历次地震救援经验，编制《全省地震救援队快反分队建设指导意见》，配备32辆东风猛士、福特F150皮卡、四驱越野车等先导突击车快速响应、快速投送、快速展开，救援力量以5人一组撒到震中及周边受灾的每个村庄每个点位，快速实现救援的全覆盖、无盲区。

辅助信息快。建立以震情、灾情、社情、舆情“四情”，交通、气象、通信、地质“四条件”，地震发生时间、成灾季节、特殊情况“三辅助”为核心要素的信息搜集体系。将乡镇主要领导、派出所所长、专职队指挥员的联络方式纳入消防地理信息系统，以便在地震发生后点对点掌握灾情。同时，建立灾情定向分析评估机制，由地震和减灾部门提供人员伤亡、震源机制、烈度分布等信息，实现1小时快报，4小时详报。

（二）纪律严明，作风顽强是救援成功的坚实基础

面对灾情，各级指战员面对余震不断、山体滑坡、道路塌方、建筑垮塌、大雨滂沱等挑战，克服重重困难，以快速转换空间赢得更多救人时间，将自身置于危险换取更多生命安全。同时，在生活条件极其恶劣的环境下，白天奋力救援，深夜露天宿营，积极帮助群众搭建帐篷、排除危险、送水服务。

（三）信息联通，通信顺畅是救援成功的关键核心

坚持情报引领，利用地震预警装置、警用地理信息平台消防模块，获取位置、震级等信息。启动直调直报、前突侦察机制，采集回传现场情况。建立部、省、市、县、现场五级保障体系，前后方指挥部组建通信中心，落实分工负责。利用“三级组网”，用足图传设备，用好卫星移动站和无人机，实现空地一体、全域保障。落实联勤协同，调集技术骨干建强通信中心，协调通信、电力部门覆盖信号、保障供电，组织技术单位遂行保障、运维力量驻场值守。与交通、通信、铁路、空管、气象等部门信息互通，随时掌握各方信息动态。结合各地装备配备和携行情况，将通信保障人员划分为40个保障单元，遂行保障作战。救援期间，卫星移动站上线保障会议20小时，4G图传实现不间断传输，无人机起飞侦察39次、制作全景图20幅。前、后方建立指挥调度、图像调度、语音调度、遂行保障、信息记录、机动应急等职能组，多手段互为补充。利用350兆电台、天翼对讲、卫星电话等，明确组网要求和通信规则，确保语音畅通。利用卫星移动站、4G图传、微波、无人机等，配合微信小视频，并根据作业点划分实时调整，最大限度保障实时传输救援现场图像。

（四）同步遂行，高效保障是救援成功的有力措施

坚持“保障跟着需求走、物资跟着队伍走”，采取自我保障、协同保障、联勤保障的“三位一体”保障模式。此次救援中，总队将全省战勤保障资源信息全部

纳入警用地理信息平台系统，完成“一键式”调度。调度物流公司、供电公司、照明公司参与保障，专业化力量专业保障效果更加突出。救援期间，共调集战勤保障车37辆，保障人员90人，保障物资8000余件（套），各类食材7.6吨，检修车辆5台次，检修器材（或更换配件）15件（套），保障就餐1000余人次，保障油料约1吨，医疗巡诊70余人次，发放降暑药品60余盒，实现战勤保障从简单“吃住”向“吃、穿、住、行、卫、维、运、战”弹性延伸。

（五）动态跟进，宣传报道是展现形象的有效途径

按照“应急宣传实战化”要求，坚持“一个窗口”发声，制定应急宣传预案，与合作媒体建立24小时响应机制，全省组建11支应急宣传分队。宣传工作组遂行指挥部出动，在前方搭建专门帐篷作为宣传阵地，不间断为《人民日报》、新华社、中央广播电视总台、中新社等中央级媒体分发稿件素材。震后1分钟，总队官方微博转发地震信息，30分钟发布出动信息，持续使用官方微信、“抖音”等自媒体平台动态播报救援进展，各级媒体相继发布新闻报道500余条，浏览量上亿次，救援工作得以全程报道。

贵州水城“7·23”特大山体滑坡灾害抢险救援情况

2019年7月23日21时20分许，贵州省六盘水市水城县鸡场镇坪地村岔沟组发生特大山体滑坡灾害。山体滑坡总长1100米，宽200～600米，滑坡体后缘高程约1730米，前缘高程约1230米，相对高差500米左右，滑坡面积约40万平方米，滑坡平均厚度约5米，滑坡体积约200万立方米。事故造成43人遇难、9人失联，11人受伤。

一、基本情况

（一）被困人员情况

此次特大山体滑坡灾害共造成22户63人被埋压。按照埋压区域分为1号、2号、3号区，埋压人员沿滑坡方向分布在上、中、下段位置，点多面广。

（二）先期处置情况

接到报警后，六盘水市消防救援支队立即调派5个执勤中队和战勤保障大队，共27辆消防车、95名消防指战员携3条搜救犬前往处置。省消防救援总队调派增援力量，六盘水市政府启动地质灾害应急救援预案，调度卫健、自然资源、民政、通信、供电等联动部门到场协同处置。22时50分许，六盘水市消防救援支队作为第一支到达现场的专业救援力量，以3名作战人员、1条搜救犬、1台生命探测仪为搜救单元，成立搜救小组，迅速在滑坡区域抢救出11名幸存者，并组织力量深入到受滑坡威胁的毗邻村组，逐家逐户疏散转移群众85人。

（三）增援力量情况

接到增援报告后，省消防救援总队一次性调集贵阳、安顺、黔西南3个支队，33辆消防车、140名消防指战员、17条搜救犬赶赴现场救援，同步调集詹阳重工、三一重工、徐工集团等救援力量35台大型工程机械，并协调安能集团参加救援，总队全勤指挥部遂行出动。

（四）天气情况

7月23日晚中雨转阵雨，24—25日阵雨，26—28日多云。

二、处置经过

（一）全面侦察灾情，迅速掌握情报

灾情发生后，贵州省消防救援总队按照新修订的《泥石流灾害应急响应与处置要点》，在救援现场成立以总队长为总指挥的现场指挥部。根据灾害特点和灾情信息，确定灾情响应等级，第一时间快速响应，一次性调集足够力量，设立前沿和后方指挥部，设立指挥、信息、通信、保障、政工、宣传、协调、远程指挥、信息研判、技术专家、统筹协调等职能组，按照“救人第一、科学施救，统一指挥、高效协同，全程监测、确保安全”的原则，调派精干力量，采取各种途径快速精准投送人装，合理部署力量，协同实施救援作业，科学使用大型机械，抢抓黄金时间，提升救援效率，实施快速、有序、专业救援。

现场指挥部迅速采取走访询问村民、住户信息采集、现场航拍对比、技侦手机定位、搜救犬搜寻等“空地远近结合、看问侦检并举”等方法多渠道、多角度、多层面收集信息，掌握受灾范围、受灾程度，了解人员埋压、地质结构、周边环境、气象变化等情况，为研究制定作战方案提供科学依据。

（二）及时疏散警戒，严密控制现场

划定2公里警戒范围，与交通、武警、民办等力量配合设置警戒，实施交通管制，严禁无关人员、车辆进入；迅速将83名群众疏散至安全地带。根据灾害现场实际情况，设置作业区、集结区、保障区等，确保救援现场规范有序。

（三）实施挂图作战，准确研判灾情

通过“知情人、大数据、技术侦察、现场比对”四方面相结合，分析研判被埋压房屋分布、住户密度、滑坡山体走向、房屋位移情况以及被困人员的数量和区域等重要信息，迅速绘制现场平面图、现场还原图、埋压人员分布图、作战力量部署图、作战实力分布图和救援进度示意图，实施挂图作战、精准指挥。针对被困群众点多面广和搜救条件极度不利的实际，确定“划分片区，突出重点，准确定位，科学施救”原则，采取“人机配合、各有侧重”的方法，按照1台工程机械配1名操作手、3名观察员的“1机4人”模式编配救援力量。采取“机械不停、人员轮班”方式抢时间、抓战机，救人搜寻同步进行，救援作业昼夜不间断。

（四）制定战略战术，精准实施搜救

现场指挥部采取无人机航拍、三维建模、对比历史图像等方式还原灾害前场景。根据地形地貌及滑坡山体冲击方向、路径，结合救援初期搜寻掌握被埋压人员位移情况，按照先易后难、先重后轻、先急后缓搜救原则，制定“以房找人、以路找人、以人找人、以物找人”战术措施。使用手机定位、仪器探测、3D建模等技术对被埋压人员进行定位、分析、测量，采取“人工为主、机械为辅、人机结合”的方法，开展拉网式、掘进式搜救，划分片区、突出重点、轮换作业、科学施救。根据原有村庄分布和山体滑坡走向，按照“以房找人”的方法进行“网格分区、分层搜救”，成功搜救出被埋压人员16人。通过灾前卫星图和灾后航拍图比对，结合冲击力方向，分析埋压人员位置，按照“以路找人”的搜救方式以点拓面、定位搜救，成功搜救出被埋压人员9人。通过家属辨认、对接公安部门DNA比对，确定救出人员身份，分析研判周边失联人员位置，按照“以人找人”的方法进行“精确定位、定点施救”，搜救被埋压人员7人。根据挖掘被埋压房屋主体建筑材料、生活物品、牲畜尸体等情况，结合手机定位，按照“以物找人”的方法成功搜救出被埋压人员11人。建立失联人员清单，公安、消防等多部门共同协作，对搜救出人员的时间、地点、身份逐一核查登记，核准一个、关联一个、标记一个，避免重复遗漏。

（五）立体式搜救，提升救援效率

为避免遗漏和重复搜救，指挥部按照“横向层搜、纵向挖掘、立体见底”救援思路，通过“顺坡开槽、由点拓面、网格搜寻”的战法剥开覆盖层，开展“地毯式、掘进式”搜救，确保房要见底、路要见底、沟要见底、场要见底，不留死角、全面排查。对立体搜救过的区域进行标识消毒，避免重复搜救，防止发生疫情，提升救援效率。

（六）全天候排险，确保救援安全

按照“全面排查、综合分析、主动排除、积极防御、封锁规避”的要求，对现场各类险情进行分类管理。对人员被困位置或救援人员活动区域的险情主动干预，集中力量排除，无法排除的采取有效防范抵御措施，对有人员埋压的建筑进行支撑加固。对无人员活动、风险较大、短时间内无法排除险情的区域实施警戒封闭，严禁人员进入，确保绝对安全。全天候利用无人机高空监测滑坡山体活动情况，跟踪掌握地基边坡扫描雷达、三维激光扫描仪、一体化裂缝检测仪、测量机器人等仪器检测情况。在制高点设置6名安全员和观察哨，全时段监控滑坡区域，明确白天以气体驱动喇叭、夜晚以气体驱动喇叭和信号灯为紧急撤离信号。由相关职能部门47名专业技术人员组成专家组开展全覆盖排查，在灾害现场周边设置核心圈、二级圈和外围圈，坚持人防和技防相结合，实行三级封控圈分级管控，对灾害现场安全性、稳定性进行全面实时监测预警，严防次生灾害发生。

三、主要经验

（一）“大格局”定位是救援行动成功的基础

此次救援通过挂图作战、精准指挥，按照“以房找人、以路找人、以人找人、以物找人”战术措施，采取搜救犬“大面、分组、定点、确认”搜救方式，人机协同、合理编成。秉承“安全第一、科学施救”原则，提前明确紧急撤离信号、规划撤离路线，开展紧急避险演练。在救援区域设置安全观察哨，与中国安全生产科学研究院专家协同配合运用边坡雷达系统，全天候监测滑坡体位移情况。在救援过程中组织6个疫情防控小组全程跟踪消毒和洗消，确保救援安全。

（二）“大应急”体系是救援行动成功的前提

灾害处置现场，贵州省委、省政府成立了以常务副省长为总指挥的总指挥部，省消防救援总队总队长具体负责整个救援现场统筹协调，牵头制定作战方案。现场指挥部结合灾情变化，对武警部队、安能集团以及其他救援力量进行合理部署、高效协同。

（三）“大数据”手段是救援行动成功的助力

贵州省消防救援总队调集动中通、静中通、轻型卫星站、无人机、布控球、边坡雷达、绘图仪等高精尖装备，先后开展无人机侦察80余架次，制作全景图、作业区分布图、灾前卫星图等各类图纸50余份，向救援指挥部提交边坡雷达监测报告10份。实现全程与应急管理部、应急管理部消防救援局、省委、省政府、省应急管理厅等各级指挥中心实时保持音视频传输畅通，为远程指挥和扁平化指挥提供可靠支撑。通过收集受灾区域人口户籍、手机信号、乘坐交通工具信息、人物特征、亲属关联等有效数据，利用“大数据”手段进行深度分析，从而判定被困人员的数量和被埋压区域，精准定位、精确搜救。

（四）“大后方”支持是救援行动成功的保障

应急管理部消防救援局在救援期间为省消防救援总队拨付100万作战消耗补助经费，省消防救援总队第一时间将经费分配给4个参战支队。省消防救援总队调集六盘水、安顺、黔西南支队3辆餐车和贵阳支队淋浴车到场进行战地保障，确保一线指战员能够吃上热饭、喝上热水、洗上热澡。省消防救援总队累计调拨300套个人防护装具到场，为指战员提供换洗衣物，加强消毒杀菌、卫生防疫、心理干预等工作，确保参战力量始终保持战斗力。

第六篇

火灾统计情况

第一章　全年火灾情况

2019年全国火灾情况

2019 年，全国消防部门共接报火灾 25.6 万起（不含森林、草原、军队、矿井地下部分及铁路、交通港航系统火灾，下同），亡 1369 人，伤 889 人，直接财产损失 40.3 亿元，与 2018 年相比，火灾起数上升 5.2%，亡人数下降 6.4%，伤人数上升 5.5%，损失上升 9.5%，总体保持稳定态势。全年发生较大火灾 75 起（含 15 起放火），同比增加 4 起。全年发生重大火灾 1 起，同比减少 4 起，为新中国成立以来全年重大火灾起数最少的年份之一（2016 年全国未发生重大火灾，2019 年仅发生 1 起），连续四年未发生特别重大火灾。

一、人员密集场所火灾防控成效显著，但高层建筑火灾呈多发之势

通过开展冬春火灾防控、夏季消防检查两大专项工作和新中国成立 70 周年庆祝活动消防安保工作，围绕各类人员密集场所强化消防安全综合治理，火灾形势得到有效遏制。其中，商业场所发生火灾 6458 起，同比下降 1.6%；娱乐场所发生火灾 404 起，同比下降 17.6%；宾馆饭店发生火灾 6524 起，学校发生火灾 801 起，医院发生火灾 340 起，均与上年基本持平，但个别类型火灾同比有所上升。其中，高层建筑发生火灾 7517 起，同比上升 19.3%；建筑工地发生火灾 3030 起，同比上升 13.7%。

二、城乡居民住宅火灾亡人占比大，电气因素及老幼病残等弱势群体应引起重点关注

城乡居民住宅火灾仅占火灾总数的 44.9%，但全年共造成 1077 人死亡，占火灾亡人总数的 78.7%，超过其他场所亡人的总和。住宅火灾中，电气引发的火灾起数居高不下，各类家用电器、电动自行车、电气线路等引发的火灾越来越突出，仅电动自行车引发的较大火灾就有 7 起。据有关部门统计，全国城乡电动自行车保有量达 2.5 亿辆，新能源汽车保有量达 381 万辆。同时，随着我国人口老龄化的加快，火灾亡人中老龄人口所占比例从 2009 年的 29% 升至 2019 年的 36.8%，远高于老龄人口占总人口 16.2% 的比例，其中住宅火灾亡人中，老龄人口比例达到 43.2%。

三、冬春季节火灾相对多发，夜间火灾亡人集中亟须加强应对

冬春季节，降水较少、风干物燥、用火用电多、重要节日集中，火灾发生概率大。从全国全年火灾发展趋势看，冬春季节火灾基本在 800 起 / 天以上，几个突

出的火灾高峰也集中在冬春季节；夏秋季节火灾基本在500起/天上下，无大幅波动。从火灾的24小时分布看，由于夜间22时至次日6时发生的火灾往往发现迟、报警晚，人员逃生自救不及，造成的亡人最多。2019年，夜间22时至次日6时，全国共发生火灾5.3万起，死亡660人，其中起数占火灾总数的20.8%，亡人占火灾亡人总数的48.2%，平均每80起火灾造成1人死亡（其他时段平均每285起火灾造成1人死亡）。

四、东部发达地区火灾危害大，流动人口和小场所成为防范难点

东部地区人口聚集、产业集中、经济总量大，全年火灾占总数的34.7%，伤人、亡人数分别占总数的37.8%和40.3%，损失占总数的44.7%，较大火灾和重大火灾分别占总数的44%和100%。同时，从经济发达地区的火灾亡人情况看，浙江有41.7%为外来流动人口，上海有38.6%为外来流动人口，广东、江苏、福建等省份的外来流动人口比例分别为20.4%、15.2%和12.9%。这些流动人口往往居住在城中村、出租屋及“三合一”（集生产、生活、仓储为一体的小工厂、小作坊）、“多合一”场所内，就业于小作坊、小商店等小单位，都是火灾防范的难点和重点。根据第四次全国经济普查发布的数据，全国的中小微企业有1807万家，且61.7%集中在东部地区，从业人员共2.3亿人，平均每个企业从业人员不足13人，基本为非消防安全重点单位，多由基层网格、派出所等力量实施监管，监管力度较弱，火灾防控压力大。

分地区火灾综合情况

地区	火灾概况						较大火灾				重大火灾				特别重大火灾			
	起数	亡（人）	伤（人）	损失			起数	亡（人）	伤（人）	直接损失（万元）	起数	亡（人）	伤（人）	直接损失（万元）	起数	亡（人）	伤（人）	直接损失（万元）
				直接损失（万元）	烧毁建筑（平方米）	受灾户数												
合　计	255625	1369	889	402992.2	16755106	78620	75	266	81	19451.5	1	19	3	2380.4				
北　京	3034	27	29	7170.7	23507	65	3	6		2907.1								
天　津	1570	14	17	4163.0	36637	291												
河　北	4001	32	26	20711.1	2841936	1553	1	4		17.5								
山　西	4625	51	25	8446.6	452408	820	1	6	1	5.8								
内蒙古	5421	30	13	8113.0	747990	558	2	6		24.4								
辽　宁	17576	99	19	12665.1	638606	4080	4	13	1	106.6								
吉　林	6984	34	14	4956.5	1744829	1346	1	3	5	28.9								
黑龙江	10530	32	25	10215.1	1155896	1882	1	3		14.8								
上　海	3988	44	43	13850.7	76890	304	3	3	1	7653.0								
江　苏	12866	92	67	30123.5	249306	2229	4	17		482.3								
浙　江	10545	60	56	26091.3	293462	4980	2	6	5	22.1	1	19	3	2380.4				
安　徽	9698	44	31	16689.8	667267	1120	4	17	3	141.7								
福　建	7116	93	37	14204.6	273308	1696	6	20	6	56.5								
江　西	9342	34	32	22329.5	249532	7619	2	7	4	148.3								
山　东	19010	52	21	19075.0	636137	5905	6	18	3	107.6								
河　南	10122	30	25	13854.8	703997	3566	3	13		12.5								
湖　北	14907	20	4	11918.6	167323	5657	3	3		5231.6								
湖　南	7419	78	69	18104.9	252650	3181	5	17	1	113.9								
广　东	25048	98	58	41594.4	446749	3380	8	36	5	1379.1								
广　西	5315	47	42	10213.8	360070	2690	5	17	9	15.5								
海　南	1590	6	4	3078.5	153669	73												
重　庆	6474	64	33	12440.3	159176	2265	1	6		46.9								
四　川	14248	63	91	16658.8	194345	3314	1	4	24	350.1								
贵　州	5580	43	42	10530.9	175381	1845	6	24	13	126.1								
云　南	7486	78	30	14262.4	515965	5862	1	6		16.7								
西　藏	149			1904.5	14656	82												
陕　西	8136	59	19	13407.6	216201	3686	1	7		5.1								
甘　肃	7979	10	9	4475.0	553595	1243												
青　海	1556	10	1	1842.1	1537966	242	1	4		437.4								
宁　夏	4652	2	1	2744.5	422520	2952												
新　疆	8658	23	6	7155.5	793135	4134												

分起火场所

项目		火灾概况						较大火灾				重大	
		起数	亡（人）	伤（人）	直接损失（万元）	烧毁建筑（平方米）	受灾户数	起数	亡（人）	伤（人）	直接损失（万元）	起数	亡（人）
合计		255625	1369	889	402992.2	16755106	78620	75	266	81	19451.5	1	19
住宅		102257	979	546	81965.6	1793143	41934	42	151	51	1021.8		
宿舍		12430	98	47	8586.8	228274	3937	3	12		26.9		
办公场所		1914	3	2	3603.3	43394	486						
学校		801	1	1	376.3	10867	175						
商业场所	小计	6458	61	37	27256.1	204497	2833	8	32	6	345.8		
	商场	789	4	3	3611.0	24086	272	1	3	1	50.0		
	超市	877	9	7	3638.5	27402	395	1	3	1	20.0		
	室内市场	562	5	3	3736.8	25980	439						
	室外集贸市场	816	4	3	5437.7	37371	465						
	其他	3414	39	21	10832.1	89659	1262	6	26	4	275.8		
文博馆		49			98.9	308	13						
宾馆、招待所		711	3	8	771.3	9638	209						
餐饮场所		5813	22	58	4871.1	64574	1945	2	13	1	16.1		
医院		344	6		209.7	4669	80	1	5		32.9		
养老院		46	2	3	22.6	327	11						
公共娱乐场所		404	9	8	980.5	16364	138	2	8	4	39.2		
体育场馆		43		1	178.1	1389	6						
金融交易场所		41			9.2	221	11						
交通枢纽站		561	1	4	818.7	10606	67						
科研试验场所		15			15.3	202	4						
广播电视中心		3			0.3	4							
邮电通信场所		236		1	246.4	1479	50						
文物古建筑		36	5		1761.2	4456	11	1	4	0	437.4		

火灾情况

火灾		特别重大火灾				起火原因（起）										
伤（人）	直接损失（万元）	起数	亡（人）	伤（人）	直接损失（万元）	放火	电气	生产作业	用火不慎	吸烟	玩火	自燃	雷击	静电	不明确原因	其他
3	2380.4					3180	89492	10614	58704	20720	6601	13594	175	225	9842	42478
						1336	46527	1201	31617	5125	1796	1404	54	39	2775	10383
						202	5411	168	3150	689	266	193	7	10	467	1867
						18	1263	83	162	88	9	42	2	1	57	189
						9	408	33	161	28	16	21	2		28	95
						60	3741	269	1063	220	57	118	3	8	215	704
						5	466	49	110	32	9	17		1	25	75
						7	591	11	107	30	9	10		1	30	81
						4	346	31	79	18	3	5		2	18	56
						9	447	26	133	39	6	17	1	2	38	98
						35	1891	152	634	101	30	69	2	2	104	394
						1	29		4	5		2			2	6
						18	351	41	111	64	8	11	1	1	7	98
						18	1718	186	3351	69	14	29	1		82	345
						4	174	14	43	43	2	14			11	39
						2	24		7	7		2			1	3
						9	233	25	51	22	3	4			10	47
							20	3	3	5	3	1			1	7
							32	1				1			2	5
						16	208	28	25	47	1	71	1		31	133
						1	7	4	1	1					1	
							2		1							
						2	182	9	7	4		14			5	13
						2	12	2	5	2		2			3	8

分起火场所

项目		火灾概况						较大火灾				重大	
		起数	亡（人）	伤（人）	直接损失（万元）	烧毁建筑（平方米）	受灾户数	起数	亡（人）	伤（人）	直接损失（万元）	起数	亡（人）
宗教场所		255			418.1	8524	99						
会议展览中心		11			5.1	57	4						
物资仓储场所		4579	19	24	69796.6	643721	1967	6	6	6	13984.2		
厂房		9052	57	63	86298.6	1043872	3161	6	19	13	3512.2	1	19
加油加气站		75		2	120.7	855	15						
汽车库		725	2	3	2495.3	15172	290						
农副业场所		15637	14	4	15618.2	8280624	4942	1	3		1.1		
石油化工企业		213	3	6	1238.8	34526	39						
露天框架		4018	4	5	2994.6	63317	738						
交通工具	小计	27689	20	37	67342.1	249079	6234						
	机动车	24877	17	28	64048.3	196656	5386						
	铁路列车	12			2.2	28237	4						
	船舶	241	2		659.2	7914	53						
	航空（天）器	1			1.0	10							
	城市轨道交通工具	40			50.4	147	3						
	其他	2518	1	9	2581.1	16114	788						
建筑工地		2018	5		2883.2	67289	451						
垃圾及废弃物		24558	1	8	3823.7	517061	2861						
公园		898			117.8	18510	142						
“三合一”、多合一场所		338	17	2	1066.3	7500	142	2	6		28.8		
动拆迁工地		1012	4		624.0	18360	202						
其他		32385	33	19	16377.6	3392228	5423	1	7		5.1		

火灾情况（续）

火灾		特别重大火灾				起火原因（起）										
伤（人）	直接损失（万元）	起数	亡（人）	伤（人）	直接损失（万元）	放火	电气	生产作业	用火不慎	吸烟	玩火	自燃	雷击	静电	不明确原因	其他
						3	60	4	146	6	1	5	2		6	22
							5	2	1	2		1				
						57	1860	645	458	243	71	261	8	23	250	703
						64	3710	2784	601	219	27	329	16	64	293	945
						2	31	6	5	8		8	2	1	1	11
						10	382	43	43	30	18	71		1	36	91
						290	1505	317	6047	1966	1002	502	21	1	749	3237
						1	41	115	9	2		6		4	12	23
						35	1987	245	467	417	79	202	9	1	178	398
						366	10406	2712	501	698	218	7171	4	44	1224	4345
						329	9029	2540	403	616	202	6701	3	43	1111	3900
							6	2				1				3
						1	83	61	24	12		5	1		12	42
															1	
							9	4	2	4		10			5	6
						36	1279	105	72	66	16	454		1	95	394
						16	543	573	162	238	14	68	1	1	70	332
						307	713	299	4388	6551	1290	1528	8	7	1408	8059
						11	194	8	107	240	64	42	2		27	203
						4	193	14	60	14		9			21	23
						19	213	158	123	140	25	29			49	256
						297	7307	622	5824	3527	1617	1433	31	19	1820	9888

分行业类别

项目		火灾概况						较大火灾				重大	
		起数	亡（人）	伤（人）	损失			起数	亡（人）	伤（人）	直接损失（万元）	起数	亡（人）
					直接损失（万元）	烧毁建筑（平方米）	受灾户数						
合计		54814	224	238	225333.8	10918272	18580	27	93	30	179365.0	1	19
第一产业	小计	19402	24	14	26140.2	8779466	6181	3	10		34141.5		
	农业	14026	20	6	15923.4	5883535	4607	3	10		34141.5		
	林业	2638	1		3047.1	1683914	502						
	畜牧业	1835	3	4	4681.0	1137249	730						
	渔业	80			323.8	6521	28						
	农、林、牧渔服务业	823		4	2164.9	68248	314						
第二产业	小计	13276	70	73	92997.7	1185134	4146	6	19	13	35121.5	1	19
	采矿业	138			312.5	7455	25						
	制造业	9616	68	68	87944.5	1103550	3386	6	19	13	35121.5	1	19
	电力、燃气及水的生产和供应业	2303	1	4	2581.1	30528	394						
	建筑业	1219	1	1	2159.6	43601	341						
第三产业	小计	22136	130	151	106196.0	953673	8253	18	64	17	110102.0		
	交通运输	2553	5	14	9547.7	76962	969						
	邮政业	65		1	101.8	677	16						
	仓储业	2398	13	22	51054.0	420708	1168	5	6	6	105761.9		
	信息传输、计算机服务和软件业	153		2	445.7	13106	47						

火灾情况

火灾		特别重大火灾				起火原因（起）										
伤（人）	直接损失（万元）	起数	亡（人）	伤（人）	直接损失（万元）	放火	电气	生产作业	用火不慎	吸烟	玩火	自燃	雷击	静电	不明确原因	其他
3	2380.4					661	17998	5384	13170	3956	1546	2158	66	109	1989	7777
						336	2156	533	7071	2476	1272	673	26	7	894	3958
						249	1245	332	5540	1866	1057	424	10	3	594	2706
						45	118	71	768	415	96	148	10	1	177	789
						28	598	74	530	109	82	56	6	1	89	262
						4	26	4	19	2	1	6			3	15
						10	169	52	214	84	36	39		2	31	186
3	2380.4					90	6145	3357	782	422	52	558	25	70	469	1306
						1	45	34	10	9		10			9	20
3	2380.4					61	3855	2966	594	262	27	427	16	65	346	997
						6	1877	95	46	20	4	85	7	3	56	104
						22	368	262	132	131	21	36	2	2	58	185
						235	9697	1494	5317	1058	222	927	15	32	626	2513
						40	1011	383	79	100	18	492	2	8	67	353
						1	42		1	2	1	5			1	12
						37	1028	318	224	129	32	130	7	13	117	363
						2	91	9	8	7	1	7			6	22

分行业类别

项目		火灾概况						较大火灾				重大	
		起数	亡（人）	伤（人）	损失：直接损失（万元）	损失：烧毁建筑（平方米）	损失：受灾户数	起数	亡（人）	伤（人）	直接损失（万元）	起数	亡（人）
第三产业	批发和零售业	4438	50	23	27899.2	213826	2042	6	24	3	2323.0		
	住宿和餐饮业	7244	29	69	6538.2	83313	2383	3	18	4	1101.4		
	金融保险业	78			66.4	619	40						
	房地产业	290			329.7	7123	90						
	商务服务业	1143	7	5	3834.5	34058	414	1	3		194.7		
	科学研究、技术服务和地质勘查业	45			117.5	1263	15						
	水利、环境和公共设施管理业	415	1	2	290.7	8093	78						
	社会服务业	1815	12	9	4556.1	65732	627	1	5	4	361.7		
	教育：小计	569	1	1	304.9	8139	129						
	教育：高等教育	132			93.4	3487	39						
	教育：初中等教育	252	1	1	136.3	3356	47						
	教育：学前教育	143			66.8	890	37						
	教育：职业业余教育	42			8.4	407	6						
	卫生、社会保障和社会福利业	358	8	2	217.3	5350	84	1	5		329.3		
	文化、体育和娱乐业	384	3	1	508.6	10861	95	1	3		30.0		
	机关团体	186	1		383.6	3843	56						
	国际组织	2			0.0	1							

火灾情况（续）

火灾		特别重大火灾				起火原因（起）										
伤（人）	直接损失（万元）	起数	亡（人）	伤（人）	直接损失（万元）	放火	电气	生产作业	用火不慎	吸烟	玩火	自燃	雷击	静电	不明确原因	其他
						42	2651	210	588	187	53	71	2	7	148	479
						45	2392	253	3634	180	32	50	1	1	130	526
							51	5	7	2	2	3			3	5
						4	111	32	31	28	9	7			10	58
						15	606	81	167	53	6	37			42	136
							21	7	4	2		4		1	2	4
						10	116	10	32	89	15	22			18	103
						24	825	120	294	165	28	46	2	2	41	268
						5	285	16	109	24	13	17	1		20	79
						3	66	4	23	4	1	6			9	16
						1	116	8	52	12	7	7			7	42
						1	78	2	28	5	5	4			4	16
							25	2	6	3			1			5
						3	167	14	47	53	2	20			8	44
						2	201	22	59	31	9	9			9	42
						5	99	14	33	5	1	7			4	18
										1						1

起火原因情况

项目		火灾概况						较大火灾				重大火灾				特别重大火灾			
		起数	亡（人）	伤（人）	直接损失（万元）	烧毁建筑（平方米）	受灾户数	起数	亡（人）	伤（人）	直接损失（万元）	起数	亡（人）	伤（人）	直接损失（万元）	起数	亡（人）	伤（人）	直接损失（万元）
合计		255625	1369	889	402992.2	16755106	78620	75	266	81	19451.5	1	19	3	2380.4				
电气	小计	89492	461	379	174375.0	3903048	32636	33	127	51	2505.3								
	电气线路故障	56323	279	262	121196.9	3167186	21304	20	79	45	1837.0								
	电器设备故障	23663	79	74	33650.1	513818	7984	6	22	6	607.8								
	电加热器具火灾	4465	60	27	4390.4	79742	1678	3	9		24.7								
	其他	5041	43	16	15137.6	142302	1670	4	17		35.7								
生产作业	小计	10614	42	89	59165.9	767339	3558	7	13	8	8717.6								
	焊割	3371	17	18	24712.5	335171	1099	3	3	1	6777.3								
	烘烤	1441	1	11	5070.3	83942	541												
	熬炼	179		3	284.3	6558	65												
	化工火灾	244	5	13	1723.5	26267	83												
	机械设备类故障	3925	6	9	16764.3	174263	1291	1	3		45								
	其他	1454	13	35	10611.0	141139	479	3	7	7	1895.3								
生活用火不慎	小计	58704	243	158	38240.2	6192374	20989	9	33	4	4008.9								
	余火复燃	3865	10	2	2163.5	151993	1551												
	照明不慎	1418	8	3	958.9	31751	513												
	烘烤不慎	6453	62	16	5094.4	127955	2774	1	3		25.25								
	敬神祭祖	2639	13	6	2291.6	1034175	870	2	8	4	56.3								
	油锅起火	9602	13	5	2127.2	49076	3311	1	7		10.3								
	燃气炉具故障及使用不当	6744	16	74	2946.1	52515	2722												
	燃油炉具故障及使用不当	752	2	9	480.3	7821	256												
	其他炉具故障及使用不当	1941	8	2	1174.5	36994	699												

起火原因情况（续）

项目		火灾概况						较大火灾				重大火灾				特别重大火灾			
		起数	亡（人）	伤（人）	直接损失（万元）	烧毁建筑（平方米）	受灾户数	起数	亡（人）	伤（人）	直接损失（万元）	起数	亡（人）	伤（人）	直接损失（万元）	起数	亡（人）	伤（人）	直接损失（万元）
生活用火不慎	烟道过热蹿火、飞火等	3892	10	2	3623.4	427905	1555												
	烧荒、野外生火不慎	10465	4		8829.9	3986522	2639	1			3770.0								
	使用蚊香不慎	987	16	3	666.4	12926	414												
	其他	9946	81	36	7884.0	272742	3685	4	15	0	147.1								
吸烟	小计	20720	129	36	7792.9	623571	4323	1	3		1.8								
	违章吸烟	529	1	4	244.2	12516	69												
	卧床吸烟	971	91	13	548.6	11466	400												
	乱扔烟头、火柴等	18183	15	7	5898.4	541676	3613												
	其他	1037	22	12	1101.7	57913	241	1	3		1.8								
玩火	小计	6601	41	8	4026.3	176540	1869	1	3		3.7								
	小孩玩火	3027	39	5	1781.1	82731	1074	1	3		3.7								
	燃放烟花爆竹	3260			1767.5	84355	735												
	其他	314	2	3	477.7	9454	60												
自燃		13594	7	24	26168.5	295716	2882	1			3408.0								
雷击		175			1778.1	31930	59												
静电		225	28	10	5989.9	30955	59	2	9	5	508.9	1	19	3	2380.4				
不明确原因		9842	32	27	22094.5	741692	2347												
放火		3180	229	63	8625.1	800901	1185	15	55	6	102.6								
其他	小计	42478	157	95	54735.8	3191040	8713	6	23	7	194.7								
	遗留火种	16270	76	37	16586.7	1238176	3475	5	18	4	100.7								
	其他	26208	81	58	38149.1	1952864	5238	1	5	3	94.0								

分地区火灾基本情况

地区	火灾概况				起火原因																					
					放火		电气		生产作业		用火不慎		吸烟		玩火		自燃		雷击		静电		不明确原因		其他	
	起数	亡（人）	伤（人）	直接损失（万元）	起数	直接损失（万元）	起数	直接损失（万元）	起数	直接损失（万元）	起数	直接损失（万元）	起数	直接损失（万元）	起数	直接损失（万元）	起数	直接损失（万元）	起数	直接损失（万元）	起数	直接损失（万元）	起数	直接损失（万元）	起数	直接损失（万元）
合计	255625	1369	889	402992.2	3180	8625.1	89492	174375.0	10614	59165.9	58704	38240.2	20720	7792.9	6601	4026.3	13594	26168.5	175	1778.1	225	5989.9	9842	22094.5	42478	54735.8
北京	3034	27	29	7170.7	75	423.4	1372	2149.9	108	3142.0	410	198.9	60	54.9	13	7.7	89	120.9	1	2.5	2	14.0	40	20.9	864	1035.6
天津	1570	14	17	4163.0	40	100.1	444	1703.8	45	87.0	200	133.3	82	41.4	5	9.3	26	86.3	1	720.9	2	0.2	30	28.7	695	1252.1
河北	4001	32	26	20711.1	157	894.9	2020	11443.6	339	1864.3	632	1681.9	148	621.6	56	193.7	111	519.0	3	1.7	6	70.5	3	126.0	526	3293.8
山西	4625	51	25	8446.6	91	449.8	1374	3064.8	235	2011.9	566	499.7	197	28.6	87	31.5	127	211.2	1	0.2	2	89.7	136	302.6	1809	1756.5
内蒙古	5421	30	13	8113.0	55	57.7	1458	3659.3	257	743.6	1460	770.3	293	148.4	226	117.4	336	505.4	4	5.9	4	10.4	469	1289.5	859	805.0
辽宁	17576	99	19	12665.1	326	488.7	1407	4710.8	378	2169.3	5009	1582.1	2715	847.4	742	330.0	957	671.9	13	3.7	13	2.0	1343	637.0	4673	1222.2
吉林	6984	34	14	4956.5	85	138.8	2548	2267.1	177	320.6	1738	873.0	889	287.8	203	71.1	198	221.2	5	1.7	8	29.7	318	236.9	815	508.7
黑龙江	10530	32	25	10215.1	139	303.5	3542	4318.6	367	2284.7	2987	1883.8	1453	239.1	790	268.8	229	184.0	6	6.8	5	45.1	8	34.7	1004	645.9
上海	3988	44	43	13850.7	56	36.4	1853	3803.7	104	4205.4	850	4090.8	269	111.5	12	6.4	68	119.2	4	2.6	2	6.3	18	959.2	752	509.1
江苏	12866	92	67	30123.5	133	301.3	5687	12955.1	637	3211.8	2315	1425.9	306	443.2	64	179.9	838	1831.2	5	7.3	25	558.4	403	3624.7	2453	5584.6
浙江	10545	60	56	26091.3	92	819.9	3888	10960.7	1188	3904.2	2723	2278.0	724	429.8	85	270.6	1071	1481.2	8	55.1	24	3308.2	201	1725.0	541	858.6
安徽	9698	44	31	16689.8	90	156.7	3413	6655.1	314	1468.7	1448	1229.9	774	198.9	207	116.6	316	958.0	3	3.5	15	11.0	203	475.4	2915	5416.0
福建	7116	93	37	14204.6	107	455.5	3147	6954.4	261	1710.0	778	955.0	202	115.2	121	158.9	432	834.5	12	15.3	7	117.9	205	373.4	1844	2514.6
江西	9342	34	32	22329.5	105	423.1	4060	10684.5	562	4126.2	1936	2118.6	426	372.7	90	212.5	664	1462.4	14	12.9	7	93.0	243	632.1	1235	2191.5
山东	19010	52	21	19075.0	204	141.7	7031	9482.3	622	1542.4	3959	2018.3	2968	703.3	333	70.0	1268	1802.3	8	10.6	15	86.5	1709	2699.7	893	517.9

分地区火灾基本情况（续）

地区	火灾概况				起火原因																					
					放火		电气		生产作业		用火不慎		吸烟		玩火		自燃		雷击		静电		不明确原因		其他	
	起数	亡（人）	伤（人）	直接损失（万元）	起数	直接损失（万元）	起数	直接损失（万元）	起数	直接损失（万元）	起数	直接损失（万元）	起数	直接损失（万元）	起数	直接损失（万元）	起数	直接损失（万元）	起数	直接损失（万元）	起数	直接损失（万元）	起数	直接损失（万元）	起数	直接损失（万元）
河南	10122	30	25	13854.8	133	699.9	4464	5586.5	455	2390.5	1471	551.9	1268	235.6	339	182.1	301	439.5	6	5.9	6	3.6	259	1127.6	1420	2631.6
湖北	14907	20	4	11918.6	158	81.0	5220	3385.2	329	2761.8	2960	471.8	772	93.0	161	15.0	857	3747.3	5	0.2	1	3.0	515	273.6	3899	1086.7
湖南	7419	78	69	18104.9	72	205.6	3518	8224.4	315	1875.5	1670	2021.9	278	1225.5	85	65.8	404	722.5	4	1.2	7	24.9	400	677.6	666	3060.1
广东	25048	98	58	41594.4	333	483.2	6897	17799.6	1158	6030.4	5273	2286.4	1296	321.8	198	202.5	2473	4777.6	26	728.0	41	594.4	1412	1421.6	5941	6948.8
广西	5315	47	42	10213.8	77	236.6	3008	6829.7	174	728.7	1316	798.2	248	123.8	133	107.6	133	161.1	13	79.0	2	1.3	23	129.0	188	1018.6
海南	1590	6	4	3078.5	30	29.5	614	1459.4	79	224.9	270	205.7	50	14.7	31	22.7	172	475.7	10	19.3	1	0.5	89	284.4	244	341.6
重庆	6474	64	33	12440.3	81	198.4	3255	6205.5	149	3159.9	1464	406.2	418	132.3	51	89.0	142	1313.3	4	2.7	3	49.6	32	126.5	875	756.9
四川	14248	63	91	16658.8	98	214.9	6244	8112.7	448	1828.2	4353	2102.8	963	177.5	291	69.4	745	1123.5	7	8.7	15	11.5	292	580.9	792	2428.6
贵州	5580	43	42	10530.9	79	233.5	3065	4480.2	173	1469.4	1098	1348.5	97	69.4	71	187.3	229	504.0	4	50.5	1	1.0	105	1485.8	658	701.5
云南	7486	78	30	14262.4	139	646.7	1768	4925.7	353	1961.9	2453	1820.2	904	172.6	445	340.4	325	195.6	5	23.7			176	1471.3	918	2704.5
西藏	149			1904.5	3	46.6	57	1345.4	12	134.7	37	95.4	2	0.5	8	20.2	4	1.1					7	162.1	19	98.6
陕西	8136	59	19	13407.6	101	177.5	3131	5334.4	482	2136.2	1952	1426.0	521	265.1	147	115.2	345	770.6			8	846.2	429	671.7	1020	1664.7
甘肃	7979	10	9	4475.0	58	104.0	1451	1070.5	205	365.9	2186	1361.4	502	35.1	502	231.6	144	159.3	1	0.2			600	323.6	2330	823.3
青海	1556	10	1	1842.1	11	11.7	370	1417.5	56	91.8	573	182.1	228	25.1	151	22.1	100	67.5					3	3.1	64	21.3
宁夏	4652	2	1	2744.5	22	28.2	464	454.0	132	204.0	2195	833.7	880	92.0	506	115.9	178	292.8					99	37.8	176	686.1
新疆	8658	23	6	7155.5	30	36.2	2722	2930.3	500	1010.1	2422	588.3	787	165.0	448	195.1	312	408.4	2	8.1	3	10.9	42	152.1	1390	1651.0

分经济类型火灾情况

项目		火灾概况						较大火灾				重大火灾				特别重大火灾				起火原因（起）										
		起数	亡（人）	伤（人）	直接损失（万元）	烧毁建筑（平方米）	受灾户数	起数	亡（人）	伤（人）	直接损失（万元）	起数	亡（人）	伤（人）	直接损失（万元）	起数	亡（人）	伤（人）	直接损失（万元）	放火	电气	生产作业	用火不慎	吸烟	玩火	自燃	雷击	静电	不明确原因	其他
合计		54344	225	237	225061.6	10861344	18564	27	93	30	17936.5	1	19	3	2380.4					654	17655	5330	13123	3981	1561	2124	66	107	1981	7762
公有经济	小计	6918	16	28	16181.4	1022769	1459	2	8	3	1164.8									133	2740	447	1063	645	150	339	16	9	291	1085
	国有经济	2834	3	6	5311.2	234262	507													31	1556	178	252	224	32	138	6	1	80	336
	集体经济	1442	8	11	3652.4	619892	419	1	5		32.9									57	395	133	329	162	42	85	1	4	56	178
	其他	2642	5	11	7217.8	168616	533	1	3	3	1131.9									45	789	136	482	259	76	116	9	4	155	571
非公有经济	小计	47426	209	209	208880.2	9838575	17105	25	85	27	16771.7	1	19	3	2380.4					521	14915	4883	12060	3336	1411	1785	50	98	1690	6677
	私有经济	35956	162	177	174121.1	7399410	13833	18	56	22	13700.7	1	19	3	2380.4					360	12074	4100	9407	2392	1072	1331	44	85	1121	3970
	港澳台经济	45		2	1256.6	7531	7													1	18	15	1	1		2		1		6
	外商经济	57		2	3731.7	28014	12	1			2883									1	19	21	6	1		3				6
	其他	11368	47	28	29770.8	2403620	3253	6	29	5	187.9675									159	2804	747	2646	942	339	449	6	12	569	2695

分区域火灾情况

区域	火灾概况								较大火灾				重大火灾				特别重大火灾				起火原因（起）										
	起数	扑救起数	所占比例（%）	亡（人）	伤（人）	损失 直接损失（万元）	损失 烧毁建筑（平方米）	损失 受灾户数	起数	亡（人）	伤（人）	直接损失（万元）	起数	亡（人）	伤（人）	直接损失（万元）	起数	亡（人）	伤（人）	直接损失（万元）	放火	电气	生产作业	用火不慎	吸烟	玩火	自燃	雷击	静电	不明确原因	其他
合计	255625	254602	99.6	1369	889	402992.2	16755106	78620	75	266	81	19451.5	1	19	3	2380.4					3180	89492	10614	58704	20720	6601	13594	175	225	9842	42478
城市市区	72154	72011	99.8	419	335	89969.6	1078101	19267	11	43	29	3978.6									881	28169	2172	14892	6897	1309	2898	26	55	2420	12435
县城城区	42645	42491	99.6	219	162	61084.5	958849	15727	15	52	11	665.3	1	19	3	2380.4					530	17242	1785	9568	2804	1058	2026	24	33	1476	6099
集镇镇区	37872	37737	99.6	254	180	84525.5	1620142	9923	25	96	13	6990.1									413	14043	2054	7760	2513	804	2378	25	58	1579	6245
农村	84645	84131	99.4	435	156	116119.0	12274879	29752	21	68	18	5962.1									1219	25167	2655	25041	7128	3253	3258	88	42	3426	13368
开发区旅游区	5259	5239	99.6	21	30	18150.9	280034	1560	3	7	10	1855.3									35	1825	584	719	597	66	314	5	19	199	896
其他	13050	12993	99.6	21	26	33142.7	543101	2391													102	3046	1364	724	781	111	2720	7	18	742	3435

分月季火灾

项目		火灾概况										较大火灾			
		起数	所占比例（%）	亡（人）	所占比例（%）	伤（人）	所占比例（%）	直接损失（万元）	所占比例（%）	烧毁建筑（平方米）	受灾户数	起数	亡（人）	伤（人）	直接损失（万元）
合计		255625	100.0	1369	100.0	889	100.0	402992.2	100.0	16755106	78620	75	266	81	19451.5
一季度	小计	83767	32.8	448	32.7	226	25.4	100756.9	25.0	6966684	24136	16	63	32	3356.4
	1月	27509	10.8	196	14.3	80	9.0	35883.1	8.9	872157	8001	4	16	4	44.6
	2月	30366	11.9	137	10.0	67	7.5	29958.4	7.4	3867569	8920	9	36	4	57.2
	3月	25892	10.1	115	8.4	79	8.9	34915.3	8.7	2226959	7215	3	11	24	3254.7
二季度	小计	63135	24.7	301	22.0	204	22.9	105924.3	26.3	5523057	19814	21	70	18	7438.9
	4月	23622	9.2	86	6.3	68	7.6	35964.4	8.9	2246195	7192	4	11		3489.2
	5月	22395	8.8	125	9.1	75	8.4	41684.2	10.3	1147158	7306	9	26	12	3835.7
	6月	17118	6.7	90	6.6	61	6.9	28275.6	7.1	2129704	5316	8	33	6	114.0
三季度	小计	51066	20.0	247	18.0	234	26.3	89959.5	22.3	1812534	16680	15	48	13	3706.1
	7月	17113	6.7	92	6.7	81	9.1	26148.1	6.5	502076	5435	8	28	3	218.4
	8月	17309	6.8	77	5.6	74	8.3	32199.6	8.0	440952	5877	5	13	7	1918.4
	9月	16644	6.5	78	5.7	79	8.9	31611.8	7.8	869507	5368	2	7	3	1569.3
四季度	小计	57657	22.6	373	27.2	225	25.3	106351.5	26.4	2452831	17990	23	85	18	4950.0
	10月	17013	6.7	126	9.2	66	7.4	32462.8	8.1	848405	5212	12	46	9	758.2
	11月	19119	7.5	115	8.4	79	8.9	30207.7	7.5	661351	5838	4	15	4	1101.5
	12月	21525	8.4	132	9.6	80	9.0	43681.0	10.8	943075	6940	7	24	5	3090.3

基本情况

重大火灾				特别重大火灾				起火原因（起）										
起数	亡（人）	伤（人）	直接损失（万元）	起数	亡（人）	伤（人）	直接损失（万元）	放火	电气	生产作业	生活用火不慎	吸烟	玩火	自燃	雷击	静电	不明确原因	其他
1	19	3	2380.4					3180	89492	10614	58704	20720	6601	13594	175	225	9842	42478
								1062	26142	2645	20388	7674	4464	3566	8	54	3259	14505
								368	9424	1038	6499	2313	658	1280	3	17	1047	4862
								355	8865	563	7412	2696	3278	1082	1	18	1200	4896
								339	7853	1044	6477	2665	528	1204	4	19	1012	4747
								808	22287	2712	14841	5407	889	3327	73	61	2386	10344
								297	7502	968	6172	2214	362	1174	16	23	950	3944
								311	7823	978	5034	2076	353	1114	21	26	877	3782
								200	6962	766	3635	1117	174	1039	36	12	559	2618
1	19	3	2380.4					589	20847	2499	10546	3233	540	3271	84	54	1719	7684
								183	7378	760	3497	1017	182	1086	36	16	572	2386
								195	7180	828	3511	1048	191	1170	28	19	552	2587
1	19	3	2380.4					211	6289	911	3538	1168	167	1015	20	19	595	2711
								721	20216	2758	12929	4406	708	3430	10	56	2478	9945
								250	5828	873	3650	1320	204	1071	5	18	751	3043
								225	6491	981	4175	1525	245	1191	1	21	832	3432
								246	7897	904	5104	1561	259	1168	4	17	895	3470

消防监督分级管理单位火灾基本情况

项目	火灾概况						较大火灾				重大火灾				特别重大火灾				起火原因（起）										
	起数	亡（人）	伤（人）	直接损失（万元）	烧毁建筑（平方米）	受灾户数	起数	亡（人）	伤（人）	直接损失（万元）	起数	亡（人）	伤（人）	直接损失（万元）	起数	亡（人）	伤（人）	直接损失（万元）	放火	电气	生产作业	生活用火不慎	吸烟	玩火	自燃	雷击	静电	不明确原因	其他
合计	255625	1369	889	402992.2	16755106	78620	75	266	81	19451.5	1	19	3	2380.4					3180	89492	10614	58704	20720	6601	13594	175	225	9842	42478
一级管理单位	7292	26	22	21125.7	256549	1446	4	7		5126.7									177	2300	413	1271	403	94	521	6	9	709	1389
二级管理单位	16184	80	78	45306.7	581308	4401	7	26	9	3679.1									160	6124	1053	3242	932	249	846	18	35	529	2996
派出所管理单位（场所）	98722	580	360	145906.1	7768200	29983	31	109	25	7280.5									1085	35355	4032	25302	9107	2854	4940	61	78	3788	12120
其他	133427	683	429	190653.7	8149050	42790	33	124	47	3365.2	1	19	3	2380.4					1758	45713	5116	28889	10278	3404	7287	90	103	4816	25973

注："一级管理单位"指直辖市消防救援总队或地（市）消防救援支队直接监督管理的单位（也称一级重点单位），"二级管理单位"指大、中城市的区消防处（科）或县（市）消防救援大队监督管理的单位，"派出所管理单位（场所）"指公安派出所监督管理的单位。

分引火源火灾情况

项目	火灾概况						较大火灾				重大火灾				特别重大火灾				起火原因（起）										
	起数	亡（人）	伤（人）	直接损失（万元）	烧毁建筑（平方米）	受灾户数	起数	亡（人）	伤（人）	直接损失（万元）	起数	亡（人）	伤（人）	直接损失（万元）	起数	亡（人）	伤（人）	直接损失（万元）	放火	电气	生产作业	用火不慎	吸烟	玩火	自燃	雷击	静电	不明确原因	其他
合　计	255625	1369	889	402992.2	16755106	78620	75	266	81	19451.5	1	19	3	2380.4					3180	89492	10614	58704	20720	6601	13594	175	225	9842	42478
建筑构件、材料	23203	125	66	41355.0	1159729	9080	4	13	1	91.3									443	9662	1424	6613	999	445	305	29	13	1004	2266
家具、设备及竹、木等制品	98403	735	445	149454.4	1932476	36929	35	128	45	2584.8									907	58382	2641	22150	2976	991	2737	70	59	2195	5295
轻工业品、纺织品	24196	230	93	79995.1	1063917	7529	11	35	4	5817.1									482	6095	2228	3773	4481	875	1780	16	42	891	3533
易燃、易爆物品	12652	99	144	31251.3	278539	4434	12	45	20	6041.5	1	19	3	2380.4					153	1390	1758	6615	438	138	1173	2	60	257	668
农副产品	5297	9	2	8324.6	2959535	2227													95	643	266	2367	477	257	262		3	208	719
山林野外（露天）	45933	10	11	19014.2	7348997	7712	1			3770.0									538	2575	579	12073	9425	3211	2851	47	19	2583	12032
其　他	45941	161	128	73597.7	2011914	10709	12	45	11	1146.8									562	10745	1718	5113	1924	684	4486	11	29	2704	17965

分建筑类别火灾情况

项目	火灾概况						较大火灾				重大火灾				特别重大火灾				起火原因（起）										
	起数	亡（人）	伤（人）	直接损失（万元）	烧毁建筑（平方米）	受灾户数	起数	亡（人）	伤（人）	直接损失（万元）	起数	亡（人）	伤（人）	直接损失（万元）	起数	亡（人）	伤（人）	直接损失（万元）	放火	电气	生产作业	用火不慎	吸烟	玩火	自燃	雷击	静电	不明确原因	其他
合计	150792	1307	818	299562.7	4424439	59014	74	263	81	19450.4	1	19	3	2380.4					1901	67818	5996	41813	7192	2415	2717	102	153	4389	16296
高层	7517	110	81	16117.2	115857	2844	6	25	5	3075.8									153	3265	201	1888	584	146	101	2	2	162	1013
多层	76866	792	587	111196.3	1338355	28349	46	169	68	4312.9	1	19	3	2380.4					938	36226	2267	21391	3820	1042	1198	37	57	1768	8122
单层	65896	404	150	169893.7	2950710	27675	22	69	8	12061.7									794	28110	3496	18486	2755	1217	1391	63	92	2423	7069
地下	513	1		2355.5	19518	146													16	217	32	48	33	10	27		2	36	92

火灾损失、亡人分段情况

项目		起数	亡(人)	伤(人)	直接损失(万元)
损失分段	合计	255625	1369	889	402992.2
	0.1 万元以下	123970	80	36	3141.5
	0.1 万～1 万元	93234	347	203	28394.5
	1 万～5 万元	25757	396	259	50597.5
	5 万～10 万元	6679	193	108	43111.0
	10 万～20 万元	2833	132	93	35887.7
	20 万～30 万元	1237	49	44	28709.8
	30 万～100 万元	1527	96	81	69341.8
	100 万～1000 万元	387	57	62	141427.9
	1000 万元以上	1	19	3	2380.4
亡人分段	合计	255625	1369	889	402992.2
	无	254595		658	384947.8
	1 人	834	834	113	8498.9
	2 人	125	250	34	2464.2
	3 人	41	123	35	2689.2
	4～5 人	20	87	45	1299.5
	6～9 人	9	56	1	712.2
	10～29 人	1	19	3	2380.4
	30 人以上				

注：损失金额含下限(左)不含上限(右)。

每日火灾情况

日期	1月					2月					3月					4月					5月					6月				
	星期	起数	亡(人)	伤(人)	直接损失(万元)	星期	起数	亡(人)	伤(人)	直接损失(万元)	星期	起数	亡(人)	伤(人)	直接损失(万元)	星期	起数	亡(人)	伤(人)	直接损失(万元)	星期	起数	亡(人)	伤(人)	直接损失(万元)	星期	起数	亡(人)	伤(人)	直接损失(万元)
合计		27509	196	80	35883.1		30366	137	67	29958.4		25892	115	79	34915.3		23622	86	68	35964.4		22395	125	75	41684.2		17118	90	61	28275.6
1	二	1006	11	6	903.0	五	996	4	1	899.4	五	778	3	2	1366.5	一	970	9	6	2667.4	三	684	7		629.3	六	621	6	3	722.9
2	三	909	7		875.4	六	882	4	1	716.1	六	734	4	1	829.5	二	905	4		1013.1	四	762	6	1	817.3	日	732	2		782.6
3	四	837	5	4	1270.2	日	1180	4		959.6	日	749	12		678.2	三	988	6		991.2	五	802	4		2115.4	一	724	7	4	894.1
4	五	794	8		963.4	一	3824	11	4	1884.1	一	734	5	1	1925.6	四	1014	1		885.8	六	770	6		1104.1	二	712	1	4	762.4
5	六	798	3	3	819.2	二	2444	16		2060.2	二	726	4	1	1493.8	五	1277	4	2	1379.2	日	666	5	7	1533.9	三	715	4		1294.6
6	日	856	11	4	822.7	三	1396	3	2	2467.6	三	749	7	25	917.4	六	1005	3	1	1164.3	一	764	2	1	1032.0	四	578	2	1	606.8
7	一	763	6	4	1163.4	四	1206		1	1244.9	四	733	4		1260.8	日	888		4	719.7	二	782	2	3	974.9	五	617	2	3	619.2
8	二	804	7	2	1514.8	五	984	9	7	928.1	五	872	2	2	3841.9	一	829	2	3	1816.1	三	708	3	3	762.9	六	591	4	1	922.7
9	三	804	6	2	798.7	六	1062	2		896.8	六	769	9	4	939.8	二	743	1	4	671.5	四	733	1	3	811.9	日	608	4		685.9
10	四	768	4	5	1868.8	日	918	8	2	1093.7	日	890	5	3	857.8	三	672	5	5	620.3	五	828	2		2404.5	一	587			1346.3
11	五	712	5	9	1270.3	一	893	4	4	800.3	一	871			478.6	四	706	1	2	1485.6	六	855	3		1688.1	二	641	11	1	961.0
12	六	716	5	1	2944.5	二	920	11	5	976.1	二	962	3	8	905.7	五	653	1		861.4	日	816	7	2	1120.7	三	595	7	2	814.8
13	日	718	7		642.6	三	812	3	6	1459.1	三	829	2	1	629.9	六	677		6	1482.5	一	735	2	1	1396.8	四	503	1	1	466.0
14	一	719	5	2	1570.0	四	809	5		1059.6	四	815	1	2	811.3	日	729	4		780.3	二	585	1		1525.9	五	555			1188.9
15	二	851	8	2	943.4	五	765	4	1	1542.9	五	864	4	1	1014.2	一	782	3		1196.2	三	601	2	2	984.3	六	573		1	656.9

每日火灾情况（续一）

日期	1月					2月					3月					4月					5月					6月				
	星期	起数	亡(人)	伤(人)	直接损失(万元)	星期	起数	亡(人)	伤(人)	直接损失(万元)	星期	起数	亡(人)	伤(人)	直接损失(万元)	星期	起数	亡(人)	伤(人)	直接损失(万元)	星期	起数	亡(人)	伤(人)	直接损失(万元)	星期	起数	亡(人)	伤(人)	直接损失(万元)
16	三	845	1	1	710.7	六	724	8		592.9	六	967	2	2	956.7	二	823	2		736.2	四	614	6	4	894.7	日	577	4	6	1641.7
17	四	892	3	4	844.1	日	796	5	5	907.5	日	959	4	3	2413.7	三	963	4	1	4528.5	五	585	6	4	796.9	一	543	2	3	901.4
18	五	834	6	5	920.5	一	745	5	2	1139.1	一	919	1	3	805.2	四	839	8	9	1528.2	六	606	2	1	1480.8	二	519	1	2	660.3
19	六	801	6	4	955.4	二	1519	2	8	916.0	二	887	4	4	889.0	五	846	2	2	1091.5	日	716	7		1139.8	三	513	2	2	654.3
20	日	881	3	1	1397.4	三	863	5		668.2	三	750	1		744.9	六	766	1		773.3	一	916	8	4	1318.7	四	509	1	1	2215.5
21	一	1064	14	2	1933.2	四	778	2	2	707.0	四	837	5	2	879.7	日	716	2	5	938.1	二	725	3	6	1093.7	五	512		3	909.0
22	二	1077	6		1553.8	五	790	8	4	900.2	五	702	4		726.3	一	724	7	1	1307.1	三	803	6		4756.1	六	568	2	2	650.5
23	三	1093	12	1	2932.4	六	924	6	3	849.5	六	848	1		933.3	二	690	2	1	660.3	四	893	5		2278.7	日	532	8	4	2597.8
24	四	987	2	2	795.4	日	859	3	2	791.3	日	855	9		891.2	三	708	4		776.1	五	873	2	3	1413.2	一	520	4		824.0
25	五	1046	11	1	822.6	一	866	2	1	681.8	一	888	4	4	1126.0	四	628	2		975.7	六	792	9	8	1301.8	二	531	1	1	559.3
26	六	987	7	6	838.0	二	849		4	788.2	二	872	4		1484.0	五	630	2	2	841.1	日	643	9	12	773.6	三	492	7	6	763.5
27	日	1041	10	1	790.5	三	855		2	1024.9	三	809	5	1	1162.9	六	701	3	1	541.8	一	681	6	6	852.4	四	469	2	1	1370.3
28	一	967	3	1	706.3	四	707	3		1003.4	四	803			633.4	日	599	3	6	1380.6	二	690	1	1	1995.6	五	488	2	2	464.2
29	二	1011		1	696.6						五	854			1173.4	一	564		2	558.3	三	646	1		1154.1	六	486		2	770.2
30	三	1040	6	6	961.6						六	909	3	7	1256.7	二	587		5	1593.0	四	584	1	2	763.6	日	507	3	5	568.8
31	四	888	8		654.3						日	958	3	2	888.1						五	537		1	768.4					

每日火灾情况（续二）

日期	7月					8月					9月					10月					11月					12月				
	星期	起数	亡(人)	伤(人)	直接损失(万元)	星期	起数	亡(人)	伤(人)	直接损失(万元)	星期	起数	亡(人)	伤(人)	直接损失(万元)	星期	起数	亡(人)	伤(人)	直接损失(万元)	星期	起数	亡(人)	伤(人)	直接损失(万元)	星期	起数	亡(人)	伤(人)	直接损失(万元)
合计		17113	92	81	26148.1		17309	77	74	32199.6		16644	78	79	31611.8		17013	126	66	32462.8		19119	115	79	30207.7		21525	132	80	43681.0
1	一	598	6	1	667.9	四	614	1	3	2561.6	日	500	2	3	476.7	二	628	7		713.1	五	603	4	5	1205.2	日	708	3		1038.3
2	二	609	1	2	1109.3	五	562	1	2	2340.2	一	515	1	3	858.2	三	649	2		917.2	六	580	1		1180.6	一	679		5	1518.9
3	三	618	3	3	1133.1	六	528	7	1	679.2	二	460	1	5	1068.0	四	601	6	1	1823.8	日	644	4	1	753.2	二	717	3	2	948.8
4	四	533	4	2	684.0	日	454	4		534.5	三	532	3	3	1712.8	五	525	4	3	1571.8	一	596	4	2	837.9	三	817	4	4	1948.7
5	五	595	9	1	817.5	一	511	1		1352.4	四	449	2	2	500.8	六	593	3	3	1057.2	二	608	8	7	884.0	四	850	4	2	2436.7
6	六	543	2	5	522.0	二	510	2		1437.8	五	461	2		570.1	日	496	2	1	1803.6	三	556	2	2	504.1	五	806	3		2329.2
7	日	558	3	1	1132.9	三	529		5	788.9	六	481	1	1	473.8	一	514	3		753.4	四	626	5	4	1080.2	六	829	4	5	2668.5
8	一	497	3	2	512.4	四	508	4	4	683.7	日	528	2	7	876.3	二	525	4		790.7	五	609	3	2	751.1	日	819	1		1038.5
9	二	517	2	4	610.4	五	542	8	8	666.7	一	552	1		1145.0	三	528	10	4	557.7	六	686	5	5	1829.3	一	734	2	3	1683.6
10	三	467	4	1	1037.7	六	565	4	1	983.1	二	515	7	2	1065.0	四	435	2	6	500.3	日	665	4	2	1804.4	二	787	8	5	1141.7
11	四	509	4	2	589.7	日	582	3	2	695.8	三	535	2	1	585.1	五	491	5	3	1092.2	一	669			1102.8	三	738	3	5	1160.7
12	五	467	7	5	522.4	一	585	5	4	1246.0	四	510	6	6	1366.7	六	496	4	2	611.5	二	574	2	3	842.2	四	756	2	1	1859.5
13	六	481	2	1	477.4	二	601	1	2	935.7	五	581	2	1	921.3	日	486		2	985.8	三	585	2	1	646.3	五	727	5	3	4913.5
14	日	492		1	585.0	三	657			533.3	六	496	1	1	766.3	一	516	3	2	1180.8	四	726	8	3	1133.7	六	752	4	1	1001.5
15	一	517	2	3	538.0	四	677	1	5	516.1	日	497	2	2	1024.0	二	574	4		895.0	五	658	7	5	726.9	日	669	3	3	772.0

每日火灾情况（续三）

日期	7月					8月					9月					10月					11月					12月				
	星期	起数	亡(人)	伤(人)	直接损失(万元)	星期	起数	亡(人)	伤(人)	直接损失(万元)	星期	起数	亡(人)	伤(人)	直接损失(万元)	星期	起数	亡(人)	伤(人)	直接损失(万元)	星期	起数	亡(人)	伤(人)	直接损失(万元)	星期	起数	亡(人)	伤(人)	直接损失(万元)
16	二	485	2		499.5	五	584	3	6	949.2	一	466	1	2	737.6	三	514	4	1	687.7	六	725	5	3	1072.9	一	609	2	7	886.9
17	三	591	9	5	857.9	六	549	1	1	583.6	二	492	1	3	766.2	四	545	4		747.0	日	664	5	1	789.7	二	578	5	4	1188.5
18	四	559		2	531.3	日	593	1		846.8	三	539	2	4	667.0	五	479	8	4	1523.3	一	684	1	3	1169.3	三	644	4	2	1407.2
19	五	535			700.2	一	577	1	1	1337.6	四	569	3	4	989.9	六	527			487.0	二	710	5	6	2040.4	四	601	3	4	622.4
20	六	532	1	3	658.5	二	548	1	2	1005.2	五	586	2	5	1409.7	日	560	7	8	646.6	三	692	7	2	849.9	五	574	5		549.6
21	日	596	2	1	1051.4	三	524	5	1	1175.9	六	654	4		751.4	一	541	3	3	708.8	四	605	2		514.6	六	599	8		506.5
22	一	569	3	1	964.5	四	552	6	8	853.8	日	731	3	4	1141.6	二	532	4	2	892.2	五	611	5	2	917.0	日	649	11	5	830.2
23	二	525	8	4	400.8	五	562	2	8	726.5	一	664		4	1096.0	三	510	7	4	690.4	六	576	2	1	537.1	一	578	4	5	1783.1
24	三	558	1	2	458.9	六	558		1	835.5	二	643		1	1337.3	四	518	6	1	677.0	日	635		5	585.5	二	563	1	2	681.2
25	四	557	3	3	864.9	日	559	2	3	784.5	三	600	5		2062.9	五	492	3	1	809.5	一	701	5		1165.6	三	590	4	3	1230.0
26	五	605	6	2	1893.4	一	500	1		506.9	四	596	1	3	709.8	六	528	1	1	804.3	二	645	3	2	1825.9	四	651	3	2	636.1
27	六	593		8	780.7	二	555	4	2	1658.9	五	587		2	884.0	日	602	1	1	1094.2	三	628	4	1	1262.0	五	680	8	2	1827.6
28	日	674		1	815.6	三	596	2	1	718.3	六	664		1	862.7	一	775	2	3	1816.6	四	683	3	1	754.3	六	704	3		922.3
29	一	592	1	12	1337.7	四	549	2	2	1312.7	日	613	21	6	3334.5	二	584	6	2	1408.2	五	612	5	10	703.0	日	605	3	2	1349.7
30	二	595	3	1	1603.3	五	565	2	1	1233.8	一	628		3	1451.1	三	606	2	6	2579.0	六	563	4		738.8	一	739	12		2126.0
31	三	546	1	2	1789.9	六	513	2		1715.5						四	643	9	2	1636.7						二	773	7	3	673.6

火灾24小时分布情况

时间	火灾概况						较大火灾				重大火灾				特别重大火灾				起火原因（起）										
	起数	亡（人）	伤（人）	直接损失（万元）	烧毁建筑（平方米）	受灾户数	起数	亡（人）	伤（人）	直接损失（万元）	起数	亡（人）	伤（人）	直接损失（万元）	起数	亡（人）	伤（人）	直接损失（万元）	放火	电气	生产作业	用火不慎	吸烟	玩火	自燃	雷击	静电	不明确原因	其他
合计	255625	1369	889	402992.2	16755106	78620	75	266	81	19451.5	1	19	3	2380.4					3180	89492	10614	58704	20720	6601	13594	175	225	9842	42478
0—2	14050	126	85	31400.3	414632	4824	4	13	2	81.1									332	5840	469	2442	925	318	856	15	12	504	2337
2—4	11193	247	106	34378.1	433259	4150	21	80	14	2130.2									304	4972	470	1758	644	97	741	13	14	420	1760
4—6	9733	129	91	26733.5	329772	3332	9	31	10	289.8									158	4386	466	1652	527	78	704	10	7	376	1369
6—8	12053	130	96	24487.4	395803	3868	9	41	13	656.5									154	5091	541	2501	727	136	715	6	8	445	1729
8—10	20207	83	56	28248.7	724307	6111	3	9	3	20.1									193	7537	1096	4977	1422	305	982	6	18	689	2982
10—12	27192	82	67	34756.6	2847901	7983	1			2883.0									224	8755	1418	7369	2204	575	1279	12	27	1040	4289
12—14	28620	88	63	42449.1	2889654	8465	5	16	7	3519.3	1	19	3	2380.4					316	8691	1181	7456	2632	783	1436	15	20	1147	4943
14—16	31181	102	71	40940.3	4353328	9210	3	6		3789.5									340	9323	1480	7710	2935	971	1577	21	29	1250	5545
16—18	29421	72	58	37233.3	1805739	8956	2	3	1	4408.0									280	9262	1276	7424	2543	990	1477	21	29	1131	4988
18—20	29485	85	93	33768.7	1065249	8513	5	19	30	1582.4									290	9543	927	7106	2682	1026	1513	27	22	1185	5164
20—22	24246	67	45	34316.3	814590	7279	2	7		9.6									286	8871	714	4960	2081	767	1321	10	18	950	4268
22—24	18244	158	58	34279.9	680874	5929	11	41	1	82.0									303	7221	576	3349	1398	555	993	19	21	705	3104

注：时间含上限（左）不含下限（右）。

人员死亡火灾分地区情况

地区	火灾概况				一次死亡1～2人				一次死亡3～9人				一次死亡10～29人				一次死亡30人以上			
	起数	亡（人）	伤（人）	直接损失（万元）	起数	亡（人）	伤（人）	直接损失（万元）	起数	亡（人）	伤（人）	直接损失（万元）	起数	亡（人）	伤（人）	直接损失（万元）	起数	亡（人）	伤（人）	直接损失（万元）
合　计	1030	1369	231	18044.4	959	1084	147	10963.1	70	266	81	4700.9	1	19	3	2380.4				
北　京	22	27	3	129.6	20	21	3	116.8	2	6		12.8								
天　津	13	14	1	26.9	13	14	1	26.9												
河　北	24	32	7	246.0	23	28	7	228.5	1	4		17.5								
山　西	41	51	15	388.2	40	45	14	382.4	1	6	1	5.8								
内蒙古	25	30	1	1046.0	23	24	1	1021.6	2	6		24.4								
辽　宁	83	99	2	280.4	79	86	1	173.9	4	13	1	106.6								
吉　林	30	34	9	79.2	29	31	4	50.3	1	3	5	28.9								
黑龙江	29	32	4	105.5	28	29	4	90.7	1	3		14.8								
上　海	38	44	10	1348.0	37	41	9	348.0	1	3	1	1000.0								
江　苏	71	92	11	729.7	67	75	11	247.4	4	17		482.3								
浙　江	32	60	9	2651.4	29	35	1	248.9	2	6	5	22.1	1	19	3	2380.4				
安　徽	29	44	5	1042.5	25	27	2	900.8	4	17	3	141.7								
福　建	71	93	10	439.7	65	73	4	383.2	6	20	6	56.5								
江　西	26	34	15	410.3	24	27	11	261.9	2	7	4	148.3								
山　东	35	52	5	459.6	29	34	2	352.1	6	18	3	107.6								

人员死亡火灾分地区情况（续）

地区	火灾概况				一次死亡1~2人				一次死亡3~9人				一次死亡10~29人				一次死亡30人以上			
	起数	亡（人）	伤（人）	直接损失（万元）	起数	亡（人）	伤（人）	直接损失（万元）	起数	亡（人）	伤（人）	直接损失（万元）	起数	亡（人）	伤（人）	直接损失（万元）	起数	亡（人）	伤（人）	直接损失（万元）
河　南	17	30	3	193.2	14	17	3	180.7	3	13		12.5								
湖　北	14	20		203.7	13	17		175.4	1	3		28.3								
湖　南	58	78	16	584.5	53	61	15	470.5	5	17	1	113.9								
广　东	60	98	21	2707.6	52	62	16	1328.5	8	36	5	1379.1								
广　西	32	47	16	329.6	27	30	7	314.1	5	17	9	15.5								
海　南	6	6		252.9	6	6		252.9												
重　庆	54	64	3	300.8	53	58	3	254.0	1	6		46.9								
四　川	51	63	33	1678.4	50	59	9	1328.4	1	4	24	350.1								
贵　州	23	43	14	242.6	17	19	1	116.5	6	24	13	126.1								
云　南	60	78	13	726.1	59	72	13	709.3	1	6		16.7								
西　藏								0.0												
陕　西	50	59	3	886.6	49	52	3	881.5	1	7		5.1								
甘　肃	8	10	1	51.5	8	10	1	51.5												
青　海	6	10		483.9	5	6		46.5	1	4		437.4								
宁　夏	2	2		0.4	2	2		0.4												
新　疆	20	23	1	19.4	20	23	1	19.4												

死亡1～2人火灾分地区情况

地区	起数	亡(人)	伤(人)	直接损失(万元)	起火原因																					
					放火		电气		生产作业		用火不慎		吸烟		玩火		自燃		雷击		静电		不明确原因		其他	
					起数	直接损失(万元)	起数	直接损失(万元)	起数	直接损失(万元)	起数	直接损失(万元)	起数	直接损失(万元)	起数	直接损失(万元)	起数	直接损失(万元)	起数	直接损失(万元)	起数	直接损失(万元)	起数	直接损失(万元)	起数	直接损失(万元)
合计	959	1084	147	10963.1	156	537.5	287	6190.4	23	1050.8	187	1225.3	122	244.5	28	148.7	6	42.4					31	416.3	119	1107.3
北京	20	21	3	116.8	4	0.8	6	83.1	1	10.0	4	9.2	4	7.0											1	6.8
天津	13	14	1	26.9			2	1.6			2	6.3	4	4.5											5	14.6
河北	23	28	7	228.5	3	13.0	11	152.3	1	48.8	4	7.6	2	4.5											2	2.3
山西	40	45	14	382.4	7	7.3	5	48.3	3	238.9	7	12.3	6	10.5									1	1.3	11	63.9
内蒙古	23	24	1	1021.6	3	4.0	7	995.1	1	6.9	1	0.1	4	1.4									4	12.1	3	2.1
辽宁	79	86	1	173.9	6	51.1	16	48.8	1	0.1	30	44.8	12	6.2			2	13.0							12	9.9
吉林	29	31	4	50.3	2	0.6	8	6.2			9	9.7	5	3.9	1	2.0	1	6.0							3	22.0
黑龙江	28	29	4	90.7	2	5.8	10	27.2	1	6.1	6	28.8	6	14.7	1	7.5									2	0.6
上海	37	41	9	348.0	4	2.8	14	206.3	1	88.0	4	2.8	8	11.5	1	2.5	1	20.0							4	14.1
江苏	67	75	11	247.4	5	47.5	27	133.6	1	17.5	14	28.3	5	5.9									4	7.7	11	7.0
浙江	29	35	1	248.9	13	34.2	5	17.7	1	163.0	5	11.7	2	16.3	1	3.7									2	2.3
安徽	25	27	2	900.8	4	6.4	3	765.9	1	3.0	3	6.3	1	0.8	2	4.6							3	24.0	8	89.8
福建	65	73	4	383.2	11	27.7	21	211.7			11	40.2	10	24.3	4	7.8							3	16.7	5	54.7
江西	24	27	11	261.9	5	12.4	12	62.9	2	133.0	1	17.1	1	0.5	1	25.4							1	6.7	1	4.0
山东	29	34	2	352.1	3	1.3	8	4.8			6	9.2	7	6.2			1	0.2					2	300.3	2	30.0

死亡1～2人火灾分地区情况（续）

地区	起数	亡（人）	伤（人）	直接损失（万元）	起火原因																					
					放火		电气		生产作业		用火不慎		吸烟		玩火		自燃		雷击		静电		不明确原因		其他	
					起数	直接损失（万元）	起数	直接损失（万元）	起数	直接损失（万元）	起数	直接损失（万元）	起数	直接损失（万元）	起数	直接损失（万元）	起数	直接损失（万元）	起数	直接损失（万元）	起数	直接损失（万元）	起数	直接损失（万元）	起数	直接损失（万元）
河　南	14	17	3	180.7	1	96.5	5	60.0			2	7.9	2	1.9											4	14.4
湖　北	13	17		175.4	4	16.2	5	143.5			3	7.1	1	8.5												
湖　南	53	61	15	470.5	6	12.9	22	292.6			15	97.9	7	50.2									1	14.7	2	2.3
广　东	52	62	16	1328.5	17	41.3	19	891.5	4	99.8	3	60.2					1	3.2					2	20.2	6	212.4
广　西	27	30	7	314.1	1	0.1	13	98.2	1	198.0	3	1.3	1	0.9	2	7.3									6	8.3
海　南	6	6		252.9			4	214.9			1	38.0											1	0.001		
重　庆	53	58	3	254.0	30	57.1	10	123.4	2	3.8	3	21.2	2	3.6	2	16.1									4	28.8
四　川	50	59	9	1328.4	2	32.0	14	583.7			16	622.5	8	22.5	3	5.3							3	5.0	4	57.4
贵　州	17	19	1	116.5	3	8.1	6	59.4			2	3.2	4	6.9	1	38.9									1	0.1
云　南	59	72	13	709.3	11	47.2	17	525.2			12	49.4	4	1.7	1	14.5							4	7.2	10	64.2
西　藏				0.0								0.0														
陕　西	49	52	3	881.5	5	4.8	11	414.2			14	42.0	10	24.9	1	2.0							1	0.1	7	393.6
甘　肃	8	10	1	51.5			3	14.9	1	30.0	1	4.1			1	0.5									2	2.0
青　海	5	6		46.5	2	5.5					2	36			1	5.0										
宁　夏	2	2		0.4							1	0.2											1	0.2		
新　疆	20	23	1	19.4	2	1.0	3	3.4	1	3.9	2	0.2	6	5.2	5	5.7									1	0.01

死亡1～2人火灾分月季情况

项目	火灾概况						较大火灾				重大火灾				特别重大火灾				起火原因（起）										
	起数	亡（人）	伤（人）	直接损失（万元）	烧毁建筑（平方米）	受灾户数	起数	亡（人）	伤（人）	直接损失（万元）	起数	亡（人）	伤（人）	直接损失（万元）	起数	亡（人）	伤（人）	直接损失（万元）	放火	电气	生产作业	生活用火不慎	吸烟	玩火	自燃	雷击	静电	不明确原因	其他
合计	959	1084	147	10963.1	406712	1027													156	287	23	187	122	28	6			31	119
一季度 小计	340	385	48	2280.5	275828	326													61	100	6	77	44	8	3			11	30
一季度 1月	159	180	18	611.6	5294	137													26	51	1	42	19	2	1			5	12
一季度 2月	93	101	14	863.5	7503	127													22	28	1	22	8	2				2	8
一季度 3月	88	104	16	805.4	263031	62													13	21	4	13	17	4	2			4	10
二季度 小计	201	231	32	2478.4	82596	198													34	62	4	33	24	8	1			7	28
二季度 4月	65	75	10	639.8	7179	47													7	22	2	9	11	6				2	6
二季度 5月	85	99	10	1265.3	5930	109													12	27	2	15	11	1	1			4	12
二季度 6月	51	57	12	573.4	69487	42													15	13		9	2	1				1	10

死亡1～2人火灾分月季情况（续）

项目		火灾概况						较大火灾				重大火灾				特别重大火灾				起火原因（起）										
		起数	亡（人）	伤（人）	直接损失（万元）	烧毁建筑（平方米）	受灾户数	起数	亡（人）	伤（人）	直接损失（万元）	起数	亡（人）	伤（人）	直接损失（万元）	起数	亡（人）	伤（人）	直接损失（万元）	放火	电气	生产作业	生活用火不慎	吸烟	玩火	自燃	雷击	静电	不明确原因	其他
三季度	小计	155	180	39	2731.2	11807	200													32	45	3	21	13	10	1			4	26
	7月	56	64	8	485.1	4857	70													13	13	2	8	5	5	1			1	8
	8月	52	64	15	528.9	2141	59													11	15	1	10	4	2				2	7
	9月	47	52	16	1717.2	4809	71													8	17		3	4	3				1	11
四季度	小计	263	288	28	3473.0	36481	303													29	80	10	56	41	2	1			9	35
	10月	75	80	11	920.3	7941	72													6	26	4	12	15	1	1			3	7
	11月	94	100	11	965.1	5284	57													15	31	4	10	17					3	14
	12月	94	108	6	1587.6	23256	174													8	23	2	34	9	1				3	14

死亡3～9人火灾分地区情况

地区	火灾概况				起火原因																					
	起数	亡（人）	伤（人）	直接损失（万元）	放火		电气		生产作业		用火不慎		吸烟		玩火		自燃		雷击		静电		不明确原因		其他	
					起数	直接损失（万元）	起数	直接损失（万元）	起数	直接损失（万元）	起数	直接损失（万元）	起数	直接损失（万元）	起数	直接损失（万元）	起数	直接损失（万元）	起数	直接损失（万元）	起数	直接损失（万元）	起数	直接损失（万元）	起数	直接损失（万元）
合　计	70	266	81	4700.9	15	102.6	33	2505.3	4	1145.0	8	238.9	1	1.8	1	3.7					2	508.9			6	194.7
北　京	2	6		12.8	1	5.0	1	7.8																		
天　津																										
河　北	1	4		17.5			1	17.5																		
山　西	1	6	1	5.8			1	5.8																		
内蒙古	2	6		24.4			1	1.4																	1	23.0
辽　宁	4	13	1	106.6	2	4.1	2	102.5																		
吉　林	1	3	5	28.9																	1	28.9				
黑龙江	1	3		14.8							1	14.8														
上　海	1	3	1	1000.0					1	1000.0																
江　苏	4	17		482.3			2	2.2			1	0.1									1	480				
浙　江	2	6	5	22.1			1	2.0			1	20.1														
安　徽	4	17	3	141.7	1	0.01																			3	141.7
福　建	6	20	6	56.5	3	23.4	1	19.5							1	3.7									1	10.0
江　西	2	7	4	148.3			1	128.3																	1	20.0
山　东	6	18	3	107.6	4	62.1	1	0.5	1	45.0																

死亡3～9人火灾分地区情况（续）

地区	火灾概况				起火原因																					
					放火		电气		生产作业		用火不慎		吸烟		玩火		自燃		雷击		静电		不明确原因		其他	
	起数	亡（人）	伤（人）	直接损失（万元）	起数	直接损失（万元）	起数	直接损失（万元）	起数	直接损失（万元）	起数	直接损失（万元）	起数	直接损失（万元）	起数	直接损失（万元）	起数	直接损失（万元）	起数	直接损失（万元）	起数	直接损失（万元）	起数	直接损失（万元）	起数	直接损失（万元）
河南	3	13		12.5	1	2.0	1	7.0			1	3.5														
湖北	1	3		28.3			1	28.3																		
湖南	5	17	1	113.9	1	0.5	3	88.2			1	25.3														
广东	8	36	5	1379.1			6	1200.5	1	50.0	1	128.7														
广西	5	17	9	15.5	1	0.6	3	13.1					1	1.8												
海南																										
重庆	1	6		46.9			1	46.9																		
四川	1	4	24	350.1			1	350.1																		
贵州	6	24	13	126.1			3	29.6	1	50.0	2	46.5														
云南	1	6		16.7			1	16.7																		
西藏																										
陕西	1	7		5.1	1	5.1																				
甘肃																										
青海	1	4		437.4			1	437.4																		
宁夏																										
新疆																										

死亡3~9人火灾分月季情况

项目		火灾概况						较大火灾				重大火灾				特别重大火灾				起火原因（起）										
		起数	亡（人）	伤（人）	直接损失（万元）	烧毁建筑（平方米）	受灾户数	起数	亡（人）	伤（人）	直接损失（万元）	起数	亡（人）	伤（人）	直接损失（万元）	起数	亡（人）	伤（人）	直接损失（万元）	放火	电气	生产作业	生活用火不慎	吸烟	玩火	自燃	雷击	静电	不明确原因	其他
合计		70	266	81	4700.9	23091	97	70	266	81	4700.9																			
一季度	小计	15	63	32	462.1	2025	11	15	63	32	462.1																			
	1月	4	16	4	44.6	439	3	4	16	4	44.6																			
	2月	9	36	4	57.2	896	7	9	36	4	57.2																			
	3月	2	11	24	360.4	690	1	2	11	24	360.4																			
二季度	小计	19	70	18	260.9	2100	15	19	70	18	260.9																			
	4月	3	11		81.2	174	4	3	11		81.2																			
	5月	8	26	12	65.7	985	7	8	26	12	65.7																			
	6月	8	33	6	114.0	942	4	8	33	6	114.0																			

死亡3~9人火灾分月季情况（续）

项目		火灾概况						较大火灾				重大火灾				特别重大火灾				起火原因（起）										
		起数	亡（人）	伤（人）	直接损失（万元）	烧毁建筑（平方米）	受灾户数	起数	亡（人）	伤（人）	直接损失（万元）	起数	亡（人）	伤（人）	直接损失（万元）	起数	亡（人）	伤（人）	直接损失（万元）	放火	电气	生产作业	生活用火不慎	吸烟	玩火	自燃	雷击	静电	不明确原因	其他
三季度	小计	14	48	13	1910.9	6458	21	14	48	13	1910.9																				
	7月	8	28	3	218.4	888	7	8	28	3	218.4																				
	8月	4	13	7	123.2	4122	10	4	13	7	123.2																				
	9月	2	7	3	1569.3	1448	4	2	7	3	1569.3																				
四季度	小计	22	85	18	2067.0	12508	50	22	85	18	2067.0																				
	10月	12	46	9	758.2	4255	41	12	46	9	758.2																				
	11月	4	15	4	1101.5	7490	2	4	15	4	1101.5																				
	12月	6	24	5	207.3	763	7	6	24	5	207.3																				

死亡 10～29 人火灾分地区情况

地区	火灾概况				起火原因																					
	起数	亡（人）	伤（人）	直接损失（万元）	放火		电气		生产作业		用火不慎		吸烟		玩火		自燃		雷击		静电		不明确原因		其他	
					起数	直接损失（万元）	起数	直接损失（万元）	起数	直接损失（万元）	起数	直接损失（万元）	起数	直接损失（万元）	起数	直接损失（万元）	起数	直接损失（万元）	起数	直接损失（万元）	起数	直接损失（万元）	起数	直接损失（万元）	起数	直接损失（万元）
合计	1	19	3	2380.4																	1	2380.4				
北京																										
天津																										
河北																										
山西																										
内蒙古																										
辽宁																										
吉林																										
黑龙江																										
上海																										
江苏																										
浙江	1	19	3	2380.4																	1	2380.4				
安徽																										
福建																										
江西																										
山东																										

死亡10～29人火灾分地区情况（续）

地区	火灾概况				起火原因																					
					放火		电气		生产作业		用火不慎		吸烟		玩火		自燃		雷击		静电		不明确原因		其他	
	起数	亡（人）	伤（人）	直接损失（万元）	起数	直接损失（万元）	起数	直接损失（万元）	起数	直接损失（万元）	起数	直接损失（万元）	起数	直接损失（万元）	起数	直接损失（万元）	起数	直接损失（万元）	起数	直接损失（万元）	起数	直接损失（万元）	起数	直接损失（万元）	起数	直接损失（万元）
河南																										
湖北																										
湖南																										
广东																										
广西																										
海南																										
重庆																										
四川																										
贵州																										
云南																										
西藏																										
陕西																										
甘肃																										
青海																										
宁夏																										
新疆																										

死亡10～29人火灾分月季情况

项目		火灾概况						较大火灾				重大火灾				特别重大火灾				起火原因（起）										
		起数	亡（人）	伤（人）	直接损失（万元）	烧毁建筑（平方米）	受灾户数	起数	亡（人）	伤（人）	直接损失（万元）	起数	亡（人）	伤（人）	直接损失（万元）	起数	亡（人）	伤（人）	直接损失（万元）	放火	电气	生产作业	生活用火不慎	吸烟	玩火	自燃	雷击	静电	不明确原因	其他
合计		1	19	3	2380.4	1100						1	19	3	2380.4															
一季度	小计																													
	1月																													
	2月																													
	3月																													
二季度	小计																													
	4月																													
	5月																													
	6月																													

死亡10～29人火灾分月季情况（续）

项目		火灾概况						较大火灾				重大火灾				特别重大火灾				起火原因（起）										
		起数	亡（人）	伤（人）	直接损失（万元）	烧毁建筑（平方米）	受灾户数	起数	亡（人）	伤（人）	直接损失（万元）	起数	亡（人）	伤（人）	直接损失（万元）	起数	亡（人）	伤（人）	直接损失（万元）	放火	电气	生产作业	生活用火不慎	吸烟	玩火	自燃	雷击	静电	不明确原因	其他
三季度	小计	1	19	3	2380.4	1100						1	19	3	2380.4															
	7月																													
	8月																													
	9月	1	19	3	2380.4	1100						1	19	3	2380.4															
四季度	小计																													
	10月																													
	11月																													
	12月																													

分场所火灾死亡人员基本情况

人

场所	亡	性别		年龄段（岁）			健康情况					来源						受教育程度				职业									
								不健康				常住人口			流动人口								有职业								
		男	女	0~18	19~59	≥60	健康	残疾	精神病	瘫痪	其他	国内	国外	港澳台地区	国内	国外	港澳台地区	高等	中等	初等	未受教育	无业	党政组织、事业单位负责人	专业技术人员	办事人员和有关人员	商业和服务人员	农林牧渔水利业	生产、运输设备操作人员及有关人员	军人	不便分类的其他人员	学生
合计	1369	863	506	229	636	504	858	68	65	140	238	1196	2	2	167	2		65	273	668	363	768	3	9	20	80	53	77		238	121
住宅	979	607	372	168	383	428	532	56	59	121	211	890	1	2	84	2		46	175	462	296	623	2	5	11	42	44	16		154	82
宿舍	98	60	38	13	48	37	68	5	5	9	11	81			17			6	10	51	31	48	1		2	5	4	7		21	10
办公场所	3	3			3		2		1			3							1	2		1								2	
学校	1	1				1	1								1						1									1	
商业场所	61	36	25	17	36	8	55	1		2	3	51			10				25	33	3	23			2	17				7	12
文博馆																															
宾馆、招待所	3	2	1		3		3					2			1					3		1				1				1	
餐饮场所	22	12	10		21	1	22					18			4			1	15	5	1	4				5				13	
医院	6	3	3	2	2	2	4			1	1	6							1	3	2	6									
养老院	2	2			1	1				2		2								2		1								1	
公共娱乐场所	9	7	2		9		9					6			3			5	1	3		2			2	3				2	
体育场馆																															
金融交易场所																															
交通枢纽站	1	1			1		1								1						1	1									
科研试验场所																															
广播电视中心																															
邮电通信场所																															

分场所火灾死亡人员基本情况（续）

人

场所	亡	性别		年龄段（岁）			健康情况					来源						受教育程度				职业									
								不健康				常住人口			流动人口								有职业								
		男	女	0~18	19~59	≥60	健康	残疾	精神病	瘫痪	其他	国内	国外	港澳台地区	国内	国外	港澳台地区	高等	中等	初等	未受教育	无业	党政组织、事业单位负责人	专业技术人员	办事人员和有关人员	商业和服务人员	农林牧渔水利业	生产、运输设备操作人员及有关人员	军人	不便分类的其他人员	学生
文物古建筑场所	5	4	1	3	1	1	4	1				5								4	1	5									
宗教场所																															
会议、展览中心																															
物资仓储场所	19	16	3	4	14	1	18				1	12			7				6	12	1	4		1	1	1		1		7	4
厂房	57	31	26	2	53	2	56	1				32			25			1	19	36	1	4		2				43		7	1
加油加气站																															
汽车库	2	1	1		2		2					2								2		1				1					
农副业场所	14	12	2	1	6	7	10	1		1	2	13			1					10	4	11					1			1	1
建筑工地	5	2	3		5		4				1	2			3				3	2								4		1	
石油化工企业	3	3			3		3					2			1				2	1								1		2	
露天框架	4	3	1		4		3				1	3			1			1	1	2								2		2	
交通工具	20	14	6	8	11	1	18				2	19	1					1	3	9	7	8					2	2		5	3
垃圾及废弃物	1		1			1	1					1								1				1							
公园																															
“三合一、多合一”场所	17	12	5	5	12		15	1			1	13			4			2	2	10	3	6				4	1	1			5
动拆迁工地	4	3	1		2	2	1	1		1	1	2			2				1		3	2								2	
其他	33	28	5	6	16	11	26	1		3	3	31			2			2	8	15	8	17			2	1	1			9	3

人员密集场所火灾分类别情况

项目	火灾概况				较大火灾				重大火灾				特别重大火灾			
	起数	亡（人）	伤（人）	直接损失（万元）	起数	亡（人）	伤（人）	直接损失（万元）	起数	亡（人）	伤（人）	直接损失（万元）	起数	亡（人）	伤（人）	直接损失（万元）
合计	17451	108	122	39619.1	12	53	11	401.1								
商场市场	6458	61	37	27256.1	8	32	6	345.8								
办公场所	1914	3	2	3603.3												
宾馆、招待所	711	3	8	771.3												
餐饮场所	5813	22	58	4871.1	2	13	1	16.1								
娱乐场所	404	9	8	980.5	2	8	4	39.2								
学校	801	1	1	376.3												
医院	344	6		209.7												
交通枢纽	561	1	4	818.7												
其他	445	2	4	732.0												

注；学校含幼儿园，娱乐场所含歌厅舞厅及其他休闲娱乐场所，其他指养老院、文博馆、体育场馆、金融交易场所、宗教场所、会议展览中心等人员密集场所。

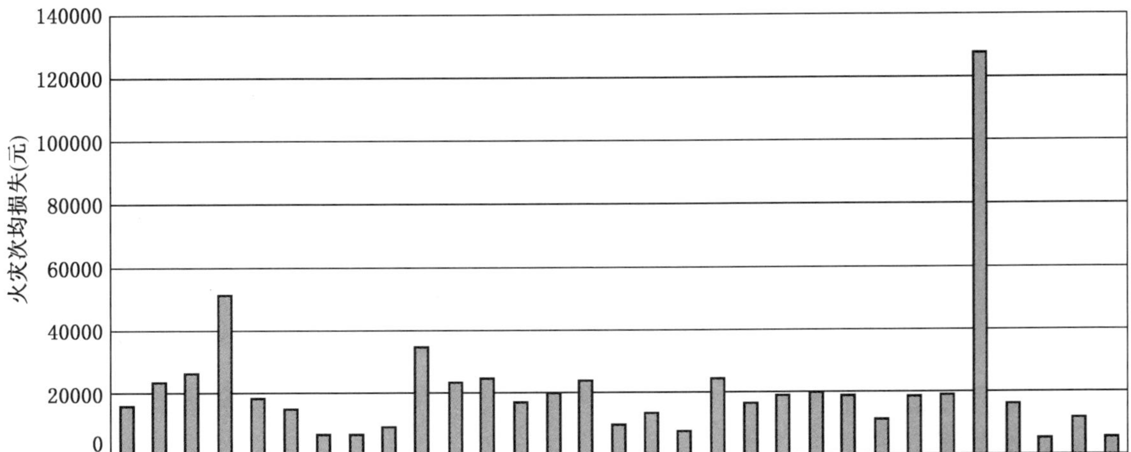

地区	北京	天津	河北	山西	内蒙古	辽宁	吉林	黑龙江	上海	江苏	浙江	安徽	福建	江西	山东	河南	湖北	湖南	广东	广西	海南	重庆	四川	贵州	云南	西藏	陕西	甘肃	青海	宁夏	新疆
火灾次均损失(元)	15765	23634	26516	51765	18263	14966	7206	7097	9701	34731	23413	24743	17210	19962	23902	10034	13688	7995	24403	16606	19217	19361	19216	11692	18873	19052	127818	16477	5608	11839	5900

分地区火灾次均损失图

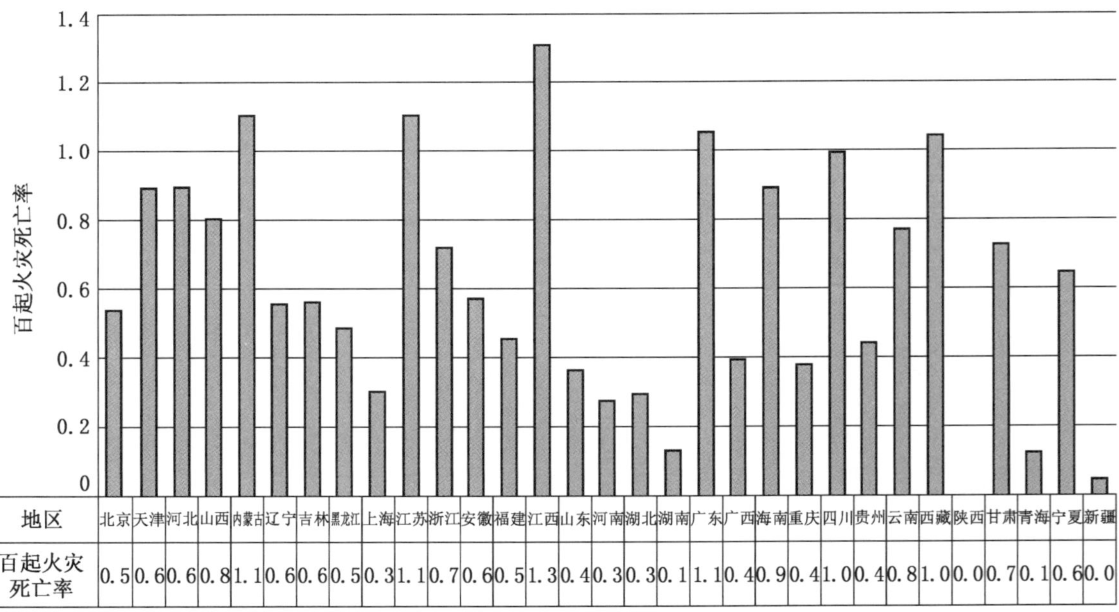

地区	北京	天津	河北	山西	内蒙古	辽宁	吉林	黑龙江	上海	江苏	浙江	安徽	福建	江西	山东	河南	湖北	湖南	广东	广西	海南	重庆	四川	贵州	云南	西藏	陕西	甘肃	青海	宁夏	新疆
百起火灾死亡率	0.5	0.6	0.6	0.8	1.1	0.6	0.6	0.5	0.3	1.1	0.7	0.6	0.5	1.3	0.4	0.3	0.3	0.1	1.1	0.4	0.9	0.4	1.0	0.4	0.8	1.0	0.0	0.7	0.1	0.6	0.0

分地区百起火灾亡人率图

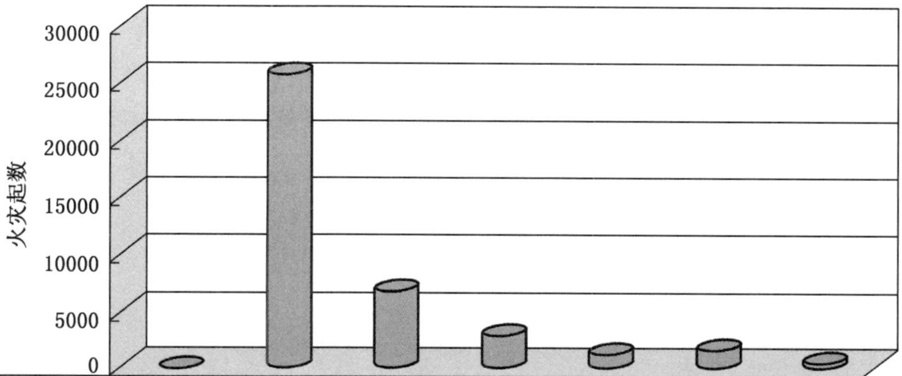

火灾损失(元)	1万以下	1万～5万	5万～10万	10万～20万	20万～30万	30万～100万	100万以上
火灾起数	0	25757	6679	2833	1237	1527	388

火灾损失分段情况图

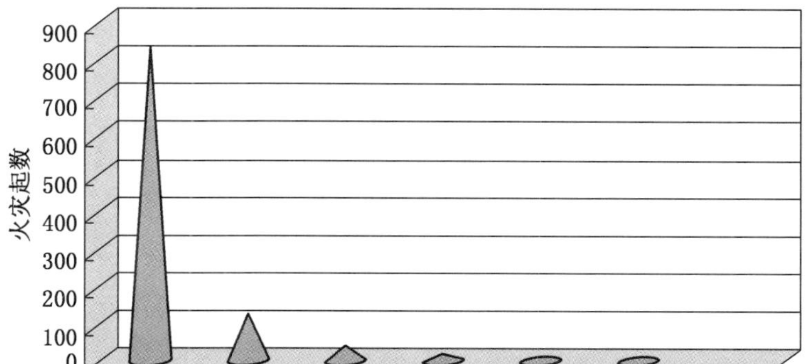

死亡人数	1	2	3	4～5	6～9	10～29	30以上
火灾起数	834	125	41	20	9	1	

火灾死亡人数分段情况图

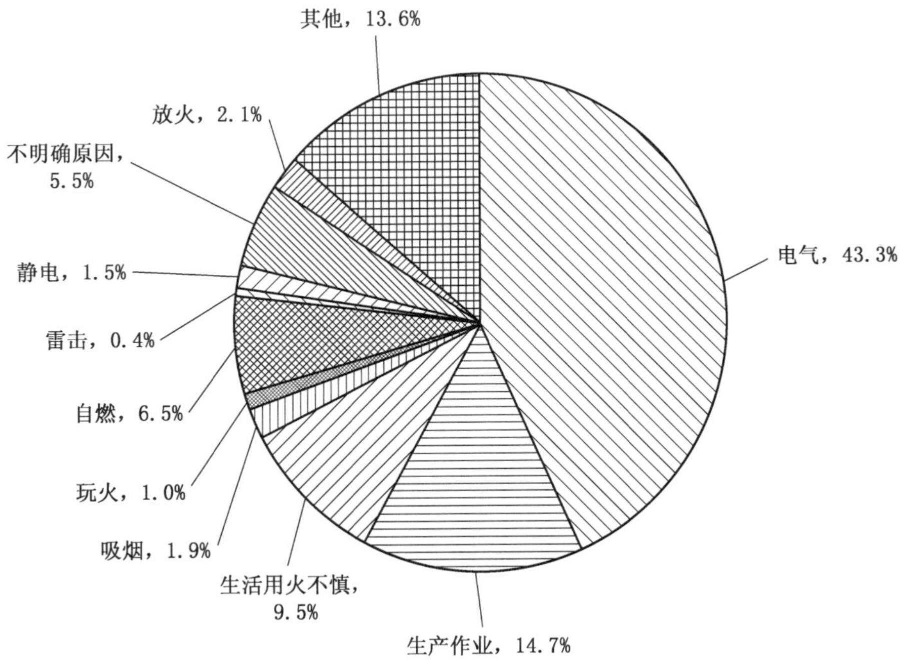

起火原因损失比例图

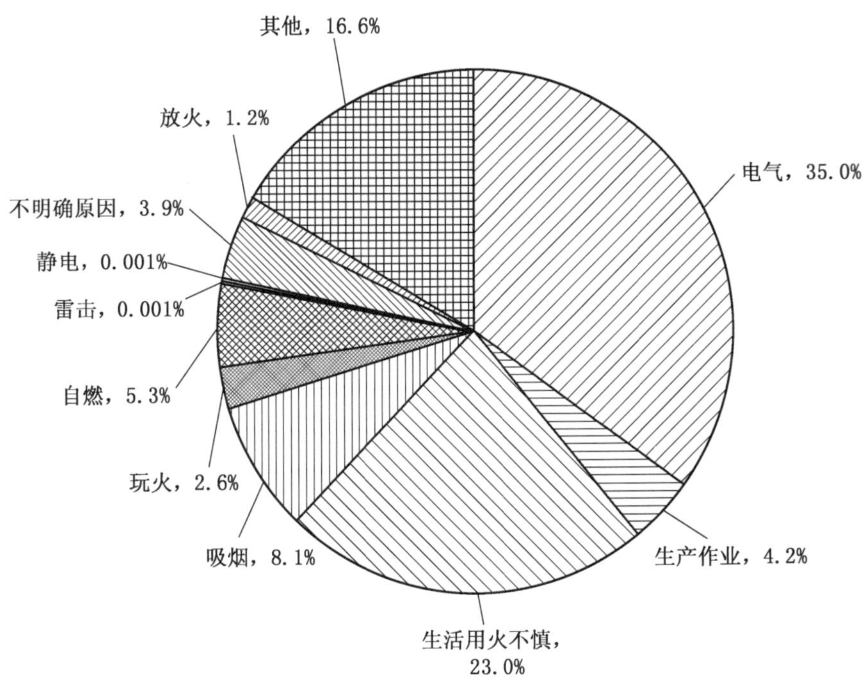

起火原因起数比例图

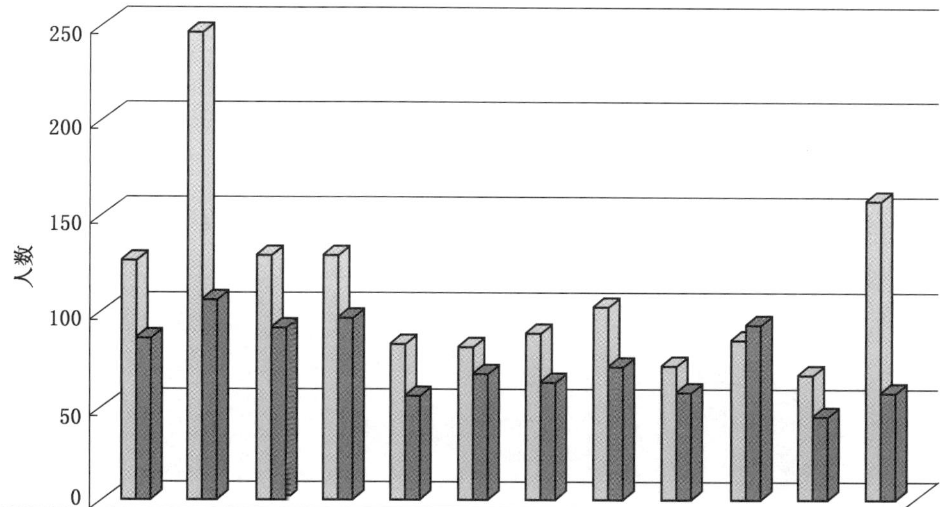

时间(时)	0—2	2—4	4—6	6—8	8—10	10—12	12—14	14—16	16—18	18—20	20—22	22—24
亡(人)	126	247	129	130	83	82	88	102	72	85	67	158
伤(人)	85	106	91	96	56	67	63	71	58	93	45	58

火灾伤亡人数24小时分布图

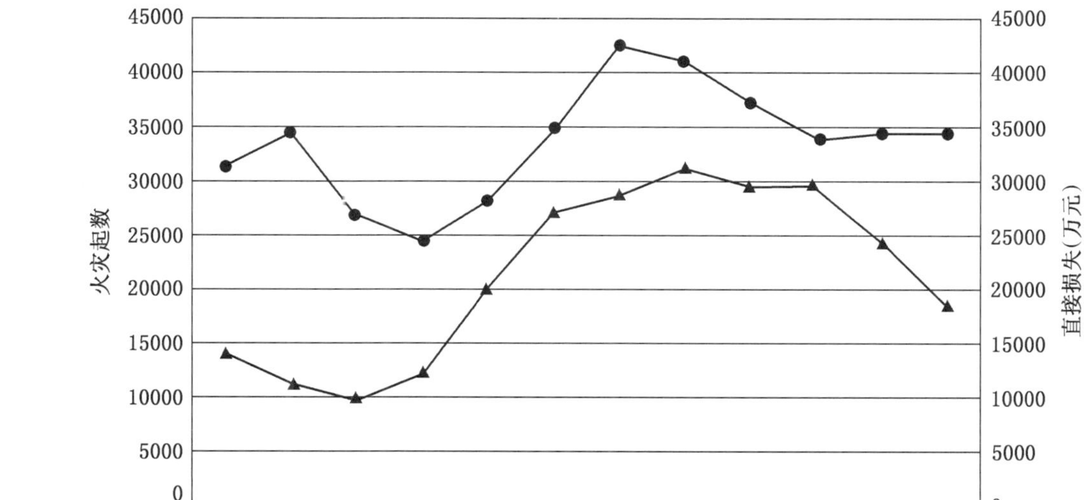

时间(时)	0—2	2—4	4—6	6—8	8—10	10—12	12—14	14—16	16—18	18—20	20—22	22—24
▲火灾起数	14050	11193	9733	12053	20207	27192	28620	31181	29421	29485	24246	18244
●直接损失(万元)	31400.3	34378.1	26733.5	24487.4	28248.7	34756.6	42449.1	40940.3	37233.3	33768.7	34316.3	34279.9

火灾起数、损失24小时分布图

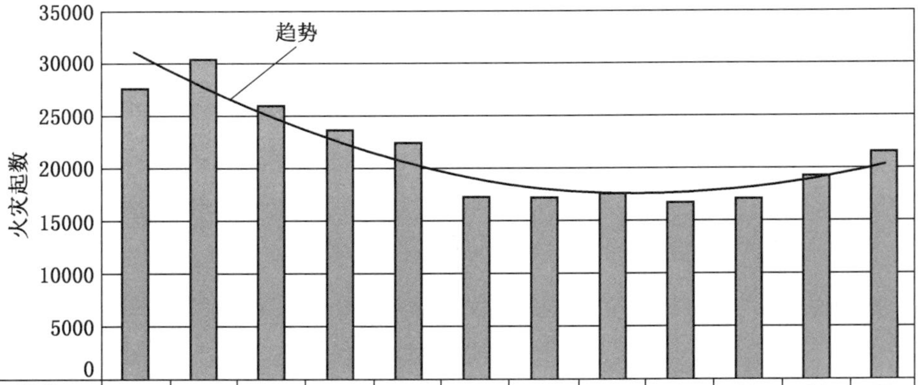

月份	1	2	3	4	5	6	7	8	9	10	11	12
火灾起数	27509	30366	25892	23622	22395	17118	17113	17309	16644	17013	19119	21525

火灾起数分月趋势图

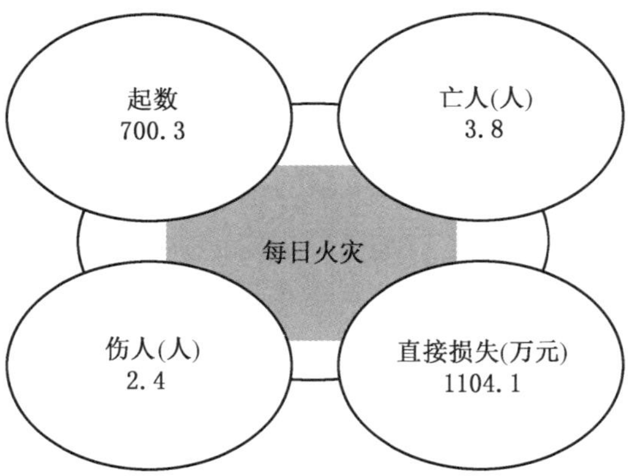

每日火灾情况图

春节期间火灾分地区综合情况

地区	火灾概况						较大火灾				重大火灾				特别重大火灾			
	起数	亡（人）	伤（人）	损失			起数	亡（人）	伤（人）	直接损失（万元）	起数	亡（人）	伤（人）	直接损失（万元）	起数	亡（人）	伤（人）	直接损失（万元）
				直接损失（万元）	烧毁建筑（平方米）	受灾户数												
合计	10916	41	14	9481.6	1565435	3096	3	15	1	25.3								
北京	89	2	1	71.4	502	1												
天津	42			31.6	236	4												
河北	113			487.4	31500	56												
山西	185	3	7	287.5	15084	28												
内蒙古	261			234.2	21550	25												
辽宁	1318	1		494.1	28539	213												
吉林	425			264.4	15121	66												
黑龙江	868	3		399.9	21966	112	1	3		14.8								
上海	55	1		48.5	500	4												
江苏	298	4		469.2	3776	67												
浙江	371			354.6	4920	148												
安徽	372		1	199.2	4219	36												
福建	294	1		328.9	5908	52												
江西	251			405.2	6016	220												
山东	1041		1	568.5	25207	346												
河南	316	2		189.0	5339	131												

春节期间火灾分地区综合情况（续）

地区	火灾概况						较大火灾				重大火灾				特别重大火灾			
	起数	亡（人）	伤（人）	损失			起数	亡（人）	伤（人）	直接损失（万元）	起数	亡（人）	伤（人）	直接损失（万元）	起数	亡（人）	伤（人）	直接损失（万元）
				直接损失（万元）	烧毁建筑（平方米）	受灾户数												
湖北	575			103.2	4370	216												
湖南	195	3	2	255.1	4788	97												
广东	622	6	2	581.9	6617	70	1	5	1	5.5								
广西	168			118.4	13532	80												
海南	44			66.9	4741	1												
重庆	199	1		1004.4	4375	58												
四川	673	1		1092.1	9395	112												
贵州	211	2		352.3	18045	78												
云南	601			249.4	14747	452												
西藏	2			1.1	35	1												
陕西	386	10		257.4	6395	176	1	7		5.0								
甘肃	481			64.9	14832	46												
青海	108			57.2	1243208	18												
宁夏	275			386.4	28513	146												
新疆	77	1		57.5	1461	36												

注：2019年春节期间是指2月4—9日（农历除夕至正月初五）。

春节期间起火原因基本情况

项目		火灾概况						较大火灾				重大火灾				特别重大火灾			
		起数	亡(人)	伤(人)	直接损失(万元)	烧毁建筑(平方米)	受灾户数	起数	亡(人)	伤(人)	直接损失(万元)	起数	亡(人)	伤(人)	直接损失(万元)	起数	亡(人)	伤(人)	直接损失(万元)
合计		10916	41	14	9481.6	1565435	3096	3	15	1	25.3								
电气	小计	2480	13	4	2708.3	951033	971	1	5	1	5.5								
	电气线路故障	1535	8	3	1866.3	937296	621	1	5	1	5.5								
	电器设备故障	625	1	1	518.3	7723	231												
	电加热器具火灾	153	2		92.2	2549	56												
	其他	167	2		231.4	3465	63												
生产作业	小计	106	2	7	107.3	1800	27												
	焊割	11			2.2	120	3												
	烘烤	39			24.0	839	13												
	熬炼	3			0.2	13	1												
	化工火灾	1			0.03	1													
	机械设备类故障	36			33.0	388	8												
	其他	16	2	7	47.8	440	2												
生活用火不慎	小计	2612	9		2076.6	453328	942	1	3		14.8								
	余火复燃	161	1		69.0	2186	57												
	照明不慎	68			25.7	955	35												
	烘烤不慎	351	2		172.1	7113	139												
	敬神祭祖	550	2		350.6	49925	203												
	油锅起火	243			35.3	1551	88												
	燃气炉具故障及使用不当	138			30.5	937	56												
	燃油炉具故障及使用不当	21			7.6	266	9												
	其他炉具故障及使用不当	63			25.7	1192	25												

春节期间起火原因基本情况（续）

项目		火灾概况						较大火灾				重大火灾				特别重大火灾			
		起数	亡（人）	伤（人）	直接损失（万元）	烧毁建筑（平方米）	受灾户数	起数	亡（人）	伤（人）	直接损失（万元）	起数	亡（人）	伤（人）	直接损失（万元）	起数	亡（人）	伤（人）	直接损失（万元）
生活用火不慎	烟道过热蹿火、飞火等	180	1		993.5	327479	89												
	烧荒、野外生火不慎	387			116.9	50018	57												
	使用蚊香不慎	6			0.9	72	1												
	其他	444	3		248.9	11634	183	1	3		14.8								
吸烟	小计	902	2	1	93.8	16294	140												
	违章吸烟	28			3.5	417	7												
	卧床吸烟	35		1	7.4	529	9												
	乱扔烟头、火柴等	806	2		80.3	14910	119												
	其他	33			2.6	439	5												
玩火	小计	2125			1222.0	52138	473												
	小孩玩火	214			90.7	5598	48												
	燃放烟花爆竹	1885			999.1	45593	419												
	其他	26			132.1	948	6												
自燃		291			1289.7	3732	57												
雷击																			
静电		6			2.6	300													
不明确原因		470			315.9	9050	80												
放火		115	14		418.3	16275	38	1	7		5.0								
其他	小计	1809	1	2	1247.3	61485	368												
	遗留火种	754			699.1	37027	161												
	其他	1055	1	2	548.2	24457	207												

注：2019年春节期间是指2月4—9日（农历除夕至正月初五）。

国庆节期间火灾分地区综合情况

地区	火灾概况						较大火灾				重大火灾				特别重大火灾			
	起数	亡（人）	伤（人）	损失			起数	亡（人）	伤（人）	直接损失（万元）	起数	亡（人）	伤（人）	直接损失（万元）	起数	亡（人）	伤（人）	直接损失（万元）
				直接损失（万元）	烧毁建筑（平方米）	受灾户数												
合计	4006	27	8	8640.1	255539	1226	4	17	1	540.4								
北京	17			12.0	32													
天津	28	1		82.1	255	5												
河北	64	1	1	247.6	3784	19												
山西	60			42.9	2104	10												
内蒙古	65			72.9	1223	5												
辽宁	312			112.8	33126	73												
吉林	89	1		48.3	1593	20												
黑龙江	77	1		93.0	2895	21												
上海	60		2	56.0	532	6												
江苏	136	6		1083.0	4465	20	1	6		480								
浙江	122	1		273.6	3569	51												
安徽	160			140.5	2880	20												
福建	146	3		522.7	3047	21	1	3		0.4								
江西	246	1		421.8	7048	188												
山东	320	3	1	365.1	7840	92	1	3	1	50.0								
河南	121			890.9	2309	50												

国庆节期间火灾分地区综合情况（续）

地区	火灾概况						较大火灾				重大火灾				特别重大火灾			
	起数	亡（人）	伤（人）	损失			起数	亡（人）	伤（人）	直接损失（万元）	起数	亡（人）	伤（人）	直接损失（万元）	起数	亡（人）	伤（人）	直接损失（万元）
				直接损失（万元）	烧毁建筑（平方米）	受灾户数												
湖　北	83			50.8	5467	49												
湖　南	273	3		911.9	49249	118												
广　东	604	5		617.1	8903	96	1	5		10.0								
广　西	39			179.1	12435	18												
海　南	32			29.0	928	1												
重　庆	140		3	188.8	1521	51												
四　川	226			654.2	3267	37												
贵　州	105			917.7	3028	32												
云　南	78			288.7	2814	55												
西　藏	3			33.7	9	3												
陕　西	86			123.7	948	36												
甘　肃	71		1	13.8	610	7												
青　海	29			3.9	668	9												
宁　夏	63	1		14.0	1190	38												
新　疆	151			148.6	87800	75												

注：国庆节期间指 10 月 1—7 日。

国庆节期间起火原因基本情况

项目		火灾概况						较大火灾				重大火灾				特别重大火灾			
		起数	亡（人）	伤（人）	直接损失（万元）	烧毁建筑（平方米）	受灾户数	起数	亡（人）	伤（人）	直接损失（万元）	起数	亡（人）	伤（人）	直接损失（万元）	起数	亡（人）	伤（人）	直接损失（万元）
合计		4006	27	8	8640.1	255539	1226	4	17	1	540.4								
电气	小计	1363	8	5	3324.5	39416	499	1	5		10.0								
	电气线路故障	864	7	3	2257.9	25320	329	1	5		10.0								
	电器设备故障	356			709.5	11178	125												
	电加热器具火灾	53			80.8	951	18												
	其他	90	1	2	276.3	1968	27												
生产作业	小计	167	1		1256.3	67500	57												
	焊割	45	1		905.9	4347	18												
	烘烤	24			23.2	302	8												
	熬炼	2			8.2	54	3												
	化工火灾	1			0.03														
	机械设备类故障	72			253.4	61739	23												
	其他	23			65.6	1057	5												
生活用火不慎	小计	857		1	717.7	66364	306												
	余火复燃	61			56.4	1951	24												
	照明不慎	23			9.2	326	10												
	烘烤不慎	74			29.1	1045	34												
	敬神祭祖	17			4.1	8172	7												
	油锅起火	146			24.9	621	41												
	燃气炉具故障及使用不当	133		1	67.6	926	59												
	燃油炉具故障及使用不当	17			6.7	121	8												
	其他炉具故障及使用不当	33			16.4	566	10												

国庆节期间起火原因基本情况（续）

项目		火灾概况						较大火灾				重大火灾				特别重大火灾			
		起数	亡（人）	伤（人）	直接损失（万元）	烧毁建筑（平方米）	受灾户数	起数	亡（人）	伤（人）	直接损失（万元）	起数	亡（人）	伤（人）	直接损失（万元）	起数	亡（人）	伤（人）	直接损失（万元）
生活用火不慎	烟道过热蹿火、飞火等	38			21.7	807	15												
	烧荒、野外生火不慎	108			23.0	7488	33												
	使用蚊香不慎	18			32.3	417	8												
	其他	189			426.2	43925	57												
吸烟	小计	301	4	1	144.7	25256	66												
	违章吸烟	10			3.3	110	1												
	卧床吸烟	15	2	1	23.6	226	9												
	乱扔烟头、火柴等	263	2		115.7	24446	53												
	其他	13			2.1	474	3												
玩火	小计	72			33.2	1503	36												
	小孩玩火	58			22.2	1266	31												
	燃放烟花爆竹	12			11.0	230	5												
	其他	2			0.02	7													
自燃		267	1		369.9	3403	55												
雷击		4			0.9	20	1												
静电		4	6		491.0	1520		1	6		480.0								
不明确原因		180	1		521.5	6828	41												
放火		71	6	1	298.7	4281	14	2	6	1	50.4								
其他	小计	720			1482.0	39448	151												
	遗留火种	295			139.1	7276	59												
	其他	425			1342.9	32172	92												

注：国庆节期间指10月1—7日。

第二章　各省、自治区、直辖市火灾情况

北京市分地区火灾综合情况

地区	火灾概况						较大火灾				重大火灾				特别重大火灾			
	起数	亡（人）	伤（人）	损失 直接损失（万元）	损失 烧毁建筑（平方米）	损失 受灾户数	起数	亡（人）	伤（人）	直接损失（万元）	起数	亡（人）	伤（人）	直接损失（万元）	起数	亡（人）	伤（人）	直接损失（万元）
合计	3034	27	29	7170.9	23507	65	3	6	0	2907.1								
东城区	105			228.8	267													
西城区	48	3	1	118.5	190													
朝阳区	565	8	10	361.9	1081		1	3		5								
海淀区	342	2	8	764.5	790													
丰台区	272	2	1	250.8	666	4												
石景山区	34			53.4	131	24												
门头沟区	44		1	40.7	251	4												
房山区	247	4		528.8	3975	2	1	3		7.8								
通州区	192	1	4	3050.4	4477	10	1			2894.3								
顺义区	171		1	195.3	1324	2												
昌平区	396	1		884.7	3381	3												
大兴区	258	3	1	256.9	2105													
怀柔区	78		1	113.1	518													
平谷区	100		1	117.3	905													
密云区	88			56.8	652	11												
延庆区	77	3		123.3	2751	1												
北京西站																		
燕山	6			3.3	11													
亦庄地区	10			22.4	31	4												
天安门地区																		
清河农场																		
轨道交通	1			0.0	1													

天津市分地区火灾综合情况

地区	火灾概况						较大火灾				重大火灾				特别重大火灾			
	起数	亡（人）	伤（人）	损失 直接损失（万元）	损失 烧毁建筑（平方米）	损失 受灾户数	起数	亡（人）	伤（人）	直接损失（万元）	起数	亡（人）	伤（人）	直接损失（万元）	起数	亡（人）	伤（人）	直接损失（万元）
合计	1570	14	17	4163	36637	291												
滨海新区	277			175.3	2669	18												
河西区	84	1	2	84.3	366	44												
和平区	32	1		27.5	51.6	2												
河东区	79	2	3	141.1	543	46												
南开区	125		2	253	553.3	10												
河北区	67	1	4	126.8	1661.5	11												
红桥区	43	1	2	469.9	388	36												
东丽区	60			1243.5	2754.5	15												
西青区	64			80.7	881.2	11												
津南区	129			128.6	1265	13												
北辰区	106			115.4	1641	9												
武清区	88	1		183.3	604	1												
宝坻区	102	1		159.7	5122	2												
宁河区	57	1		352.5	5259	14												
静海区	67	4	1	365.7	5116.5	41												
蓟州区	46			82.3	881.3	7												
经济技术开发区	30			58.4	1235	4												
天津港保税区	10			38.7	770	1												
高新区	5			1.1	228	1												
大港地区	99	1	3	75.2	4647.1	5												

河北省分地区火灾综合情况

地区	火灾概况						较大火灾				重大火灾				特别重大火灾			
	起数	亡（人）	伤（人）	损失			起数	亡（人）	伤（人）	直接损失（万元）	起数	亡（人）	伤（人）	直接损失（万元）	起数	亡（人）	伤（人）	直接损失（万元）
				直接损失（万元）	烧毁建筑（平方米）	受灾户数												
合计	4001	32	26	20711.1	2841936	1553	1	4		17.5								
石家庄市	874	6	6	4428.0	1320598	312												
唐山市	306		1	2133.0	13925	29												
秦皇岛市	146	2		870.7	55397	54												
邯郸市	423	8	3	1899.4	162437	165												
邢台市	505	2		2463.8	189880	153												
保定市	131	5	4	1235.8	17058	73	1	4		17.5								
张家口市	302	2	2	1796.4	24574	165												
承德市	136	1	6	871.3	12268	129												
沧州市	499	1	2	2281.4	638078	235												
衡水市	397	1	1	1314.2	360091	84												
廊坊市	274	3	1	1396.7	47221	150												
华北油区	8	1		20.4	410	4												

山西省分地区火灾综合情况

地区	火灾概况						较大火灾				重大火灾				特别重大火灾			
	起数	亡（人）	伤（人）	损失			起数	亡（人）	伤（人）	直接损失（万元）	起数	亡（人）	伤（人）	直接损失（万元）	起数	亡（人）	伤（人）	直接损失（万元）
				直接损失（万元）	烧毁建筑（平方米）	受灾户数												
合计	4625	51	25	8446.6	452408	820	1	6	1	5.8								
太原市	1183	20	10	1788.6	19369	288	1	6	1	5.8								
大同市	829	9		678.4	85839	28												
阳泉市	108		1	510.9	16397	10												
长治市	181	2	1	604.1	19430	7												
晋城市	180	2	1	225.9	6829	121												
朔州市	163			55.8	4503	9												
晋中市	370	2		966.2	109200	107												
运城市	205	3	11	1710.9	76325	152												
忻州市	263	6		690.3	32198	52												
临汾市	864	3	1	870.6	46678	27												
吕梁市	279	4		344.9	35641	19												

内蒙古自治区分地区火灾综合情况

地区	火灾概况						较大火灾				重大火灾				特别重大火灾			
	起数	亡（人）	伤（人）	损失			起数	亡（人）	伤（人）	直接损失（万元）	起数	亡（人）	伤（人）	直接损失（万元）	起数	亡（人）	伤（人）	直接损失（万元）
				直接损失（万元）	烧毁建筑（平方米）	受灾户数												
合计	5421	30	13	8113.0	747990	558	2	6		24.4								
呼和浩特市	1400	4		745.8	441216	2												
包头市	705	6	1	698.9	41235	20	1	3		1. 4								
乌海市	336	1	1	197.0	12817	8												
赤峰市	573	1		1213.4	37862	29												
通辽市	449	5		525.9	43919	11	1	3		23.0								
鄂尔多斯市	194	2	4	302. 8	16411	55												
呼伦贝尔市	706	2	1	1808.6	38725	192												
巴彦淖尔市	457	1	2	603.2	52716	137												
乌兰察布市	217	2	2	623.4	13169	33												
兴安盟	93	1	1	379.8	17361	33												
锡林郭勒盟	255	5	1	475. 1	6743	13												
阿拉善盟	31			503.8	1163	2												
大兴安岭林管局	5			35.3	24655	23												

辽宁省分地区火灾综合情况

地区	火灾概况						较大火灾				重大火灾				特别重大火灾			
	起数	亡（人）	伤（人）	损失			起数	亡（人）	伤（人）	直接损失（万元）	起数	亡（人）	伤（人）	直接损失（万元）	起数	亡（人）	伤（人）	直接损失（万元）
				直接损失（万元）	烧毁建筑（平方米）	受灾户数												
合计	17576	99	19	12665.1	638606	4080	4	13	1	106.6								
沈阳市	3274	39		1837.2	62843	322	1	3	0	1.1								
大连市	2059	21	10	3163.6	41443	447	2	7	1	100.5								
鞍山市	1319	9	3	2013.8	152554	275	1	4		5								
抚顺市	1876	9	1	445.5	28368	1491												
本溪市	1060	2		431.4	34630	125												
丹东市	957	2		947.1	26050	73												
锦州市	1615	2	1	851.6	55052	52												
营口市	971	1		187.3	16391	505												
阜新市	782	1	4	723.4	37117	68												
辽阳市	962	1		452.7	104036	64												
铁岭市	382	1		156.1	8427	162												
朝阳市	604	9		764.9	13376	180												
盘锦市	1065			62.1	13634	72												
葫芦岛市	650	2		628.3	44686	244												

吉林省分地区火灾综合情况

地区	火灾概况						较大火灾				重大火灾				特别重大火灾			
	起数	亡（人）	伤（人）	损失			起数	亡（人）	伤（人）	直接损失（万元）	起数	亡（人）	伤（人）	直接损失（万元）	起数	亡（人）	伤（人）	直接损失（万元）
				直接损失（万元）	烧毁建筑（平方米）	受灾户数												
合计	6984	34	14	4956.5	1744829	1346	1	3	5	28.9								
长春市	2402	12	6	1551.7	1551180	4	1	3	5	28.9								
吉林市	1291	3		868.7	46425	366												
四平市	450	4		244	12164	10												
辽源市	431			458	7480	87												
通化市	269	1		188.2	8817	279												
白山市	596	3	1	318.6	51237	9												
松原市	210	6	3	245.9	12586	219												
白城市	112			113	10330	17												
延边朝鲜族自治州	1200	5	4	953.6	43562	353												
长白山管委会	23			14.8	1048	2												

黑龙江省分地区火灾综合情况

地区	火灾概况						较大火灾				重大火灾				特别重大火灾			
	起数	亡（人）	伤（人）	损失			起数	亡（人）	伤（人）	直接损失（万元）	起数	亡（人）	伤（人）	直接损失（万元）	起数	亡（人）	伤（人）	直接损失（万元）
				直接损失（万元）	烧毁建筑（平方米）	受灾户数												
合计	10530	32	25	10215.1	1155896	1882	1	3		14.8								
哈尔滨市	1815	11	5	1330.7	127076	138												
齐齐哈尔市	2076	2	1	726	62068	243												
大庆市	577			677.3	59214	24												
牡丹江市	706	2		724.6	26052	42												
佳木斯市	1085	6	5	1583.5	139416	17	1	3		14.8								
绥化市	1377	3		996.7	64565	17												
伊春市	311	2	1	493.3	17757	195												
鸡西市	465	2	1	565.5	22454	20												
黑河市	430	1		561.7	19668	256												
双鸭山市	898		5	1106.7	29517	691												
大兴安岭地区	208		1	266.3	37757	62												
鹤岗市	226		1	170	15707	35												
七台河市	258			369.3	68187	6												
林区	41	2	5	183.4	10322	77												
垦区	57	1		460.1	456136	59												

上海市分地区火灾综合情况

地区	火灾概况						较大火灾				重大火灾				特别重大火灾			
	起数	亡（人）	伤（人）	损失			起数	亡（人）	伤（人）	直接损失（万元）	起数	亡（人）	伤（人）	直接损失（万元）	起数	亡（人）	伤（人）	直接损失（万元）
				直接损失（万元）	烧毁建筑（平方米）	受灾户数												
合计	3988	44	43	13850.7	76890	304	3	3	1	7653								
黄浦区	256	1	1	87.1	294													
徐汇区	76	1		248.4	464	12												
长宁区	76	2	7	170.6	322	20												
静安区	149	1	5	197.8	813													
普陀区	122	1	1	226.9	463	9												
虹口区	179	2	1	68.1	242	1												
杨浦区	280	2	1	150.1	954													
闵行区	391	4	7	374.2	2258	24												
宝山区	248	6	3	1464.6	10168		1	3	1	1000								
嘉定区	280	4	1	211.7	5011	99												
浦东新区	832	15	8	3508.0	29511	43	1			2883								
金山区	87			1320.2	6730	38												
松江区	351	3	7	1034.3	2168	2												
青浦区	242	1		4345.7	4595	10	1			3770								
奉贤区	226		1	268.7	8760	42												
崇明区	187	1		161.2	4011	3												
轨道区域	2			0.4	2													
化工区	1			0.02	1													
水上区域	3			12.7	124	1												

江苏省分地区火灾综合情况

地区	火灾概况						较大火灾				重大火灾				特别重大火灾			
	起数	亡（人）	伤（人）	损失 直接损失（万元）	损失 烧毁建筑（平方米）	损失 受灾户数	起数	亡（人）	伤（人）	直接损失（万元）	起数	亡（人）	伤（人）	直接损失（万元）	起数	亡（人）	伤（人）	直接损失（万元）
合计	12866	92	67	30123.5	249306	2229	4	17		482.3								
南京市	1408	4	10	2046.5	11049	129												
无锡市	1950	11	13	2612.1	29246	839												
徐州市	1086	5		1803.1	21054	12												
常州市	914	7	7	2745.0	22924	15												
苏州市	1560	21	11	6946.4	18067	93	2	8		2.1								
南通市	1039	8	2	1030.8	23164	504												
连云港市	742	4	3	1268.5	13844	29												
淮安市	1004	6	2	1915.2	22463	4	1	6		480								
盐城市	439		3	1910.2	19287	33												
扬州市	834	7	9	2063.3	11013	51												
镇江市	489		3	1748.5	15534	275												
泰州市	1104	16	2	2325.9	14695	8												
宿迁市	297	3	2	1708.2	26966	237	1	3		0.2								

浙江省分地区火灾综合情况

地区	火灾概况						较大火灾				重大火灾				特别重大火灾			
	起数	亡（人）	伤（人）	损失			起数	亡（人）	伤（人）	直接损失（万元）	起数	亡（人）	伤（人）	直接损失（万元）	起数	亡（人）	伤（人）	直接损失（万元）
				直接损失（万元）	烧毁建筑（平方米）	受灾户数												
小计	10545	60	56	26091.3	293462	4980	2	6	5	22.1	1	19	3	2380.4				
杭州市	1954	7	27	2703.6	19662	429												
宁波市	1634	25	4	4743.0	35867	451					1	19	3	2380.4				
温州市	1664	13	9	3748.0	44320	216	2	6	5	22.1								
嘉兴市	1038	2	2	3745.3	29101	651												
湖州市	371		7	1121.8	24145	106												
绍兴市	962	1		1748.5	11821	1130												
金华市	862	2	3	950.5	37704	540												
衢州市	396	2	3	2425.7	32307	127												
舟山市	65	1		419.7	3513	66												
台州市	1060	4		1684.0	24098	828												
丽水市	379	2	1	2406.4	25653	424												
义乌市	160	1		394.7	5270	12												

安徽省分地区火灾综合情况

地区	火灾概况						较大火灾				重大火灾				特别重大火灾			
	起数	亡（人）	伤（人）	损失			起数	亡（人）	伤（人）	直接损失（万元）	起数	亡（人）	伤（人）	直接损失（万元）	起数	亡（人）	伤（人）	直接损失（万元）
				直接损失（万元）	烧毁建筑（平方米）	受灾户数												
合计	9698	44	31	16699	667267	1120	4	17	3	141.7								
合肥市	2231	11	5	3841	51822	93	1	4		0.01								
芜湖市	353	3	6	678	11453	66												
蚌埠市	940	8	3	813	97278	35	1	5	3	93.9								
淮南市	1394			381	14673	18												
马鞍山市	374	3	2	613	7247	35												
淮北市	377			866	34835	1												
铜陵市	256			559	275623	11												
安庆市	359	3	3	1899	21641	122												
阜阳市	247		2	1632	42789	71												
滁州市	205	1		367	5990	30												
宿州市	814	4	1	942	18652	162	1	3		14.8								
六安市	282	3		1414	46121	12												
宣城市	715	1	1	1413	16451	54												
池州市	66	1		560	1635	3												
亳州市	606	5		272	14963	182	1	5		33								
黄山市	479	1	8	449	6094	225												

福建省分地区火灾综合情况

地区	火灾概况						较大火灾				重大火灾				特别重大火灾			
	起数	亡（人）	伤（人）	损失			起数	亡（人）	伤（人）	直接损失（万元）	起数	亡（人）	伤（人）	直接损失（万元）	起数	亡（人）	伤（人）	直接损失（万元）
				直接损失（万元）	烧毁建筑（平方米）	受灾户数												
合计	7116	93	37	14204.6	273308	1696	6	20	6	56.5								
福州市	1336	18	7	1735.1	45645	251	1	4		15								
厦门市	468	6	5	1733.4	15446.4	119												
莆田市	947	3	1	1475.2	34846	30												
三明市	601	11	3	1204.2	15814.5	96	1	3		3.7								
泉州市	1712	19	17	2252.4	54909	521	2	7	6	18								
漳州市	323	11		1337.3	24215.5	216												
南平市	805	5		1179.5	25469.2	133												
龙岩市	640	7		1367.2	14604.4	96	1	3		0.4								
宁德市	179	13	4	1652.6	34604.7	213	1	3		19.4								
平潭综合实验区	105			267.7	7753.3	21												

江西省分地区火灾综合情况

地区	火灾概况						较大火灾				重大火灾				特别重大火灾			
	起数	亡（人）	伤（人）	损失			起数	亡（人）	伤（人）	直接损失（万元）	起数	亡（人）	伤（人）	直接损失（万元）	起数	亡（人）	伤（人）	直接损失（万元）
				直接损失（万元）	烧毁建筑（平方米）	受灾户数												
合计	9342	34	32	22329.5	249532	7619	2	7	4	148.3								
南昌市	1235	8	3	3434.1	33629	1158												
景德镇市	269		3	1981.1	14270	43												
萍乡市	478		1	772.9	7456	304												
九江市	728	5	2	1652.2	22664	335												
新余市	696	1	2	707.6	11939	322												
鹰潭市	298	1	9	531.1	3690	8												
赣州市	1438	3	1	2623.7	31493	1464	1	3	1	20.0								
吉安市	1063	5		2163.9	30074	897												
宜春市	1118	2	4	3526.4	40074	1121												
抚州市	552	5	2	1469.6	21273	497												
上饶市	1467	4	5	3466.9	31071	1470	1	4	3	128.3								

山东省分地区火灾综合情况

地区	火灾概况						较大火灾				重大火灾				特别重大火灾			
	起数	亡（人）	伤（人）	损失			起数	亡（人）	伤（人）	直接损失（万元）	起数	亡（人）	伤（人）	直接损失（万元）	起数	亡（人）	伤（人）	直接损失（万元）
				直接损失（万元）	烧毁建筑（平方米）	受灾户数												
合计	19010	52	21	19075	636137	5905	6	18	1	107.6								
济南市	2947	13	6	1345	43742.3	74	1	3		1								
青岛市	704	11	7	1239.9	23941.8	358	1	3		45								
淄博市	634		1	681.4	34943	229												
枣庄市	926			394	15664.3	120												
东营市	1228	2	1	598.9	59098.3	172												
烟台市	942	2		1300.9	17603	507												
潍坊市	916			372.6	9985	205												
济宁市	1267		1	539.3	17880.8	650												
泰安市	1016			465.1	33210.1	180												
威海市	771	4		1401.2	18286.3	294												
日照市	269	1		1496.4	13796	103												
临沂市	2245	1		2490.5	55733.8	750												
德州市	2377	1	1	2843.5	60676.6	918												
聊城市	1352	6	1	2795.1	186647.7	727	2	6	1	61								
滨州市	455	1	2	285.9	19750	113												
菏泽市	961	10	1	825.3	25178	505	2	6		0.6								

河南省分地区火灾综合情况

地区	火灾概况						较大火灾				重大火灾				特别重大火灾			
	起数	亡（人）	伤（人）	损失			起数	亡（人）	伤（人）	直接损失（万元）	起数	亡（人）	伤（人）	直接损失（万元）	起数	亡（人）	伤（人）	直接损失（万元）
				直接损失（万元）	烧毁建筑（平方米）	受灾户数												
合计	10122	30	25	13854.8	703997	3566	3	13		12.5								
郑州市	2371	2	5	1436	57955	375												
开封市	424	1	1	534.4	6165	197												
洛阳市	662	4	11	2818.5	34446	273												
平顶山市	686			351	80484	371												
安阳市	417	8		2042.9	17667	106	1	6		2								
鹤壁市	105	6	1	126	238048	40	1	4		7								
新乡市	759		1	486.2	99429	181												
焦作市	482			283.7	13109	39												
濮阳市	713		2	495.2	42391	334												
漯河市	334		3	1013	10293	132												
三门峡市	228			388.8	10485	93												
济源市	113	1		1049.8	23750	46												
许昌市	427			471.5	13765	194												
商丘市	265			455.7	9574	68												
周口市	531			370.8	12537	239												
驻马店市	463	6	1	292.5	7390	315	1	3		3.5								
南阳市	708	1		707.9	13250	319												
信阳市	434	1		530.9	13259	244												

湖北省分地区火灾综合情况

地区	火灾概况						较大火灾				重大火灾				特别重大火灾			
	起数	亡（人）	伤（人）	损失			起数	亡（人）	伤（人）	直接损失（万元）	起数	亡（人）	伤（人）	直接损失（万元）	起数	亡（人）	伤（人）	直接损失（万元）
				直接损失（万元）	烧毁建筑（平方米）	受灾户数												
合计	14907	20	4	11918.6	167323	5657	3	3		5231.6								
武汉市	2186	9		4971.5	23221	879	1			3408								
黄石市	850		1	412.2	7606	12												
十堰市	863		1	327.9	6044	164												
荆州市	1572			950.9	26737	902												
宜昌市	547			321.7	4844	387												
襄阳市	2058	4		470.1	14883	919												
鄂州市	330	1		198.4	3763	50												
荆门市	790	1	1	151.1	7516	50												
黄冈市	1359			655.7	18226	694												
咸宁市	1187			242.6	10208	156												
恩施土家族苗族自治州	1022	2		541.7	12745	538												
潜江市	104			38.8	1897	51												
随州市	688			54.4	2705	88												
天门市	359			69	2107	180												
仙桃市	580			16.7	5608	219												
神农架林区	25			60.4	480	5												
孝感市	387	3	1	2435.5	18733	363	2	3		1823.6								

湖南省分地区火灾综合情况

地区	火灾概况						较大火灾				重大火灾				特别重大火灾			
	起数	亡（人）	伤（人）	损失			起数	亡（人）	伤（人）	直接损失（万元）	起数	亡（人）	伤（人）	直接损失（万元）	起数	亡（人）	伤（人）	直接损失（万元）
				直接损失（万元）	烧毁建筑（平方米）	受灾户数												
合计	7419	78	69	18104.9	252650	3181	5	17	1	113.9								
长沙市	704	17	31	5194.9	35154	251												
株洲市	726	6	5	500.1	7437	113												
湘潭市	414	3	2	126.5	4745	26												
衡阳市	586	10	2	1311.2	8867	385	2	8		66.7								
邵阳市	896	3	2	1496.7	22245	471	1	3	1	16.9								
岳阳市	327	4	4	702.8	7468	30												
常德市	387	4	5	1504.7	18951	109												
张家界市	207	5	6	249.8	4028	48												
益阳市	755	6	2	1773.2	23773	182												
郴州市	454	1	3	986.2	7954	489												
永州市	630	3	2	905.9	21614	236												
怀化市	487	6		1274.2	24934	162	1	3		25.2								
娄底市	570	2	1	1233.2	12760	500												
湘西土家族苗族自治州	276	8	4	845.5	52720	179	1	3		5.1								

广东省分地区火灾综合情况

地区	火灾概况						较大火灾				重大火灾				特别重大火灾			
	起数	亡（人）	伤（人）	损失			起数	亡（人）	伤（人）	直接损失（万元）	起数	亡（人）	伤（人）	直接损失（万元）	起数	亡（人）	伤（人）	直接损失（万元）
				直接损失（万元）	烧毁建筑（平方米）	受灾户数												
合计	25048	98	58	41594.4	446749	3380	8	36	5	1379.1								
广州市	6263	24	12	4637.3	70658	72												
韶关市	871	2		589.5	16674	53												
深圳市	1464	7	13	2831.9	13837	268	1	4		50.0								
珠海市	331			322	4192	27												
汕头市	502	3	2	684.1	9746	340												
佛山市	3899	4	3	8092.6	49459	7												
江门市	788			2024	10942	718												
湛江市	289	5	6	1295.6	9295	62	1	4	1	29.3								
茂名市	541	2		511.2	25124	5												
肇庆市	393	1		884.3	9852	95												
惠州市	306	1		665.1	10422	8												
梅州市	354	2		804.5	10059	99												
汕尾市	862	15	1	477.3	13153	5	3	13	1	22.5								
河源市	203	1		658.3	11109	19												
阳江市	1088	2		502.5	15014	53												
清远市	1936	2	2	3495.5	41568	1026												
东莞市	3440	7	15	8254.6	61557	144	1	3	3	1131.9								
中山市	533	15	4	1959.4	23624	94	2	12		145.5								
潮州市	207	2		540.5	13993	89												
揭阳市	539	3		2082.9	17758	172												
云浮市	239			281.4	8712	24												

广西壮族自治区分地区火灾综合情况

地区	火灾概况						较大火灾				重大火灾				特别重大火灾			
	起数	亡（人）	伤（人）	损失			起数	亡（人）	伤（人）	直接损失（万元）	起数	亡（人）	伤（人）	直接损失（万元）	起数	亡（人）	伤（人）	直接损失（万元）
				直接损失（万元）	烧毁建筑（平方米）	受灾户数												
合计	5315	47	42	10213.8	360070	2690	5	17	9	15.5								
南宁市	1647	7	8	1753.5	151895	555												
柳州市	456	1	4	1917.1	10578	83												
桂林市	774	13	11	1297.2	11242	618	1	5	6	2.7								
梧州市	173	1	3	375.2	4694	179												
北海市	169	3		566.4	9151	49												
防城港市	139			629.2	37536	138												
钦州市	292	7	6	338.4	43259	193	2	6	3	3.1								
贵港市	357	5	5	380.7	15638	128	1	3		0.6								
玉林市	324			647.3	8926	253												
百色市	211	2	3	1143.9	11515	91												
贺州市	241			220.5	6439	142												
河池市	168	2	1	342.4	2746	77												
来宾市	115	3	1	233.1	1628	41												
崇左市	249	3		368.8	44823	143	1	3	0	9.1								

海南省分地区火灾综合情况

地区	火灾概况						较大火灾				重大火灾				特别重大火灾			
	起数	亡（人）	伤（人）	损失			起数	亡（人）	伤（人）	直接损失（万元）	起数	亡（人）	伤（人）	直接损失（万元）	起数	亡（人）	伤（人）	直接损失（万元）
				直接损失（万元）	烧毁建筑（平方米）	受灾户数												
合计	1590	6	4	3078.5	153669	73												
海口市	529		3	887	26213	19												
三亚市	168			184.6	3672	7												
三沙市																		
儋州市	123	1		356.2	23421													
琼海市	67	2		490	3440	4												
文昌市	54	1		116.6	2933													
东方市	122			142.9	2173	2												
洋浦经济开发区	51	1		80.6	7551	3												
万宁市	124			105.4	32311	3												
五指山市	27			14.5	205													
乐东黎族自治县	38			155.8	1353													
澄迈县	34			151.8	1059													
临高县	50	1		115.2	634	3												
定安县	43			34.6	21918	2												
屯昌县	25			14.2	226	7												
陵水黎族自治县	7			8.3	87													
昌江黎族自治县	44			123.2	619													
保亭黎族苗族自治县	37			45.2	25513	7												
琼中黎族苗族自治县	37			38	302	7												
白沙黎族自治县	10		1	14.4	40	9												

重庆市分地区火灾综合情况

地区	火灾概况						较大火灾				重大火灾				特别重大火灾			
	起数	亡（人）	伤（人）	损失			起数	亡（人）	伤（人）	直接损失（万元）	起数	亡（人）	伤（人）	直接损失（万元）	起数	亡（人）	伤（人）	直接损失（万元）
				直接损失（万元）	烧毁建筑（平方米）	受灾户数												
合计	6474	64	33	12440.3	159176	2265	1	6		46.9								
万州区	736	1		230.3	5875	15												
黔江区	170			97.5	2852	1												
涪陵区	235	7		363.7	4613	63	1	6		46.9								
渝中区	175	3	1	97.1	976	12												
大渡口区	71	1	1	205.5	1331	17												
江北区	169	6	3	107.5	906	82												
沙坪坝区	372	3	4	610.1	5694	174												
九龙坡区	144	6	3	1945.4	3204	174												
南岸区	218	4	4	282.3	2951	57												
北碚区	214	1		1470.1	16731	13												
万盛经济技术开发区	25			27.2	501	2												
双桥区	33	1		38.1	198	34												
渝北区	406	5	2	126.7	3594	39												
巴南区	251	6	2	1211.2	4704	132												
长寿区	109	1		283.1	3128	32												
两江新区	73			175.7	841	85												
江津区	272			1446.7	3954	1												
合川区	540	1		170.9	2896	220												
永川区	250	1		133.6	2547	11												
南川区	228			70.6	1696	222												

重庆市分地区火灾综合情况（续）

地区	火灾概况						较大火灾				重大火灾				特别重大火灾			
	起数	亡（人）	伤（人）	损失 直接损失（万元）	损失 烧毁建筑（平方米）	损失 受灾户数	起数	亡（人）	伤（人）	直接损失（万元）	起数	亡（人）	伤（人）	直接损失（万元）	起数	亡（人）	伤（人）	直接损失（万元）
綦江区	165	2		502.4	2214	7												
大足区	219	3		148.9	2328	206												
璧山区	78		1	169.3	2065	48												
铜梁区	72			27.7	427	74												
潼南区	131			75.8	2234	6												
荣昌区	9			15.8	142	7												
开州区	75			73.3	1357	2												
梁平区	146		1	30.1	1156	97												
武隆区	14			575.8	982	17												
城口县	18			56.6	549	13												
丰都县	36	1		248.2	1967	43												
垫江县	199	4		150.4	5265	1												
忠　县	59			123.0	3838	58												
云阳县	47	2		38.8	373	1												
奉节县	40		1	173.0	50700	38												
巫山县	33		4	42.6	696	21												
巫溪县	218	1	4	77.2	2292	121												
石柱县	17	2		36.7	1424	19												
秀山县	123			140.5	5728	42												
酉阳县	15		2	170.9	1434	1												
彭水县	69	2		469.8	2813	57												

四川省分地区火灾综合情况

地区	火灾概况						较大火灾				重大火灾				特别重大火灾			
	起数	亡（人）	伤（人）	损失			起数	亡（人）	伤（人）	直接损失（万元）	起数	亡（人）	伤（人）	直接损失（万元）	起数	亡（人）	伤（人）	直接损失（万元）
				直接损失（万元）	烧毁建筑（平方米）	受灾户数												
合计	14248	63	91	16658.9	194345	3314	1	4	24	350.1								
成都市	2778	18	48	1837.1	40865	529	1	4	24	350.1								
自贡市	479	1		624.4	5919	163												
攀枝花市	296	2	1	840.7	7031	50												
泸州市	1794	8	4	651.6	10560	219												
德阳市	661	0	7	930.2	12382	64												
绵阳市	391	1	8	1704.2	11807	144												
广元市	772	3		604.7	6943	247												
遂宁市	1370	1	2	817.9	9536	634												
内江市	769	3	1	204.1	3550	208												
乐山市	590	2	5	228.7	8748	108												
南充市	186	3	2	659.7	6519	207												
眉山市	330	1	1	1023.8	6837	86												
宜宾市	986	4	1	1237.3	6266	246												
广安市	394	2	2	346.2	7439	151												
达州市	414	1		832.3	10781	105												
雅安市	339			230.7	4079	51												
巴中市	737	5	3	294.1	6011	9												
资阳市	496		3	712.8	12196	3												
阿坝藏族羌族自治州	15	4		450.7	2509	16												
甘孜藏族自治州	17	1		464.5	3601	19												
凉山彝族自治州	434	3	3	1963.4	10766	55												

贵州省分地区火灾综合情况

地区	火灾概况						较大火灾				重大火灾				特别重大火灾			
	起数	亡（人）	伤（人）	损失			起数	亡（人）	伤（人）	直接损失（万元）	起数	亡（人）	伤（人）	直接损失（万元）	起数	亡（人）	伤（人）	直接损失（万元）
				直接损失（万元）	烧毁建筑（平方米）	受灾户数												
合计	5580	43	42	10530.9	175381	1845	6	24	13	126.1								
贵阳市	844	11	2	1058.9	14969	137	1	3		10								
遵义市	2164	12	9	2579.6	60367	103	2	10		25.3								
安顺市	230	1		260.1	4755	59												
黔南布依苗族自治州	434	3	2	999.9	11199	189												
黔东南苗族侗族自治州	290	7	10	2042.9	30991	465	2	6	9	54.6								
铜仁市	397	1	6	1182.3	15386	174												
毕节市	462	8	11	971.8	12396	353	1	5	4	36.2								
六盘水市	356			469.2	6081	103												
黔西南布依族苗族自治州	383		2	960.1	19099	260												
贵安新区	20			6.1	139	2												

云南省分地区火灾综合情况

地区	火灾概况						较大火灾				重大火灾				特别重大火灾			
	起数	亡（人）	伤（人）	损失			起数	亡（人）	伤（人）	直接损失（万元）	起数	亡（人）	伤（人）	直接损失（万元）	起数	亡（人）	伤（人）	直接损失（万元）
				直接损失（万元）	烧毁建筑（平方米）	受灾户数												
合计	7486	78	30	14262.4	515965	5862	1	6		16.7								
昆明市	2536	14	5	3099.2	38732	2722												
曲靖市	765	7		470.6	31750	561												
玉溪市	335	2	2	780.4	8223	243												
保山市	307	3		691.8	109686	115												
昭通市	277	2	4	1139.2	5230	58												
丽江市	136	6	4	267.3	5452	56												
普洱市	254	4	1	822.3	10183	164												
临沧市	173	4	7	651.5	8290	189												
楚雄彝族自治州	245	3		672.3	19131	195												
红河哈尼族彝族自治州	406	4		1811.1	21977	122												
文山壮族苗族自治州	574	6		1504.9	196650	630												
西双版纳傣族自治州	360	1	2	203.5	8297	239												
大理白族自治州	758	11	3	1291.6	32527	242	1	6		16.7								
德宏傣族景颇族自治州	270	4		325.8	12298	237												
怒江傈僳族自治州	57	6	2	194.1	3210	55												
迪庆藏族自治州	33	1		336.8	4329	34												

西藏自治区分地区火灾综合情况

地区	火灾概况						较大火灾				重大火灾				特别重大火灾			
	起数	亡（人）	伤（人）	损失			起数	亡（人）	伤（人）	直接损失（万元）	起数	亡（人）	伤（人）	直接损失（万元）	起数	亡（人）	伤（人）	直接损失（万元）
				直接损失（万元）	烧毁建筑（平方米）	受灾户数												
合计	149			1904.5	14656	82												
拉萨市	39			1091.8	4176	25												
日喀则市	40			133.5	4671	16												
昌都市	33			499.5	3639	24												
林芝市	13			103.7	1806	11												
山南市	6			7.5	124	1												
那曲市	6			66.7	58	2												
阿里地区	12			1.9	182	3												

陕西省分地区火灾综合情况

地区	火灾概况						较大火灾				重大火灾				特别重大火灾			
	起数	亡（人）	伤（人）	损失：直接损失（万元）	损失：烧毁建筑（平方米）	损失：受灾户数	起数	亡（人）	伤（人）	直接损失（万元）	起数	亡（人）	伤（人）	直接损失（万元）	起数	亡（人）	伤（人）	直接损失（万元）
合计	8136	59	19	13407.6	216201	3686	1	7		5.1								
西安市	1875	18	2	1884.3	28690	628												
铜川市	212	2	1	497.9	7476	108												
宝鸡市	907	10	1	1573.5	14544	744	1	7		5.1								
咸阳市	778	2		1006.2	16675	279												
渭南市	531		3	911.1	16849	312												
延安市	342	3	3	1729.1	9346	233												
汉中市	739	7	1	1040.7	10310	720												
榆林市	907	3	1	824.4	21237	58												
安康市	759	7	4	1618.3	12913	158												
商洛市	462	3	3	591.6	51975	402												
西咸新区	568	4		1683.8	25498	25												
杨凌示范区	56			46.7	689	19												

甘肃省分地区火灾综合情况

地区	火灾概况						较大火灾				重大火灾				特别重大火灾			
	起数	亡（人）	伤（人）	损失			起数	亡（人）	伤（人）	直接损失（万元）	起数	亡（人）	伤（人）	直接损失（万元）	起数	亡（人）	伤（人）	直接损失（万元）
				直接损失（万元）	烧毁建筑（平方米）	受灾户数												
合计	7979	10	9	4475	553595	1243												
兰州市（含兰州新区）	1435	1	2	1110	48778	75												
嘉峪关市	164			132	6434	11												
金昌市	295			168	14215	174												
白银市	655	3		212	26784	38												
天水市	885	2		531	13906	22												
武威市	192		1	258	5527	9												
张掖市	1015			148	30722	192												
平凉市	314			113	17612	12												
酒泉市	787			120	35292	351												
庆阳市	1147		2	304	335144	170												
定西市	325	2	3	1067	7059	62												
陇南市	501	2	1	137	5805	93												
临夏州	169			88	3731	22												
甘南州	95			86	2587	12												

青海省分地区火灾综合情况

地区	火灾概况						较大火灾				重大火灾				特别重大火灾			
	起数	亡（人）	伤（人）	损失			起数	亡（人）	伤（人）	直接损失（万元）	起数	亡（人）	伤（人）	直接损失（万元）	起数	亡（人）	伤（人）	直接损失（万元）
				直接损失（万元）	烧毁建筑（平方米）	受灾户数												
合计	1556	10	1	1842.1	1537966	242	1	4		437.4								
西宁市	929	2	1	183.5	121423	41												
海东市	148	2		97.4	10473	20												
海西蒙古族藏族自治州	150			651.5	4523	7												
海南藏族自治州	79			209.8	62327	7												
海北藏族自治州	70			63	71274	54												
黄南藏族自治州	47	4		491.5	1210032	18	1	4		437.4								
果洛藏族自治州	42			13.3	54279	13												
玉树藏族自治州	53	2		43.2	1422	43												
格尔木市	38			88.8	2213	39												

宁夏回族自治区分地区火灾综合情况

地区	火灾概况						较大火灾				重大火灾				特别重大火灾			
	起数	亡（人）	伤（人）	损失			起数	亡（人）	伤（人）	直接损失（万元）	起数	亡（人）	伤（人）	直接损失（万元）	起数	亡（人）	伤（人）	直接损失（万元）
				直接损失（万元）	烧毁建筑（平方米）	受灾户数												
合计	4652	2	1	2744.5	422520	2952												
银川市	2326	1		565.3	72969	1508												
石嘴山市	678	1		435	84928	654												
吴忠市	669			586.4	160369	682												
固原市	215		1	761.8	67957	70												
中卫市	764			396	42298	38												

新疆维吾尔自治区分地区火灾综合情况

地区	火灾概况						较大火灾				重大火灾				特别重大火灾			
	起数	亡（人）	伤（人）	损失			起数	亡（人）	伤（人）	直接损失（万元）	起数	亡（人）	伤（人）	直接损失（万元）	起数	亡（人）	伤（人）	直接损失（万元）
				直接损失（万元）	烧毁建筑（平方米）	受灾户数												
合计	8658	23	6	7155.5	793135	4134												
乌鲁木齐市	1494	12	2	888.9	39614	189												
克拉玛依市	119			62.2	4902	14												
吐鲁番市	575		1	1138.7	33226	223												
哈密市	210	1		659.1	7868	118												
昌吉回族自治州	866	2		339.6	26165	635												
博尔塔拉蒙古自治州	169			161.8	11103	37												
巴音郭楞蒙古自治州	426	5		703.8	31979	222												
阿克苏地区	365			682.5	18244	386												
克孜勒苏柯尔克孜自治州	64			60.3	1110	19												
喀什地区	1257	1	3	694.0	34466	776												
和田地区	301			223.3	10858	123												
伊犁哈萨克自治州	1758			550.3	48394	703												
塔城地区	656			712.3	516069	405												
阿勒泰地区	150	1		217.8	7470	92												
石河子市	248	1		60.9	1667	192												

第三章　较大火灾情况

1月

1月1日6时许，贵州省毕节市金沙县沙土镇诚才养生店发生火灾，造成5人死亡、4人受伤，过火面积280平方米，直接财产损失36.2万元。起火原因为遗留火种引燃周围可燃物。剖析火灾事故教训：起火建筑为村民自建房，中间部位设有天井，顶部设有雨棚，只有一个敞开楼梯且沿天井设置，火灾发生后形成烟囱效应，阻断了逃生通道；采用大量可燃材料装修，房间存放大量可燃物，火灾负荷大，火灾发生后产生大量高温有毒烟气；未按规定设置火灾自动报警系统，造成火灾报警晚，被困人员错过最佳逃生时机；场所未设置封闭楼梯间，包房门未设置乙级防火门，不能有效阻止火势和烟雾向包房、楼层蔓延；建筑外窗设置金属护栏、大型广告牌，部分采用实体砖封堵，影响被困人员疏散逃生和灭火救援。根据火灾原因调查和责任认定，诚才养生店被罚款60万元，事故责任人4人被追究刑事责任，4人被给予政务处分、1人被谈话提醒，3名政府工作人员被移送纪检监察机关调查处理，金沙县消防大队、金沙县沙土镇人民政府向金沙县政府作出检查，金沙县政府向毕节市政府作出检查。

1月4日1时许，内蒙古自治区包头市青山区幸福路16号街坊40栋3单元一层通道发生火灾，造成3人死亡，过火面积15平方米，直接财产损失1.4万元。起火原因为电气线路故障引燃周围可燃物。

1月21日2时25分，江苏省苏州市吴中区郭巷街道北港路姜家村一民宅发生火灾，造成5人死亡，过火面积15平方米，烧毁室内生活用品等，直接财产损失2万元。起火原因为增氧机电池组充电故障。剖析火灾事故教训：人员居住区域缺少独立安全出口，过道顶部私设彩钢板导致烟气无法排出；郭巷街道负责人未履行消防安全管理职责，未能检查发现事故发生地存在隐患。

1月27日22时8分，湖南省湘西自治州花垣县石栏镇朋岩村一民宅发生火灾，造成4人死亡，过火面积129平方米，直接财产损失5.1万元。起火原因为电烤火炉使用不当。

2月

2月4日3时31分，广东省汕尾市海丰县海城镇龙门社区寨仔埔4巷一民宅发生火灾，造成5人死亡，过火面积10平方米，烧毁家具、家电等，直接财产损失5.4万元。起火原因为电气线路故障引燃可燃物。剖析火灾事故教训：起火建筑电线从户外接入，线路入户端及一层采用闸刀开关和老式保险丝保护，室内线路敷设不规范，局部线路系驳接勾接，电气安全隐患较大；村（社区）“网格”管理末端不落实，隐患排查不彻底，电气线路改造工程覆盖不到位；农村居民消防安全常识不足，自防自救能力弱，错失最佳逃生机会；起火建筑所处老旧居民区基础建设不完善，且存在违规搭建现象，建筑防火间距不足，周边及内部道路狭窄，无消防车通道。

2月5日3时6分，陕西省宝鸡市陇县河北镇东坡村一民房发生火灾，造成7人死亡，过火面积80平方米。该起火灾事故被认定为刑事案件。

2月5日3时25分，黑龙江省佳木斯同江市青河镇东宏村一民宅发生火灾，造成3人死亡，过火面积327平方米，直接财产损失14.8万元。起火原因为用火不慎引燃周围可燃物。

2月10日6时35分，江苏省宿迁市湖滨新区晓店镇小马村刘圩1组一民房发生火灾，造成3人死亡，过火面积6平方米，烧毁室内生活用品等，直接财产损失2000元。起火原因为电加热器具引燃周围可燃物。

2月12日22时50分，湖南省怀化市会同县金子岩乡木栗溪8组一住宅发生火灾，造成3人死亡，过火面积约600平方米，烧毁2层木质房屋1栋，直接财产损失25.3万元。起火原因为生活用火不慎引燃可燃物。

2月16日18时57分，河南省安阳市内黄县楚旺镇郭庄村一民宅发生火灾，造成6人死亡，过火面积20平方米，直接财产损失7200元。起火原因为放火。犯罪嫌疑人刘金某在案发现场身亡。

2月17日4时9分，辽宁省大连市金普新区登沙河街道飞度洗浴发生火灾，造成3人死亡，过火面积15平方米，烧毁场所内部分装修、家具及物品等。起火原因为放火。

2月20日23时5分，江苏省苏州市吴江区七都镇隐读村11组一民房发生火灾，造成3人死亡，过火面积10平方米，主要烧毁室内生活用品等，直接财产损失1万元。起火原因可排除电气线路故障、外来火种，不排除用火不慎引发火灾。

2月22日8时44分，广西壮族自治区钦州市灵山县丰收路右二巷一民宅发生火灾，造成3人死亡、3人受伤。起火原因为一层电动自行车故障。

3月

3月3日22时，贵州省遵义市正安县正安印象小区B区商业一层三人行烧烤店发生火灾，造成7人死亡，过火面积90平方米，直接财产损失10.2万元。起火原因为菜油燃烧引燃周围可燃物。剖析火灾事故教训：起火门店使用可燃材料进行装修，夹层地板、楼梯、隔墙皆为木质材料，导致火势极易蔓延成灾；店内布局不合理，木质疏散楼梯位于最内侧厨房正上方，火灾后楼梯烧毁，逃生路线被切断；二层窗户设置钢化玻璃和铁栅栏，影响人员疏散逃生；经营者和厨师消防安全意识淡薄，在火灾初起阶段未能及时处置。

3月6日19时25分，四川省成都市武侯区佳灵路53号西部汽车城唯驿公寓二层B区汽配仓库发生火灾，造成4人死亡、24人受伤，过火面积600平方米，烧毁汽车配件及部分公寓内生活用品，直接财产损失350万元。起火原因为电气线路故障引燃周围可燃物。

3月8日13时38分，北京市通州区北京国奇能量钢结构工程有限公司厂区内发生火灾，未造成人员伤亡，过火面积2200平方米，直接财产损失2894.3万元。起火原因为违法违规电焊引燃周围可燃物。剖析火灾事故教训：起火仓库未设置自动灭火系统，其最大允许占地面积、耐火等级、消防给水及室内消火栓系统不符合国家标准，厂区及周边缺少水源；消防监督管理不力，隐患整改不到位。

4月

4月1日2时，福建省福州市长乐区航城街道航辉花园13号楼一民宅发生火灾，造成4人死亡，过火面积120平方米，直接财产损失22.5万元。起火原因为放火。

4月17日15时58分，山东省菏泽市牡丹区王浩屯镇梁于村一民宅发生火灾，造成3人死亡，过火面积10平方米，直接财产损失5000元。起火原因为放火。

4月17日17时38分，湖北省武汉市东西湖区湖北银丰仓储物流有限责任公司E仓库发生火灾，过火面积4800平方米，烧损棉花6000吨，烧毁仓库建筑一栋，直接财产损失3611万元。起火原因为棉花堆垛自燃。剖析火灾事故教训：该公司在管理中存在严重漏洞，棉花储存保管质量检验制度、仓库日常管理制度、门卫检查制度、仓库消防设施维护保养制度、消防控制室值班制度等均未能有效落实。该案件移送公安机关，并以涉嫌重大责任事故罪刑事立案。

4月22日4时1分，湖南省衡阳市衡东县杨桥镇颜记五金批发店发生火灾，造成4人死亡，过火面积48平方米，直接财产损失66.2万元。起火原因为电气线路故障引燃周围可燃物。

5月

5月1日6时25分，北京市朝阳区建国路18号珠江绿洲小区8号楼一民宅发生火灾，造成3人死亡，过火面积30平方米，直接财产损失5万元。起火原因为放火。

5月2日22时15分，广西壮族自治区贵港桂平市中沙镇庞村一民宅发生火灾，造成3人死亡，过火面积12平方米。起火原因为生活用火不慎。

5月5日6时50分，广西壮族自治区桂林市雁山区雁山镇西龙村一自建民房发生火灾，造成5人死亡、6人重伤、32人受伤，过火面积28平方米，直接财产损失2.7万元。起火原因为电动自行车电气故障。剖析火灾事故教训：该建筑为6层自建房，建设和出租经营均未申办手续，唯一一部敞开式疏散楼梯长期被占用堵塞，影响疏散逃生；建筑一层电动自行车停放充电场所与疏散楼梯间未设置防火分隔，缺少独立式烟感报警器、简易喷淋、智能充电桩等设施，不能及早发现火灾，导致烟气蔓延；该建筑层层转包出租，消防安全责任人和管理人不明确，管理人员于火灾当晚未开展防火巡查，未及时发现和处置初期火灾。

5月12日2时50分，湖南省邵阳市新邵县陈家坊镇踏水桥社区市场路一民宅发生火灾，造成3人死亡、1人受伤，过火面积25平方米，直接财产损失17万元。起火原因为摩托车电气故障引燃周围可燃物。

5月12日3时许，广东省汕尾市陆丰市碣石镇桂林村九地第三坊二巷一民宅发生火灾，造成3人死亡，过火面积20

平方米，烧毁部分家具、电动自行车、摩托车等，直接财产损失10万元。起火原因为电动自行车短路故障。

5月22日14时33分，上海市青浦区华丹路635号上海山普生鲜供应链管理有限公司发生火灾，过火面积1.7万平方米，未造成人员伤亡，直接财产损失3770.2万元。起火原因为遗留火种引燃周边可燃物。剖析火灾事故教训：起火建筑多次违规拆建、加建、改建，使用性质改变，使用面积超标，未增设消防设施，安全隐患严重，火灾危险性高；公司未按辖区消防救援支队要求对其改变建筑物用途不符合消防安全要求的违法行为进行整改，火灾隐患长期存在。

5月23日22时55分，河南省驻马店市平舆县古槐街道办事处一民宅发生火灾，造成3人死亡，过火面积19.6平方米，直接财产损失26.3万元。起火原因不排除生活用火不慎。

5月25日3时54分，吉林省长春市宽城区兰家镇长春市新亿佳塑业有限责任公司发生火灾事故，造成3人死亡、5人受伤，直接财产损失500万元。起火原因为静电火花引燃周围可燃物。

5月26日2时36分，辽宁省沈阳市皇姑区四台子街道田义村文储路一农作物大棚看守房发生火灾，造成3人死亡，过火面积50平方米，烧毁大棚看守房等，直接财产损失2万元。起火原因可排除放火。

6月

6月1日5时8分，山东省聊城市临清市大辛庄办事处东江庄村一民宅发生火灾，造成3人死亡，过火面积210平方米，直接财产损失15万元。起火原因为放火。

6月3日23时50分，广西壮族自治区钦州市灵山县旧州镇新兴街一民宅发生火灾，造成3人死亡，过火面积30平方米，烧毁民房内床、空调、衣柜等物品，直接财产损失1.8万元。起火原因为烟头引燃周围可燃物。

6月11日6时4分，云南省大理市旅游度假区大理镇银苍社区叶榆路十七幢一民宅发生火灾，造成6人死亡，过火面积230平方米，直接财产损失16.7万元。起火原因为电动自行车充电起火引燃周围可燃物。剖析火灾事故教训：起火建筑属“多合一”场所，住宿部分与其他部分未设置有效防火分隔，可燃物较多，排烟通道堵塞，火灾和有毒烟气蔓延迅速，且疏散通道堵塞，易导致人员伤亡；存在转租现象，建筑使用性质改变，产权人、租赁人、使用人落实安全管理主体责任不力；电动自行车违规停放、充电且电池经违规改装，现场未采取防范和看护措施，火灾隐患严重。

6月11日23时40分，安徽省宿州市埇桥区芦岭镇桥口村丁桥街一民宅发生火灾，造成3人死亡，过火面积100平方米，直接财产损失14万元。起火原因为遗留火种引燃周围可燃物。

6月12日23时51分，山西省太原市杏花岭区南华门路三昧喜马拉雅酒馆发生火灾，造成6人死亡、1人受伤，过火面积67.5平方米，烧损装修装饰和部分家电家具，直接财产损失5.8万元。起火原因为电气线路故障。剖析火灾事故教训：消防安全主体责任不落实，政府、职能部门监管不到位；起火单位存在电气线路混乱等问题，且缺乏消防设施；人员消防安全意识淡薄，缺乏消防逃生自救常识。

6月16日1时50分，浙江省乐清市城东街道旭阳路6666号铂金湾花园小区3号楼1单元一民宅发生火灾，造成3人死亡、5人受伤，过火面积4平方米，直接财产损失2万元。起火原因为弱火源引发周围可燃物阴燃。

6月23日13时33分，山东省青岛市胶州市里岔镇青岛兴正纺织有限公司发生火灾，造成3人死亡，过火面积1200平方米，直接财产损失485万元。起火原因为静电火花或高温引燃周围可燃物。

6月26日2时许，广东省中山市坦洲镇坦神北路117号美丽花园135卡一五金商铺发生火灾，造成6人死亡，过火面积10平方米，烧损收银台及部分货物，直接财产损失10万元。起火原因为电源线路短路引燃周围可燃物。剖析火灾事故教训：经营者火灾防范意识淡薄，电气线路敷设不符合标准，擅自使用可燃材料搭建夹层，住宿部位与场所内其他部位无有效的防火分隔措施，使商铺成为“三合一”场所，多次拒不整改违规住人问题；村居消防安全基层网格员和物业管理单位在督促整改火灾隐患环节责任落实不到位，未及时上报处理，消防安全日常监管过程中火灾隐患跟踪不到位；商铺内火灾探测报警和早期灭火消防设施不完善。

7月

7月10日2时58分，辽宁省鞍山海城市耿庄镇前甘村一民宅发生火灾，造成4人死亡，过火面积80平方米，烧损民房及生活物品、家具等，直接财产损失10万元。起火原因为电气线路故障引燃周围可燃物。

7月11日20时13分，广西壮族自治区崇左市宁明县城中镇北麟街一民宅发生火灾，造成3人死亡，过火面积40平方米，烧毁民房内货架、冰柜、床铺等物品，直接财产损失9.1万元。起火原因为电气线路故障引燃周围可燃物。

7月12日4时17分，江西省上饶市广丰区洋口镇一居民自建房发生火灾，造成4人死亡、3人受伤，过火面积180平方米，直接财产损失128.3万元。起火原因为电气线路故障引燃周围可燃物。

7月17日3时许，湖北省孝感市大悟县三里镇向阳街海尔专卖店发生火灾，造成3人死亡，过火面积90平方米，直接财产损失28.3万元。起火原因为电气线路故障引燃可燃物。

7月17日7时37分，河北省雄安新区朱各庄镇高庄村一民宅发生火灾，造成4人死亡，过火面积262平方米，烧毁家具、家电、生活用品和房屋等，直接财产损失17.5万元。起火原因为电动自行车充电过程中电气线路故障引燃周围可燃物。

7月22日3时5分，浙江省温州市洞头区北岙街道广场路45号海湾家园一区9幢一民宅发生火灾，造成3人死亡，过火面积170平方米，烧毁室内装修、家具、电器等，直接财产损失20.1万元。起火原因为蜡烛倾倒引燃周围可燃物。

7月23日2时6分，安徽省合肥市瑶海区漕冲支路一民宅发生火灾，造成4人死亡，过火面积36平方米，烧毁屋内家具、衣物等。起火原因为放火。

7月26日3时8分，贵州省贵阳市乌当区北衙路一民宅发生火灾，造成3人死亡、1人受伤，过火面积82.7平方米，直接财产损失29.8万元。起火原因为电气线路故障引燃周围可燃物。

8月

8 月 2 日 2 时 36 分，湖北省孝感市孝南区毛陈镇金凤凰纸业（孝感）有限公司物流分拣成品仓库发生火灾，无人员伤亡，过火面积 9000 平方米，直接财产损失约 1800 万元。起火原因为叉抱车违规操作产生火花引燃周围可燃物。

8 月 4 日 8 时许，福建省三明市清流县嵩溪镇嵩溪村时州新村一民宅发生火灾，造成 3 人死亡，过火面积 3 平方米，直接财产损失 3.8 万元。起火原因不排除电气故障、玩火。

8 月 9 日 12 时 34 分，广东省深圳市龙岗区布吉街道信义假日名城博雅园二期 4 号楼临街一层 S89 号三好汽配经营部爆炸后发生火灾，造成 4 人死亡，过火面积约 100 平方米，直接财产损失 384.6 万元。起火原因为静电火花引起汽油蒸气爆炸。

8 月 10 日 15 时许，福建省宁德福安市城北街道冠后路福安市碧玉碧波美容美发店发生火灾，造成 3 人死亡，过火面积 20 平方米，直接财产损失 19.5 万元。起火原因为电热膜局部过热引燃周围可燃物。

9月

9 月 4 日 18 时 53 分，广东省东莞市大岭山镇杨屋村创嘉家具实业有限公司生产厂房发生火灾，造成 3 人死亡、3 人受伤，过火面积 7300 平方米，烧损部分建筑结构，家具原材料、产品，机器设备等，直接财产损失 1600.1 万元。起火原因为电线短路喷溅高温熔珠引燃周围可燃物。

9 月 25 日 7 时 5 分，青海省黄南州隆务寺忠义囊谦（僧舍）发生火灾，造成 4 人死亡、1 人受伤，过火面积 448 平方米，直接财产损失 437.4 万元。起火原因为变压器故障发热引燃周围可燃物。

10月

10 月 1 日 4 时许，广东省汕尾市海丰县城东镇海龙路一居住建筑发生火灾，造成 5 人死亡，过火面积 21 平方米，烧损自行车 1 辆、电动自行车 5 辆、燃油摩托车 10 辆，直接财产损失 93 万元。剖析火灾事故教训：消防安全主体责任不落实，政府、职能部门监管不到位；起火建筑无任何消防设施，住户报警不及时，且消防安全意识淡薄，缺乏消防逃生自救常识。

10 月 4 日 0 时 55 分，山东省聊城市东昌府区利民路 ADA 服饰店发生火灾，造成 3 人死亡，过火面积 610 平方米，直接财产损失 570 万元。起火原因为放火。

10 月 6 日 23 时，福建省龙岩市长汀县河田镇芦竹村一民宅发生火灾，造成 3 人死亡，过火面积 150 平方米，直接财产损失 3775 元。起火原因为放火。

10 月 9 日 2 时 7 分，安徽省亳州市涡阳县店集镇中心卫生院发生火灾，造成 5 人死亡，过火面积 1650 平方米，烧损综合楼内医疗办公设备及部分装修等，直接财产损失 32.9 万元。起火原因为遗留火种引燃周围可燃物。剖析火灾事故教训：消防安全管理混乱，消防安全主体责任落实不力，法律意识缺失、安全意识淡薄，长期存在违法违规行为，消防安全管理混乱；属地政府和行业主管部门日常监管流于形式，乡镇非城市规划区内未批先建，存在随意装修改建情况。

10月9日3时50分，江西省赣州市南康区塔坳安置点一居民自建房发生火灾，造成3人死亡、1人受伤，过火面积80平方米，直接财产损失20万元。起火原因为遗留火种引燃周边可燃物。

10月11日4时12分，内蒙古自治区通辽市开鲁县佛国殡葬用品店发生火灾，造成3人死亡，过火面积120平方米，直接财产损失25.9万元。起火原因排除自燃、放火、生活用火不慎、电路故障及其他电气线路故障，不排除遗留火种引发火灾的可能。

10月12日5时12分，贵州省黎平县肇兴镇归公村三组一民宅发生火灾，造成3人死亡、2人受伤，过火面积60.6平方米，烧毁砖木结构房屋1栋，直接财产损失4.6万元。起火原因为电气线路故障引燃周边可燃物。

10月18日19时39分，辽宁省大连市金州区拥政街道胜利路金北嘉园小区一民宅发生火灾，造成3人死亡，过火面积3平方米，烧损局部装修、家具等，直接财产损失149.4万。起火原因为电气线路故障引燃周边可燃物。

10月20日2时许，福建省泉州南安市美林街道溪洲村秋洪卫浴洁具厂发生火灾，造成4人死亡、3人受伤，过火面积370平方米，直接财产损失374.3万元。起火原因为遗留火种引燃周围可燃物。

10月24日21时59分，湖南省衡阳耒阳市群英南路一民宅发生火灾，造成4人死亡，过火面积10平方米，直接财产损失4860元。起火原因为放火。

10月31日0时40分，广东省湛江市坡头区官渡镇广湛路一五金店发生火灾，造成4人死亡，过火面积60平方米，烧毁部分商品及室内装修，直接财产损失29.3万元。起火原因为电气线路短路引燃周围可燃物。

11月

11月5日3时58分，山东省菏泽市牡丹区胡集镇玛吉斯轮胎门店发生火灾，造成3人死亡，过火面积30平方米，直接财产损失8.9万元。起火原因为电气线路故障引燃周围可燃物。

11月9日17时1分，上海市宝山区蕰川路3735号上海鑫德物流有限公司1号仓库发生火灾，造成3人死亡、1人受伤，过火面积7000平方米，直接财产损失1000万元。起火原因为高温焊渣引燃地面可燃物。

11月15日6时57分，安徽省蚌埠市龙子湖区淮河路853栋一层特色小吃店内发生爆炸事故，造成5人死亡、3人受伤，直接财产损失94.5万元。事故原因为液化石油气钢瓶泄漏爆炸，引燃周围可燃物。剖析爆炸事故教训：起火商铺与周边商铺均采用木质隔断及塑料扣板吊顶等可燃性装修材料，耐火等级低，防火性能先天不足，爆炸发生后火势迅速蔓延；群众消防安全意识淡薄，未第一时间报警求救，延误救援时间，且二层西侧出口上锁，逃生路径阻塞；辖区政府对液化气瓶使用管理不到位，发生爆炸的液化气瓶软管及阀门均存在私自改装情况。

11月29日22时许，河南省鹤壁市山城区电子供销公司家属院一民宅发生火灾，造成4人死亡，过火面积60平方米，直接财产损失7.9万元。起火原因为“热得快”产生高温引燃可燃物。

12月

12月3日22时33分，北京市房山区大石窝镇北尚乐村一民宅发生火灾，造成3人死亡，过火面积约100平方米，直接财产损失7.8万元。起火原因为电线短路引燃周边可燃物。

12月10日2时许，福建省泉州晋江市池店镇池店村凤西区一民宅发生火灾，造成3人死亡、3人受伤，过火面积50平方米，直接财产损失8万元。起火原因为放火。

12月13日11时53分，上海市浦东新区高东路118号益海嘉里集团上海企业群高东工厂一仓库发生火灾，未造成人员伤亡，过火面积约2.2万平方米，直接财产损失2883.5万元。起火原因为焊渣溅落导致货品外包装纸箱阴燃并起火。剖析火灾事故教训：电焊作业点防火布设置方式不正确，且防火布自身不完整，导致现场防火保护不到位；监火人擅自离开作业现场，未全程监护电焊作业；起火建筑室外雨棚下方被占用，为可燃货物堆垛，不符合仓储场所相关管理规定要求。起火建筑实际作为丙一类仓库使用，未设置防止液体流散的设施，不符合相关消防技术标准要求。

12月13日19时46分，山东省济南市市中区党家街道邵西村一修车铺发生爆燃事故，造成3人死亡、2人受伤，过火面积10平方米，直接财产损失3.6万元。事故认定为刑事案件。

12月21日7时2分，贵州省遵义仁怀市大坝镇永兴街一民宅发生火灾，造成3人死亡，过火面积83平方米，直接财产损失109.2万元。起火原因为插线板短路引燃周围可燃物。

12月22日1时30分，广东省中山市古镇镇晋南路13号江南海岸花园B1栋一民宅发生火灾，造成6人死亡，过火面积300平方米，烧损部分家具、家电及生活用品，直接财产损失128.7万元。起火原因为遗留火种引燃周围可燃物。剖析火灾事故教训：住户防火意识淡薄，在入户玄关位置长期摆放多种可燃物，起火场所室内装修、家具大量采用木质可燃材料，起火后火势迅速蔓延，并释放大量有毒烟气；群众缺乏报警意识和自救逃生常识，发生火灾后未能及时报警并采取紧急避险措施。

12月30日6时44分，重庆市涪陵区李渡街道办事处马鞍村一民宅发生火灾，造成6人死亡，过火面积139平方米，烧毁室内装修及家具、家电等物品，直接财产损失24.5万元。起火原因为餐厅西侧麻将机电机故障引燃周围可燃物。剖析火灾事故教训：业主消防安全意识淡薄，长时间使用麻将机后未切断电源，直接导致火灾发生；起火住宅内大量使用易燃可燃材料装修，室内可燃物堆积，致使火势迅速蔓延并产生大量有毒烟气；起火建筑存在火灾自动报警系统主机故障、室外消火栓泵故障、防火分隔不到位等问题；物业公司主体责任不落实，未发现和整改高层建筑火灾隐患，消防控制室值班人员对消防设施操作不熟练，室内消火栓泵控制柜上的多线开关处于手动状态；小区消防车通道违规占用，严重影响灭火救援行动。

第四章　重大火灾情况

浙江宁波“9·29”锐奇日用品有限公司火灾

2019年9月29日13时10分，浙江省宁波市宁海县梅林南路195号宁波锐奇日用品有限公司厂房发生烷烃爆燃事故，造成19人死亡、3人受伤，过火面积1100平方米，直接财产损失2380.4万元。事故发生后，党中央、国务院有关领导先后作出重要批示，浙江省委、省政府主要领导加强调度统筹，要求抓紧抢救伤员，认真查明事故原因，依法依规严肃处理。2019年10月1日，成立由浙江省应急管理厅牵头，浙江省公安厅、自然资源厅、建设厅、总工会、消防救援总队和宁波市政府派员参加的事故调查组，并聘请火灾调查专家全程参与调查。

一、基本情况

（一）起火单位情况

宁波锐奇日用品有限公司成立于2015年3月，共有员工28人，法定代表人张宇某，实际负责人为其丈夫孙俊某，股东葛联某占42.7%的股份。该公司于2015年4月起租用宁海县裕亮文具厂厂房从事生产经营活动，主要生产加工汽车香水、塑料制品等日用化工制品，厂房房东为林国某。

（二）起火建筑情况

起火建筑位于宁海县梅林南路195号，占地面积约1081平方米，建筑分3部分，有东、西两幢砖混结构建筑。东侧建筑两层，单层面积160平方米，一层为门卫室、餐厅，二层为办公区域；西侧建筑3层，单层面积280平方米，一层为香水灌装车间，二层、三层为包装车间，三层顶部为闲置阁楼；两幢建筑间的空地搭有钢棚，内设泡壳（吸塑）车间，堆放包装纸箱等。

二、事故原因及起火经过

经认定，该起事故起火原因为员工违规操作导致塑料桶起火，引燃周围可燃物发生爆燃。

9月29日7时20分起，员工孙某在西楼一层车间自南向北第三跨东半间配制加工物料共6个塑料桶，并依次将物料置于金属容器中，放置在电磁炉上加热熬制。13时10分，孙某在倾倒金属容器内加热搅拌后的物料时，将金属容器向下倾斜搁置在塑料桶上，桶口有白色蒸气升腾。而后，在孙某放手转身过程中，金属容器口出现火光，随即火焰变大。发现起火后，孙某仅使用桶盖盖、扇等方式扑救，未就近取用灭火器施救，耗时4分多钟未成功灭火，附近3名知情员工均未报警也未参与扑救。塑料桶烧融后引燃周边易燃可燃物物料，致使一层车间迅速进入全面燃烧状态并发生数次爆炸，同时产生大量一氧化碳等有毒物质和高温烟气。火势和高温有毒烟气通过楼梯向上蔓延，引燃二层半成品包装车间、三层成品包装车间可燃物，短时间内形成整个厂房的立体燃烧状态。

三、事故处置情况

9 月 29 日 13 时 14 分，宁海县消防大队接到报警后，迅速调集力量赶赴现场处置。宁波市及宁海县政府接到报告后，迅速启动应急预案，调动消防、公安、应急管理等有关单位参加救援，共出动消防车 25 辆、消防人员 115 人。

13 时 27 分，首战力量宁海中队共 7 车 26 人到场，此时西侧主体建筑及两楼中间钢棚已经猛烈燃烧，主体建筑南侧墙体发生变形外倾，火势向西蔓延至山上。北面临近厂房受到火势威胁，建筑内有人员被困。

参战消防力量成立攻坚组，利用 6 米拉梯进入东侧建筑二层搜寻被困人员，并在厂区四周设置 1 门水炮、7 支水枪控制火势，掩护营救疏散人员。13 时 32 分，在火场南侧搜救出 2 名伤员。13 时 40 分，辖区其他参战力量到场，协同开展建筑外围人员搜救和火灾处置，共增派 4 个搜救组。14 时左右，中间钢棚区域明火被扑灭，西侧主体建筑火势得到控制。14 时 28 分，宁波支队全勤指挥部及增援力量到场，设立现场指挥部和攻坚小组，全力开展事故处置工作。15 时许，现场明火基本扑灭。

四、事故责任处理情况

锐奇公司法定代表人张宇某、实际控制人孙俊某、对事故发生负有直接责任的员工孙某等 3 人，因在事故中死亡，免于追究责任；股东葛联某及裕亮文具厂法定代表人林国某被追究刑事责任。宁波杭州湾新区党工委，宁海县委、县政府，宁海县应急管理局、消防大队、综合执法局、自然资源和规划局、住建局、经信局，宁海梅林街道、派出所等单位 21 名相关人员被给予党纪政纪处分。宁波市政府向浙江省省政府作出深刻检查，并抄报省纪委监委、省应急管理厅。

第七篇

英　模　录

2019年，全国消防救援队伍忠实践行“对党忠诚、纪律严明、赴汤蹈火、竭诚为民”四句话总要求，对标对表应急救援“主力军”“国家队”职能定位，闻令即动、快速反应、冲锋在前，不怕牺牲、逆向而行、英勇战斗，全面防范化解重大安全风险，全力维护经济社会发展，竭力保护人民群众生命财产安全，出色完成新中国成立70周年等重大安保任务，成功处置江苏响水“3·21”化工爆炸、超强台风“利奇马”等各类重特大灾害事故，用牺牲和奉献书写了对党和人民的无限忠诚，涌现出一大批英模集体和先进个人，为全国消防救援队伍赢得了崇高荣誉。2019年，全国消防救援队伍2个集体、3名个人受党中央和国务院表彰，4个集体、7名个人荣立一等功，9个集体、196名个人荣立二等功。7名消防指战员在灭火救援中英勇牺牲。

第一章 烈 士 名 录

2019年度全国消防救援队伍烈士名录

孟鸣之 生前系安徽省合肥市肥东县消防大队肥东中队副班长

刘乃夫 生前系四川省阿坝州壤塘县消防大队壤塘中队班长

张向博 生前系陕西省杨凌示范区消防支队特勤中队副班长

刘 磊 生前系江苏省苏州市消防支队吴江区大队盛泽中队副班长

孙雷宇 生前系安徽省蚌埠市消防支队淮上区大队沫河口中队副班长

吕 挺 生前系浙江省湖州市安吉县消防大队安吉中队中队长

张伟杰 生前系福建省福州市消防支队特勤大队四中队消防员

孟鸣之烈士事迹

孟鸣之，男，汉族，广西桂林人，1996年12月出生，2015年9月入伍，生前系安徽省合肥市肥东县消防大队肥东中队副班长，四级消防士消防救援衔。

2019年1月18日2时27分，安徽省合肥市肥东县庆超粮油贸易有限公司发生火灾。接到报警后，孟鸣之随队赶赴现场处置。为尽快控制火势，孟鸣之和战友们迅速展开战斗，靠前作战，抵近烘干机底部，架设水枪阵地，实施有效灭火。3时30分，烘干机外部明火被扑灭，内部火势也得到有效控制，但仍有阴燃现象，不时冒出浓烟。孟鸣之主动请缨，沿楼梯爬到烘干机顶部，利用水枪向内部灌水，进行冷却降温和阴燃清理。现场处置过程中，孟鸣之不幸滑落到烘干机内。中队指战员立即展开施救，并迅速送往医院救治。经医院全力抢救无效，11时40分，孟鸣之英勇牺牲。

2019年1月，孟鸣之被应急管理部批准为烈士。被应急管理部消防救援局追记一等功，被安徽省消防救援总队追认为中国共产党党员，被共青团安徽省委、安徽省青年联合会追授“安徽青年五四奖章”。

刘乃夫烈士事迹

刘乃夫，男，汉族，四川井研人，1994年2月出生，2011年12月入伍，生前系四川省阿坝州壤塘县消防大队壤塘中队班长，三级消防士消防救援衔。入伍7年来，刘乃夫先后参加芦山“4・20”地震灾害、“6・24”茂县山体垮塌、“8・8”九寨沟地震灾害等灭火和抢险救援行动300多次，因工作成绩突出，曾两次荣立个人三等功。

2019年2月5日17时15分，四川省阿坝州壤塘县茸木达乡一民宅发生火灾。接到报警后，刘乃夫作为驾驶员随队赶赴现场处置。在返回途中，由于路况复杂危险，车辆行至距离县城壤柯镇3公里处的国道227线壤塘县尕卡岭路段时，经过一段10多公里的长下坡冰雪路，车辆失控，向路边左侧河道冲去，若不及时采取措施，车辆将冲入人员密集区域，极易造成重大人员伤亡。刘乃夫为保护群众和战友生命安全，果断采取紧急避险措施，利用公路右侧山体减速。车辆撞上山体后，左倾侧翻，驾驶室严重变形，刘乃夫被压在最下面，被变形的驾驶室死死卡住，经抢救无效壮烈牺牲。

2019年2月，刘乃夫被应急管理部批准为烈士。被应急管理部消防救援局追记一等功，被四川省消防救援总队追认为中国共产党党员。

张向博烈士事迹

张向博，男，汉族，陕西宝鸡人，1997年1月出生，2014年9月入伍，生前系陕西省杨凌示范区消防支队特勤中队副班长，四级消防士消防救援衔。

2019年3月4日19时，连霍高速宝鸡至西安方向杨凌收费站主线匝道口处一小轿车发生火灾。接到报警后，张向博随队赶赴现场处置。在处置过程中，一辆小型普通客车直接闯入警戒和救援区域，张向博发现险情后，不顾自身安危，第一时间向其他战友大声呼喊，并推开了身边正在负责供水、丝毫没有意识到危险来临的战友，自己却因为小型普通客车车速太快，来不及闪避被正面撞击，身负重伤。经过20天的全力抢救，最终因伤势过重，抢救无效英勇牺牲。

2019年3月，张向博被应急管理部

批准为烈士。被陕西省消防救援总队追认为中国共产党党员，并追记个人三等功，被共青团杨凌示范区工委追授为“杨凌示范区杰出青年”。

刘磊烈士事迹

刘磊，男，汉族，湖南常德人，1996年7月出生，2015年9月入伍，生前系江苏省苏州市消防支队吴江区大队盛泽中队副班长，四级消防士消防救援衔。

2019年3月19日9时30分许，江苏省苏州市吴江区盛泽镇清溪河新东大桥一人欲跳河自杀。接到报警后，刘磊随队赶赴现场处置。9时41分，轻生者跳下运河，刘磊与另一名消防员下河营救。9时49分，轻生人员被成功营救上岸，刘磊不幸被急流卷走，壮烈牺牲。

2019年3月，刘磊被应急管理部批准为烈士。被应急管理部消防救援局追记一等功，被江苏省消防救援总队追认为中国共产党党员，被共青团江苏省委追授为“江苏省优秀共青团员”，被苏州市人民政府追授为“苏州市十大杰出青年”，被中央精神文明建设指导委员会办公室评为“中国好人”，被苏州市精神文明建设指导委员会评为“苏州好人”。

孙雷宇烈士事迹

孙雷宇，男，汉族，安徽阜南人，1997年2月出生，2014年9月入伍，生前系安徽省蚌埠市消防支队淮上区大队沫河口中队副班长，四级消防士消防救援衔。

2019年6月28日18时3分，安徽省蚌埠市淮上区沫河口镇华海化工有限公司厂区内有人员被困储罐内。接到报警后，孙雷宇随队赶赴现场处置。到达现场后，孙雷宇主动请缨，立即展开侦察，了解到有两人被困罐中，罐体随时可能发生爆燃，形势十分危急。为及时营救被困人员，孙雷宇和战友立即掀开事故罐覆盖层，成功营救出被困在罐口的一名被困者。由于另一名被困者处在罐体内部，加之罐口狭小且有障碍物阻挡，营救非常困难。孙雷宇英勇顽强，冲锋在前，不顾个人安危，坚持在前方实施救援，18时25分，罐体突然发生爆燃，孙雷宇身受重伤，被紧急送往医院救治。经医院全力抢救无效，孙雷宇于6月29日11时15分英勇牺牲。

2019年7月，孙雷宇被应急管理部批准为烈士。被应急管理部消防救援局追记一等功，被安徽省消防救援总队追认为中国共产党党员，被安徽省精神文明建设指导委员会评为“安徽好人”，被阜阳市精神文明建设指导委员会办公室评为“阜阳好人”。

吕挺烈士事迹

吕挺，男，汉族，浙江东阳人，1990年5月出生，2012年12月入伍，中共党员，生前系浙江省湖州市安吉县消防大队安吉中队中队长，三级指挥员消防救援衔。

2019 年 8 月 14 日，浙江省湖州市安吉县鹤鹿溪村西苕溪水域两名群众落水。接到报警后，吕挺带队赶赴现场处置，并主动下水救援，成功将一名受困群众推上冲锋艇，在继续搜寻另一名被困人员的过程中不幸被急流冲走，壮烈牺牲。

2019 年 8 月，吕挺被应急管理部批准为烈士。被应急管理部消防救援局追记一等功，被共青团浙江省委、浙江省青年联合会追授“浙江青年五四奖章”，被评为 2019“浙江骄傲”年度人物，被中央精神文明建设指导委员会办公室评为“中国好人”。

张伟杰烈士事迹

张伟杰，男，汉族，福建永春人，1993 年 4 月出生，2011 年 12 月入伍，生前系福建省福州市消防支队特勤大队四中队消防员，三级消防士消防救援衔。

2019 年 11 月 25 日，福建省福州市仓山区盖山镇叶厦村民房发生火灾。接到报警后，张伟杰随队赶赴现场处置。在扑救火灾过程中，为保护群众，被坍塌房屋埋压，经抢救无效英勇牺牲。

2019 年 11 月，张伟杰被应急管理部批准为烈士。被应急管理部消防救援局追记一等功，被福建省总工会追授“福建省五一劳动奖章”，被共青团福建省委和福建省青年联合会追授“福建青年五四奖章”，被中共福建省消防救援总队委员会和中共福州市委追授“优秀共产党员”。

第二章 国家级奖励名录

2019年全国消防救援队伍荣获国家级奖励名录

2019年9月，内蒙古自治区兴安盟消防支队被国务院表彰为“全国民族团结进步模范集体”。

2019年9月，宁夏回族自治区石嘴山市消防支队大武口区大队特勤中队被国务院表彰为“全国民族团结进步模范集体”。

2019年6月，北京市天安门地区消防支队故宫特勤中队政治指导员蔡瑞被中共中央组织部、中共中央宣传部评为第九届全国“人民满意的公务员”。

2019年9月，云南省德宏州盈江县那邦镇政府专职消防队队长岳成明被国务院表彰为“全国民族团结进步模范个人”。

2019年9月，西藏自治区拉萨市消防支队政治处主任罗桑念扎被国务院表彰为“全国民族团结进步模范个人”。

内蒙古自治区兴安盟消防支队事迹

党的十八大以来，内蒙古自治区兴安盟消防支队牢记习近平总书记“守望相助”“把祖国北部边疆这道风景线打造得更加亮丽”的殷切期望，高举民族团结进步旗帜，将民族团结进步创建工作与消防救援事业同建共创，为促进兴安盟经济繁荣发展、社会和谐稳定作出了应有贡献。

举旗定向，筑牢民族团结工作基石。支队把习近平总书记关于民族团结指示精神、民族理论政策等内容纳入党委中心组学习和指战员政治教育内容，成立支队民族团结进步创建工作领导小组，抓民族干部培养、抓民族文化发展，支队少数民族干部在支队党委成员中占37%，在基层大队主官中占41%。聘请资深学者讲授“蒙元文化”，把5月作为“民族团结进步活动月”，开展“学民族政策”“走红色旧址”“观蒙元文化”等活动，指战员“三个离不开”“五个认同”的思想认识在润物无声中落地生根。2019年9月，支队作为全国应急管理系统推荐参评的唯一一支消防支队，被国务院表彰为“全国民族团结进步模范集体”。

竭诚为民，促进各族群众和谐发展。支队坚持从辖区各族群众看得见、摸得着的实事入手，在全盟80%以上的乡镇（苏木）建成63个农牧区消防站，配备68辆消防车、266名专（兼）职消防员，纳入“119”接处警系统，集中调度指挥，使全盟约110万农牧民摆脱了“远水解不了近渴”的消防困境。支队以各族群众满意不满意、支持不支持、答应不答应为标准，立足辖区实际，发挥自身优势，扎扎实实开展拥政爱民工作，积极改进创新火灾防控举措，全盟连续25年未发生较大以上火灾事故。组织与养老院共建、资助贫困学生和留守儿童等丰富多彩的双拥共建活动，为驻地经济发展、社会稳定、民族团结提供了重要保证，赢得了各级党委政府和各族群众的广泛赞誉。

开拓创新，搭建民族团结互助桥梁。支队将消防宣传与蒙古族说唱艺术“好来宝”相结合，组建民间消防“好来宝”义务宣传队和乌兰牧骑消防宣传队，将消防安全知识、防火逃生技能等内容用“说唱”形式进行弹唱，受到蒙古族群众的热烈欢迎。2018 年 11 月，支队组建的消防“好来宝”义务宣传队荣获第四届全国“119”消防奖先进集体，并在应急管理部颁奖仪式上进行了交流发言。结合亡人火灾教训和灭火救援实战经验，参照中小学生广播体操形式，创编了全国首套“中小学生疏散救生操法”，将消防常识和逃生、自救技能有机融入 6 套基本操法中，让中小学生在潜移默化中学习消防安全知识，收效良好。该套操法已被中国消防博物馆收录，并纳入兴安盟 200 余所中小学、15 万名学生授课内容。

宁夏回族自治区石嘴山市消防支队大武口区大队特勤中队事迹

宁夏回族自治区石嘴山市消防支队大武口区大队特勤中队始终牢记全心全意为人民服务的根本宗旨，被驻地群众亲切誉为“忠诚卫士、煤城铁军”。中队先后被自治区党委统战部、自治区民委表彰为“全区民族团结进步创建活动示范连队”，被公安部表彰为“全国优秀公安基层单位”，被自治区党委、政府和宁夏军区表彰为“全区拥政爱民模范单位”。2019 年 9 月，中队被国务院表彰为“全国民族团结进步模范集体”。

担当维护民族团结的时代重任。宁夏回族自治区是以回族群众为主的多民族聚集地，中队指战员满腔真情铺筑民族团结路，为各民族群众办实事、解难题，与少数民族同胞同呼吸、共命运、心连心。2014 年，中队与石嘴山市锦林清真寺结成共建单位，指战员把党的政策理论资料发到清真寺，消防常识宣传展板搬到清真寺，时政杂志订到清真寺，让回族群众在潜移默化中接受党的理论，感受党的温暖。中队为清真寺送去防火器具，赠予电脑 10 台、饮水机 8 台、图书 600 余本，配送党报党刊 60 期，与回族群众共同举办升旗仪式，“八进一升”共建机制全面成型，成为全市推广民族团结进步工作的先进典型。

始终彰显服务人民的公仆本色。中队指战员忠诚践行“人民消防为人民”誓言，尽最大努力为地方政府和人民群众办实事、办好事，急民之急，解民之忧。2015 年以来，累计出动 400 余人次参加“文明城市创建”活动，开展义务帮扶 600 余次、社会救助 400 余次，对口援建学校 5 所，捐款捐物 4 万余元，开展消防宣传教育 500 余次。在贺兰山生态建设中，他们先后累计义务植树 3000 余株，运水送水 150 次、3600 吨。中队还结对帮扶了辖区 21 户困难群众，孤寡老人 10 人，资助贫困学子 8 人，每逢重要节日，都会带去慰问品和生活必需品，传递党和政府的温暖。

光荣传承拥政爱民的优良传统。中队指战员始终坚定执行党和政府的各项方针、政策，忠诚服务人民，与驻地单位开展以“互爱、互学、互帮”为主要内容的“三互”活动，举办内容丰富、健康向上的共建活动、联谊活动、文体活动 200 余场次。邀请地方党政、军队领导以及少数民族群众和社会各界群众进消防参观营区和队伍建设情况，开展共建活动和义务帮扶。5年间，接待群众3500余人次，义务培训消防安全知识1500余人次，开展共建活动、联谊活动、文体活动50余场次，每年定期为驻地中小学开展消防宣传教育和军训，构筑社会安全和谐的基石。

坚定做好党和人民的忠诚卫士。2015年以来，中队累计处置火灾1451起，抢险救援380起，社会救助120起，出动警力13692人次，抢救被困人员203人，疏散被困人员899人，抢救财产价值593.55万元。中队先后成功处置平罗县“7·27”兴平化工浓硝酸泄漏火灾、“2·14”丽珠集团提炼车间爆炸火灾、大武口区“8·16”小峰沟山洪抢险救援、“10·31”平罗丽珠制药车间火灾、“12·18”平罗神州轮胎厂火灾等十余起有影响的灭火救援任务，为保卫驻地和人民群众生命财产安全作出积极贡献。

蔡瑞事迹

蔡瑞，男，汉族，安徽蚌埠人，1984年7月出生，2002年12月入伍，北京市天安门地区消防支队故宫特勤中队政治指导员。入伍以来，蔡瑞始终践行“为中央站岗、为人民守夜”的铮铮誓言，先后荣立个人二等功2次、三等功5次，被北京市应急管理局授予“北京市立急先锋”称号，被中共中央宣传部、应急管理部授予“最美应急管理工作者”称号，3次受到习近平总书记的亲切接见。2019年6月，蔡瑞被中共中央组织部、中共中央宣传部评为第九届全国“人民满意的公务员”。

长期以来，蔡瑞着力发挥党建工作的牵动引领作用，在各项工作任务中，依托自主设计的党建工具箱见缝插针地将“小、快、活、实”的组织生活融入安保实战。他创新工作思路，将天安门地区划分为“一场、两园、三门”，定人、定岗、定责，精确实施逐点、逐段、逐片“地毯式”防控，圆满完成了历次重大安保任务。特别是在新中国成立70周年庆祝活动消防安保中，蔡瑞连续奋战40天，开展20余次巡检、50余次摸排，制定现场处置举措7类36项，圆满完成文艺晚会、阅兵和联欢活动等一系列消防保卫工作。

岳成明事迹

岳成明，男，景颇族，云南盈江人，1976年4月出生，2011年10月加入专职消防队伍，云南省德宏州盈江县那邦镇政府专职消防队队长。入职以来，扎根边疆、爱岗敬业、无私奉献，在平凡的岗位上做出了不平凡的业绩。2014年，被公安部授予“第二届全国119消防工作先进个人”荣誉称号，2019年9月，被国务院表彰为“全国民族团结进步模范个人”。

2007年，在目睹火烧村寨民房后，岳成明萌生加入消防队伍的念头。2011年，他加入那邦镇政府专职消防队。他充分发挥熟悉辖区情况的优势，走村串户将自己学到的消防知识用景颇语言传授给村民们。在他的影响下，镇里4名有志青年加入了消防队，他的弟弟、妹妹也加入了景颇族义务消防宣传队。作为镇人大代表，他积极向政府建议，推动将消火栓和消防水池优先纳入脱贫攻坚计划，并得到政府领导的高度认可。9年多来，岳成明进村入社，深入田间地头，积极宣传消防知识，共举办消防安全培训班300余次，参训人员达1000余人，累计发放宣传资料3万余份，参与处置各类灭火救援50余次，社会救助200余次，为人民群众挽回经济损失600多万元，得到党委政府和群众的一致好评。

罗桑念扎事迹

罗桑念扎，男，藏族，西藏拉萨人，1982年5月出生，2000年9月入伍，西藏自治区拉萨市消防支队政治处主任。入伍以来，罗桑念扎常年坚守在寺庙消防安全工作一线，先后荣获个人二等功1次、三等功3次，被公安部消防局评为“优秀党务工作者”，被自治区党委、政府评为“优秀驻寺干部”，被公安部评为“全国优秀人民警察”，先后两次受到习近平总书记亲切接见。2019年9月，罗桑念扎被国务院表彰为“全国民族团结进步模范个人”。

在布达拉宫消防大队任职期间，罗桑念扎带头宣讲党的民族宗教政策，大力开展反分裂斗争教育，切实增强广大僧众和指战员对伟大祖国的归属感和认同感。工作中，他立足寺庙古建筑防火工作实际，积极钻研、深入探索，科研成果涉及全区文物建筑火灾防控、火灾扑救以及高层文物建筑预防雷击、自动化消防设施建设、文物建筑智慧消防建设等多个领域，所撰写的教材和文书等在各寺庙得到广泛运用并面向全区推广。他带领消防指战员密切联系群众，多年来共救助游客、群众过万人次，主动帮扶160余名孤残儿童，长期照顾驻地孤寡老人、僧人，在驻地群众中树立了良好的形象和口碑。调任拉萨市消防支队政治部主任后，他按照政治工作和主责主业“双主合一，双向促进”原则，立足队情社情，创新方法措施，确保了相关工作稳步展开，成效明显。

第三章 集体一等功名录

2019年全国消防救援队伍集体一等功名录

北京市消防救援总队

北京市东城区消防支队金宝街中队

北京市天安门地区消防支队天安门特勤中队

陕西省延安市消防支队宝塔区大队宝塔中队

北京市消防救援总队事迹

2019年，全国“两会”、第二届“一带一路”高峰论坛、世界园艺博览会、世界文明对话大会、新中国成立70周年庆祝活动相继在京举行。面对活动规格高、范围大、点多线长面广以及首尾相接、交织叠加等复杂的消防安全任务，北京市消防救援总队立足特殊区位、特殊使命、特殊责任，把重托当荣誉、视岗位如战位，牢固树立“主场、主体、主责”意识，坚持“精精益求精、万万无一失”标准和“精致、细致、极致”作风，精心组织、精细落实，兵不卸甲、连续奋战，圆满完成了各项重大消防安保任务。特别是在新中国成立70周年庆祝活动消防安保中，总队9000多名指战员全员上阵、披星戴月、昼夜奋战，紧盯阅兵、群众游行、联欢活动、大型成就展、群众游园等系列庆祝活动，把重托当荣誉、视岗位如战位，吃住在第一线、工作在最前沿，敏感敏锐、高度戒备，严防死守、无私奉献，确保了新中国成立70周年庆祝和联欢活动当天实现“零失误、零差错、零火情”，10月2—7日，全市共发生火灾7起，同比下降81.58%，未发生有影响火灾，圆满完成新中国成立70周年庆祝活动消防安保任务，实现了安保期间火灾形势和队伍内部安全“双稳定”，探索实践了一系列重大消防安保“北京智慧”“北京方案”和“北京经验”，为党和人民交上了一份满意的答卷。

北京市东城区消防支队金宝街中队事迹

北京市东城区消防支队金宝街中队组建于2009年2月，位于东城区外交部街2号，现有指战员36人，担负着北京站地区、建国门街道、朝阳门街道、东四街道及周边4.2平方公里的灭火救援、执勤保卫、反恐处突等任务。安保期间，主要承担1100米阅兵沿线核心区、控制区6个网格、18处临街制高点、64处纵深制高点、2个住地、15处烟花燃放阵地安保任务。200多个日夜里，全体指战员先后对辖区104家重点单位进行调研演练500余次，开展固定消防设施测试110次；对辖区495个消火栓等水源“精检细看”；对辖区124家微型消防站开展消防培训2000余人次。36名指战员细心排查辖区19条道路、111条胡同中的每一处隐患，推动社区、安监、环卫等多个部门清理可燃物80余吨，入户张贴发放宣传单5000余份，辖区群众消防安全意识明显提升。特殊的地理位置赋予他们特殊的使命任务，他们扑下身子，坚守初心，用超出常人的坚守和付出，圆满完成组织交予的各项任务，向党和人民交出了一份满意的答卷。

北京市天安门地区消防支队天安门特勤中队事迹

北京市天安门地区消防支队天安门特勤中队成立于2017年12月，2019年8月22日进驻国博消防站，是国内首支专业消防队伍成建制进驻博物馆驻守，现有指战员22人，其中干部5人，消防员17人。在新中国成立70周年庆祝活动消防安保工作中，天安门特勤中队承担着天安门广场、长安街沿线灭火救援和应急处突任务，全体指战员以“不冒烟、不起火”的战绩圆满完成了消防安保任务。其间，天安门特勤中队战时党小组、党员先锋岗、青年突击队组织战前动员10余次、战时教育20余次、战时表彰10次，对17名党员全程纪实问效，有效激发指战员投身安保热情；执勤车组24小时国博西门备勤，对周边及长安街沿线逐点位检查消防水源、逐点位排查火灾隐患、逐点位看护重点部位，累计巡逻80多公里、排查火灾隐患20余处，实现视线范围内不发生起火冒烟事故；提前4个小时对区域内草坪等可燃物进行湿化，持续湿化面积2600平方米，在高风险区域提前预置灭火器、细水雾，最大限度确保了辖区消防安全。

陕西省延安市消防支队宝塔区大队宝塔中队事迹

陕西省延安市消防支队宝塔区大队宝塔中队始终坚持政治建队，突出驻地红色教育资源优势，紧抓“张思德消防服务队”特色品牌，与延安革命纪念馆、西北局革命纪念馆、“八一”敬老院等红色教育基地结成共建单位，秉承张思德精神，秉承全心全意为人民服务宗旨。近年来，参加社会救助1310次，为市区居民和单位送水5000吨，为社会公共单位和孤寡老人义务打扫卫生1170余次，为困难群众捐款28万元。

以打造百战精兵、争创一流队站为目标。圆满完成中央首长来延视察、调研，第十一届中国艺术节等百余次重大活动消防安全保卫任务。在“12·22”国贸火灾、2013年强降雨、“4·26”延炼轻质油储罐闪爆等灾害事故面前，指战员直面生死、殊死战斗，充分展现了消防铁军的优良作风。

2015年，被公安部荣记“集体二等功”，被共青团延安市委授予“青年突击队”称号；2016年，被公安部评为先进基层党组织；2017年，被公安部评为全国优秀公安基层单位；2018年被陕西省委表彰为“三秦楷模”；2019年，被应急管理部授予“集体一等功”。2015年以来，中队先后有3人荣立个人二等功，21人荣立个人三等功。

第四章 个人一等功名录

2019 年全国消防救援队伍个人一等功名录

高友国 北京市消防救援总队防火监督部重点保卫处处长

杨文超 北京市消防救援总队特勤支队高米店中队特勤二班消防员

康天宇 河北省保定市消防支队莲池区大队三丰路中队班长

刘洪宇 吉林省通化市消防支队经济开发区大队经济开发区中队消防员

钟伟元 福建省福州市消防支队特勤大队一站五班班长

王国宇 广东省消防救援总队特勤大队一中队消防员

孙 乐 广西壮族自治区百色市消防支队右江区大队河南中队中队长

高友国事迹

高友国，男，汉族，江苏泰州人，1979 年 6 月出生，2003 年 6 月入伍，北京市消防救援总队防火监督部重点保卫处处长。2019 年，因在新中国成立 70 周年庆祝活动消防安保中表现突出，被应急管理部消防救援局记个人一等功。

作为重大活动消防安保总队职能处室负责人，面对每年近 3000 场次重要活动消防安保任务，高友国始终不忘初心、牢记使命，不断创新丰富北京重大活动服务保障常态化机制，为确保新中国成立 70 周年庆祝活动消防安全万无一失。其间，自年初便研究搭建由双主官总负责、其他班子成员分工负责的“两办七组十六团队”组织架构，条块结合、统一指挥各项安保工作，做到统筹牵动到位。紧扣新中国成立 70 周年庆祝活动筹备进程，靠前融入中央安保领导小组、北京市委市政府“一办一中心一组十一部”、应急管理部消防救援局“一办五组一部”、北京市公安局“两办十五部十四组”组织指挥架构，无缝衔接消防安保组织体系，积极研提政策建议，做到协调对接到位。组织研究制定“彩车制作消防安全标准”“烟花燃放活动消防安全要求”等技术标准或指导意见，严格实物材料、制作工艺、电气线路消防安全监管，做到源头管控到位。历时 2 个月，组织任务单位对重点保卫区域近 800 个执勤点位进行反复踏勘和桌面推演，研究搭建“一总八分”战时指挥体系，配套组织研发“蓝剑 · 2019”消防安保指挥系统及个人执勤装备套装，实现基础信息数字化、分析研判动态化、指挥调度可视化，做到高效调度到位。

杨文超事迹

杨文超，男，汉族，山东潍坊人，1994年12月出生，2017年8月入伍，北京市消防救援总队特勤支队高米店中队特勤二班消防员。2019年，因在全国首届“火焰蓝”消防救援技能对抗比武竞赛中表现突出，被应急管理部消防救援局记个人一等功。

入队两年来，杨文超在本职工作岗位上兢兢业业，刻苦训练，多次参加各级各类比武竞赛。在总队级春季消防大比武中，他以1分19秒的优异成绩取得了400米疏散物资科目的第一名，并打破保持多年的纪录；在全国总队级交叉互考抽考科目400米疏散物资救人中以1分17秒的成绩创全国最高纪录，被总队评为“执勤训练先进个人”。同时积极参加总队举办的CMC绳索培训、SIR绳索救援培训和中国救援队IEC培训，在各项培训中表现优异，获得领导一致好评。在2019年冬训考核中，取得优秀的成绩，被选入总队业务骨干班参加集训；11月在全国首届“火焰蓝”消防救援技能对抗比武竞赛中，取得全国消防救援400米救人疏散物资第一名，并打破全国纪录，在国际交流比武400米救人疏散物资操竞赛中取得佳绩。

康天宇事迹

康天宇，男，汉族，辽宁朝阳人，1997年出生，2015年9月入伍，河北省保定市消防支队莲池区大队三丰路中队一班班长，四级消防士消防救援衔。2019年，因在全国首届“火焰蓝”消防救援技能对抗比武竞赛中表现突出，被应急管理部消防救援局记个人一等功。

康天宇身为班长，在工作中时刻用自身行为作出表率、树立榜样，除中队日常训练外，每天坚持6公里额外训练，并用学到的专业知识带领中队消防员系统科学开展训练，总是以最饱满的精神风貌投入到练兵工作中去。在2019年11月全国首届“火焰蓝”消防救援技能对抗比武竞赛中，康天宇以16分52秒的优异成绩获得全国消防员背负空气呼吸器5000米跑单项个人第一名；在首届“火焰蓝”国际消防救援技术交流竞赛中，突破自我，在众多国内外优秀消防员中脱颖而出，以16分26秒优异成绩获得国际交流竞赛中背负空气呼吸器5000米跑单项个人第一名。

刘洪宇事迹

刘洪宇，男，汉族，吉林辉南人，1997年3月出生，2015年9月入伍，吉林省通化市消防支队经济技术开发区大队经济技术开发区中队消防员，四级消防士消防救援衔。2019年，因在全国首届“火

焰蓝”消防救援技能对抗比武竞赛中表现突出，被应急管理部消防救援局记个人一等功。

2019年5月，刘洪宇以“负重上10楼”50秒93的成绩被选入全国首届“火焰蓝”消防救援技能对抗比武竞赛集训队。进入集训队，他克服困难，艰苦训练。刘洪宇以39秒78的成绩夺得“负重上10楼”科目冠军，创全国纪录。

钟伟元事迹

钟伟元，男，汉族，福建武平人，1974年1月出生，1994年12月入伍，福建省福州市消防支队特勤大队一站五班班长、特种车驾驶兼操作员，一级消防长消防救援衔。先后荣立三等功6次，多次获评“优秀共产党员”“八闽消防忠诚卫士”“十佳最美消防员”等荣誉。2019年，因在福建省福州市仓山区“2·16”叶厦工业园民房倒塌事故救援过程中表现突出，被应急管理部消防救援局记个人一等功。

在该次救援行动中，钟伟元充分发挥特勤队伍业务骨干的模范带头作用，鏖战16个小时，凭借多次实战历练积累的丰富救援经验，多次带领救援小队深入废墟，快速打通救援通道营救被困群众。其间，钟伟元冒着发生二次坍塌的危险，“四进四出”楼板废墟搜救被埋压的一家四口，并用身体护住年仅8个月大的男婴和4岁大的女孩，最短时间内营救出被困群众，充分展示出消防救援队伍过硬的专业素养，树立了良好的作风形象。

王国宇事迹

王国宇，男，汉族，江西乐平人，1998年3月出生，2016年9月入伍，广东省消防救援总队特勤大队一中队消防员，四级消防士消防救援衔。2019年，被应急管理部消防救援局记个人一等功。

在2019年广东河源“6·10”跨区域抗洪抢险战斗中，王国宇主动请缨，连续作战50多个小时，背负近30公斤的救援装备，徒步翻越3座大山，冒着生命危险泅渡100余米，用肩膀作为绳索的支点，架设“生命绳桥”，成功打通了进入“孤岛”三洞村救援的“生命通道”，疏散转移受灾群众215人，给被困群众输送物资2.4吨，为保障河源人民群众的生命安全作出了突出贡献。

孙乐事迹

孙乐，男，汉族，河南洛阳人，1988年8月出生，2007年12月入伍，广西壮族自治区百色市消防支队右江区大队河南中队中队长，三级指挥员消防救援衔。2019年，因在广西百色“0776”酒吧坍塌事故救援中表现突出，被应急管理部消防救援局记个人一等功。

2019年5月20日0时44分，广西

百色东洲大道旁“0776”酒吧发生钢架结构屋顶坍塌事故。接到报警后，孙乐立即带队赶赴现场处置。作为指挥员，他反应迅速，机智灵活，指挥果断，身先士卒，勇挑重担，用科学的指挥能力和精湛的救援技术，多次深入事故现场开展救援，经过近 39 个小时的紧急救援，成功搜救出 11 名被困人员，赢得社会各界的高度赞誉。

第五章　集体二等功名录

2019 年全国消防救援队伍集体二等功名录

北京市东城区消防支队
北京市西城区消防支队
北京市西城区消防支队府右街特勤中队
北京市朝阳区消防支队
北京市朝阳区消防支队左家庄特勤中队
北京市朝阳区消防支队建国门中队
北京市怀柔区消防支队杨宋中队
北京市天安门地区消防支队
云南省文山州麻栗坡县消防大队

第六章　个人二等功名录

2019年全国消防救援队伍个人二等功名录

北京市消防救援总队（43人）

栾　洋　北京市消防救援总队司令部专职队指导处副处长

蔡　路　北京市消防救援总队司令部作战指挥中心主任

李光明　北京市消防救援总队司令部警勤中队消防员

王威威　北京市消防救援总队政治部组织教育处干事

宋　钊　北京市消防救援总队后勤部财务处助理员

吴高辉　北京市消防救援总队防火监督部监督管理处处长

樊玉磊　北京市消防救援总队防火监督部监督管理处助理工程师

陈　光　北京市消防救援总队防火监督部重点处副处长

高天阳　北京市消防救援总队防火监督部建审处副处长

尤建军　北京市消防救援总队防火监督部建审处工程师

徐　雷　北京市东城区消防支队后勤处军需装备科科长

吴献杰　北京市东城区消防支队防火监督处监督指导三科副科长

刘永亮　北京市东城区消防支队防火监督处勤务科副科长

郑自浩　北京市东城区消防支队金宝街中队政治指导员

张　玄　北京市西城区消防支队后勤处军需装备科科长

毕浩辰　北京市西城区消防支队防火监督处监督指导二科副科长

张　永　北京市西城区消防支队防火监督处勤务科科长

张建伟　北京市西城区消防支队防火监督处勤务科副科长

伍云龙　北京市朝阳区消防支队防火监督处参谋

王　利　北京市朝阳区消防支队防火监督处监督指导一科助理工程师

邱　添　北京市朝阳区消防支队防火监督处监督指导四科科长

苏　畅　北京市朝阳区消防支队防火监督处监督指导四科副科长

吴　晓　北京市朝阳区消防支队防火监督处监督指导五科参谋

徐　欢　北京市朝阳区消防支队防火监督处宣传科参谋

于奭罡　北京市朝阳区消防支队华威中队排长

李升永　北京市海淀区消防支队采石路中队消防员

朱霏霏　北京市丰台区消防支队防火监督

处监督指导三科科长

全 磊 北京市房山区消防支队防火监督处监督指导一科副科长

孔维鲁 北京市大兴区消防支队孙村中队政治指导员

施鸿鹏 北京市通州区消防支队副支队长

石逢军 北京市顺义区消防支队副支队长

苏明亮 北京市昌平区消防支队司令部警训科参谋

程小征 北京市怀柔区消防支队防火监督处工程验收科助理工程师

阳 辉 北京市怀柔区消防支队杨宋中队消防员

张聪聪 北京市密云区消防支队十里堡中队消防员

孙成民 北京市延庆区消防支队副支队长

王 浩 北京市延庆区消防支队司令部政治协理员

朱靖轩 北京市延庆区消防支队南菜园中队中队长

马冀昆 北京市天安门地区消防支队防火监督处监督指导科工程师

薛志涛 北京市天安门地区消防支队防火监督处宣传科科长

吕京滨 北京市天安门地区消防支队防火监督处监督指导一科副科长

修 爽 北京市天安门地区消防支队天安门特勤中队中队长

陈齐昌 北京市天安门地区消防支队故宫特勤中队副中队长

河北省消防救援总队（4人）

高艳波 河北省秦皇岛市消防支队北戴河特勤中队消防员

胡仿庄 河北省邯郸市涉县消防大队涉县中队消防员

宜刚刚 河北省承德市消防支队双桥区大队避暑山庄中队消防员

王玉波 河北省衡水市消防支队桃城区大队人民西路中队消防员

山西省消防救援总队（2人）

高明涛 山西省临汾市襄汾县消防大队迎宾路中队队长助理

王如荣 山西省临汾市襄汾县消防大队迎宾路中队班长

内蒙古自治区消防救援总队（4人）

刘 鑫 内蒙古自治区通辽市消防支队特勤中队消防员

程 磊 内蒙古自治区通辽市奈曼旗消防大队奈曼旗中队副中队长

韩晓宁 内蒙古自治区乌兰察布市消防支队特勤中队消防员

张 伟 内蒙古自治区乌兰察布市卓资县消防大队政治教导员

辽宁省消防救援总队（8人）

陈 彬 辽宁省沈阳市消防支队铁西区大队启工中队消防员

孙 鹏 辽宁省沈阳市消防支队铁西区大队启工中队消防员

周 旭 辽宁省沈阳市消防支队浑南区大队浑南中队指挥员

赵成祥 辽宁省沈阳市消防支队辽中区大队茨榆坨中队消防员

陆明亮 辽宁省鞍山市消防支队铁东区大队湖南中队消防员

张 淼 辽宁省鞍山市岫岩县消防大队岫

岩中队消防员

邢成帅 辽宁省阜新市消防支队海州区大队海州中队消防员

侯传祥 辽宁省铁岭市消防支队银州区大队特勤中队消防员

吉林省消防救援总队（14人）

刘　亮 吉林省长春市消防支队特勤大队一中队政治指导员

宁国斌 吉林省长春市消防支队特勤大队一中队副中队长

马晚钧 吉林省长春市消防支队特勤大队一中队消防员

宋增芝 吉林省长春市消防支队特勤大队一中队消防员

贾明迪 吉林省长春市消防支队特勤大队一中队消防员

陈茂松 吉林省长春市消防支队特勤大队一中队消防员

单　鹏 吉林省长春市消防支队特勤大队一中队消防员

孙茂坪 吉林省长春市消防支队特勤大队二中队消防员

樊贵阳 吉林省长春市消防支队经济技术开发区大队浦东路中队副中队长

武　晋 吉林省长春市消防支队经济技术开发区大队浦东路中队消防员

李智勇 吉林省长春市农安县消防大队农安县中队消防员

杨梦琪 吉林省吉林市消防支队经济技术开发区大队化纤厂中队消防员

陈相旭 吉林省延边州敦化市消防大队敦化中队中队长

邱　林 吉林省延边州敦化市消防大队敦化中队消防员

上海市消防救援总队（24人）

谢　佳 上海市消防救援总队防火监督处副处长

蔡海铭 上海市消防救援总队防火监督处参谋

董　喆 上海市消防救援总队防火监督处参谋

李　彭 上海市浦东新区消防支队火调技术处副处长

卢旺平 上海市浦东新区消防支队川沙大队参谋

王小辉 上海市浦东新区消防支队保税区大队外高桥中队副中队长

谭雷森 上海市浦东新区消防支队国际旅游度假区大队川展中队消防员

邱喆铭 上海市浦东新区消防支队世博大队周渡中队消防员

刘长俊 上海市黄浦区消防支队防火监督二处参谋

王春明 上海市黄浦区消防支队车站中队指挥员

周其明 上海市黄浦区消防支队外滩中队消防员

季　刚 上海市长宁区消防支队长宁中队副中队长

寿越峰 上海市长宁区消防支队延安中队副班长

陈青海 上海市杨浦区消防支队政和中队消防员

覃运途 上海市杨浦区消防支队内江中队消防员

张伟民 上海市闵行区消防支队杜行中队指挥员

郝星宇 上海市宝山区消防支队信息通信

科科长

何裔城 上海市宝山区消防支队宝山中队消防员

刘英武 上海市青浦区消防支队作战训练科参谋

庄 庆 上海市青浦区消防支队赵巷中队中队长

唐 飞 上海市消防救援总队特勤支队安检排爆中队副中队长

朱 宁 上海市消防救援总队特勤支队安检排爆中队副政治指导员

王祺炜 上海市消防救援总队特勤支队彭浦中队副班长

金世杰 上海市消防救援总队特勤支队金桥中队班长

江苏省消防救援总队（16人）

方忠向 江苏省南京市消防支队特勤大队一中队消防员

席 晖 江苏省南京市消防支队特勤大队二中队副中队长

李泽楷 江苏省南京市消防支队特勤大队二中队消防员

邓 壮 江苏省徐州市消防支队特勤大队一中队消防员

雷东多 江苏省徐州市消防支队云龙区大队大马路中队消防员

龚 权 江苏省南通市消防支队景兴路特勤中队消防员

刘 棋 江苏省南通市消防支队港闸区大队天生港中队消防员

王海杰 江苏省连云港市消防支队花果山特勤中队消防员

秦礼磊 江苏省淮安市消防支队徐杨特勤中队中队长

徐翔翔 江苏省淮安市消防支队徐杨特勤中队消防员

张秋龙 江苏省淮安市消防支队清江浦区大队城西中队消防员

李子威 江苏省盐城市消防支队西环路特勤中队消防员

林高科 江苏省镇江市消防支队丹徒区大队宜城中队消防员

查 晨 江苏省泰州市消防支队青年南路特勤中队消防员

孙 然 江苏省宿迁市消防支队宿豫区大队泰山路中队中队长

李 森 江苏省消防救援总队培训基地战勤保障队消防员

浙江省消防救援总队（4人）

刘 靖 浙江省消防救援总队司令部战训处副处长

余书辉 浙江省湖州市安吉县消防大队安吉中队消防员

杜 鹏 浙江省金华市磐安县消防大队磐安中队政治指导员

王焕勇 浙江省台州临海市消防大队古城中队副中队长

福建省消防救援总队（4人）

武文文 福建省福州市消防支队鼓楼区大队三坊七巷中队班长

黄新杰 福建省福州市消防支队特勤大队三中队副中队长

鞠丰谦 福建省福州市消防支队特勤大队四中队班长

张天水 福建省三明市消防支队白沙路特勤中队副中队长

江西省消防救援总队（7人）

徐黎明 江西省南昌市消防支队特勤大队一中队副班长
邓安坤 江西省南昌市消防支队搜救犬中队班长
何云长 江西省南昌市消防支队搜救犬中队班长
王　洁 江西省九江市德安县消防大队广场西路中队中队长
朱荣明 江西省九江市武宁县消防大队建昌路中队班长
李日凯 江西省赣州市兴国县消防大队将军大道中队班长
卢文亮 江西省上饶市弋阳县消防大队方志敏大道中队中队长

山东省消防救援总队（8人）

李义伟 山东省济南市消防支队高新技术产业开发区大队贤文中队消防员
刘　豹 山东省济南市消防支队莱芜高新技术产业开发区大队鹏泉中队消防员
孙希琛 山东省烟台市消防支队莱州区大队西苑路中队消防员
崔　龙 山东省烟台市消防支队芝罘岛特勤中队副中队长
王　冰 山东省泰安市消防支队特勤大队二中队副中队长
司　震 山东省泰安市消防支队泰山区大队东关中队消防员
薄　钧 山东省德州市平原县消防大队龙门中队消防员
于振猛 山东省德州市临邑县消防大队恒源中队消防员

河南省消防救援总队（2人）

孙　英 河南省三门峡市消防支队分陕路特勤中队队长助理
张　帅 河南省三门峡义马市消防大队人民路中队副中队长

湖北省消防救援总队（11人）

陈劲松 湖北省武汉市消防支队副支队长
赵　成 湖北省武汉市消防支队司令部指挥中心主任
杜　杰 湖北省武汉市消防支队硚口区大队宗关中队消防员
许　兵 湖北省武汉市消防支队硚口区大队汉正街中队消防员
张光全 湖北省武汉市消防支队青山区大队红钢城中队中队长
王锋欣 湖北省武汉市消防支队经济技术开发区大队副大队长
钱元辉 湖北省恩施州鹤峰县消防大队大队长
杨　浩 湖北省恩施州鹤峰县消防大队鹤峰中队副中队长
陈毓涛 湖北省恩施州鹤峰县消防大队鹤峰中队消防员
孙　康 湖北省黄石市消防支队铁山区大队铁山中队消防员
黎献文 湖北省黄冈市消防支队特勤中队消防员

湖南省消防救援总队（14人）

周运哲 湖南省长沙市消防支队天心区大队罗家坡中队指挥员

李金弟 湖南省株洲市消防支队特勤中队班长

戴灿斌 湖南省株洲市消防支队特勤中队消防员

李文文 湖南省株洲醴陵市消防大队醴陵中队中队长

韩 浩 湖南省株洲市消防支队特勤中队消防员

廖子宇 湖南省湘潭市消防支队雨湖区大队雨湖中队消防员

唐石佳 湖南省衡阳耒阳市消防大队耒阳中队消防员

邓 力 湖南省衡阳市消防支队珠晖区大队珠晖中队中队长

王 江 湖南省岳阳汨罗市消防大队汨罗中队消防员

李 星 湖南省常德市消防支队武陵区大队武陵中队消防员

张继武 湖南省郴州市消防支队特勤中队消防员

陈信添 湖南省郴州市永兴县消防大队永兴中队消防员

吴光宥 湖南省湘西州永顺县消防大队永顺中队消防员

凌之扬 湖南省湘西州古丈县消防中队消防员

广东省消防救援总队（7人）

郑帅超 广东省消防救援总队特勤大队一中队消防员

龙子威 广东省消防救援总队特勤大队一中队消防员

黄土河 广东省广州市消防支队天河区大队萝岗中队政治指导员

肖发亮 广东省茂名高州市消防大队高州中队政治指导员

刘 奇 广东省汕头市消防支队潮南区大队潮南中队中队长

彭 康 广东省汕头市消防支队潮南区大队潮南中队政治指导员

谢振威 广东省河源市连平县消防大队连平中队副中队长

广西壮族自治区消防救援总队（6人）

陈卫军 广西壮族自治区梧州岑溪市消防大队岑溪中队队长助理

胥 磊 广西壮族自治区百色市消防支队特勤中队代理副中队长

廖 旺 广西壮族自治区百色市消防支队特勤中队队长助理

倪思林 广西壮族自治区百色市消防支队右江区大队河南中队队长助理

李 升 广西壮族自治区百色市消防支队右江区大队右江中队队长助理

刘星辰 广西壮族自治区贺州市消防支队特勤中队消防员

贵州省消防救援总队（7人）

郭又元 贵州省贵阳市消防支队特勤大队二中队政治指导员

罗康宁 贵州省贵阳市消防支队观山湖区大队金朱西路中队消防员

尹礼辉 贵州省贵阳市消防支队特勤大队搜救犬分队消防员

上官耀汉 贵州省遵义市消防支队汇川区大队长沙路中队消防员

黄 永 贵州省六盘水市消防支队钟山区大队人民中路中队中队长

张 威 贵州省黔西南州兴义市消防大队兴义大道中队中队长

苏　贵　贵州省黔东南州消防支队战勤保障大队消防员

云南省消防救援总队（3人）

刘荣伟　云南省昭通市威信县消防大队威信中队排长

于学佳　云南省楚雄州武定县消防大队工程师

张继升　云南省文山州麻栗坡县消防大队政治教导员

西藏自治区消防救援总队（3人）

边　索　西藏自治区昌都市消防支队司令部作战指挥中心主任

尧　挺　西藏自治区昌都市江达县消防大队参谋

王红波　西藏自治区林芝市消防支队特勤中队中队长

陕西省消防救援总队（3人）

李　超　陕西省榆林市消防支队榆溪大道特勤中队副班长

王　铜　陕西省榆林市消防支队榆阳区大队红山路中队班长

赵宗伟　陕西省商洛市柞水县消防大队柞水中队队长助理

甘肃省消防救援总队（1人）

赵继磊　甘肃省庆阳市消防支队西峰区大队西峰中队队长助理

南京训练总队（1人）

李佳徽　南京训练总队训练七大队副大队长

第八篇

大　事　记

2019年消防救援工作大事记

1月

1月3日，国务院安全生产委员会办公室召开高等学校实验室安全管理工作视频会议，深入贯彻落实党中央、国务院领导同志指示批示要求，吸取北京交通大学“12·26”实验室爆炸事故教训，进一步推动高校实验室安全管理责任落实。国务院安委会办公室副主任、应急管理部副部长孙华山，教育部副部长孙尧出席会议并讲话。应急管理部消防救援局副局长琼色主持会议并就做好高校消防安全工作提出要求。

1月15—25日，应急管理部消防救援局联合国家文物局等有关部委组成6个检查组，分赴北京、河北、山西、浙江、山东、福建、河南、湖北、四川、贵州、云南、陕西等12个省（市），督导调研博物馆和文物建筑消防安全大检查及冬季火灾防控工作。

1月18—19日，应急管理部消防救援局召开党委扩大会议，应急管理部党组书记黄明出席会议并讲话。会议以习近平新时代中国特色社会主义思想为指导，深入贯彻落实中央重要会议精神、重大决策部署和全国应急管理工作会议部署要求，总结2018年消防救援工作情况，分析面临形势，部署2019年重点工作任务。会议表彰了2018年度工作考评先进总队和安全工作先进总队。

1月23—24日，应急管理部党组成员、副部长尚勇一行到贵州省调研检查消防救援工作，看望慰问一线消防指战员。

1月24日，应急管理部发布《关于国家综合性消防救援队伍面向社会招录消防员的公告》，正式启动国家综合性消防救援队伍首次面向社会公开招录消防员工作。此次共公开招录消防员18665人，其中消防救援队伍招录11880人，森林消防队伍招录6785人。

1月30日，应急管理部消防救援局副局长琼色及局机关相关负责同志到北京市消防救援总队调研指导北京2019年重大活动消防安保工作，慰问基层消防救援队伍指战员，致以新春祝福。

1月30日至2月1日，应急管理部消防救援局副政委詹寿旺到江西省瑞金市、福建省长汀县，看望慰问驻守在革命老区的基层消防救援队伍。

2月

2月4日，中央政治局委员、北京市委书记蔡奇，市长陈吉宁等市领导，分别以视频调度、实地检查等形式，慰问北京市消防救援队伍指战员，并就春节消防安保工作进行强调部署。

同日，中央政治局委员、上海市委书记李强到上海市应急联动中心，视察春节安保和烟花爆竹安全管控工作，看望慰问节日期间坚守岗位的广大消防救援队伍指战员。

同日，应急管理部党组书记黄明深入北京市消防救援总队基层执勤点，看望慰问基层消防救援队伍指战员，向春节期间坚守岗位的广大指战员致以新春祝福，勉励大家忠于职守、枕戈待旦、竭诚奉献，用实际行动换来千家万户平安幸福，打好春节保卫战，为新中国成立 70 周年营造安全稳定的环境。

2 月 22 日，应急管理部召开灭火救援专家聘任仪式暨工作年会。应急管理部党组书记黄明为受聘的院士和专家代表颁发聘书并讲话，强调要充分发挥专家组作用，注重研究问题破解难题，加强辅助决策，有效防范化解重大安全风险，推动应急管理事业与时代同进步、与国家治理体系和治理能力现代化相适应。应急管理部灭火救援专家组全体成员和应急管理部消防救援局相关负责人参加会议。

3月

3 月 3—15 日，全国“两会”在北京召开。其间，各级消防救援队伍认真贯彻应急管理部党组部署安排和党组书记黄明指示要求，紧紧围绕防范化解重大安全风险，全国联动、以面保点、整体防控，圆满完成全国“两会”消防安保任务，实现会场、住地及周边“零火灾”，北京市未发生亡人火灾事故，全国未发生重大火灾事故，队伍内部安全稳定的目标。

3 月 8 日，应急管理部消防救援局召开“学训词、铸忠诚、创新业、立新功”主题教育动员部署会，消防救援局副政委詹寿旺作动员部署讲话。

3 月 19 日，中共中央总书记、国家主席、中央军委主席、中央全面深化改革委员会主任习近平主持召开中央全面深化改革委员会第七次会议并发表重要讲话。会议审议通过《关于深化消防执法改革的意见》，强调深化消防执法改革要创新监管方式，强化源头治理，深化简政放权，坚决破除各种不合理的门槛和限制，加强事中事后监管，规范执法行为，推行消防执法事项全部向社会公开，构建消防监督管理体系，确保消防安全形势持续稳定向好。5 月份，中共中央办公厅、国务院办公厅正式印发《关于深化消防执法改革的意见》（厅字〔2019〕34 号）后，应急管理部制定 7 份配套制度、明确 12 项改革任务。

3 月 21 日 14 时 48 分，江苏省盐城市响水县生态化工园区天嘉宜化工有限公司发生特别重大爆炸事故。事故发生后，习近平总书记、李克强总理、韩正副总理等党和国家领导人先后作出重要批示。应急管理部消防救援局迅速调集江苏省消防救援总队 12 个支队及培训基地共 219 辆消防车、1065 名消防指战员赶赴现场，共搜救出被困人员 164 人。

3 月 21—23 日，应急管理部党组书记黄明率工作组到江苏省盐城市响水县指导天嘉宜化工有限公司“3・21”特别重大爆炸事故救援处置工作。

3 月 22 日，受习近平总书记、李克强总理委派，国务委员王勇率国务院有关部门负责同志紧急赶赴江苏响水指导天嘉宜化工有限公司“3・21”特别重大爆炸事故应急救援工作，看望遇难者家属和受伤群众，慰问抢险救援队伍。

3 月 24 日至 4 月 4 日，应莫桑比克政府请求，中国政府派遣中国救援队（此次派遣共 65 人，其中含北京市消防救援总队 30 名指战员）赴莫桑比克实施国际救援。在莫桑比克救援期间，30名消防指战员在重灾区贝拉市工作10天，共派出行动队25次，转运伤员6名，发放食品7800份、饮用水2320升，洗消33.1万平方米；捐赠帐篷21顶、冲锋舟5艘以及大量搜救、防护装备等物资，总价值超过500万元人民币。

3月29日，应急管理部就冬春火灾防控情况举行新闻发布会。消防救援局副局长琼色、森林消防局副司令员闫鹏、火灾防治管理司副司长崔洪浩出席发布会，分别介绍冬春火灾防控工作情况，并答记者问。

4月

4月1日，“中国消防”强国号正式开通，成为首家入驻“学习强国”学习平台的中央国家机关非新闻单位官方强国号。

4月1—3日，澳门消防局局长梁毓森率代表团到访北京，与应急管理部消防救援局副局长琼色会面，并赴北京市消防救援总队就重大活动安保工作开展技术交流座谈。其间，代表团实地考察了怀柔区雁栖湖国际会议中心以及“一带一路”国际合作高峰论坛消防安保指挥部。

4月3日，应急管理部党组书记黄明到四川省凉山彝族自治州消防支队，检查指导消防工作和消防救援队伍建设，看望慰问基层消防救援队伍指战员。

4月4日，四川木里森林火灾扑救中英勇牺牲烈士悼念活动在西昌市举行。中共中央总书记、国家主席、中央军委主席习近平，中共中央政治局常委、国务院总理李克强，中共中央政治局常委、国务院副总理韩正等中央领导同志向30名烈士敬献花圈。国务委员王勇出席悼念活动，代表党中央、国务院向在扑火战斗中英勇献身的英烈们表示深切哀悼，应急管理部党组书记黄明致悼词。

4月8—15日，应白俄罗斯紧急情况部和俄罗斯紧急情况部邀请，应急管理部消防救援局副局长张福生率团赴白俄罗斯和俄罗斯访问交流。

4月10日，国务院安全生产委员会办公室印发《关于挂牌督办博物馆和文物建筑重大火灾隐患单位的通知》（安委办函〔2019〕21号），对33家博物馆和文物建筑重大火灾隐患单位实施挂牌督办。

4月15日起，国务院安全生产委员会组成16个考核巡查组，进驻31个省级政府和新疆生产建设兵团，开展2018年度省级政府安全生产和消防工作考核巡查。此次针对省级政府的考核巡查首次将安全生产、消防、森林防火三项工作整合考核，并与安全生产巡查同步实施、统筹进行。经综合评定，北京、山西、吉林、上海、浙江、安徽、福建、湖北、广西、海南、重庆、云南、西藏、宁夏等14个省、自治区、直辖市获评“优秀”等次。

4月15日，国务院安全生产委员会办公室召开“防风险、保平安、迎大庆”消防安全执法检查专项行动动员部署视频会议，贯彻落实习近平总书记关于防范化解重大风险的重要指示精神，分析研判消防安全形势，动员各级各部门迅速行动起来，全力防范化解重大安全风险，坚决遏制群死群伤火灾事故发生，为新中国成立70周年营造安全稳定的社会环境。

4月16日，应急管理部召开国家综合性消防救援队伍新任总队级单位主官集体谈话会。应急管理部党组书记黄明出席会议并讲话，应急管理部党组副书记、副部长付建华宣读任职命令，应急管理部政治部主任许尔锋主持谈话会，中央纪委国家监委驻部纪检监察组组长艾俊涛作廉政谈话，消防救援局、森林消防局主要负责同志参加谈话会。

4 月 23 日，第十三届全国人民代表大会常务委员会第十次会议通过修正《中华人民共和国消防法》的决定，自公布之日起施行。新修正《消防法》在机构名称和消防救援队伍名称方面，将“国务院公安部门”修改为“国务院应急管理部门”，将“公安机关消防机构”修改为“消防救援部门”，将“公安消防队”修改为“综合性消防救援队”，将“产品质量监督部门、工商行政管理部门”修改为“市场监督管理部门”。在消防审批制度改革方面，将建设工程消防设计审查验收职责划入住房城乡建设主管部门，取消公众聚集场所投入使用、营业前消防安全检查和消防技术服务机构资质许可。在消防产品监管制度方面，规定市场监督管理部门、住房城乡建设部门、消防救援部门应当按照各自职责加强消防产品质量监督检查，共同制定并公布实行强制性产品认证的消防产品目录。在消防救援组织和灭火救援方面，明确综合性消防救援队的职责，由以火灾扑救为主，变更为承担应对处置各类灾害事故的综合救援职责；明确国务院应急管理部门的职责，规定由国务院应急管理部门统筹应急力量建设和物资储备并在救灾时统一调度，组织灾害救助体系建设；明确中央和地方对应急救援工作的指挥权限，发生一般性灾害时，由县级以上人民政府组织和指挥；发生特别重大灾害时，由国务院应急管理部门承担国家应对特别重大灾害指挥部工作。在法律责任方面，明确住房城乡建设部门、市场监督管理部门、公安机关和消防救援部门的执法主体地位，调整公众聚集场所违法投入使用、营业的处罚措施，调整消防技术服务机构违规从业的处罚措施。

4 月 24—26 日，应澳门消防局邀请，应急管理部消防救援局副局长魏捍东率江苏、广东、广西等省（区）消防救援总队及消防救援局机关人员一行 8 人赴澳门参加“消防局日”系列活动暨核事故消防应急救援策略研讨会。

4 月 25—27 日，第二届“一带一路”国际合作高峰论坛在北京举办。全国消防救援队伍坚决贯彻落实应急管理部的部署要求，紧紧围绕防范化解重大安全风险，全面做好“点线面”火灾防控工作。活动期间，涉会场所及周边区域实现“零火情”，北京市未发生亡人火灾，全国未发生较大及以上火灾事故，队伍内部安全稳定。

4 月 29 日至 10 月 7 日，北京世界园艺博览会举办期间，全国各级消防救援队伍全面落实各项消防安保措施，实现了园区“不冒烟、不起火”，开闭幕式期间北京市不发生有影响的火灾事故、环京地区不发生较大以上火灾事故和队伍高度安全稳定的目标。

5月

5 月 7—10 日，由应急管理部、民政部、共青团中央和重庆市政府共同举办的全国首届社会应急力量技能竞赛全国集中竞赛在国家（重庆）陆地搜寻与救护基地开赛。27 支经过区域选拔和培训考核的决赛队伍在破拆、绳索、水域 3 大类 12 个技能竞赛项目中开展为期 3 天的比拼，最终产生了 6 类 30 个团体和个人奖项。

5月8日，交通运输部、国家发展改革委、财政部、应急管理部、国家铁路局、中国民用航空局、中国铁路总公司联合印发《关于保障国家综合性消防救援队伍人员交通出行优待权益有关事项的通知》(交运规〔2019〕4号)，明确消防救援人员交通出行优待政策。

5月10日，全国首届社会应急力量技能竞赛闭幕式暨综合演练在国家(重庆)陆地搜寻与救护基地举行。演练共调集高层、空勤、防化、石油化工专业编队和重型工程机械大队，国家水域救援重庆大队，国家危险化学品应急救援重庆川维队，国家水上应急救援重庆长航队，重庆方舟山地救援队等应急力量600人、车辆60辆、船(艇)13艘、消防直升机2架参与，现场展示消防直升机悬停救人、人员装备投送、无人机侦察、灭火和投放装备、重型起重机起吊扶正等新战法。

5月15—22日，亚洲文明对话大会在北京举办期间，全国各级消防救援队伍牢固树立“安全第一”的理念，坚持效果服从安全，严密各项消防安保措施，确保了大会开幕式、论坛和嘉年华晚会期间涉会场所及周边区域“零火情”，北京市未发生亡人火灾。

5月20日，广西壮族自治区百色市右江区东州大道0776酒吧发生坍塌事故，造成多人被困。应急管理部消防救援局迅速调派广西壮族自治区消防救援总队投入抢险救援，经过39小时搜救，营救被困人员69人，其中63人生还。

同日，粤港澳大湾区消防救援队伍水域洪涝灾害跨区域救援实战演练暨消防协作机制研讨会在广东省东莞市举行。应急管理部消防救援局副局长魏捍东、香港消防处处长李建日、澳门消防局局长梁毓森等参加演练和研讨活动。

5月22日，应急管理部党组印发《消防研究所和消防产品合格评定中心管理规定(试行)》(应急党〔2019〕47号)，进一步明确对天津、上海、沈阳、四川消防研究所和消防产品合格评定中心的管理职责权限。

5月26日至6月12日，全国南方大部地区遭受强降雨，多地出现特大暴雨，引发山洪、泥石流、城市内涝等严重灾害。全国各级消防救援队伍全力投入抗洪抢险救援，先后参加抗洪抢险救援800余次，出动消防指战员8100人次，出动舟艇970艘次，营救疏散被困人员16232人，抢救和保护财产价值20.4亿元。

5月30日，中共中央办公厅、国务院办公厅印发《关于深化消防执法改革的意见》，坚持深化简政放权，创新监管方式，强化事中事后综合监管，规范执法行为，推行消防执法事项全部向社会公开，构建科学合理、规范高效、公正公开的消防监督管理体系。

6月

6月12—13日，全国消防宣传工作会议在山东济南召开，分析形势任务，推动新时代消防宣传工作。应急管理部消防救援局副局长琼色、山东省副省长刘强、部新闻宣传司司长申展利等领导出席会议，全国总队级单位有关负责同志、新闻宣传工作负责同志共70余人参会。

6月25日，第九届全国“人民满意的公务员”和“人民满意的公务员集体”表彰大会在人民大会堂召开。会上，北京市天安门地区消防支队故宫特勤中队政治指导员蔡瑞被表彰为第九届全国“人民满意的公务员”，受到习近平总书记等党和国家领导人亲切接见。

6月28日，应急管理部、教育部、公安部、住房和城乡建设部联合印发《关于切实加强出租屋及校园周边经营场所消防安全管理工作的通知》（应急〔2019〕66号），部署各地吸取火灾事故教训，切实加强出租屋及校园周边经营场所消防安全管理，坚决预防和遏制群死群伤火灾事故。

7月

7月1日，应急管理部党组书记黄明会见获评第九届全国“人民满意的公务员”的北京市天安门地区消防支队故宫特勤中队政治指导员蔡瑞，勉励他珍惜荣誉、再接再厉，忠实践行初心使命，为党和人民作出更大成绩，号召应急管理系统广大干部职工和国家综合性消防救援队伍全体指战员向蔡瑞同志学习，推动国家应急管理和消防救援事业创新发展。

7月2日，国家综合性消防救援队伍总队级领导干部政治轮训班在中国消防救援学院开班，应急管理部党组副书记、副部长付建华作开班第一课辅导报告。各省、自治区、直辖市消防救援总队和森林消防总队总队长、总工程师及省会城市、副省级城市消防救援支队支队长近120人参加首期培训。

7月6日，应急管理部党组书记黄明与国家综合性消防救援队伍第一期总队级领导干部政治轮训班学员集体座谈，围绕“如何认识初心使命、差距问题在哪里、怎样践行初心使命”听取意见建议、交流学习体会。应急管理部党组成员、政治部主任许尔锋主持座谈会，消防救援局、森林消防局，应急管理部相关司局、中国消防救援学院主要负责人，政治轮训班全体学员参会。

7月10日，应急管理部党组书记黄明到北京市消防救援总队培训基地调研指导工作，看望慰问基层指战员。

7月15—16日，国务委员王勇在湖南省株洲市考察指导防汛抗洪抢险救灾工作期间，看望慰问救灾现场消防救援队伍指战员。国务院副秘书长孟扬，应急管理部党组书记黄明，湖南省委书记杜家毫、省长许达哲等参加活动。

7月24日，应急管理部消防救援局在河南省郑州市召开全国“119”消防奖座谈会。全国“119”消防奖历届获奖先进集体和先进个人代表，应急管理部消防救援局、民政部、国家卫健委、国家文物局有关同志，以及万达集团、顺丰速运等行业代表参加会议。

7月29日，国务院新闻办公室就中共中央办公厅、国务院办公厅印发《关于深化消防执法改革的意见》举行新闻发布会。

7月29日至8月11日，应急管理部消防救援局在北京、张家口两地举办2019年第一期中法山岳及冰雪救援技术培训班，来自北京、河北、贵州、云南4个总队的16名指战员参加培训。

8月

8月1日，应急管理部消防救援局副局长琼色到黑龙江省消防救援总队培训基地调研指导工作，看望慰问备战第十五届世界消防救援锦标赛的指战员和新入职消防员。

8月3—4日，应急管理部党组书记黄明赴山西省大同市广灵县、阳高县调研考察定点扶贫工作期间，看望慰问广灵县消防大队指战员。

8月8—18日，第十八届世界警察和消防员运动会在四川省成都市举办，来自79个国家、地区和国际组织的8000余名警察和消防员参加。中国消防代表队斩获15金10银11铜，为各国消防代表队中获得奖牌最多、金牌最多的代表队。其间，应急管理部消防救援局副局长魏捍东与“世警会”联合会执委吉姆·金、韩国消防总局次长申悦雨、中国香港消防处助理处长徐文良及其所率团组代表开展会见交流。四川省消防救援总队承办极限消防员、楼梯竞速赛、消防员障碍赛和召集赛4项赛事，举办消防装备展、摄影展、主题公园开园等活动。

8月10日1时45分，超强台风“利奇马”在浙江省温岭市城南镇沿海登陆。截至8月13日16时，超强台风“利骑”造成浙江、上海、江苏、山东、安徽、福建、河北、辽宁、吉林9省（市）1288.4万人受灾，204万人紧急转移安置，1.3万间房屋倒塌，11.9万间房屋不同程度损坏，农作物受灾面积996千公顷。各地4.2万名消防指战员共参加抢险救援6382起，营救遇险和疏散转移被困人员12447人。

8月20日2时许，四川省阿坝州汶川县三江镇、耿达镇等多地因暴雨突发山洪泥石流灾害，造成道路不同程度损毁、电网及通信瘫痪、大量游客和当地百姓被困。应急管理部消防救援局调派四川省消防救援总队137名消防指战员，34辆消防车，9艘舟（艇）、4架无人机、两条搜救犬赶赴现场救援。经过近100小时的奋战，成功营救被困群众26人，疏散1477人。

同日，应急管理部召开消防救援队伍新任总队级主官集体谈话会，应急管理部党组书记黄明出席会议并讲话。应急管理部党组副书记、副部长付建华宣读任职命令，应急管理部政治部主任许尔锋主持谈话会，中央纪委国家监委驻部纪检监察组组长艾俊涛作廉政谈话，应急管理部消防救援局、教育训练司、驻部纪检监察组有关负责同志参加谈话会。同日，应急管理部消防救援局副局长琼色、副政委詹寿旺与新任总队级正职干部集体谈话。

9月

9月2—13日，应急管理部消防救援局在北京、张家口两地举办第二期中法山岳及冰雪救援技术培训班。来自北京、河北、贵州3个总队的16名消防指战员顺利通过法国IMP2绳索救援技术考核，其中6人随后赴法国国家山岳和困境救援培训中心进行为期两周的进阶培训。

9月4—6日，全国消防救援队伍第五届消防搜救犬技术比武竞赛在山东搜救犬培训基地举行，共有来自全国29个省（自治区、直辖市）消防救援总队代表队的203名消防指战员携145条搜救犬参加比武。

9月10日，国务委员王勇到山西省消防救援总队太原支队特勤二中队调研，看望慰问消防救援队伍指战员，并到大型商业综合体华润万象城检查消防安全工作。国务院副秘书长孟扬、应急管理部党组书记黄明等参加活动。

同日，国家综合性消防救援队伍2019年度第二次消防员招录报名工作正式启动，共下达计划21806名。其中，定向招录退役士兵8723名，公开招录社会青年12938名，专项招录原公安消防部队解约定向培养士官 145 名。

9 月 11 日，第十五届世界消防救援锦标赛在俄罗斯萨拉托夫市举行，中国消防救援队伍转制后首次赴国外参加消防救援竞技活动，12 名指战员参赛。

9 月 18 日，应急管理部党组书记黄明到北京市朝阳区工人体育场实地检查新中国成立 70 周年群众游行彩车消防安全监管情况，看望慰问一线执勤指战员。

9 月 24 日，国务院表彰内蒙古自治区兴安盟消防支队、宁夏回族自治区石嘴山市消防支队大武口大队特勤中队为“全国民族团结进步模范集体”。

9 月 28 日，中央政治局委员、政法委书记郭声琨，国务委员、公安部部长赵克志，在中央政法委秘书长陈一新、公安部常务副部长王小洪等陪同下，到北京市天安门地区消防支队国家博物馆消防站检查工作，看望慰问一线指战员。

9 月 29 日 13 时 10 分，浙江省宁海县宁波锐奇日用品有限公司厂房车间发生火灾，造成 19 人死亡、3 人受伤。

10月

10 月 1 日，在新中国成立 70 周年大庆和联欢活动期间，全国各级消防救援队伍坚持最高政治站位，从全国抽调力量支援北京，各级机关下沉 1.2 万名干部充实基层，圆满完成新中国成立 70 周年庆祝活动消防安保任务。其间，中央政治局委员、中央政法委书记郭声琨，中央政治局委员、北京市委书记蔡奇，国务委员、公安部部长赵克志，应急管理部党组书记黄明，公安部党委副书记、常务副部长、北京市公安局局长王小洪，武警部队副司令员于建华，北京市委副书记、市长陈吉宁等领导分别检查指导消防安保工作，慰问消防指战员。国庆期间，全国消防救援队伍共出动车辆 3.6 万辆次、指战员 19.3 万人次，参加灭火和抢险救援 16463 起，营救遇险被困人员 2813 人。

同日，应急管理部消防救援局在全国范围内全面推行“双随机一公开”消防监管工作，将 1400 余万家单位纳入随机抽查库执行执法公示公开、执法全过程记录、重大执法决定法制审核等 24 项执法制度，明确 64 项消防违法行为的量罚阶次和基准。

10 月 8 日，国家综合性消防救援队伍基层英模单位主官“牢记初心使命、践行训词精神”政治轮训示范班在中国消防救援学院开班。此次政治轮训示范班共分 3 期举办，被国务院、中央军委和武警部队授予荣誉称号、荣立一等功、受到省部级以上表彰以及全面建设过硬的支队、大队、中队主官代表共计 180 人参加培训。

10 月 10 日，应急管理部消防救援局印发《关于开展火灾延伸调查强化追责整改的指导意见》，推动火调机制改革创新，明确火灾延伸调查范围和组织实施，细化工程建设、中介服务、产品质量和使用管理主体责任、调查处理方式和途径。

10 月 12 日，应急管理部党组书记黄明与国家综合性消防救援队伍第一期基层英模单位主官政治轮训示范班学员集体座谈。应急管理部党组成员、政治部主任许尔锋主持座谈，应急管理部主题教育巡回指导组、机关有关司局、消防救援局、森林消防局、中国消防救援学院主要负责同志参加。

10 月 16 日，新中国成立 70 周年庆祝活动总结会议在人民大会堂举行，习近平总书记亲切会见筹办庆祝活动的工作代表。北京市天安门地区消防支队故宫特勤中队政治指导员蔡瑞等3名指战员作为消防救援队伍一线代表受到习近平总书记接见。

10月18日，国家市场监督管理总局、国家标准化管理委员会批准发布推荐性国家标准《消防安全工程指南　第5部分：火灾烟气运动》（GB/T 31540.5—2019），自发布之日起实施。

10月20日，应急管理部消防救援局副局长琼色会见来访的新加坡民防部队总监叶伟德一行，双方进行了友好会谈。应急管理部救援协调和预案管理局负责人参加会见。

10月20—22日，中国救援队和中国国际救援队分别接受联合国国际重型救援队测评和复测。10月23日，中国救援队能力测评授旗颁牌仪式在北京市消防救援总队培训基地举行。应急管理部、外交部、商务部、海关总署、国际发展合作署、移民局、民航局和解放军有关单位代表以及北京市消防救援总队指战员共400余人参加。中国成为亚洲首个拥有两支通过联合国认证国际救援队伍的国家。仪式后，应急管理部党组书记黄明与两支队伍代表座谈。

10月30日，全国首届“火焰蓝”消防救援技能对抗比武在浙江省消防救援总队培训基地开幕。在为期4天的对抗比武竞赛活动中，来自全国31个消防救援总队的899名指战员同场竞技，参加60米肩梯登楼、枪炮协同灭火、楼层火灾内攻、纵深灭火救人等8个项目的比赛。浙江、吉林、江苏、山东、湖南、上海、广东、重庆、海南、辽宁等省（市）消防救援总队获得竞赛团体总分前十名。

11月

11月5—6日，首届“火焰蓝”国际消防救援技术交流竞赛在浙江省绍兴市举行，来自老挝、马来西亚、蒙古、尼泊尔、新加坡、塔吉克斯坦等9个国家以及中国香港、中国澳门地区的123名消防救援人员参加交流竞赛。俄罗斯和法国驻华使馆、联合国难民署、上合组织秘书处代表以及俄罗斯紧急情况部等派员观摩了相关活动。活动期间，开展了背负空气呼吸器5000米跑、枪炮协同灭火等8项基础体能技能竞赛，进行事故救援、火灾扑救等5大类、12个科目的技术交流。

11月5日，在习近平总书记向国家综合性消防救援队伍授旗并致训词一周年之际，应急管理部召开座谈会，深入学习贯彻习近平总书记重要训词精神，总结交流应急救援能力建设和应急管理体制改革工作。中共中央政治局常委、国务院副总理韩正出席并讲话。国务委员王勇参加相关活动并主持座谈会。应急管理部、北京市人民政府、国家减灾委员会专家委员会有关负责同志，以及国家综合性消防救援队伍指战员代表在座谈会上作了发言。中央和国家机关有关部门负责同志、国家综合性消防救援队伍总队级单位主官和基层指战员代表参加会议。会前，韩正副总理参观了国家综合性消防救援队伍学习贯彻习近平总书记重要训词精神图片展。

11月6日，国务院新闻办公室举行国家综合性消防救援队伍组建一周年新闻发布会。应急管理部消防救援局副局长琼色，消防救援局副局长兼应急管理部教育训练司司长张福生，森林消防局副司令员闫鹏，应急管理部新闻发言人、新闻宣传司司长申展利出席并答记者问。

11月7日，新华社专题片《习近平的足迹丨消防改革转隶一周年：永远做党和人民的忠诚卫士》，报道了全国唯一一支由消防队伍担任省会城市每日升降国旗任务的国旗护卫队——福州市消防支队鼓楼区大队三坊七巷中队的先进事迹，首次正式报道“这支队伍升起的第一面国旗就是从时任福州市委书记习近平同志手中接过的”。同日，福州市政府在三坊七巷中队举行“福州市五一广场国旗护卫队”授牌仪式。

11月10日，应急管理部在浙江省消防救援总队培训基地举行国家综合性消防救援队伍比武竞赛暨灭火救援实战演练。国务委员王勇出席并讲话，应急管理部党组书记、消防救援总监黄明主持，浙江省委副书记、省长袁家军致辞。

11月14日，应急管理部分别召开宣布消防救援局、森林消防局领导干部任职命令大会。应急管理部党组书记黄明分别出席会议并讲话。应急管理部党组副书记、副部长付建华，应急管理部党组成员、政治部主任许尔锋分别宣布消防救援局、森林消防局干部任职、退休命令。经报中共中央组织部批准，琼色任消防救援局局长、党委副书记，詹寿旺任消防救援局政治委员、党委书记，魏捍东、张福生、罗永强任消防救援局副局长、党委委员，周天任消防救援局总工程师、党委委员，王新建任上海市消防救援总队政治委员。

11月14—16日，中共中央宣传部、国务院国资委、中央军委政治工作部、全国总工会、共青团中央、全国妇联、人民日报社在北京联合举办“时代新人说——我和祖国共成长”全国演讲大赛总决赛。广东省消防救援总队云浮市支队新兴中队中队长由浩杞作《初心的热度》演讲，荣获大赛金奖。

11月16日，中国消防博物馆迁址升级后，组织首场复展开放活动。升级复展后的中国消防博物馆展陈面积近1万平方米，全面展示中国消防历史文化沿革、新中国消防事业发展成就以及国家综合性消防救援队伍新形象。

11月18日，中央机构编制委员会办公室印发《中央编办关于印发应急管理部消防救援局、森林消防局“三定”规定和消防救援队伍、森林消防队伍总队及以下单位机构编制方案的通知》，明确消防救援局、森林消防局职能配置、内设机构和人员编制规定及消防救援队伍、森林消防队伍总队及以下单位机构编制方案。

11月22日，住房和城乡建设部批准发布强制性国家标准《火灾自动报警系统施工及验收标准》（GB 50166—2019），自2020年3月1日起实施。

11月29日，中共中央政治局就我国应急管理体系和能力建设进行第十九次集体学习。中共中央总书记习近平在主持学习时强调，应急管理是国家治理体系和治理能力的重要组成部分，承担防范化解重大安全风险、及时应对处置各类灾害事故的重要职责，担负保护人民群众生命财产安全和维护社会稳定的重要使命。要发挥我国应急管理体系的特色和优势，借鉴国外应急管理有益做法，积极推进我国应急管理体系和能力现代化。应急管理部党组书记黄明，副部长郑国光、黄玉治等列席。

12月

12月2—15日，应急管理部消防救援局派出4人研修团，赴俄罗斯紧急情况部直属的“领导者”特种救援中心、诺金斯克救援培训中心、中央机动搜救队以及民防、消防院校等单位，就俄罗斯应急管理体制机制、特种救援力量及教育培训体系建设等进行跟班学习和考察实践。

12 月 4—5 日，应急管理部消防救援局在山东省济南市召开全国消防救援队伍调研工作会议暨特约研究员年会，深入学习贯彻党的十九届四中全会精神、习近平总书记重要训词精神和在中央政治局第十九次集体学习时的重要讲话精神，交流消防理论研究和调研成果，安排部署 2020 年重点调研任务。应急管理部消防救援局局长琼色出席会议并讲话。

12 月 10 日，国家市场监督管理总局、国家标准化管理委员会批准发布推荐性国家标准《消火栓箱》（GB/T 14561—2019）、《可燃气体或蒸气极限氧浓度测定方法》（GB/T 38301—2019）、《火灾烟气流毒性组分测试 FTIR 分析火灾烟气中气体组分的指南》（GB/T 38309—2019）、《火灾烟气致死毒性的评估》（GB/T 38310—2019）、《社会单位灭火和应急疏散预案编制及实施导则》（GB/T 38315—2019），自 2020 年 4 月 1 日起实施。发布推荐性国家标准《建筑构件耐火试验方法 第 2 部分：耐火试验试件受火作用均匀性的测量指南》（GB/T 9978.2—2019）、《火警受理联动控制装置》（GB/T 38254—2019），自 2020 年 7 月 1 日起实施。

12 月 14 日，中宣部宣教局、中央网信办网络新闻传播局、中央新闻纪录电影制片厂共同主办的第三届社会主义核心价值观主题微电影优秀作品发布仪式在北京举行，消防救援队伍选送的两部消防微电影《准备好了》《蓝焰使命》分别获评一等、三等优秀作品奖。

12 月 17 日，北京市消防救援总队荣立集体一等功表彰大会在总队机关报告厅召开。应急管理部政治部主任许尔锋、北京市政府副秘书长孟钧出席会议并讲话，应急管理部消防救援局局长琼色主持会议，消防救援局副局长兼应急管理部教育训练司司长张福生宣布奖励命令。

同日，国家市场监督管理总局、国家标准化管理委员会批准发布强制性国家标准《自动喷水灭火系统 第 1 部分：洒水喷头》（GB 5135.1—2019）、《自动喷水灭火系统 第 22 部分：特殊应用喷头》（GB 5135.22—2019），自 2020 年 7 月 1 日起实施。

12 月 22 日，按照国家综合性消防救援队伍机构编制方案等要求，应急管理部消防救援局部署全国消防救援队伍总队及以下单位挂牌工作。12 月 31 日前，全国各级消防救援队伍全部完成挂牌工作。

12 月 24 日，应急管理部消防救援局按照《消防救援局与中国消防协会脱钩实施方案》，部署启动将原委托中国消防协会的消防职业技能鉴定工作临时移交消防产品合格评定中心。

12 月 31 日，国家市场监督管理总局、国家标准化管理委员会批准发布强制性国家标准《消防车　第 4 部分：干粉消防车》（GB 7956.4—2019）、《消防车　第 5 部分：气体消防车》（GB 7956.5—2019）、《消防车　第 7 部分：泵浦消防车》（GB 7956.7—2019）、《消防车　第 16 部分：照明消防车》（GB 7956.16—2019）、《消防车　第 17 部分：排烟消防车》（GB 7956.17—2019）、《消防车　第 23 部分：供气消防车》（GB 7956.23—2019）、《消防炮》（GB 19156—2019），自 2020 年 7 月 1 日起实施。

附　　录

1950—2019 年火灾情况

年 份	起 数	直接损失（万元）	亡（人）	伤（人）	火灾发生率（起/十万人口）	火灾死亡率（人/百万人口）	火灾伤人率（人/百万人口）	次均损失（元）	人均损失（元）	火灾损失率（元/万元国内生产总值）
1950	19692	1778.8	908	1873	3.6	1.6	3.4	903.3	0.03	
1951	19740	4420.1	754	2526	3.5	1.3	4.5	2239.2	0.1	
1952	36585	7321.3	741	2967	6.4	1.3	5.2	2001.2	0.1	
1953	37766	8077.2	1180	4292	6.4	2.0	7.3	2138.7	0.1	
1954	43849	3962.6	1414	2773	7.3	2.3	4.6	903.7	0.1	
1955	89703	4158.6	1865	5210	14.6	3.0	8.5	463.6	0.1	
1956	89680	6141.9	3408	14454	14.3	5.4	23.0	684.9	0.1	
1957	75579	5818.2	2929	9742	11.7	4.5	15.1	769.8	0.1	
1958	73315	8173.9	5310	11352	11.1	8.0	17.2	1114.9	0.1	
1959	114880	11616.9	10131	14617	17.1	15.1	21.7	1011.2	0.2	
1960	90845	17886.3	10843	13809	13.7	16.4	20.9	1968.9	0.3	
1961	103485	23009.2	6989	10597	15.7	10.6	16.1	2223.4	0.4	
1962	105064	17389.6	4990	8555	15.6	7.4	12.7	1655.1	0.3	
1963	106468	16691.2	4798	8939	15.4	6.9	12.9	1567.7	0.2	
1964	63301	9724.0	3441	6646	8.9	4.9	9.4	1536.2	0.1	
1965	76859	9588.2	4179	8283	10.6	5.8	11.4	1247.5	0.1	
1966	85377	19695.0	5386	12171	11.5	7.2	16.3	2306.8	0.3	
1967	36861	6403.4	1912	4199	4.8	2.5	5.5	1737.2	0.1	

1950—2019年火灾情况（续一）

年份	起数	直接损失（万元）	亡（人）	伤（人）	火灾发生率（起/十万人口）	火灾死亡率（人/百万人口）	火灾伤人率（人/百万人口）	次均损失（元）	人均损失（元）	火灾损失率（元/万元国内生产总值）
1968	25940	5538.9	1114	2484	3.3	1.4	3.2	2135.3	0.1	
1969	35205	9651.2	1348	3615	4.4	1.7	4.5	2741.4	0.1	
1970	39925	9904.9	2167	5658	4.8	2.6	6.8	2480.9	0.1	
1971	75593	30428.4	4362	12368	8.9	5.1	14.5	4025.3	0.4	
1972	88417	26625.7	4629	10437	10.1	5.3	12.0	3011.4	0.3	
1973	84966	22141.9	4337	9095	9.5	4.9	10.2	2606.0	0.3	
1974	86614	27527.8	4348	8799	9.5	4.8	9.7	3178.2	0.3	
1975	82221	21343.0	4818	8674	8.9	5.2	9.4	2595.8	0.2	
1976	81634	25418.9	5673	9865	8.7	6.1	10.5	3113.8	0.3	
1977	85442	33519.4	5583	8699	9.0	5.9	9.2	3923.1	0.4	
1978	81667	22743.4	4046	7990	8.5	4.2	8.3	2784.9	0.2	6.3
1979	88082	23236.2	3696	6175	9.0	3.8	6.3	2638.0	0.2	5.8
1980	54333	17609.3	3043	3710	5.5	3.1	3.8	3241.0	0.2	3.9
1981	50034	23130.6	2643	3480	5.0	2.6	3.5	4623.0	0.2	4.8
1982	41541	18926.3	2249	2929	4.1	2.2	2.9	4556.1	0.2	3.6
1983	37026	20398.0	2161	2741	3.6	2.1	2.7	5509.1	0.2	3.4
1984	33618	16086.4	2085	2690	3.3	2.0	2.6	4785.1	0.3	2.2
1985	34996	28421.9	2241	3543	3.3	2.1	3.3	8121.47	0.27	3.17

1950—2019年火灾情况（续二）

年　份	起　数	直接损失（万元）	亡（人）	伤（人）	火灾发生率（起/十万人口）	火灾死亡率（人/百万人口）	火灾伤人率（人/百万人口）	次均损失（元）	人均损失（元）	火灾损失率（元/万元国内生产总值）
1986	38766	32584.4	2691	4344	3.6	2.5	4.0	8405.41	0.30	3.19
1987	32053	80560.8	2411	4009	2.9	2.2	3.7	25133.62	0.74	6.73
1988	29852	35424.4	2234	3206	2.7	2.0	2.9	11866.68	0.32	2.37
1989	24154	49125.7	1838	3195	2.1	1.6	2.8	20338.54	0.44	2.90
1990	58207	53688.6	2172	4926	5.1	1.9	4.3	9223.74	0.47	2.90
1991	45167	52158.8	2105	3771	3.9	1.8	3.3	11547.99	0.45	2.41
1992	39391	69025.7	1937	3388	3.4	1.7	2.9	17523.22	0.59	2.59
1993	38073	111658.3	2378	5937	3.2	2.0	5.0	29327.42	0.94	3.22
1994	39337	124391.0	2765	4249	3.3	2.3	3.5	31621.88	1.04	2.66
1995	37915	110315.5	2278	3838	3.1	1.9	3.2	29095.48	0.91	1.89
1996	36856	102908.5	2225	3428	3.0	1.8	2.8	27921.78	0.84	1.52
1997	140280	154140.6	2722	4930	11.4	2.2	4.0	10988.07	1.25	2.06
1998	142326	144257.3	2389	4905	11.4	1.9	3.9	10135.70	1.16	1.81
1999	179955	143394.0	2744	4572	14.4	2.2	3.7	7968.33	1.15	1.75
2000	189185	152217.3	3021	4404	14.9	2.4	3.5	8045.95	1.20	1.78
2001	216784	140326.1	2334	3781	17.0	1.8	3.0	6473.08	1.10	1.46
2002	258315	154446.4	2393	3414	20.1	1.9	2.7	5978.99	1.20	1.51
2003	253932	159088.6	2482	3087	19.7	1.9	2.4	6265.01	1.23	1.36

1950—2019年火灾情况（续三）

年份	起数	直接损失（万元）	亡（人）	伤（人）	火灾发生率（起/十万人口）	火灾死亡率（人/百万人口）	火灾伤人率（人/百万人口）	次均损失（元）	人均损失（元）	火灾损失率（元/万元国内生产总值）
2004	252804	167357.0	2562	2969	19.5	2.0	2.3	6620.03	1.29	1.23
2005	235941	136603.4	2500	2508	18.0	1.9	1.9	5789.73	1.04	0.75
2006	231881	86044.0	1720	1565	17.6	1.3	1.2	3710.70	0.65	0.41
2007	163521	112515.8	1617	969	12.4	1.2	0.7	6880.82	0.85	0.46
2008	136835	182202.5	1521	743	10.3	1.1	0.6	13315.49	1.29	0.69
2009	129382	162392.4	1236	651	9.7	0.9	0.5	12551.39	1.22	0.48
2010	132497	195945.2	1205	624	9.9	0.9	0.5	14788.65	1.46	0.49
2011	125417	205743.4	1108	571	9.3	0.8	0.4	16404.75	1.53	0.44
2012	152157	217716.3	1028	575	11.2	0.8	0.4	14308.66	1.61	0.42
2013	388821	484670.2	2113	1637	28.6	1.6	1.2	12465.12	3.56	0.85
2014	395052	470234.4	1815	1513	28.9	1.3	1.1	11903.10	3.44	0.74
2015	346701	435895.3	1899	1213	25.5	1.4	0.9	12572.66	3.20	0.64
2016	323636	412502.2	1591	1093	23.4	1.2	0.8	12745.87	2.98	0.55
2017	281467	359950.1	1390	881	20.2	1.0	0.6	12788.36	2.59	0.44
2018	242943	367908.8	1462	843	17.4	1.0	0.6	15143.83	2.64	0.41
2019	255625	402992.2	1369	889	18.3	1.0	0.6	15764.98	2.88	0.41

注：1. 1979年以前的火灾数据均按照《中国火灾大典》中的统计数据填写。

2. 1980年以后的火灾数据均按照每年的《火灾年报》《中国火灾统计年鉴》或《中国消防年鉴》中的统计数据填写。

1979—2019年全国一次死亡30人以上火灾情况

序号	起火日期	起火单位名称或地址	亡（人）	伤（人）	直接损失（万元）	火灾类别	起火原因
1	1979年12月18日	吉林省吉林市煤气公司液化石油气厂	32	54	539	石油气厂	泄漏的液化气遇明火
2	1982年3月9日	福建省福鼎县制药厂冰片车间	65	35	35	车间	违章操作
3	1985年1月18日	上海飞往北京的5109航班	38	3	280	飞机	着陆与地面摩擦
4	1986年3月28日	云南省安宁县青龙区山林	56	3		山林	不明
5	1986年4月11日	山东省德州市第二运输公司一客车	35	17	2.4	汽车	司机违章携带汽油
6	1987年3月15日	黑龙江省哈尔滨市亚麻纺织厂	58	177	650.4	工厂	粉尘爆炸
7	1987年4月15日	内蒙古自治区库都尔林业作业区	49	31		草原	不明
8	1987年5月6日	黑龙江省大兴安岭林区	193	171	52666.1	森林	违章用火
9	1988年1月7日	广州开往西安的272次列车	34	30	16.3	列车	旅客违章携带化学物品
10	1990年5月8日	黑龙江省鸡西矿务局小恒山矿	80		567	矿井	违章切割
11	1990年7月7日	乌鲁木齐开往库尔勒市的一客车	38	13	9	汽车	侧翻起火
12	1990年10月23日	福建省福清县一油罐车	31	22		汽车	翻车漏油
13	1991年5月30日	广东省东莞市兴业雨衣制造厂	72	47	116	“三合一”厂房	吸烟
14	1993年2月14日	河北省唐山市林西百货大楼	81	54	401.2	商场	违章电焊
15	1993年11月19日	广东省深圳市致丽玩具厂	84	40	260	合资企业	电气
16	1993年12月13日	福建省福州市高福纺织有限公司	61	7	600	合资企业	放火
17	1994年6月16日	广东省珠海市前山纺织城	93	156	9500	高层、厂房	违章操作
18	1994年11月27日	辽宁省阜新市艺苑歌舞厅	233	20	12.8	歌舞厅	玩火
19	1994年12月8日	新疆维吾尔自治区克拉玛依市友谊馆	325	130	210.9	礼堂	电气
20	1995年3月13日	辽宁省鞍山商场	35	18	866	商场	电气
21	1995年4月24日	新疆维吾尔自治区乌鲁木齐市凤凰时装城	52	6	41.6	录像厅	电气
22	1996年7月17日	广东省深圳市端溪酒店	30	13	13	酒店	电气

1979—2019年全国一次死亡30人以上火灾情况（续）

序号	起火日期	起火单位名称或地址	亡（人）	伤（人）	直接损失（万元）	火灾类别	起火原因
23	1996年8月9日	河南省濮阳至汤阴的输油管道	43	54	1.6	管道	犯罪分子盗油
24	1996年11月27日	上海市四川中路401号居民楼	36	19	178	居民楼	精神病患者用火取暖
25	1997年1月5日	黑龙江省哈尔滨市长林子打火机厂	93	15	4.1	打火机厂	违章操作
26	1997年1月29日	湖南省长沙市燕山酒家	40	79	97.2	高层、酒店	违反安全规定
27	1997年2月12日	广深高速公路一客车	40	6	11.2	汽车	违反安全规定
28	1997年4月12日	福建省晋江市陈埭裕华鞋厂	32	4	80.4	“三合一”厂房	放火
29	1997年12月12日	黑龙江省哈尔滨市汇丰大酒店	31	17	61.9	酒店	放火
30	2000年3月29日	河南省焦作市天堂音像俱乐部	74	2	20	录像厅	电气
31	2000年4月22日	山东省青州市一肉鸡加工车间	38	20	95.2	车间	电气
32	2000年12月25日	河南省洛阳市东都商厦	309	7	275.3	歌舞厅	电焊
33	2003年2月2日	黑龙江省哈尔滨市天潭大酒店	33	10	15.8	商住楼	违反操作规程
34	2004年2月15日	吉林省吉林市中百商厦	54	70	426.4	商场	吸烟
35	2004年2月15日	浙江省海宁市黄湾镇五丰村	40	3	0.1	农村	用火不慎
36	2005年6月10日	广东省汕头市华南宾馆	31	28	81	娱乐场所	电气
37	2005年12月15日	吉林省辽源市中心医院	37	46	821.9	医院	电气
38	2007年10月21日	福建省莆田市秀屿区笏石镇飞达鞋面加工厂	37	19	30.1	“三合一”场所	放火
39	2008年9月20日	广东省深圳市龙岗区舞王俱乐部	44	64	27.1	歌舞厅	室内发射烟花弹
40	2010年11月15日	上海市静安区胶州路高层公寓大楼	58	71	15800	高层住宅楼	违章电焊
41	2013年6月3日	吉林省德惠市宝源丰禽业有限公司	121	76	18200	厂房	电线短路
42	2015年5月25日	河南省平顶山市鲁山县康乐园老年公寓	39	6	37.1	养老院	电气线路故障

2010—2019年人员密集场所重特大火灾分布情况

项目		起数	亡（人）	伤（人）	直接损失（万元）	典型火灾案例 时间	火灾发生单位及名称	亡（人）	伤（人）	损失（万元）	起火原因
2010年	小计	3	31	34	11369.1						
	商场市场	2	31	34	1575.5	4月24日	重庆市北部新区石桥铺赛博数码广场			9793.6	焊割
	宾馆饭店					8月28日	辽宁省沈阳市铁西万达广场售楼处	12	10	9.0	电线接触不良
	歌厅舞厅					11月5日	吉林省吉林市船营区商业大厦	19	24	1560	电线短路
	其他	1			9493.6						
2011年	小计	5	49	8	10094.2	1月13日	湖南省长沙市岳麓区西娜湾宾馆	10	4	60.4	使用电烤炉不慎
	商场市场	1	14		591.1	1月17日	湖北省武汉市侨康副食批发市场	14		591.1	无法排除电气
	宾馆饭店	3	20	7	9452.1	2月3日	辽宁省沈阳市皇朝万鑫国际大厦			9384.0	燃放烟花爆竹
	歌厅舞厅					5月1日	吉林省通化市东昌区胜利路1号如家快捷酒店	10	3	7.7	刑事放火
	其他	1	15	1	51.0	8月23日	广东省佛山市盛丰陶瓷有限公司办公综合楼	15	1	51.0	电线短路
2012年	小计	1	10	7	2696.8						
	商场市场	1	10	8	2696.8						
	宾馆饭店					6月30日	天津市蓟县莱德商厦	10	7	2696.8	空调电源线短路
	歌厅舞厅										
	其他										

2010—2019年人员密集场所重特大火灾分布情况（续一）

项目		起数	亡（人）	伤（人）	直接损失（万元）	典型火灾案例：时间	火灾发生单位及名称	亡（人）	伤（人）	损失（万元）	起火原因
2013年	小计	3	41	52	390.5						
	商场市场	1	16	5	187	4月14日	湖北省襄阳市迅驰星空网络会所	14	47	186.9	电线短路
	宾馆饭店					7月26日	黑龙江省绥化市海伦市联合敬老院	11		16.6	刑事放火
	歌厅舞厅					12月11日	广东省深圳市光明新区荣健农副产品批发市场	16	5	187.0	电线短路
	其他	2	25	47	203.5						
2014年	小计	2	12	28	8996.8						
	商场市场										
	宾馆饭店	1			8983.9	1月11日	云南省迪庆藏族自治州香格里拉市独克宗古城			8983.9	使用电暖器不慎
	歌厅舞厅	1	12	28	12.9	12月15日	河南省新乡市长垣县皇冠歌厅	12	28	12.9	电暖器距离空气剂过近
	其他										
2015年	小计	2	56	6	537.1						
	商场市场	1	17		500.0	2月5日	广东省惠州市惠东县惠东大道349号义乌小商品批发城	17		500.0	小孩刑事放火
	宾馆饭店										
	歌厅舞厅					5月25日	河南省平顶山市鲁山县康乐园老年公寓	39	6	37.1	电气线路故障
	其他	1	39	6	37.1						
2016年	小计	0	0	0	0						
	商场市场										
	宾馆饭店										
	歌厅舞厅										
	其他										

2010—2019年人员密集场所重特大火灾分布情况（续二）

项目		起数	亡（人）	伤（人）	直接损失（万元）	典型火灾案例					
						时间	火灾发生单位及名称	亡（人）	伤（人）	损失（万元）	起火原因
2017年	小计	2	28	31	185.0	2月5日	浙江省台州市天台县足馨堂足浴店	18	18	115.0	电器设备故障
	商场市场					2月25日	江西省南昌市红谷滩新区白金汇海航酒店唱天下会所	10	13	70.0	焊割
	宾馆饭店										
	歌厅舞厅	1	10	13	70.0						
	其他	1	18	18	115.0						
2018年	小计	3	39	27	9296.2	4月24日	广东省清远英德市兰桂坊KTV	18	5	20.0	放火
	商场市场	1	1		9015	6月1日	四川省达州市通川区好一新商贸城	1		9015.0	照明电源线短路
	宾馆饭店	1	20	22	261.2	8月25日	黑龙江省哈尔滨市松北区北龙汤泉休闲酒店	20	22	261.2	风机盘管机组电气线路短路
	歌厅舞厅	1	18	5	20.0						
	其他										
2019年	小计	0	0	0	0						
	商场市场										
	宾馆饭店										
	歌厅舞厅										
	其他										

注：重特大火灾，指一次造成10人以上死亡，或者50人以上重伤，或者5000万元以上直接财产损失的火灾。

2010—2019年起火原因情况

年份	起数	亡（人）	伤（人）	直接损失（万元）	起火原因																	
					放火		电气		违反安全规定		吸烟		生活用火不慎		玩火		自燃		其他		不明	
					起数	所占比例（%）	起数	所占比例（%）	起数	所占比例（%）	起数	所占比例（%）	起数	所占比例（%）	起数	所占比例（%）	起数	所占比例（%）	起数	所占比例（%）	起数	所占比例（%）
2010	132497	1205	624	195945.2	3249	2.5	41237	31.1	7722	5.8	7586	5.7	25878	19.5	7094	5.4	3504	2.6	25285	19.1	10942	8.3
2011	125417	1108	571	205743.4	2832	2.3	37960	30.3	6742	5.4	7091	5.7	22248	17.7	8247	6.6	3533	2.8	26764	21.3	10000	8.0
2012	152157	1028	575	217716.3	3052	2.0	49043	32.2	6291	4.1	9492	6.2	27293	17.9	5771	3.8	4610	3.0	35608	23.4	10997	7.2
2013	388821	2113	1637	484670.2	7089	1.8	115599	29.7	13046	3.4	26226	6.7	69080	17.8	12982	3.3	11547	3.0	108596	27.9	24656	6.3
2014	395052	1815	1513	470234.4	7314	1.9	108282	27.4	11712	3.0	23701	6.0	71318	18.1	16639	4.2	10613	2.7	117578	29.8	27895	7.1
2015	346701	1899	1213	435895.3	6026	1.7	104534	30.2	10091	2.9	19503	5.6	61089	17.6	11478	3.3	10116	2.9	100719	29.1	23145	6.7
2016	323636	1591	1093	416490.4	4469	1.4	117057	36.2	10875	3.4	24798	7.7	68125	21.0	11357	3.5	14026	4.3	57720	17.8	15209	4.7
2017	281467	1390	881	359950.1	3748	1.3	100453	35.7	11130	4.0	22458	8.0	61990	22.0	8326	3.0	12946	4.6	48653	17.3	11763	4.2
2018	242943	1462	843	367908.8	3109	1.3	85893	35.4	10134	4.2	18848	7.8	53748	22.1	7172	3.0	12035	5.0	41410	17.1	10594	4.4
2019	255625	1369	889	402992.2	3180	1.2	89492	35.0	10614	4.2	20720	8.1	58704	23.0	6601	2.6	13594	5.3	42878	16.8	9842	3.9

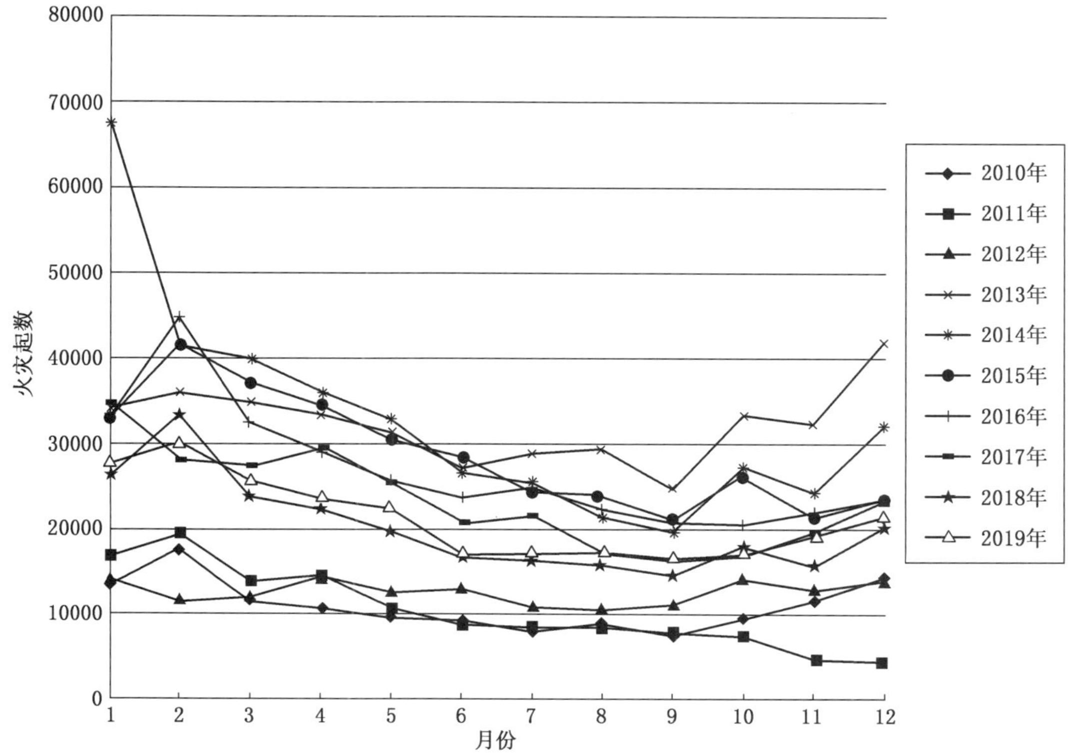

2010—2019 年火灾分月综合分布图

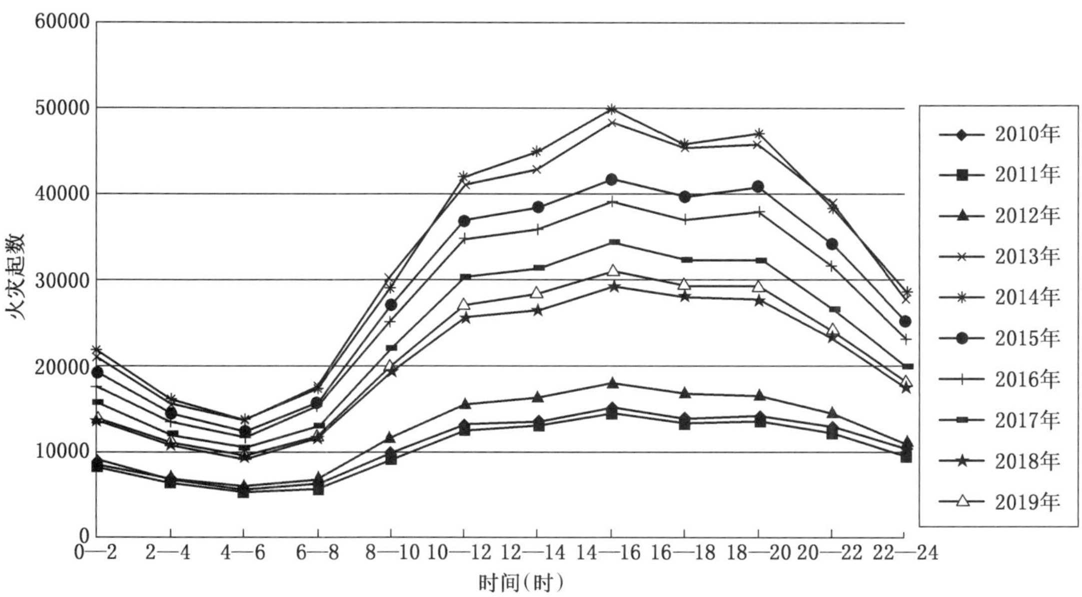

2010—2019 年火灾 24 小时分布图

1990—2019年春节期间火灾情况

年份	起数	燃放烟花爆竹		亡（人）	伤（人）	直接损失（万元）
		起数	所占比例（%）			
1990	3442	2120	61.6	32	74	840.3
1991	4160	2797	67.2	39	94	1132.1
1992	3389	2360	69.6	48	37	1842.9
1993	3621	2492	68.8	62	70	2223.9
1994	3688	2439	66.1	45	37	4247.1
1995	3512	1823	51.9	60	70	3174.8
1996	4540	2259	49.8	76	61	3231.8
1997	4968	2113	42.5	39	86	2717.2
1998	6301	2625	41.7	77	91	3376.6
1999	12711	6808	53.6	97	98	7660.7
2000	7682	3282	42.7	109	76	3051.3
2001	6493	2315	35.7	86	57	2140.0
2002	19041	11130	58.5	57	55	3298.8
2003	11197	4722	42.2	109	62	3138.9
2004	14150	2763	35.8	136	78	6177.8
2005	10238	1752	29.5	90	45	4971.9
2006	10201	1913	30.7	55	38	2754.2
2007	9634	4230	43.9	34	11	2567.5
2008	7494	3143	41.9	50	17	2798.1
2009	7972	3419	42.9	55	7	3723.7
2010	6638	2357	35.5	36	15	4629.5
2011	8654	3242	37.5	38	11	15538.4
2012	4628	902	19.5	14	2	3825.2
2013	11554	2010	17.4	34	27	8250.8
2014	21984	5721	26.0	42	24	9844.7
2015	13736	3270	23.8	49	29	13896.1
2016	16057	2926	18.2	54	34	12844.0
2017	10981	1888	17.2	37	15	9794.5
2018	10650	2106	19.8	52	27	9232.6
2019	10916	1885	17.3	41	14	9481.6

注：2004—2006年燃放烟花爆竹起数所占的比例均为此类火灾占消防部门调查火灾的比例。

2000—2019年国庆节期间火灾情况

年份	起数	亡（人）	伤（人）	直接损失（万元）	起火原因																			
					放火		电气		违反安全规定		生活用火不慎		吸烟		玩火		自燃		雷击		其他		不明	
					起数	所占比例（%）	起数	所占比例（%）	起数	所占比例（%）	起数	所占比例（%）	起数	所占比例（%）	起数	所占比例（%）	起数	所占比例（%）	起数	所占比例（%）	起数	所占比例（%）	起数	所占比例（%）
2000	1603	22	68	1409.1	113	7.0	468	29.2	108	6.7	414	25.8	121	7.5	89	5.6	28	1.7	7	0.4	150	9.4	105	6.6
2001	1931	29	68	1449.0	113	5.9	520	26.9	87	4.5	555	28.7	142	7.4	106	5.5	27	1.4	1	0.1	256	13.3	124	6.4
2002	2466	37	51	2077.3	153	6.2	578	23.4	134	5.4	757	30.7	212	8.6	176	7.1	37	1.5	2	0.1	257	10.4	160	6.5
2003	1783	42	74	1989.1	79	4.4	488	27.4	128	7.2	526	29.5	104	5.8	60	3.4	22	1.2			249	14.0	127	7.1
2004	2265	54	46	5690.1	129	5.7	507	22.4	104	4.6	756	33.4	153	6.8	103	4.5	40	1.8	2	0.1	267	11.8	204	9.0
2005	2024	28	32	1229.7	98	4.8	473	23.4	111	5.5	634	31.3	153	7.6	67	3.3	39	1.9			297	14.7	152	7.5
2006	2248	16	34	1391.4	101	4.5	525	23.4	91	4.0	706	31.4	146	6.5	82	3.6	61	2.7			349	15.5	187	8.3
2007	2456	23	14	1991.8	75	3.1	777	31.6	161	6.6	505	20.6	180	7.3	115	4.7	70	2.9			388	15.8	185	7.5
2008	1734	13	11	2123.0	50	2.9	588	33.9	106	6.1	351	20.2	109	6.3	41	2.4	51	2.9			305	17.6	133	7.7
2009	2604	10	13	3952.2	65	2.5	741	28.5	126	4.8	598	23.0	190	7.3	126	4.8	73	2.8			457	17.5	228	8.8
2010	1984	14	14	4498.6	43	2.2	674	34.0	137	6.9	331	16.7	114	5.7	71	3.6	61	3.1			400	20.2	153	7.7
2011	1703	6	11	3227.9	35	2.1	565	33.2	114	6.7	250	14.7	101	5.9	53	3.1	52	3.1	1	0.1	430	25.2	102	6.0
2012	3672	16	3	5912.8	93	2.5	1131	30.8	166	4.5	654	17.8	188	5.1	131	3.6	119	3.2			895	24.4	295	8.0
2013	7661	22	16	8634.2	161	2.1	2221	29.0	252	3.3	1375	17.9	466	6.1	217	2.8	237	3.1	1	0.0	2247	29.3	484	6.3
2014	7661	22	16	8634.2	161	2.1	2221	29.0	252	3.3	1375	17.9	466	6.1	217	2.8	237	3.1	1	0.0	2247	29.3	484	6.3
2015	5812	26	19	5940.4	99	1.7	1709	29.4	168	2.9	1164	20.0	341	5.9	100	1.7	171	2.9	2	0.0	1608	27.7	450	7.7
2016	4676	19	18	12496.1	68	1.5	1756	37.6	148	3.2	963	20.6	329	7.0	122	2.6	226	4.8	3	0.1	843	18.0	218	4.7
2017	4412	18	15	6871.9	73	1.7	1584	35.9	179	4.1	1039	23.5	305	6.9	90	2.0	229	5.2	2	0.0	749	17.0	162	3.7
2018	4591	17	21	6597.5	68	1.5	1466	31.9	180	3.9	993	21.6	340	7.4	99	2.2	242	5.3			986	21.5	217	4.7
2019	4006	27	8	8640.1	71	1.8	1363	34.0	167	4.2	857	21.4	301	7.5	72	1.8	267	6.6	4	0.1	720	18.0	184	4.6

注：1. 2009年为10月1—8日，2008年为9月29日至10月5日，2012年为9月30日至10月7日，其余年份指10月1—7日。

2. 表内2000—2006年数据指消防部门调查的火灾数据。

2000—2019年全国消防救援队伍接警出动综合情况

年份	出动情况（万起）						参战人员（万人次）	出动车辆（万辆次）	参战人员伤亡（人）			战斗成果	
	起数	虚警及其他	火灾扑救	抢险救援	重大活动执勤	社会救助			小计	亡	伤	抢救人员（人）	抢救财产价值（亿元）
2000	20.9	1.3	17.6	0.7	0.1	1.2	488.4	73.8	494	11	483	12527	134.1
2001	24.5	1.3	20.3	0.9	0.2	1.9	293.6	44.8	189	6	183	11596	141.3
2002	37.7	0.8	24.3	2.8	1.5	8.2	407.9	64.1	753	7	746	10196	169.7
2003	40.2	0.8	24.3	4.5	1.5	9.1	412.3	68.7	254	28	226	13666	236.4
2004	42.5	3.3	24.1	3.8	1.3	10.0	397.9	65.5	105	16	89	20414	323.4
2005	44.5	4.8	23.9	6.1	0.2	9.5	424.8	72.6	53	6	47	114877	350.2
2006	49.8	4.4	20.9	6.9	0.9	12.6	435.9	72.0	119	14	105	33651	303.2
2007	50.4	6.0	16.7	11.6	0.5	15.5	522.7	83.8	104	11	93	71690	1656.0
2008	51.4	10.0	13.5	13.3	1.1	13.6	542.4	86.4	122	14	108	88534	550.2
2009	53.6	10.0	12.8	15.0	1.4	14.4	566.8	89.6	64	8	56	79086	261.0
2010	58.9	11.6	13.1	18.3	1.0	14.8	615.2	96.7	28	7	21	159834	367.0
2011	65.6	14.2	12.5	20.9	0.9	17.1	733.4	117.1	55	6	49	128893	644.1
2012	75.5	15.4	15.1	23.3	1.5	20.2	811.0	131.6	30	8	22	143342	330.7
2013	103.3	15.3	38.5	26.3	1.3	21.9	1102.6	183.2	52	15	37	175220	359.2
2014	114.0	18.6	39.4	29.8	1.3	24.9	1224.9	205.6	29	13	16	176091	512.5
2015	113.2	18.9	34.5	31.9	1.2	26.7	1210.2	206.2	123	31	92	166031	399.2
2016	114.4	21.8	32.3	32.3	1.5	26.6	1239.9	210.2	45	12	33	194202	302.7
2017	118.9	24.7	27.9	33.6	1.7	31.0	1311.5	224.8	11	6	5	157008	282.6
2018	117.3	23.6	24.2	33.2	1.9	34.4	1286.9	221.7	21	10	11	150913	305.0
2019	131.0	26.7	25.5	37.0	4.5	37.3	1348.3	238.1	25	9	16	160498	183.1

注：为统一口径，部分年份的数据根据各地通过火灾统计软件（系统）上报的数据进行了修正。

城乡消防规划统计

地区	直辖市			地级市				县级市				乡级												村		
												建制镇									乡（包括苏木、民族乡、民族苏木）			行政村		
												全国重点镇			一般建制镇			合计总数								
	已编制消防规划数量	当年新编制、修订消防规划数量	已超出规划期限或总体规划已调整的消防规划数量	数量	已编制消防规划的地级市数量	当年新编制、修订消防规划的地级市数量	已超出规划期限或所在市总体规划已调整的消防规划数量	数量	已编制消防规划的县级市数量	当年新编制、修订消防规划的县级市数量	已超出规划期限或所在市总体规划已调整的消防规划数量	数量	已编制消防规划的重点镇的数量	当年新编制、修订消防规划的重点镇的数量	数量	已编制消防规划或消防专篇的建制镇的数量	当年新编制、修订消防规划或消防专篇的镇的数量	总数	已编制消防规划或消防专篇的建制镇的数量	当年新编制、修订消防规划或消防专篇的镇的数量	数量	有消防规划或消防规划内容的乡的数量	当年新编制、修订消防规划或消防规划内容的乡的数量	数量	有消防规划或消防规划内容的行政村数量	当年新增有消防规划或消防规划内容的行政村数量
全　国	5			311	310	19	6	673	672	32	8	3656	3636	140	17066	16646	496	20639	20204	640	9705	4753	267	482069	94802	4242
北　京	1											21	21		94	94		115	115		50					
天　津	1											10	10		118	118		128	128					3556	937	
河　北				11	11	3		20	20	11		191	191	5	853	853	19	1044	1044	24	869	201	19	30866	236	
山　西				11	11			11	11			138	138		426	426		564	564		632	110		28218	1023	
内蒙古				12	12			11	11			143	143		365	365	1	508	508	1	270	223	1	11065	200	
辽　宁				14	14			44	44			88	88		535	535		623	623		217			9833		
吉　林				8	8			39	39	7		79	79		318	318	11	397	397	11	174	174		9012	9012	
黑龙江				13	13			22	22			115	115		431	316		546	431		345	202				
上　海	2											22	84		80	22		106	106					1570	1570	
江　苏				13	13			45	45			96	96		654	654		815	815	4	65	31	4	7526	522	25
浙　江				11	11	2	1	33	33	2		133	133	1	492	466	15	614	599	16	259	136	1	20554	5462	68
安　徽				16	16	3	1	9	9	2		127	127	22	841	841	47	968	968	69	271	271	21	10078	4907	57
福　建				10	10			12	12			91	91		547	547		638	638		288	283	2	14789	2906	27

城乡消防规划统计（续一）

地区	直辖市			地级市				县级市				乡级												村		
												建制镇									乡（包括苏木、民族乡、民族苏木）			行政村		
												全国重点镇			一般建制镇			合计总数								
	已编制消防规划数量	当年新编制、修订消防规划数量	已超出规划期限或总体规划已调整的消防规划数量	数量	已编制消防规划的地级市数量	当年新编制、修订消防规划的地级市数量	已超出规划期限或所在市总体规划已调整的消防规划数量	数量	已编制消防规划的县级市数量	当年新编制、修订消防规划的县级市数量	已超出规划期限或所在市总体规划已调整的消防规划数量	数量	已编制消防规划的重点镇的数量	当年新编制、修订消防规划的重点镇的数量	数量	已编制消防规划或消防专篇的建制镇的数量	当年新编制、修订消防规划或消防专篇的镇的数量	总数	已编制消防规划或消防专篇的建制镇的数量	当年新编制、修订消防规划或消防专篇的镇的数量	数量	有消防规划或消防规划内容的乡的数量	当年新编制、修订消防规划或消防规划内容的乡的数量	数量	有消防规划或消防规划内容的行政村数量	当年新增有消防规划或消防规划内容的行政村数量
江　西				11	11		2	11	10	1	2	124	124	3	704	704	51	828	828	54	570	187	63	15213	3077	573
山　东				16	16	2		82	82	1		203	203	13	882	882	20	1085	1085	33	76	74		67277	16383	
河　南				17	17			105	105			203	203		948	948		1151	1151		640	278	11	48690		
湖　北				13	13	1	1	64	64	3	3	140	140	29	605	605	65	605	605	94	188	50	2	26034	77	5
湖　南				13	13			17	17	1		170	170	2	949	949	14	1119	1119	16	417	105		23897	255	6
广　东				21	21	4		20	20	2		123	123	6	1005	1005	18	1128	1128	24	11	7	1	17892	12861	
广　西				14	14	2		8	8	1		116	116	14	690	690	69	806	806	83	312	115	10	14229	1546	6
海　南				4	3			5	5			34	34		141	141		175	175		21	21		1718	102	
重　庆	1							31	31			88	88		527	527		615	615		195	195		8034	8034	
四　川				21	21	1	1	18	18	1	3	285	268	20	1744	1523	53	2029	1791	73	1154	603	44	33254	5246	114
贵　州				10	10			7	7			128	128		700	700	53	828	828	53	317	251	52	14616	446	137
云　南				8	8			14	14			184	184		430	430		614	614		544	429	25	12065		
西　藏				7	7							138	73	25	20	20		158	91	25	534	172		5464	138	

城乡消防规划统计（续二）

地区	直辖市			地级市				县级市				乡级												村		
												建制镇									乡（包括苏木、民族乡、民族苏木）			行政村		
												全国重点镇			一般建制镇			合计总数								
	已编制消防规划数量	当年新编制、修订消防规划数量	已超出规划期限或总体规划已调整的消防规划数量	数量	已编制消防规划的地级市数量	当年新编制、修订消防规划的地级市数量	已超出规划期限或所在市总体规划已调整的消防规划数量	数量	已编制消防规划的县级市数量	当年新编制、修订消防规划的县级市数量	已超出规划期限或所在市总体规划已调整的消防规划数量	数量	已编制消防规划的重点镇的数量	当年新编制、修订消防规划的重点镇的数量	数量	已编制消防规划或消防专篇的建制镇的数量	当年新编制、修订消防规划或消防专篇的镇的数量	总数	已编制消防规划或消防专篇的建制镇的数量	当年新编制、修订消防规划或消防专篇的镇的数量	数量	有消防规划或消防规划内容的乡的数量	当年新编制、修订消防规划或消防规划内容的乡的数量	数量	有消防规划或消防规划内容的行政村数量	当年新增有消防规划或消防规划内容的行政村数量
陕　西				12	12	1		3	3			123	123		878	878	59	1001	1001	59	71	71	11	17213	17213	3200
甘　肃				14	14			5	5			142	142		750	750		892	892		337			15774		
青　海				2	2			4	4			65	65		75	75		140	140		218			2791	36	24
宁　夏				5	5			16	16			28	28		75	75		102	102		90	15		2241		
新　疆				4	4			17	17			108	108		189	189	1	297	297	1	570	549		8600	2613	

说明：1. 表中涉及的行政区划数量，请参照《中华人民共和国行政区划简册》《中华人民共和国行政区划手册》、民政部区划地名司网站以及当地民政部门等的权威资料确定。

2. 城市消防规划的内容，按照国家标准《城市消防规划规范》（GB 51080—2015）执行。

3. “直辖市”不填写“地级”一栏的内容，填写“乡级”“村”的内容。

4. 地级市（地区、州、盟）包括所辖区，不包括辖县。

5. “县的数量”，包括县、自治县、旗、自治旗以及湖北省的 1 个林区（神农架林区）、贵州省的 1 个特区（六枝特区）。

6. “乡级”不包括城市街道，包括建制镇、乡、民族乡、苏林、民族苏木和 2 个区公所（河北省 1 个、新疆维吾尔自治区 1 个）。

7. 全国重点镇数量，以 2014 年住房和城乡建设部等部门《关于公布全国重点镇名单的通知》（建村〔2014〕107 号）为准。

8. 数据统计截止时间为 2019 年 12 月 31 日。

消防救援队伍灭火

总队	个人主要防护装备																
																水罐	
	消防员灭火防护服（套）	消防员避火防护服（套）	消防员隔热防护服（套）	抢险救援服（套）	特级化学防护服（套）	一级化学防护服（套）	二级化学防护服（套）	核沾染防护服（套）	防蜂服（套）	防爆服（套）	氧气呼吸器（具）	正压式空气呼吸器（具）	移动供气源（套）	消防专用救生衣（件）	潜水装具（套）	载水量5吨以下	载水量5吨（含）至10吨
合计	488711	21871	86559	417609	3350	28184	72887	661	18797	259	15276	215829	7308	163015	5214	2433	5427
北京	13563	1024	2441	7097	7	593	2819	68	437	0	1765	8354	321	2787	50	61	22
天津	9175	442	2218	6282	78	518	1576	62	410	4	424	5664	220	5847	136	75	108
河北	17579	1125	3742	14555	137	1240	3081	14	543	6	707	7788	406	5303	290	190	321
山西	12000	701	2403	11846	71	903	2150	5	386	25	382	4332	222	4121	227	61	134
内蒙古	11968	583	2389	11831	79	636	2067	0	165	0	434	4898	247	2769	117	15	238
辽宁	17851	734	2925	12135	75	1051	2645	15	566	3	327	8248	222	6718	109	63	383
吉林	16493	637	2519	13576	95	500	1764	92	210	4	324	5456	206	5380	157	36	123
黑龙江	12994	531	2081	11709	76	905	1361	0	223	0	524	5540	267	3554	113	28	230
上海	24224	506	2987	20329	120	799	3678	147	450	6	542	11450	266	4180	121	32	15
江苏	27856	892	4675	22705	148	1818	4429	5	928	1	700	12600	297	7334	256	6	161
浙江	20652	825	3460	20397	69	1386	2410	15	1128	6	292	9766	269	7578	267	81	113
安徽	17332	716	2582	13523	133	873	2394	31	1007	1	369	6802	197	4511	169	102	182
福建	10667	591	1939	12434	121	572	1649	16	505	1	322	5121	130	4532	92	42	185
江西	11787	470	2426	9726	40	644	1273	2	488	6	493	4096	217	4805	145	210	165
山东	35465	1423	5174	29888	100	2129	4585	18	1223	0	496	14283	313	8486	141	92	251
河南	22291	923	3932	15900	123	1105	3596	3	922	3	399	8731	310	5622	195	161	320
湖北	19747	761	2844	14344	258	1590	2954	8	745	0	594	6871	245	9333	162	125	152
湖南	22511	678	3350	21559	155	935	2367	6	715	0	662	7532	378	8667	122	107	176
广东	34902	1507	7426	28955	382	2209	5572	6	1642	7	763	16984	465	13434	458	195	198
广西	17037	713	3735	13001	185	942	2543	97	651	1	293	7395	286	7528	209	85	100
海南	2565	101	562	2485	77	244	593	1	202	0	116	1872	60	1668	145	13	47
重庆	12867	692	2645	11101	88	716	2297	15	766	19	788	6659	190	3577	157	66	119
四川	23796	1987	4275	23236	159	1653	4364	13	1859	62	540	11075	331	8436	298	252	427
贵州	9045	552	3004	8386	160	985	2038	7	502	0	502	5464	244	7592	435	60	145
云南	13853	447	2646	13040	90	578	1614	5	515	0	758	6555	271	6498	135	112	261
西藏	5658	188	577	5169	16	169	586	0	32	0	78	2152	29	1176	42	33	144
陕西	12333	692	2373	11737	116	731	1628	0	917	6	771	5548	197	3849	149	69	162
甘肃	9677	398	1619	9653	40	493	1561	0	284	2	290	4081	125	2404	85	29	197
青海	7242	416	1301	6015	11	542	1120	0	102	65	135	3432	123	2063	40	5	131
宁夏	5081	187	872	4752	59	206	886	8	72	0	196	2177	70	1438	44	3	67
新疆	10500	429	1437	10243	82	519	1287	2	202	31	290	4903	184	1825	148	24	150

救援装备情况

执勤车辆(辆)																				
灭火消防车											专勤消防车									
消防车		泡沫消防车				其他														
载水量10吨(含)以上	合计	载灭火剂5吨以下	载灭火剂5吨(含)至10吨	载灭火剂10吨(含)以上	合计	压缩空气泡沫消防车	泡沫干粉联用消防车	干粉消防车	涡喷消防车	合计	照明消防车	排烟消防车	排烟照明消防车	防化洗消消防车	化学事故抢险救援消防车	抢险救援消防车	核生化侦检消防车	细水雾消防车	强臂破拆消防车	大流量远程供水系统
3919	11779	3752	2711	2186	8649	3792	299	230	64	4385	237	272	50	302	221	5488	27	466	92	381
122	205	103	121	60	284	88	6	12	0	106	21	10	0	6	5	83	2	0	1	2
60	243	0	22	59	81	132	4	17	1	154	9	17	0	7	8	120	1	1	3	27
279	790	243	108	62	413	118	26	6	6	156	9	12	2	11	4	294	1	7	3	10
132	327	60	89	40	189	90	17	10	2	119	13	6	0	11	15	168	0	5	0	5
128	381	89	28	28	145	105	17	10	3	135	4	7	0	14	10	129	1	0	2	0
206	652	112	240	41	393	165	11	10	0	186	15	14	4	11	19	157	2	9	4	16
120	279	52	103	41	196	31	4	2	1	38	7	10	2	4	0	101	0	0	1	1
303	561	63	89	61	213	122	22	14	0	158	5	8	2	6	1	158	0	18	1	3
10	57	157	17	49	223	266	3	4	3	276	22	3	0	6	16	76	3	10	1	5
385	552	33	253	478	764	242	18	12	4	276	10	5	0	17	8	224	1	26	9	56
109	303	168	65	112	345	288	11	2	1	302	12	13	0	9	6	247	1	2	5	27
117	401	102	78	37	217	140	5	1	0	146	4	9	3	5	5	196	0	0	1	5
144	371	66	69	31	166	178	4	5	1	188	8	2	1	10	6	159	2	5	5	24
90	465	47	32	3	82	124	10	7	0	141	3	10	1	12	3	175	0	2	0	3
187	530	476	276	255	1007	91	27	20	6	144	7	22	2	15	8	256	0	3	7	57
337	818	198	98	57	353	268	10	19	4	301	1	7	1	12	14	296	0	10	3	26
78	355	174	57	44	275	126	12	11	1	150	3	12	0	17	1	179	1	9	1	7
101	384	83	72	68	223	163	0	12	1	176	15	14	0	11	10	228	0	0	4	5
151	544	396	241	234	871	315	28	14	4	361	27	12	9	29	19	396	2	0	10	36
80	265	157	68	70	295	109	4	7	0	120	5	11	5	13	7	210	1	0	7	8
26	86	37	26	27	90	36	5	1	1	43	3	1	1	6	5	66	3	20	1	6
66	251	133	50	40	223	110	5	1	4	120	12	10	1	3	7	166	1	0	2	0
142	821	371	88	19	478	56	15	15	3	89	10	17	7	17	16	388	2	2	4	24
53	258	58	164	24	246	65	1	0	1	67	1	14	0	6	5	159	0	2	0	3
81	454	46	97	88	231	42	4	4	6	56	3	3	1	11	4	235	0	0	3	9
27	204	41	21	22	84	8	1	0	1	10	1	1	0	1	1	92	1	9	0	6
104	335	132	37	39	208	127	2	7	8	144	0	15	0	9	4	163	1	292	8	3
72	298	31	21	23	75	38	15	4	1	58	1	0	6	10	4	107	0	9	2	1
36	172	17	20	17	54	26	3	2	0	31	2	1	1	3	5	72	0	2	1	1
68	138	23	16	11	50	24	6	0	1	31	2	1	0	5	3	39	0	0	1	2
105	279	84	45	46	175	99	3	1	0	103	2	5	1	5	2	149	1	23	2	3

消防救援队伍灭火

总队	专勤消防车							战勤保障消防车										执勤 登高	
	工程机械类						合计												
	装载机	推土机	挖掘机	平板运输车	多功能滑移救援机械	吊车		供气消防车	器材消防车	自装卸式消防车（含器材保障、生活保障、供液集装箱等）	装备抢修车	饮食保障车	加油车	运兵车（或宿营车）	卫勤保障车	发电车	合计	30米以下	30米（含）至50米
合计	84	34	105	198	8	62	8027	420	946	359	350	368	254	1313	165	32	4207	473	1028
北京	4	0	5	4	0	0	143	8	33	3	5	2	10	9	8	2	80	1	3
天津	2	1	3	5	1	12	217	8	23	7	3	18	4	4	3	0	70	4	11
河北	3	1	2	5	1	20	385	16	20	17	12	13	9	39	9	1	136	101	33
山西	1	1	3	2	0	1	231	12	26	3	9	11	3	12	3	1	80	16	34
内蒙古	6	4	3	3	0	0	183	15	14	10	12	13	13	19	4	1	101	6	38
辽宁	0	1	1	14	0	0	267	17	74	15	19	19	17	64	7	2	234	6	15
吉林	4	1	11	13	0	1	156	16	43	8	18	13	5	26	2	1	132	4	4
黑龙江	8	1	8	22	0	1	242	7	17	5	13	18	12	70	5	1	148	30	63
上海	1	1	1	2	1	1	149	5	77	19	10	6	8	9	2	0	136	11	7
江苏	4	2	2	2	3	0	369	18	48	28	14	15	16	36	8	0	183	0	64
浙江	1	1	4	10	0	2	340	13	40	23	9	11	7	29	11	0	143	33	27
安徽	1	1	1	1	0	0	232	18	21	25	18	17	6	26	4	0	135	27	58
福建	1	1	3	3	0	14	244	14	12	9	10	7	5	37	6	1	101	6	51
江西	0	1	1	9	0	0	220	10	6	7	11	4	2	55	4	0	99	12	68
山东	1	0	3	2	0	0	383	23	46	14	19	17	19	56	24	1	219	24	38
河南	16	5	13	15	2	1	422	20	25	14	18	19	12	54	9	0	171	23	44
湖北	6	2	5	6	0	0	249	14	15	11	9	10	8	97	1	1	166	13	47
湖南	1	1	2	6	0	0	297	15	40	6	12	6	8	35	10	0	132	8	15
广东	3	1	5	6	0	0	555	42	52	35	11	5	8	30	8	2	193	56	85
广西	1	1	4	36	0	4	313	12	29	11	13	6	8	28	3	2	112	30	36
海南	0	2	1	0	0	1	116	6	9	6	5	5	3	13	2	0	49	2	27
重庆	1	0	0	0	0	1	204	15	27	16	4	3	1	23	1	1	91	5	36
四川	1	0	1	2	0	1	492	26	51	20	22	29	11	57	5	5	226	7	68
贵州	0	0	0	0	0	0	190	11	28	10	11	12	10	44	8	1	135	7	36
云南	5	2	14	15	0	0	305	14	29	4	14	20	13	265	5	4	368	24	33
西藏	0	0	0	0	0	2	114	2	16	0	7	17	7	24	5	1	79	0	0
陕西	0	0	1	12	0	0	508	12	54	12	10	10	7	28	5	1	139	3	28
甘肃	4	1	3	0	0	0	148	3	26	5	8	8	4	15	1	0	70	1	5
青海	2	0	1	1	0	0	92	9	34	5	9	14	10	51	1	2	135	1	9
宁夏	1	1	1	1	0	0	57	7	7	4	4	5	2	2	0	0	31	2	6
新疆	6	1	3	1	0	0	204	12	4	7	11	15	6	56	1	1	113	10	39

注：1. 所有防护服（如消防员灭火防护服）都是指包含头盔、防护衣裤、防护靴、防护手套等成整套的，而不是

2. 专勤消防车：以该车辆的主要功能来定义，例如：部分抢险救援消防车中装有升降式照明设备，但仅是辅

3. 大流量远程供水系统：要求供水流量大于200升/秒、供水距离大于3公里。

救援装备情况（续）

车　辆（辆）

举高消防车																				消防摩托车	执勤车辆总数合计
平台消防车					云梯消防车							举高喷射消防车							合计		
50米（含）至70米	70米（含）至90米	90米（含）至100米	100米（含）以上	合计	30米以下	30米（含）至50米	50米（含）至70米	70米（含）至90米	90米（含）至100米	100米（含）以上	合计	20米以下	20米（含）至50米	50米（含）至70米	70米（含）至90米	90米（含）至100米	100米（含）以上	合计			
616	87	14	35	2253	317	1034	313	3	1	0	1668	1318	1584	235	47	0	0	3184	7105	704	44856
13	3	2	1	23	6	42	5	0	0	0	53	20	19	0	0	0	0	39	115	58	991
5	3	0	3	26	0	39	15	0	0	0	54	0	31	9	4	0	0	44	124	25	914
29	3	0	2	168	20	32	33	0	0	0	85	25	53	30	1	0	0	109	362	53	2295
16	0	0	0	66	3	26	8	0	0	0	37	49	32	2	1	0	0	84	187	24	1157
22	2	1	0	69	3	9	1	0	0	0	13	9	26	12	1	0	0	48	130	21	1096
28	3	1	3	56	34	42	14	0	0	0	90	89	90	8	1	0	0	188	334	12	2078
10	3	0	2	23	9	52	11	0	0	0	72	12	47	5	0	0	0	64	159	8	968
35	0	1	2	131	8	12	2	0	0	0	22	18	33	3	1	0	0	55	208	0	1530
3	5	0	1	27	4	56	28	0	0	0	88	0	16	3	1	0	0	20	135	40	1016
9	6	1	2	82	8	94	3	0	0	0	105	122	71	3	0	0	0	196	383	7	2534
27	2	1	1	91	1	49	44	0	0	0	94	66	115	0	0	0	0	181	366	10	1809
37	5	0	0	127	5	9	2	0	0	0	16	59	72	9	0	0	0	140	283	1	1415
26	2	2	3	90	6	17	9	0	0	0	32	55	25	8	1	0	0	89	211	25	1306
6	2	1	0	89	11	22	8	1	0	0	42	79	57	0	0	0	0	136	267	3	1277
40	4	3	2	111	17	89	25	0	0	0	131	79	142	47	9	0	0	277	519	116	2918
44	6	0	1	118	26	53	10	0	0	0	89	133	66	20	3	0	0	222	429	3	2497
18	3	0	1	82	14	25	2	0	0	0	41	49	86	1	0	0	0	136	259	41	1495
17	3	0	1	44	32	67	13	0	0	0	112	76	52	5	0	0	0	133	289	11	1512
36	15	0	4	196	3	99	23	2	1	0	128	51	132	38	9	0	0	230	554	18	3096
20	3	0	3	92	28	56	3	0	0	0	87	37	47	10	0	0	0	94	273	14	1392
5	1	0	0	35	0	12	1	0	0	0	13	2	21	0	0	0	0	23	71	26	481
20	3	0	1	65	0	12	14	0	0	0	26	2	31	1	0	0	0	34	125	8	1022
46	6	0	1	128	1	9	8	0	0	0	18	17	70	12	3	0	0	102	248	20	2374
19	0	0	0	62	22	25	3	0	0	0	50	39	18	2	1	0	0	60	172	50	1118
12	0	0	0	69	37	22	4	0	0	0	63	54	46	0	3	0	0	103	235	24	1673
7	0	0	0	7	5	4	1	0	0	0	10	2	5	0	0	0	0	7	24	11	526
25	1	0	1	58	7	16	6	0	0	0	29	59	50	1	3	0	0	113	200	39	1573
16	0	1	0	23	1	9	11	0	0	0	21	27	26	1	3	0	0	57	101	24	774
3	1	0	0	14	1	17	3	0	0	0	21	12	9	1	1	0	0	23	58	0	542
3	1	0	0	12	0	3	1	0	0	0	4	6	32	1	1	0	0	40	56	10	373
19	1	0	0	69	5	15	2	0	0	0	22	70	64	3	0	0	0	137	228	2	1104

仅指防护衣裤。
助设备，因此该车只能作为抢险救援车统计，而不能作为照明消防车统计，其他以此类推。